山东省习近平新时代中国特色社会主义思想研究中心研究项目、山东省社会科学规划研究专项"京杭大运河商业文化与区域社会研究"（批准号：23CLCJ03）资助

山东省教育系统政府公派出国留学项目资助

聊城市民政局京杭大运河聊城段地名文化遗产专著项目（聊城市民政局区划地名科地名文化研究丛书）（编号：LCHR – SZ – 20220402）资助

聊城大学学术著作出版基金资助

聊城大学运河学研究院出版基金资助

聊城大学"光岳青年学者创新团队"历代运河行旅诗的搜集、整理与研究创新团队资助

聊城市"羡林学者创新团队"大运河商业文化与区域社会研究团队资助

京杭大运河聊城段
地名文化研究

周 嘉 布乃静 著

中国社会科学出版社

图书在版编目（CIP）数据

京杭大运河聊城段地名文化研究 / 周嘉，布乃静著. -- 北京：中国社会科学出版社，2025.4. -- ISBN 978-7-5227-5062-0

Ⅰ. K925.23

中国国家版本馆 CIP 数据核字第 20257QF639 号

出 版 人	季为民	
责任编辑	安　芳	
责任校对	张爱华	
责任印制	李寡寡	

出　　版	中国社会科学出版社	
社　　址	北京鼓楼西大街甲 158 号	
邮　　编	100720	
网　　址	http://www.csspw.cn	
发 行 部	010 - 84083685	
门 市 部	010 - 84029450	
经　　销	新华书店及其他书店	
印　　刷	北京明恒达印务有限公司	
装　　订	廊坊市广阳区广增装订厂	
版　　次	2025 年 4 月第 1 版	
印　　次	2025 年 4 月第 1 次印刷	
开　　本	710×1000　1/16	
印　　张	24	
字　　数	380 千字	
定　　价	128.00 元	

凡购买中国社会科学出版社图书，如有质量问题请与本社营销中心联系调换
电话：010 - 84083683
版权所有　侵权必究

前　言

　　2014年对于中国来说是不平凡的一年，因为当年6月22日召开的世界遗产大会（第38届）正式批准，将中国的大运河项目列入《世界遗产名录》。经过"十年磨一剑"的漫漫"申遗"之路，大运河终于成为中国第46项世界遗产和第32项世界文化遗产。大运河成为"世界遗产"意义非凡，她是世界性的中华文化标识。2024年也是一个重要的时间节点，在大运河"申遗"成功十周年之际，重温这段光辉岁月并呈现一份相关研究成果，既是对她的致敬与献礼，又是学术研究的新起点。

　　一部运河史，即是半部中华文明史。中国大运河始凿于春秋时期、南北贯通于隋唐、截弯取直于元代、兴盛繁荣于明清，由京杭大运河、隋唐大运河以及浙东段运河组成。中国大运河地跨浙江、安徽、江苏、河南、山东、河北、天津和北京八个省、直辖市，通达钱塘江、长江、淮河、黄河和海河五大水系，是中国古代社会南北向甚至东西向的交通大动脉。联合国教科文组织给予中国大运河很高的评价：她代表了人类的迁徙与流动，代表了多维度的商品、思想、知识、价值之互惠和持续不断的交流，并代表了因此产生的文化在时间和空间上的交流与互相滋养，这些滋养长期以来通过物质和非物质遗产不断得到体现。作为世界遗产的大运河共计拥有85个遗产要素，包括27段河道遗产，总长度为1011公里，以及运河水工遗址、运河附属遗存、运河相关遗产等58处。

　　习近平总书记在党的十九大报告中指出，"文化是一个国家、一个民族的灵魂"，"中国特色社会主义文化，源自于中华民族五千多年文明历史所孕育的中华优秀传统文化"。他多次作出重要批示指示，一定要更加深入地挖掘中国大运河所蕴含的丰富历史文化资源，保护好、传承好、利用好这一祖先留给后人的宝贵遗产。中共中央办公厅、国务院办公厅先后印发了《大运河文化保护传承利用规划纲要》《长城、大运河、长征国家文化公园建设方案》，这对于推动大运河优秀传统文化的保护传承利用具有重要指导意义。保护好、传承好、利用好大运河文化有助于提升国家文化软实力，建设好社会主义文化强国。

大运河山东段地处京杭大运河中部，自南向北依次流经枣庄、济宁、泰安、聊城、德州五市。元朝大运河改道经过山东西部地区，奠定了以后京杭大运河的走向路线。大运河山东段南控江淮、北系京师，区位优势十分重要。而且，鲁西地形复杂，加之水源匮乏，运河沿线水工设施多，管理难度较大，故为历代政府所重视。在《世界遗产名录》中，属于山东范围内的遗产河道有8段，遗产点有15处，遗产要素有23个。作为京杭大运河流经的重要城市，聊城境内的会通河阳谷段、临清段入选，后者又可再分为元运河段、明运河段，在大运河山东段沿运城市中名列第一。在山东沿运城市中，聊城段河道长度是最长的，占总长度的近三分之一。聊城的遗产点有阿城上闸、阿城下闸、荆门上闸、荆门下闸、临清运河钞关。除了列入遗产名录者之外，聊城境内还拥有很多文化遗产，它们大都因大运河而生，并伴随大运河而长，积淀了丰富的大运河文化内涵。附着于这些遗产之上的地名文化，是大运河发展变迁的刻痕印记，属于大运河区域社会里的重要标识。

地名是对地理实体的特定具体指称，其重要特点是与文化形成共生、共变的关系，进而成为文化的镜像和载体。地名在形成、发展和变迁过程中，往往与语言、历史、地理、经济、政治，甚至社会、风俗等方面都有着十分密切的联系，最终积淀而成以地名作为核心载体的地名文化。实际上，每一个地名都是一个文化符号，标志或隐含着某种文化特征。以中国大运河为依托形成的地名，在历史长河中已然形成典型性的地名文化。这种地名文化是大运河发展变迁的刻痕印记，与大运河的漕运文化、制度文化、技术文化等相互交融、协同演变，为研究人们的生活、生产活动提供了非常宝贵的资料，应加大对大运河遗产、地名文化的保护与开发力度。

本书以古籍史料、地方志书、民间文献为基础，结合实地调查、口述访谈等，对京杭大运河聊城段地名文化、地名遗产现状及其遗产价值进行梳理与分析，同时探讨大运河地名文化保护、传承和利用的具体路径与方法。本书考察的京杭大运河聊城段以当下行政区划为基准，即京杭大运河流经今聊城市的空间范围。聊城市位于山东西境即鲁西地区，其北部和东北部边境与德州市接壤；东南部和南部边境隔着黄河、金堤河，与济南市、泰安市、济宁市，以及河南省为近邻；西部边境有漳卫河流经，与河北省邯郸市、邢台市隔水相望。聊城市现辖东昌府区、茌平区、临清市、冠县、莘县、阳谷县、东阿县、高唐县8个县（市、区），以及高新技术产业开发区、经济技术开发区、江北水城旅游度假区3个市属开发区。至于历史时期各县（市、区）建置沿革与隶属细节，以及京杭大运河具体流经情况，在相关章节中均有介绍，此不赘述。

　　全书共计六章，各章之间既独立成篇，又内在有机衔接。第一章是对问题意识、相关概念的基本考察，并对地名研究、大运河地名研究进行文献综述。第二章从宏观上讲述大运河的时空演进及其生命史，分析鲁西地区的生态环境和聊城段运道开凿的过程。第三章探讨大运河聊城段水工类型及其地名，在通论聊城段运道特点和水利工程技术后，重点考察聊城段河道、节制闸、减水工程、减水闸坝、桥梁等所涉地名，并梳理自明朝以来的修治与管理实践。第四章探讨大运河聊城段城镇发展及其地名，主要选择"汶卫津梁"临清、"江北水城"聊城、"金七级、银阿城、铁打的周家店"作为重点分析案例。第五章主要探讨临清、聊城、张秋的街巷胡同及其地名，在对相关地名进行考证的同时，分析地名背后的社会文化史，归纳总结街巷胡同布局与命名特点。第六章回顾运河学术研究的发展历程，分析大运河地名研究现状及未来方向，思考保护传承利用对策。

目 录

第一章 问题的基本考察与学术史梳理 …………………………… (1)
 第一节 研究的缘起 …………………………………………… (1)
  一 文化遗产大运河 ……………………………………… (1)
  二 问题意识与观点 ……………………………………… (4)
 第二节 相关概念的界定 ……………………………………… (6)
  一 什么是"地名" ……………………………………… (6)
  二 地名文化概说 ………………………………………… (8)
  三 地名文化遗产 ………………………………………… (11)
 第三节 学术史回顾 …………………………………………… (14)
  一 地名学史略 …………………………………………… (14)
  二 地名的整体论 ………………………………………… (19)
  三 大运河地名研究 ……………………………………… (22)
 结语 ……………………………………………………………… (29)

第二章 大运河的时空演进与聊城段运道 …………………………… (30)
 第一节 "运河"之名的知识考古 …………………………… (30)
  一 知识的考掘 …………………………………………… (30)
  二 "运河"概念考 ……………………………………… (32)
  三 运河称谓的发展 ……………………………………… (36)
 第二节 大运河开发史与分段地名 …………………………… (38)
  一 大运河开发简史 ……………………………………… (38)
  二 大运河分期问题 ……………………………………… (41)

三　大运河分段地名 …………………………………………… (45)
　第三节　鲁西生态环境与聊城运河 ……………………………… (47)
　　　一　鲁西地区范围 …………………………………………… (47)
　　　二　鲁西地理特征 …………………………………………… (49)
　　　三　聊城运河开凿 …………………………………………… (54)
　结语 ………………………………………………………………… (61)

第三章　大运河聊城段水工遗存及其地名 ……………………… (63)
　第一节　大运河聊城段特点和历史地位 ………………………… (63)
　　　一　开凿历史背景 …………………………………………… (63)
　　　二　聊城段运道特点 ………………………………………… (65)
　第二节　大运河聊城段水工类型与地名 ………………………… (69)
　　　一　大运河与水利工程 ……………………………………… (69)
　　　二　水利工程技术通论 ……………………………………… (70)
　　　三　水利工程及其分类 ……………………………………… (74)
　　　四　聊城段工程与地名 ……………………………………… (87)
　第三节　大运河聊城段水工修治与管理 ………………………… (147)
　　　一　明朝的修治与管理 ……………………………………… (147)
　　　二　清朝的修治与管理 ……………………………………… (150)
　　　三　近代以来治理实践 ……………………………………… (155)
　结语 ………………………………………………………………… (156)

第四章　大运河聊城段城镇发展及其地名 ……………………… (158)
　第一节　汶卫津梁：临清历代城址与古城地名变化 …………… (158)
　　　一　临清建置沿革 …………………………………………… (158)
　　　二　临清城址起源（春秋—汉代） ………………………… (161)
　　　三　临清城址变迁（西汉—金元） ………………………… (164)
　　　四　临清城址拓建（明清—近代） ………………………… (169)
　　　五　地名变迁反映的城市特点 ……………………………… (173)
　第二节　江北水城：聊城空间格局与古城生命历程 …………… (176)
　　　一　聊城建置沿革 …………………………………………… (176)

  二 聊城之名由来 ……………………………………… (178)
  三 聊古庙：聊城旧城遗址 ……………………………… (181)
  四 聊城古城三迁 ………………………………………… (183)
 第三节 运河古镇："金七级、银阿城、铁打的周家店" ……… (192)
  一 运河小城镇 …………………………………………… (192)
  二 "金七级" ……………………………………………… (199)
  三 "银阿城" ……………………………………………… (214)
  四 "铁打的周家店" ……………………………………… (230)
 结语 ……………………………………………………………… (234)

第五章 大运河聊城段街巷胡同及其地名 ……………… (236)
 第一节 街巷胡同的"路"史 ……………………………… (236)
  一 道路的生命意义 ……………………………………… (236)
  二 地名的社会文化史 …………………………………… (237)
 第二节 街巷胡同地名考与地名文化 ……………………… (238)
  一 街巷胡同之临清篇 …………………………………… (238)
  二 街巷胡同之聊城篇 …………………………………… (275)
  三 街巷胡同之张秋篇 …………………………………… (297)
 第三节 运河区街巷胡同布局与命名特点 ………………… (313)
  一 运河区之界定 ………………………………………… (313)
  二 民居风格与街道布局 ………………………………… (314)
  三 街巷胡同命名的特点 ………………………………… (316)
 结语 ……………………………………………………………… (321)

第六章 运河研究与地名文化保护传承利用 ……………… (323)
 第一节 运河学术研究的发展历程 ………………………… (323)
  一 运河研究三阶段 ……………………………………… (323)
  二 "运河学"的提出 ……………………………………… (325)
 第二节 大运河地名研究现状与展望 ……………………… (327)
  一 相关研究成果统计 …………………………………… (327)
  二 研究关注点及成效 …………………………………… (333)

三　视野与进一步深化 …………………………………… (336)
第三节　类型学划分及保护传承利用 ……………………… (337)
　　一　大运河地名的分类 …………………………………… (337)
　　二　相关政策法规解读 …………………………………… (340)
　　三　保护传承利用对策 …………………………………… (342)
结语 ………………………………………………………………… (344)

参考文献 ………………………………………………………… (346)

后　记 …………………………………………………………… (363)

图 目 录

图 2-1　徒骇河 …………………………………………………（52）
图 2-2　马颊河 …………………………………………………（53）
图 2-3　《山东运河全图》中的聊城段运道 ……………………（59）
图 2-4　聊城运河故道 …………………………………………（60）
图 3-1　大运河上的船只 ………………………………………（65）
图 3-2　南旺枢纽 ………………………………………………（76）
图 3-3　四女寺枢纽 ……………………………………………（77）
图 3-4　"拖坝"场景（一） ……………………………………（79）
图 3-5　"拖坝"场景（二） ……………………………………（79）
图 3-6　济宁洸河入运处 ………………………………………（80）
图 3-7　济宁府河 ………………………………………………（81）
图 3-8　漕船在码头卸粮情景画 ………………………………（84）
图 3-9　渡口驿 …………………………………………………（86）
图 3-10　卫河临清段 …………………………………………（88）
图 3-11　漳、卫两河交汇处 …………………………………（89）
图 3-12　隋唐永济渠徐万仓村遗址 …………………………（89）
图 3-13　元朝运河河道 ………………………………………（91）
图 3-14　临清城区小汶河河道 ………………………………（91）
图 3-15　临清城区明运河河道 ………………………………（92）
图 3-16　大运河张秋段 ………………………………………（93）
图 3-17　会通闸 ………………………………………………（94）
图 3-18　临清闸 ………………………………………………（95）

图 3 - 19	晏公庙遗址	（96）
图 3 - 20	临清头闸	（98）
图 3 - 21	头闸口险工	（98）
图 3 - 22	进入头闸的河道	（99）
图 3 - 23	头闸口桥	（99）
图 3 - 24	临清砖闸	（100）
图 3 - 25	戴湾闸	（104）
图 3 - 26	土桥闸	（105）
图 3 - 27	梁乡闸	（107）
图 3 - 28	永通闸	（108）
图 3 - 29	东关桥	（109）
图 3 - 30	《重修通济桥记》碑	（110）
图 3 - 31	周家店闸	（111）
图 3 - 32	周家店闸石刻	（112）
图 3 - 33	越河涵洞	（114）
图 3 - 34	七级下闸	（115）
图 3 - 35	镇水兽	（115）
图 3 - 36	阿城下闸	（116）
图 3 - 37	荆门上闸	（118）
图 3 - 38	陶城铺闸	（119）
图 3 - 39	陶城铺闸上的燕尾扣	（119）
图 3 - 40	今黄河以北大运河聊城段各闸分布	（120）
图 3 - 41	临清运河钞关	（127）
图 3 - 42	魏家湾关旧址	（127）
图 3 - 43	魏家湾清阳驿旧址	（128）
图 3 - 44	沙湾滚水坝	（130）
图 3 - 45	滚水坝考古发掘现场	（131）
图 3 - 46	滚水坝镇河神兽	（131）
图 3 - 47	滚水坝上的燕尾扣	（132）
图 3 - 48	滚水坝石刻	（132）
图 3 - 49	会通桥	（136）

图 3-50	问津桥	(136)
图 3-51	问津桥上的元宝石	(137)
图 3-52	月径桥	(138)
图 3-53	鳌头矶	(138)
图 3-54	"鳌头矶"匾额	(139)
图 3-55	工农桥	(140)
图 3-56	宏济桥	(141)
图 3-57	山陕会馆	(143)
图 3-58	张秋古渡石桥	(145)
图 4-1	千年古县临清	(160)
图 4-2	"汶卫津梁"匾额	(161)
图 4-3	"沙邱古渡"匾额	(162)
图 4-4	古清渊城遗址	(165)
图 4-5	北魏临清县衙旧址	(168)
图 4-6	临清古城遗址	(168)
图 4-7	临清县故城旧址	(169)
图 4-8	纸马巷县治遗址	(172)
图 4-9	明清临清城区示意图	(174)
图 4-10	临清土城墙遗迹	(175)
图 4-11	聊城古城远景	(191)
图 4-12	聊城古城墙基遗址	(191)
图 4-13	聊城古城一隅	(192)
图 4-14	七级镇河道	(202)
图 4-15	七级古码头	(204)
图 4-16	七级古街青石板路	(205)
图 4-17	七级镇的街巷及沿街店铺	(207)
图 4-18	七级镇蒋庄村关帝庙	(210)
图 4-19	海会寺	(217)
图 4-20	盐运司	(217)
图 4-21	运司会馆	(226)
图 4-22	运司会馆房梁铭文	(227)

图 5-1	白布巷	(240)
图 5-2	纺绩巷	(241)
图 5-3	估衣巷	(242)
图 5-4	竹竿巷	(245)
图 5-5	竹竿巷竹木生产	(245)
图 5-6	油篓巷	(247)
图 5-7	烧酒胡同	(249)
图 5-8	考棚街	(252)
图 5-9	前关街	(255)
图 5-10	后关街	(256)
图 5-11	大宁寺大雄宝殿	(257)
图 5-12	大寺街	(258)
图 5-13	会通街	(259)
图 5-14	苗记杂货铺旧址	(259)
图 5-15	牌坊街	(260)
图 5-16	养济院旧址	(261)
图 5-17	行宫庙胡同	(262)
图 5-18	三元阁码头遗址	(263)
图 5-19	药王庙	(267)
图 5-20	狮子桥街	(268)
图 5-21	清真北寺	(269)
图 5-22	清真东寺	(270)
图 5-23	楼东大街	(276)
图 5-24	东关大街	(277)
图 5-25	楼东大街孝行坊	(280)
图 5-26	楼西大街进士坊	(280)
图 5-27	道署街	(282)
图 5-28	米市街	(284)
图 5-29	清孝街	(285)
图 5-30	二十里铺街	(288)
图 5-31	聊城市大小礼拜寺街历史文化街区	(290)

图目录 / 5

图 5-32　清真西寺……………………………………………（290）
图 5-33　大礼拜寺街…………………………………………（291）
图 5-34　清真东寺……………………………………………（291）
图 5-35　隆兴寺铁塔…………………………………………（292）
图 5-36　东昌历史街巷胡同图………………………………（296）
图 5-37　古城老街道门牌……………………………………（297）
图 5-38　张秋及其附近县城与大运河的位置关系…………（298）
图 5-39　大运河张秋段河道…………………………………（298）
图 5-40　张秋码头……………………………………………（299）
图 5-41　明清时期张秋城区及街巷胡同分布示意图………（301）
图 5-42　张秋镇街景…………………………………………（308）
图 5-43　张秋山陕会馆………………………………………（309）

表 目 录

表 3-1	大运河聊城段节制闸座地名信息	(121)
表 3-2	大运河聊城段减水闸坝地名信息	(133)
表 3-3	大运河聊城段桥梁地名信息	(146)
表 3-4	大运河聊城段维护工程一览	(152)
表 3-5	大运河聊城段闸座管理人员一览	(155)
表 4-1	大运河聊城段小城镇地名信息	(195)
表 4-2	明清时期阿城镇商人会馆一览	(228)
表 5-1	临清金龙四大王庙宇分布一览	(264)
表 5-2	临清街巷胡同地名信息	(274)
表 5-3	明清聊城牌坊地名信息	(277)
表 5-4	清朝聊城会馆地名信息	(281)
表 5-5	聊城街巷胡同地名信息	(294)
表 5-6	明清张秋牌坊地名信息	(312)
表 6-1	期刊论文	(327)
表 6-2	著作	(329)
表 6-3	学位论文	(331)
表 6-4	会议论文	(331)
表 6-5	报纸	(332)
表 6-6	中国大运河遗产点（聊城段）一览表	(342)

第一章

问题的基本考察与学术史梳理

作为古代中国贯通南北的水路大动脉，大运河不仅对历代漕运、军事、经济、防洪、灌溉等发挥了重要作用，而且形成了极具特色的运河遗产。大运河同时又是一条文化长廊、一种文化符号，形成了带有运河特殊印记的区域生活、生产方式。以中国大运河为依托形成的地名，在历史长河中已然形成典型性的地名文化，成为大运河文化的重要组成部分。本章分析研究缘起并提出问题意识，对地名、地名文化、地名文化遗产等概念予以界定，在地名学发展史、地名整体论及大运河地名研究方面进行文献综述。

第一节 研究的缘起

一 文化遗产大运河

大运河是一项古代中国创造的宏大工程，始凿于春秋时期，南北贯通于隋唐，截弯取直于元代，兴盛繁荣于明清。它是唯一一条沟通南北的水系，连接了钱塘江、长江、淮河、黄河和海河五大河流，流经地域涉及北京、天津两个直辖市和河北、河南、山东、安徽、江苏、浙江六个省，成为世界上开凿最早、里程最长的人工运河。大运河是广大民众智慧与勤劳的结晶，也是中华民族文化身份的象征。俞孔坚指出："大运河在中国的文明进程中起到了重大的推动作用，甚至比长城更具价值，应该尽快名列《世界遗产名录》。世界遗产就是一个民族的身份证，不管是文化遗产还是自然遗产都带有显著的民族特性。从某种意义上说，将大运河研究清楚了，也就把中华民族的

'身份'搞清楚了。"① 2006年6月，国家文物局将京杭大运河公布为全国重点文物保护单位；12月，又将大运河列入《中国世界文化遗产预备名单》，从而开启了申报世界遗产的进程。2012年，浙东运河和隋唐大运河被列入全国重点文物保护单位。

姜师立认为，关于大运河申报世界遗产具体由谁最先提出不好确定，但至少它的提出有一个酝酿的过程，且如果从2004年正式提出至2014年"申遗"成功，真可谓"十年磨一剑"。② 早在2004年3月召开的全国政协十届二次会议上，时任国家文物局局长的单霁翔邀请樊锦诗、杨力舟等七位委员联名，提交了一份有关大运河文化遗产保护的提案，指出"大运河主河道和沿线文物古迹始终没有被列入全国重点文物保护单位，没有列入《世界遗产名录》，没有制定一部法规来肯定和保障它的历史地位。所以，亟须重新确定大运河作为人类文化遗产的历史特质与重要地位"，并建议将大运河文化遗产保护工作要切实落到实处。③

2005年12月，被誉为"运河三老"的郑孝燮、罗哲文、朱炳仁三位专家，联名致信大运河沿岸六省十八城市市长，发出《关于加快京杭大运河遗产保护和"申遗"工作的信》，信中指出"如果将京杭大运河的历史价值、文化内涵和对中国历史发展的贡献相加，可以毫不夸张地说，足以与长城媲美"，"呼吁用创新的思路，加快大运河在申报物质文化和非物质文化两大遗产领域的工作进程"。④ 关于"运河申遗"的概念，罗哲文后来又撰文提出并倡导建立"运河学"进行深入研究，"对大运河的研究和申遗工作，务必要保证对运河遗产概念与范围的充分掌握，要在对运河本体充分进行考古和多学科比对的基础上，形成保护发展规划和申遗文本"⑤。

2014年6月22日，联合国教科文组织世界遗产委员会会议（第38

---

① 俞孔坚：《遗产概念的再认识》，《世界建筑导报》2005年第5期。
② 姜师立编著：《中国大运河遗产》，中国建材工业出版社2019年版，第29页。
③ 单霁翔：《大运河遗产保护》，天津大学出版社2013年版，第7页。
④ 郑孝燮、罗哲文、朱炳仁：《关于加快京杭大运河遗产保护和"申遗"工作的信》，张环宙：《河兮·斯水：基于杭州案例群的大运河遗产价值分析与旅游规划研究》，中华书局2010年版，第171—172页。
⑤ 罗哲文：《运河申遗应建立运河学》，《中国文化遗产》2011年第1期。

届)在卡塔尔首都多哈召开,会上同意将中国的大运河遗产项目列入《世界遗产名录》。世界遗产委员会一致认为,大运河是世界上最古老、最长的人工开挖而成的水道,也是在工业革命发生之前产生的范围最广、规模最大的水利工程,它促进了王朝国家领土的统一和南北物资的交流,反映了广大民众高超的智慧、勇气和决心,以及在水利技术、管理能力等方面的伟大成就。大运河在申报世界遗产时的正式表述是"中国大运河",这是"应运而生的一个新词汇、新概念,应从世界遗产的视野出发"[①] 予以理解,"中国大运河是世界唯一一个为确保粮食运输安全,以达到稳定政权、维持帝国统一的目的,由国家投资开凿、国家管理的巨大运河工程体系"[②]。

按照历史上的分段和命名习惯,作为世界遗产的大运河包括隋唐宋三朝开凿的以洛阳为中心的大运河、元明清三朝开凿的以北京与杭州为起止的大运河,以及在宁波处入海并与海上"丝路"相连的运河,它们的地名分别称为"隋唐大运河""京杭大运河""浙东运河"。这便是中国大运河项目入选《世界遗产名录》的遗产河段,在河道的具体划分上包括通济渠、永济渠、通惠河、北运河、南运河、会通河、中运河、淮扬运河、江南运河和浙东运河。大运河不仅仅是一条河流,它是作为一个流域的存在而进行"申遗",对中国社会的影响当然也是通过这个流域体现出来。与其他文化遗产相比,大运河是流动的、活着的遗产。按照联合国教科文组织《保护世界文化和自然遗产公约》最新版的行动指南精神,运河遗产"代表了人类的迁徙和流动,代表了多维度的商品、思想、知识和价值的互惠和持续不断的交流,并代表了因此产生的文化在时间和空间上的交流与相互滋养,这些滋养长期以来通过物质和非物质遗产不断得到体现"[③]。可见,大运河文化遗产的一个显著特征就是"活态性",而大运河"申遗"也是作为"文化线路""线性文

[①] 李玉岩、潘天波:《中国大运河:一项概念史研究》,《档案与建设》2019年第4期。
[②] 中国文化遗产研究院:《中国大运河申报世界遗产文本》,2013年。
[③] 1972年,联合国教科文组织大会通过了《保护世界文化和自然遗产公约》。随着人们对遗产理解的变迁,公约的定义需要通过公约操作指南来进行更新和阐释,其最新一版于2005年修订,即 UNESCO, *Operational Guidelines for the Implementation of the Word Heritage Convention*, 2005。

化遗产"[1] 提起申报的。

大运河"申遗"成功，标志着对大运河保护利用进入了一个新的阶段。习近平总书记从文化自信、区域协调发展、生态环境战略等角度出发，非常重视大运河的保护利用工作。2017年2月24日，习近平总书记在视察通州大运河森林公园时指出："保护大运河是运河沿线所有地区的共同责任"，"要古为今用，深入挖掘以大运河为核心的历史文化资源"[2]。当年6月4日，他在中共中央办公厅调研室《打造展示中华文明的金名片——关于建设大运河文化带的若干思考》的报告上做出重要批示："大运河是祖先留给我们的宝贵遗产，是流动的文化，要统筹保护好、传承好、利用好。"[3] 2019年2月1日，《大运河文化保护传承利用规划纲要》印发。按照习近平总书记的批示精神，"充分挖掘大运河丰富的历史文化资源，保护好、传承好、利用好大运河这一祖先留给我们的宝贵遗产"[4]。

二 问题意识与观点

众所周知，水道作为运输方式既经济又省力。中国的地势西高东低，江河大多自西向东流入大海。在水运实践中，单纯依赖天然河道显然不足，因而运河的开凿成为必要。大运河由不同的河道组成，它们各自流经不同的地域，而且也拥有不同的历史起源。尽管大运河在明清时期代表了漕运的鼎盛，但是人工开挖运道已经有着悠久的历史。早在春秋时期，吴、楚等国成为开凿运河的先锋。王朝国家意义上的大运河体系形成于隋朝，这也成为当时航运事业上的转折点。大运河网络先是以陕西为中心，后来转向河南。网络中心地的转移反映了某一地区对于中央集权国家的重要意义，运道线路的更替紧随王朝国家统治中心的变动。到了元朝，大运河体系经历了一个前所未有的飞跃。随着政治中心重新定

---

[1] 单霁翔：《大型线性文化遗产保护初论：突破与压力》，《南方文物》2006年第3期。
[2] 吴欣主编：《中国大运河发展报告（2019）》，社会科学文献出版社2019年版，第60页。
[3] 吴欣主编：《中国大运河发展报告（2019）》，社会科学文献出版社2019年版，第75页。
[4] 新华社：《中共中央办公厅、国务院办公厅印发〈大运河文化保护传承利用规划纲要〉》，2019年5月9日，中华人民共和国中央人民政府网：http://www.gov.cn/zhengce/2019-05/09/content_5390046.htm。

位在北方中国，蒙古统治者对大运河"动脉"做了很大的修正，并将之延伸到帝国的"心脏"。大运河穿越帝国东部的几个省份，沟通了五大水系，串联起众多城市、村镇，从今北京迤逦南下直达杭州，场面非常壮观。明清时期是大运河开发史上的黄金时期，大运河真正成为王朝国家的"生命线"。

为什么选择大运河作为地名研究的对象？大运河的历史地位和世界意义不言而喻，其最重要的特征是具有多元化和复杂性。民政部地名研究所与聊城大学运河学研究院合作"地名·运河"系列丛书序言对其原因做过详细说明：第一，虽然大运河主体单一，但它所流经的区域社会比较广泛，且不同地区的地理和水文条件异常复杂；第二，大运河包含交通航线布控、水利工程建设等科技因素，凝聚了政治、经济、社会、文化诸多领域的大量信息；第三，鉴于大运河的显著地位和重要作用，学界许多专家已从一些角度予以研究，取得了较为丰富的成果，为我们的研究打下了基础；第四，时机已经成熟，自大运河申报世界遗产成功后，为探索跨区域地名文化与其他文化遗产之间的关系提供了有利条件。[①] 陈桥驿指出："对于历史上的中国运河，从自然科学到人文科学，可以作各方面的研究，获得各种不同的成果。"[②] 李德楠认为："当前运河研究成果丰硕，涉及河工河政、湖泊水系、黄运关系、治河方略、古籍文献、文化遗产、民俗宗教、文学艺术、文物保护、建筑规划等方面，但将地名与运河结合起来的研究还有待加强。"[③] 所以，研究因应大运河而形成的地名文化大有可为。

作为古代中国贯通南北的水路大动脉，大运河不仅对历代漕运、军事、经济、防洪、灌溉等发挥了重要作用，而且形成了极具特色的运河遗产。大运河同时又是一条文化长廊、一种文化符号，形成了带有运河特殊印记的区域生活、生产方式。以大运河为依托而形成的地名，已然积淀成颇具典型性的地名文化，成为运河文化的重要组成部分。运河地

---

① 《文化地理学意义上的地名研究——"地名·运河"系列丛书序言》，李德楠：《京杭运河江北段工程与地名》，中国社会出版社 2016 年版，第 1—2 页。

② 陈桥驿：《中国运河开发史》，中华书局 2008 年版，第 1 页。

③ 李德楠：《地名研究与大运河文化带建设——"里下河"地名的个案考察》，《淮阴工学院学报》2020 年第 2 期。

名的起源、发展和演变与大运河的开通、漕运的兴盛密不可分，它们是大运河文化资源的重要组成部分，记录着大运河的发展历程，承载着厚重的大运河文化，展现了运河区域的人文精神和地域特征。大运河历经千年风雨，留下了非常丰富的线性文化景观，而其中以运河为直接影响因素所产生的诸多独特地名，便是对这条线性景观的重要补充和完美诠释。大运河地名文化与大运河漕运文化、技术文化、制度文化等协同演变、相互交融，为研究大运河的发展变迁，以及人们的生活和生产活动，提供了非常宝贵的资料。因此，与大运河直接相关的地名是大运河文化的一个宝库，可以尝试运用新的理论、方法、手段等来进行大运河地名的研究。

第二节 相关概念的界定

一 什么是"地名"

人们对"地名"这个概念并不陌生，因为到处都有地名，且人人皆使用。顾名思义，地名是地理名称或地方名称的意思，它是人类社会发展到一定阶段才出现的。地名的起源非常古老，早在远古时代就已经有了，"起初人们相互隔绝，活动范围狭小，地名必然很少，以后彼此接触频繁，活动范围扩大，活动内容丰富，语言的词汇越来越多，表现形式越来越多样化，地名由少而多、由简单而复杂地不断滋生"[①]。中国疆域辽阔，民族众多，是一个有着几千年历史的文明古国，各类地名难以计数。有的地名反映了历史的发展变迁，有的地名记载了语言和民族的演变，还有一些地名关系到古往今来多少人物和神话、历史传说。可见，地名是中国文化宝藏里十分耀眼和非常珍贵的明珠之一。

对地名概念的认知及其界定，历来为地名研究者所关注。陈根良认为，古代中国自《汉书·地理志》开创涉及地名在内的地理沿革记载以来，虽然已经拥有近两千年的历史，但几乎从来没有人去注意给地名下定义，而作为近代的科学地名学为其下一个确切、完整、严谨、科学的

---

① 刘伉：《略论地名的起源与演变（下）》，《地名知识》1983年第3期。此文另收录于中国地名委员办公室编《地名学文集》，测绘出版社1985年版，第17—36页。

定义则是必要的。① 一些专家、学者都力图做到这一点，根据不同的标准也取得了一定的成绩，但似乎仍然未能得到统一的且为大家所公认的满意答案。杨光浴、刘保全认为，对地名的界定总体上可分为两类，即传统界定说和现代界定说，另外还有一种属于实指类说。实指类说对地名的认定较为容易，但地名的实指不是定义，对地名界定需要抽象化概括，这就不那么容易了，故在学术层面还没有一种能够"统领三军"的定义。如果从理论与实践相结合的情况来看，地名是逐类分层级的，且呈现自中心向外散射状态，"一类地名存在于中心，而另一类地名则存在于边缘地方"②，存在于边缘地方的具有"模糊性"，很难下精确的定义。

"人们总想将定义理想化，因此会有多种关于地名的定义。尽管有如此多的界说，仍觉得不完善，覆盖度不够。还有的名称虚虚实实，又处在似是而非的模糊状态中。当然，处在模糊状态下的某些地理实体，常常是地名界定的关注点，地名管理中的延伸点，也许是地名学研究的新的生长点。"③ 苗雨沛认为："我国地名工作十多年来，地名学研究已达到了一定高潮，然而至今对地名概念的属性、地名的定义仍是众说纷纭，莫衷一是，这无疑会对地名学的研究和发展带来很大障碍。"④ 景兆玺认为："地名概念上的模糊认识，是目前地名学界亟待解决的理论问题之一。而这一问题的解决，是建立完整的地名学体系的一个前提。"⑤ 路洪昌认为："地名，是地名学最为基本的概念。然而，当今地名学界却对地名的定义、本质属性、内涵与外延、基本功能及要素等一系列问题的认识，尚多歧义，甚而舛误。"⑥ 虽然如此，王胜三还是认为："几十年来，人们对地名的基本概念已经达成初步共识，只是在具体的措辞用字上尚

---

① 陈根良：《怎样给地名下定义》，《内蒙古地名》1983年第5期。此文另收录于邱洪章主编《地名学研究》第1集，辽宁人民出版社1984年版，第83—87页。
② 杨光浴、刘保全编著：《基础地名学概论》，中国社会出版社2012年版，第30页。
③ 杨光浴、刘保全编著：《基础地名学概论》，中国社会出版社2012年版，第30页。
④ 苗雨沛：《试谈地名的属性及定义》，翁振军主编：《地名学理论探索》，邢台市地名委员会1991年版，第61—67页。
⑤ 景兆玺：《对地名概念内涵和外延的思考》，马永立主编：《地名学新探》，南京大学出版社1993年版，第39—49页。
⑥ 路洪昌：《论地名概念的内涵与外延——兼论当今地名学界的一些观点和说法》，翁振军主编：《地名学理论探索》，邢台市地名委员会1991年版，第22—30页。

未形成一个大家公认的结论。"①

不同学者从不同角度出发,对地名定义做了很多有益的探索,兹将有代表性的观点胪列如下,以观其大略。曾世英、杜祥明的界定:"作为泛称,地名就是地方的名称。就具体地名来说,每一个地名都是人们对地理环境中具有特定位置、范围及形态特征的地方所共同约定的语言代号。"② 马永立的界定:"地名,顾名思义,是地点的名称。确切地说,地名是由人类的主观认识,共同约定而逐一赋予客观存在的单一的特定地点的一种语言和文字形式的代号或标记。"③ 靳尔刚的界定:地名是人们赋予一个地方的指称,以便于与另一个地方相区别。④ 王际桐的界定:"地名是人类对地球上和其它星球上表示特定方位、范围的地理实体赋予的一种语言文字代号,或者说它是区别不同地理实体所代表的特定方位、范围的一种语言文字标志。"⑤ 李如龙的界定:地名是一定的社会群体为特定的地域所约定的专有名称。⑥ 杨光浴对地名的实体概念和抽象概念予以区分,并归纳了地名概念的几种说法,即语言文字代号说、个体地域指称说、交际工具说、以名言地说。⑦ 褚亚平、尹钧科、孙冬虎认为如何确立地名的科学概念,这不是一个简单的问题,"'地名是个体地域的指称'这一科学概括,应是'什么是地名'的最确切的答案"⑧。地名界定还涉及其内涵和外延、要素和特点,已有许多学者做过相关研究,此不赘述。

二 地名文化概说

虽然地名现象林林总总,可谓纷繁复杂而又千差万别,但是,归根

---

① 王胜三:《书写中国自己的地名文化史》,《中国社会报》2017年7月18日第4版。此文另收录于王胜三《方地札记:中国地名文化掠影》,中国社会出版社2018年版,第6—13页。
② 曾世英、杜祥明:《试论地名学》,中国地名委员会办公室编:《地名学文集》,测绘出版社1985年版,第1—16页。
③ 马永立:《试论地名的概念》,翁振军主编:《地名学理论探索》,邢台市地名委员会1991年版,第57—60页。
④ 靳尔刚:《地名工作漫谈》,《中国地名》1997年第1期。
⑤ 王际桐:《试论地名学的基本概念》,《地名》1981年第2期。此文另收录于王际桐《王际桐地名论稿》,社会科学文献出版社1999年版,第3—5页。
⑥ 李如龙:《汉语地名学论稿》,上海教育出版社1998年版,第1—4页。
⑦ 杨光浴:《地名学简论》,东北师范大学出版社1991年版,第15—21页。
⑧ 褚亚平、尹钧科、孙冬虎:《地名学基础教程》,中国地图出版社1994年版,第9页。

结底仍然属于人类文化大库中的组成部分。正如牛汝辰所论:"人类生存的环境和地域为何要有名字,地名如何发展演变,地名的形式结构,地名的内隐含义等,都是由文化这个总根派生出来的,都可以从文化学的角度加以解释和验证。就连地名的物质材料——语言文字,也是文化在表层的投射反映,是文化的一个组成部分。"① 在探讨地名文化的概念之前,我们有必要先了解什么是文化。

在中国古代,"文化"一词与武力相对应,本指"以文教化",即所谓的"文治武功"。《周易》中的"刚柔交错,天文也;文明以止,人文也。观乎天文,以察时变;观乎人文,以化成天下",当是古代典籍中关于文化的原始提法。"天文"指天道运行的规律,"人文"指人伦规范、社会关系、风俗民情等。《说苑》云:"圣人之治天下也,先文德而后武力。凡武之兴,为不服也;文化不改,然后加诛。"《说苑》又名《新苑》,是古代杂史小说集,由西汉刘向编纂而成。书中首次出现"文化"一词,指与武力镇压相对应的文治教化。这是统治者驾驭民众的一种手段,当然并非现代意义上的文化之义。

19世纪末,人类学家首次构思出文化的现代概念,随后从西方引进而自日文转译到中国。当时,英国泰勒(Edward B. Tylor)最先将"文化"一词作为专门术语使用:"文化或文明是一个复杂的整体,它包括知识、信仰、艺术、道德、法律、风俗以及作为社会成员的人所具有的其它一切能力和习惯。"② 此后,虽然不同学者对文化有着不同的界定,但仍然没有超出泰勒的文化定义。美国哈维兰(William A. Haviland)、普林斯(Harald E. L. Prins)等人认为:"新近出现的定义倾向于更明确地区分实际行为和对行为进行报告的抽象观点、价值观和世界观。换句话说,文化是比可见的行为更深层次的东西。它是一个社会共享的并由社会传播的思想、价值、情感和观念,用以对经验赋予意义、产生行为并为行为所反映。"③

传统中国的"文化"一词与西方的在词义上肯定有所区别,"然而,

---

① 牛汝辰:《名实新学:地名学理论思辨》,中国社会出版社2015年版,第220页。
② [英]爱德华·泰勒:《原始文化》,蔡江浓译,浙江人民出版社1988年版,第1页。
③ [美]威廉·A. 哈维兰、哈拉尔德·E. L. 普林斯、达纳·沃尔拉斯、邦尼·麦克布莱德:《人类学:人类的挑战(第14版)》,电子工业出版社2018年版,第338页。

中西两方'文化'的词汇又具有一个共同的本质蕴义，即都强调人的意识、有目的的活动。在这种有意识、有目的的实践活动过程中，主体是人类自身，客体是社会与自然"①。田广林指出了文化的实质之义："'文化'一词在当今世界哲学和各门科学都取得重要发展的历史环境下，它的实质性含义应该是人类主体通过各种有意识、有目的的实践活动，实现的对社会和自然客体的适应、利用和改造。其实现成果的体现，既表现在各种自然形态、功能的不断改观和发展，更反映在人类个体与群体素质的不断提高和完善。所以，我们认为，文化是人类有意识地作用于自然界和社会，乃至人类自身的一切活动及其结果。"② 所以，文化又有广义文化与狭义文化、物质文化与非物质文化之分。

毫无疑问，地名是一种文化现象。地名与文化之间是部分与整体的关系，而非一般的并列关系。或者说，二者是一种点与面对应的特殊并列关系。文化包括地名，后者是前者中一种特殊的表现形式或组成因子。地名在形成与变迁过程中，与人类社会的各个方面发生了联系，从而积淀了深厚的地名文化。李炳尧、宋久成将地名文化界定为："中国地名文化，是以中华民族为创造主体，以地名为载体，在中华大地上伴随着民族文化的形成、发展而形成、发展起来的，具有鲜明特色和丰富内涵的且世代传承的地名语词文化和地名实体文化体系。"③ 地名文化有狭、广二义之分，狭义的地名文化"单指对地名的基础研究，比如地名的概念、沿革、由来、类型、命名方式、命名规律、影响因素等，也就是说和地名直接相关的文化体系"，而广义的地名文化"和地方志、地域文化交叉相关，由地名引申出来的文化都包括在内，这里所说的文化具有广阔的外延性"。④ 地名蕴藏着丰富的文化内涵，包括所谓的物质文化和非物质文化层面，应该说属于广义上的文化概念。

---

① 李炳尧、刘保全、刘志聪：《中国地名文化遗产保护理论与实践》，中国社会出版社2018年版，第16—17页。
② 田广林主编：《中国传统文化概论》，高等教育出版社1999年版，第3—4页。
③ 参见宋久成主编《地名文化研究：概念、少数民族语地名及其他》，法律出版社2013年版，第10页。
④ 王胜三：《书写中国自己的地名文化史》，《中国社会报》2017年7月18日第4版。此文另收录于王胜三《方地札记：中国地名文化掠影》，中国社会出版社2018年版，第6—13页。

地名文化的物质层面可对应于显性式样，其非物质层面则可对应于隐性式样："作为人类文化的一个组成部分，地名实际上是显性式样和隐性式样的综合体。地名的物质材料——语言文字形式及地名的结构模式等，均属于地名与文化的显性形态；而地名的形式和结构背后所反映的信仰、习俗、道德观、价值观、文化心理、美学观念等等，则是其隐性内涵。显性形态是隐性内涵的外化，受隐性内涵的种种影响和规约；通过显性形态的描写、分析，可以比较准确地把握隐藏在其背后的种种观念，从而揭示出地名与文化的种种深刻内涵。"① 显性式样即地名语词，如音、形、义、位等要素，承载着自身的文化内涵；隐性式样即地名实体，承载着持续不断积淀的文化内涵。地名实体文化其构成大致分为三个部分："一是地名实体承载的历史文化内涵，包括地域开发和先民繁衍生息的历史渊源，地名文化积淀深厚的文物古迹，历史文化演进的历史人物与重大事件等。二是地名实体承载的地理文化内涵，包括地名指代的地理实体的地质与地貌特征、自然景观、人造景观、自然资源及经济特征等。三是地名实体承载的乡土文化内涵，包括独具特色的民俗风情、传统文艺、传统工艺与技能和传统饮食、服饰、民居等。"② 可见，地名实体文化要比地名语词文化更加深厚而丰富。

三　地名文化遗产

通过对地名、地名文化等概念的认知，为进一步了解地名文化遗产打下了基础。"历史悠久、蕴藏丰富文化内涵、有浓郁地域特色的地名是宝贵的民族文化遗产，是研究一个地方人文历史的化石。"③ 从更加广泛的层面来看，所有自然存在、历史存续的事物，应该都可以视为遗产。如果从语义层面加以分析的话，"遗产"一词至少包含两个意思：一是那些已经存在的事物，或者可以传续和继承的事物；二是由前人传给后人的环境和利益。彭兆荣提出对于遗产要进行多元理解，"虽然人们对遗产

---

① 牛汝辰：《中国地名文化》，中国华侨出版社1993年版，第2页。
② 王胜三：《方地札记：中国地名文化掠影》，中国社会出版社2018年版，第25—26页。
③ 阎锡广：《地名文化遗产——守望与践行》，董珂、郭晓琳主编：《山东省地名研究文集》，山东人民出版社2016年版，第17—23页。

有一个大致相同的认识,但不同国家、民族、族群、宗教团体、宗族、家庭、个人等对遗产的看法和认识有很大的区别","所以,遗产的概念既有一般性含义,也有特定历史背景下的特定含义;遗产的内涵既具有共同的部分,也有不同的地方"。[①]

按照国际通行的遗产定义,国际古迹与遗址理事会如此予以界定:遗产是一个比较宽泛的概念,既指涉有形的遗存,包括自然和文化的景观、环境、遗址、历史场所、人工建造物,亦指涉无形的东西,包括收藏物品、文化实践、知识传承和社会经历,它们都与过去相关且具有持续性、活态性。[②] 联合国教科文组织《保护世界文化和自然遗产公约》对文化遗产是这样界定的:一是文物类,即"从历史、艺术或科学角度看,具有突出的普遍价值的建筑物、碑雕和碑画、具有考古性质成分或结构、铭文、窑洞以及联合体";二是建筑群类,即"从历史、艺术或科学角度看,在建筑式样、分布均匀或与环境景色结合方面,具有突出的普遍价值的单立或连接的建筑群";三是遗址类,即"从历史、审美、人种学或人类学角度看,具有突出的普遍价值的人类工程或自然与人联合工程以及考古地址等地方"。[③] 这种对文化遗产的界定比较具体,但又似乎显得有些狭窄,因为对文化遗产的理解也是多元的,伴随着时代的变迁而发生变化。

地名是历史与文化的载体,记录了中华民族的历史沿革,记录了自然环境的变迁,记录了先民利用自然、改造自然的历程,记录了中华民族创造的文明成果。关于地名之价值意义,冯骥才指出:"地名是一个地域文化的载体,一种特定文化的象征,一种牵动乡土情怀的称谓。"[④] 也即是说,地名文化不仅仅标识不同类型的地理实体,还承载着人们的情感,具有不可替代的精神价值。正是由于地名文化的情感因素,地名文化遗产应注意挖掘那些具备纪念性特征的人文内涵。故此,李炳尧、刘保全等学者认为:"我们可以将地名文化遗产的定义理解为:中国地名文

[①] 彭兆荣主编:《文化遗产学十讲》,云南教育出版社2012年版,第2页。
[②] ICOMOS: Cultural Tourism Charter. Paris: ICOMOS, 1999. 该定义在彭兆荣、闫玉等学者的论著中,也曾引用过。
[③] 联合国教科文组织:《保护世界文化与自然遗产公约》(官方中文版),1972年。
[④] 冯骥才:《地名的意义》,《人民日报》2011年11月13日第12版。

化遗产，是以地名为载体记录的中华民族所创造的并世代传承的物质文化和精神文化成果。"① 他们进一步从分析地名语词反映出的非物质文化形态入手，探讨前者是后者的载体与传播工具，从而揭示出地名实体积淀的非物质文化遗产元素，最终说明地名文化遗产的非物质文化遗产属性。

作为一种重要类型的文化遗产，地名文化遗产的非物质文化遗产属性的这一论断，应当追溯到2007年召开的联合国地名标准化会议。在会议上，以联合国地名专家组中国分部主席、时任中国地名研究所所长刘保全为团长的中国代表团，向联合国第二十四届地名专家组会议和联合国第九届地名标准化会议，提交了《中国地名文化遗产保护总体规划》草案文本，获得联合国地名专家组主席和联合国教科文组织驻纽约代表的支持与高度评价。② 后者在发言时提出"地名属于非物质文化遗产"的论断，并进行了详细论证：语言是非物质文化遗产的支柱，地名是语言遗产和口头传说的重要元素；地名也经常和非物质文化遗产的其他领域相联系，如表演艺术、社会实践、仪式、节庆、传统工艺以及关于自然和宇宙的知识、实践等；地名的不同社会文化功能经常是紧密联系和相互依赖的。③

2012年，民政部发布《地名文化遗产鉴定》行业标准，地名文化遗产被定义为"具有突出的普遍价值的地名文化"，地名文化遗产应符合这些特征：一是"历史悠久，具有重要的传承价值"；二是"地名语词文化内涵丰富，或具有重要的研究价值，处于濒危状态"；三是"地名实体文化内涵丰富，具有突出的普遍价值"；四是"知名度高，长期稳定，或需要长期保持稳定"。④ 根据联合国第十届地名标准化大会上通过的地名文化遗产保护鉴定标准，衡量地名文化遗产的关键要素包括：地名的产生

---

① 李炳尧、刘保全、刘志聪：《中国地名文化遗产保护理论与实践》，中国社会出版社2018年版，第90页。

② 文景：《北京老地名将开始申遗》，《中国改革报》2011年1月13日第3版；民政部区划地名司：《深入贯彻落实党中央国务院决策部署区划地名工作再上新台阶》，《中国地名》2018年第1期。

③ 宋久成主编：《地名文化研究：概念、少数民族语地名及其他》，法律出版社2013年版，第32页；李炳尧、刘保全、刘志聪：《中国地名文化遗产保护理论与实践》，中国社会出版社2018年版，第96页。

④ 《地名文化遗产鉴定》，浙江省民政厅网：http://mzt.zj.gov.cn。

时间、地名的珍稀程度、地名的纪念特点、地名的吸引力、当地人使用习惯。从上述几项衡量要素来看，陈喜波认为："地名是否构成文化遗产，取决于地名的起源发展及其文化内涵，由此可见地名语义研究对地名文化遗产价值具有举足轻重的作用。鉴于此，地名文化遗产保护应当注重地名语义的研究，从中挖掘、提炼深层次文化内涵，提升其价值含量，从而促进地名文化遗产保护和传承。"①

第三节 学术史回顾

一 地名学史略

中国的地名研究有着久远的历史，当然，如果作为一门较为严格的学科来看，地名学则是近代以来的事情。王新诚指出："以地名作为研究对象的地名学，经历了漫长的孕育过程，直到近代才形成自己的知识体系，成为一门科学。中国现代地名学目前正处于形成时期，但地名和地名学的历史，在我国却源远流长。"② 实际上，大部分治地名研究的专家学者都认同应当区分传统地名学和现代地名学。也即是说，中国历史上是拥有自己的地名学传统的，而现代地名学则是传统地名学的传承与发展。因为任何一门学科的产生及发展并非一蹴而就，中国古代地名学已经达到很高的科学水平③。不过，古代社会并无专职的地名学家，他们大多属于在地名学上做出了一定贡献，那时的地名学也没有自成体系。据目前所知，"地名学"一词最早出现在《综合英汉大辞典》（1928年出版）中，该书将其英文汉译为地名学。④

陈桥驿给予中国古代地名学很高的评价："实际上，世界上对地名学研究渊源最久、成果最丰富的是我们中国。尽管地名学在科学上的定义

---

① 陈喜波：《地名语义与地名文化遗产保护》，郭晓琳主编：《地名观澜》，山东人民出版社2018年版，第41—49页。

② 王新诚：《我国地名学发展的历史回顾》，褚亚平主编：《地名学论稿》，高等教育出版社1986年版，第199—205页。

③ 刘盛佳：《地名学若干理论问题的探讨》，《华中师院学报》（自然科学版）1980年第4期。此文另收录于邱洪章主编《地名学研究》第1集，辽宁人民出版社1984年版，第45—56页。

④ 华林甫：《中国地名学史考论》，社会科学文献出版社2002年版，第15页。

各方看法并不一致,但是它以地名特别是历史地名为研究对象,这是没有疑问的。我国幅员广大,历史悠久,几千年来所累积的历史地名浩如瀚海,是世界上任何国家所望尘莫及的。"[1] 他在《论地名学及其发展》一文中,将其对地名学的看法归纳为三点:第一,地名学主要以历史地名为研究对象;第二,地名学的研究成果可以为其他许多学科所利用;第三,中国具有悠久的地名渊源研究传统,为地名学的产生与发展积累了丰富的资料,建立了巩固的基础。其中,尤其值得注意的是,他还提出传统的地名学偏重地名的静态研究,而要使地名学步入现代科学行列则必须转向地名发展变迁的动态研究。

在长达两千多年的历史发展过程中,中国古代涉及地名的文献史料可谓汗牛充栋,成果丰硕。但是,那时还没有专门的地名学理论专著,很多关于地名学的思想、地名的命名与更名原则等,只是留存在具体地名渊源的解释、论述中。[2] 早在春秋战国时期,就开始出现地名研究,如《穀梁传》提出了地名命名的原则,《尚书·禹贡》对地域的划分体现出最早的系统性思想,这些对以后历代地名研究具有重要的指导意义。其他涉及地名的论著还有《山海经》《管子》《尔雅》《吕氏春秋》《左传》《淮南子》等,成为古代记载地名知识的宝贵古籍。在"二十四史"中,有很多地理志记载了大量的地名资料。历代各种地方史、地方志等,对地名的记载更是多不胜数。邹逸麟指出,《汉书·地理志》是中国第一部具有地名学研究内容的著作。[3] 书中记载了四千多处地名,并对一些地名渊源予以解释。陈桥驿在论述中国地名学及其发展时也指出,地名学研究成果最丰富的当数《水经注》。[4] 它可以看作传统地名学成熟的标志[5],

---

[1] 陈桥驿:《论地名学及其发展》,史念海主编:《中国历史地理论丛》第1辑,陕西人民出版社1981年版,第151—168页。此文另收录于中国地名委员会办公室编《地名学文集》,测绘出版社1985年版,第37—45页。

[2] 华林甫:《中国地名学史考论》,社会科学文献出版社2002年版,第121页。

[3] 邹逸麟:《谭其骧论地名学》,《地名知识》1982年第2期。此文另收录于邱洪章主编《地名学研究》第1集,辽宁人民出版社1984年版,第3—7页。

[4] 张惠岐:《关于地名学研究领域及其理论体系的探讨》,翁振军主编:《地名学理论探索》,邢台市地名委员会1991年版,第113—121页。

[5] 孙冬虎:《清代地名研究的成就与历史借鉴》,中国地名学研究会编:《地名学研究文集》,辽宁人民出版社1989年版,第97—108页。

其研究方法是地名渊源之阐释，此种方法为历代所继承。

传统地名学并没有产生相对成熟、较为稳定的理论体系，因而体现出一定的依附性特点。邹逸麟评论道："我国的传统地名学与历史学、地理学结下了不解之缘。研究地名学的大多是历史学家或地理学家，研究的目的是从地名的命名、发展、变化过程中去探索有关的历史或地理问题。传统的地名学虽然还缺乏现代科学的一些特征，但是在资料汇集、考订、辨析上所下的功夫，使我们后人获益匪浅。"[1] 史念海认为："地名学和历史地理学在那时不仅不能独立自成科学，就是这样的名称也从来未曾见到有人提过；历史地理学稍胜一筹，还能以沿革地理之名为那时学者所齿及，地名学连这一点也是难于谈到的。"[2] 张惠岐也认为："我国地名学的发展是在方志学发展的基础上，流传下来的，是在地理学领域的应用实践中，逐渐分化出来的一门分支学科。通过历史的追溯，我们可以认定地名学的本源，也和历史学、历史地理学一样，都始源于方志学。"[3] 虽然古代中国关于地名的史料非常丰富，但一般只是将其作为研究历史、地理、语言学的论据和材料，没有进一步从理论层面加以总结，从建立一门学科的角度审视地名的专业研究。

关于地名学史的分期问题，牛汝辰将中国地名研究史分为三个时段：古代时段为先秦至西晋以前、西晋到明末；近代时段为明末到清末、民国时期；现代时段为中华人民共和国成立至今。[4] 这种分期主要考虑到中国地图史的实际情况，把民国时期的地名研究列入近代时段的第二个阶段。后来他又阅读到一些相关资料，认为民国时期的地名研究应该放在现代时段里的初级阶段，它是现代地名学史的有机组成部分。[5] 孙冬虎、李汝雯将先秦至清代这个漫长年月视为传统地名学阶段，之后则步入了现代地名学阶段。在传统地名学阶段，基于对学科从"奠基""逐渐成

---

[1] 华林甫：《中国地名学史考论》，社会科学文献出版社2002年版，序。
[2] 史念海：《论地名的研究和有关规律的探索》，史念海主编：《中国历史地理论丛》第2辑，陕西人民出版社1985年版，第36—47页。
[3] 张惠岐：《关于地名学研究领域及其理论体系的探讨》，翁振军主编：《地名学理论探索》，邢台市地名委员会1991年版，第113—121页。
[4] 牛汝辰：《从中国地图史看历代地名研究》，《测绘通报》1986年第6期。
[5] 牛汝辰：《中国现代地名学前期研究概论》，中国地名学研究会编：《地名学研究文集》，辽宁人民出版社1989年版，第85—96页。

熟""继续发展""再度开拓"直至"鼎盛"渐进过程之分析,将其依次划分为先秦两汉、魏晋南北朝、隋唐五代、宋元明、清五个时期。现代地名学阶段的起始划在民国初年之后,而清代学术的某些传统在地名考证等领域仍然得到了延续。① 华林甫以清末民初为界,将中国地名学的发展历程划分为前、后两大阶段,即在此之前是较为漫长的传统地名学阶段,而在此之后则是现代地名学的兴起阶段,从传统迈向现代是一个渐变的过程,并不存在突变之说。② 基于事物发展的一般规律和主要性质,他对传统地名学发展历程及阶段划分有着自己的见解:萌芽于先秦,奠基在秦汉,深入到魏晋,成熟为隋唐,宋元是承前启后,明清则走向鼎盛。对于现代地名学发展来讲,确立于民国时期,发育成长在中华人民共和国成立之后迄"文革"前夕,成熟为"文革"以来至今。如果统而论之的话,"中国的地名学发展大致经历了个体地名研究、群体地名研究和地名整体研究三个阶段"③。

通过对中国地名学史的研究,褚亚平、尹钧科、孙冬虎得出以下结论:第一,"这是一个地名学由其他相关学科的附庸逐渐脱胎出来,并使自身带有某种程度的独立性的历史。我国的传统地名学,主要是对个体地名的含义、命名原因及沿革的探讨,一般没有摆脱历史、地理、语言文字等学科的影响,仅作为其中并不独立的一部分而存在。历史上具有地名研究意义的文献,大致都属于这个范畴";第二,"各个时期地名研究的特点,同国家政治、军事、经济、文化状况构成的学术背景相联系";第三,"传统地名学的研究领域已涉及名与地的关系、命名规则、通名分类、地名的非规范化现象、边疆和域外地名、古今地名定位、古今地图上地名表示法、地名的渊源描述等方面,为现代地名学的成长作了比较充分的铺垫"。④

中国的传统地名学有着悠久的历史,以阐释地名之渊源即地名考证为主流,广泛涉及地名之定位、地名之通名、地名之读音、命名之规律、更

---

① 孙冬虎、李汝雯:《中国地名学史》,中国环境科学出版社1996年版,引言、第177页。
② 华林甫:《中国地名学史考论》,社会科学文献出版社2002年版,第1页。
③ 华林甫:《中国地名学史研究》,山东画报出版社2021年版,第3页。
④ 褚亚平、尹钧科、孙冬虎:《地名学基础教程》,中国地图出版社1994年版,第153、154页。

名之原则等方面。中国古代对地名的研究是有积极贡献的，它为科学的地名学研究打下了坚实的基础。但是，古代的地名研究只偏重于具体地名的记述，而将其视为整体探讨其中的规律性问题则相对欠缺。"中国的地名学研究起步很早，至迟在两汉时期业已奠定了传统地名学的基础，但发展缓慢，没有形成系统的理论体系"，"古人当然不可能从现代科学的角度去观察这些地名学典籍，近人事实上也没有从现代地名学体系上去审视中国地名学发展的历程，所以严格地说，科学意义上的中国地名学史研究，肇始于本世纪 70 年代末"。[①] 开展与地名学史的相关研究，对地名学发展过程中相关事件、人物、著作、方法、观点等予以评说，明确每个时期及其成果的历史地位，充分体现它们对中国地名学的借鉴意义。

放眼国际视野，其他国家对于地名学的研究，一般始于 19 世纪末期或者 20 世纪初期。这些国家包括发达国家，当然也有一些发展中国家，它们都对本国范围内的地名学开展一系列研究，在不同程度和水平上取得了进展，以下择要介绍一下相关著作中提及的国外地名学发展概况。

牛汝辰《名实新学：地名学理论思辨》一书专列"外国学史钩沉"一章，分别对日本、苏联、美国、英国、法国、哈萨克斯坦的地名学情况进行了梳理。[②]

明治维新是日本地名研究的分水岭，可以此划分为前、后两个时段：在前一个阶段里，相关研究主要以大地名、国郡名为关注点，对其进行历史渊源的考证；在后一个阶段里，地名研究则有了明显转型，成为语言学、地理学、历史学等学科共同研究的一个环节。苏联地名学分为三个阶段：第一阶段为 1812—1958 年，以地方性地名研究、地名考证为主；第二阶段为 1959—1973 年，一方面更加注重地名学理论研究，另一方面对地方地名系统进行深入研究；第三阶段为 1974 年以来，地名学研究得到全面发展，还出现了地名学的一些学派。美国的地名分欧洲语言地名和印第安语地名，前者研究主要是历史地理方面的，后者研究比前者更注重语言学方面。英国开始有系统的地名学研究的，应归功于语言学家和历史学家的贡献，涉及古代居民语言的不同层次、地名同国家历史的关系、地区

[①] 华林甫：《中国地名学源流》，湖南人民出版社 1999 年版，第 2、6 页。
[②] 牛汝辰：《名实新学：地名学理论思辨》，中国社会出版社 2015 年版，第 394—407 页。

社会里的地名语源和地名意义等议题。对于法国来说，地名学研究包括地名来源考证和历史变迁、地名之历史层累问题、历史文献所涉地名之搜集、地名研究方法论等议题。第二次世界大战后，哈萨克斯坦开始地名学研究，当时主要是历史学家和地理学家，后来语言学家也参与进来。

华林甫在《中国地名学源流》的"前言"部分，提及美国、英国、法国、苏联和日本五个发达国家的地名学研究情况，同时分析道："尽管这些国家的地名学研究很发达，但多系具体地名或地名群的研究，工具书颇多，研究地名由来和追溯地名语源成为地名学研究的主流，而理论性、总结性著作相对要少得多，有关地名学史的论述只是散见于这些著作之中，没有产生专门的、独立的、自成体系的地名学史著作。"[①]

二 地名的整体论

在扼要回顾了地名学发展历程之后，我们再来看一下地名学研究的整体论思想。地名不仅与人们的日常生活息息相关，而且最重要的是它还与政治、经济、军事、科学、文化等各个方面都有密切关联。王际桐认为："地名研究虽已源远流长，但过去多半是对地名记录、考证，或从语言、政区沿革等某些方面分散地孤立地进行研究，而把地名作为一个整体，对其渊源、发展规律、地名与地理环境、历史演变、语言发展、民俗等各方面以及地名标准化、译写规范化、地名档案、资料的储存检索、地名文献、书刊的编纂等各个方面综合地进行研究，就成为现代地名学的任务。"[②] 例如，不同语言的地名不仅在词汇、语音、语法结构等方面有所不同，而且不同民族对地名的命名还体现出本民族独有的风俗习惯和历史文化特征。

地名是文化的镜像、载体，与文化共生、共变。地名数量庞大，内涵丰富，这是一份宝贵的民族文化遗产，对其研究要有综合化、立体化的视野。牛汝辰指出："为了了解地名内在本质及其发展过程，必须对地名进行多角度、多层次、多因素、多联系、多领域的研究。例如研究地

---

① 华林甫：《中国地名学源流》，湖南人民出版社1999年版，第5页。
② 王际桐：《地名与地名工作》，《地名丛刊》1984年创刊号。此文另收录于王际桐《王际桐地名论稿》，社会科学文献出版社1999年版，第6—11页。

名的演变，不仅要考虑到各个时期的历史特点，还要考虑当地的地理因素、语言的演变、民俗习尚、乃至社会文化特点等等。这种分析方法，不仅是整体的、系统的，而且是反映多层次、多角度的立体关系的方法，它比之那些'平面'式的孤立个体分析方法具有明显的优越性，从而出现了地名学方法发展的立体的综合化趋势。"[1]

王振忠从历史社会地理视角出发，揭示出地名并非一成不变，而是有迹可循的，从中能够看到不同人群对历史记忆的选择。因为"地名折射了区域社会的历史记忆，它不仅具有地理方面的指标意义，而且还蕴含着人群、商业、族姓冲突、民间信仰以及国家政策等方面的诸多内涵"，所以，"对地名的研究，不应满足于简单的地理学分类，而应对地名变迁的历史轨迹，做出较为细致的分析"，"尤其应当重视历史地名变迁的社会地理背景，以期从一个侧面把握区域社会发展的脉络"[2]。这样，既能强调空间层面上的地理要素，又能重视历史时期人的因素，从而为地名研究提供一定的帮助。

葛剑雄提醒我们，研究地名要关注"'地名'以外的地名"。地名不仅反映某一名称所代表的时空范围，往往还包含着其本身之外的诸多方面内容。许多人在谈论地名的时候，经常出现的一个倾向或无意中忽略的是，没有看到地名的时间意义和概念，而只是看到了空间范围中的地名。"但是任何一个空间范围其实都与一定的时间范围相联系，这个时间范围有的长有的短，在这个时间范围里面又与很多地名以外的事物和因素相联系"[3]，因此，我们既要研究地名的本体意涵，还要探讨其历史、社会、文化等各个方面的意义。

地名在历史长河里的发展行进过程，往往与地理、历史、经济、政治、语言、风俗等关系密切，从而形成了以之作为核心载体的地名文化。正如朱竑等人所言，地名的文化性方面内涵丰富，犹如化石之于古生物

---

[1] 牛汝辰：《中国地名文化》，中国华侨出版社1993年版，第25页。

[2] 王振忠：《历史地名变迁的社会地理背景——以明清以来的皖南低山丘陵为中心》，《上海师范大学学报》（哲学社会科学版）2008年第3期。此文另收录于卞利、胡中生主编《民间文献与地域中国研究》，黄山书社2010年版，第459—474页。

[3] 葛剑雄：《悠悠我思》，广西师范大学出版社2022年版，第88页。《地名、历史、文化》一文是葛剑雄于2015年5月28日在《光明日报》"光明论坛"的演讲稿。

学或地质学,"也可以作为文化层的指标,人类文化的方方面面都可以在地名中得到直接的或间接的反映"①。王胜三认为,历史可以划分为三个维度或三个层次,即真实历史、历史记录和历史学,如果按照这样的逻辑探讨地名,也可以将其划分为地名实体、地名文化和地名文化史三个领域。"有的地名实体依然存在,有的地名实体已经消亡,只余下历史地名;地名文化包括现今地名和历史地名的记录;地名文化史主要应该与地方志区别开来","地名文化史是比较专业化的历史记录,以地名为中心点或者说侧重点"。② 地名文化史主要追溯地名的过往,从而达到经世致用之目的。

尹钧科很早就提出"地名群"概念,虽然通过实地调研或文献考证,将单个地名信息如起源、含义、演变等搞清楚是十分必要的,但研究者更应该重视地名群的研究。"所谓地名群,是指在某一地域内较为集中分布的地名群体,组成这种地名群体的有关地名,大致具有相近的形成年代、相同的成因、相似的结构、相关的内在联系。"③ 鉴于地名群涉及语言、历史、地理、民族、经济、社会等多方面内容,因而较之单个地名往往具有更加广阔的时代背景,而且能够体现出更深层次与地名有直接关联的分布、命名、迁移、演变等规律性问题,从而具有更高的科学价值。后来的学者如杨光浴、刘保全也区分了个体地名的实指和群体地名的泛指,即作为具体代号的地名和作为概念表述的地名,"单体地名它不是孤立的,而是地名整体中的分子,要将'地名'放在结构内分解,建立起科学研究系统,把整体与个体、系统与层次、区域与类型等区别开来"。单体地名的考证是必要的,但其终究是散落的、碎片式的,得出的结论也大多属于偶然或特例,故"只有把单体地名放在一个时间平面、一类地名景观平面上去分析,些许能得出必然的认识,才会出现逻辑上的推理运用"。④

---

① 周尚意、孔翔、朱竑编著:《文化地理学》,高等教育出版社2004年版,第71页。
② 王胜三:《书写中国自己的地名文化史》,《中国社会报》2017年7月18日第4版。此文另收录于王胜三《方地札记:中国地名文化掠影》,中国社会出版社2018年版,第6—13页。
③ 尹钧科:《要注重地名群的研究》,《地名知识》1989年第2期。此文另收录于翁振军主编《地名学理论探索》,邢台市地名委员会1991年版,第290—295页。
④ 杨光浴、刘保全编著:《基础地名学概论》,中国社会出版社2012年版,第10页。

三　大运河地名研究

大运河地名是地名研究领域中的重要一类，目前与此相关的研究尚不多见，需要加强这一方面的学术研究。兹将与大运河地名直接相关的论著予以重点介绍，当然在其他论著中也偶有旁涉，此不赘言。

大运河沿线的许多城市与运河同生共兴，城市内的众多地名或与之孪生，或由之派生、衍生、催生，这些地名无疑是大运河文化积淀下的"活化石"。扬州是大运河的原点城市，《扬州印记》由许多位文史专家、地方志作家领衔主创，从河湖、闸坝、津渡、建筑、城镇和街巷入手形成六大篇章，分别对它们进行"溯源""写真""纪事""留影""简史""寻踪"，共计199篇地名文章和地名附录，涵盖了大运河扬州段的地名文化，成为中国大运河地名文化丛书的开篇首秀。该书选取大运河与扬州地名这一独特视角，把与运河有关的地名以及蕴含的故事予以生动形象的讲述。世界运河历史文化城市合作组织执行副主席、扬州市政协主席陈扬认为，透过运河城市的地名看运河文化，这些运河地名联结着历史与当下，昭示着未来，犹如一颗颗璀璨明珠镶嵌在中华大地上。①

张跃西、朱文军《杭州市地名文化遗产保护研究》一文分析了运河城市杭州的地名文化体系特征，指出隋唐时期是"杭州"之称谓开始出现的阶段，这个时期与运河相关的一大特点是："随着大运河的开通、西湖的开发和六井的开凿，山水地名有较大发展，开始出现大量运河地名、西湖景观地名和以井为名的地名。如运河边以河、桥、闸、坝为名称的大河下、小河直街、闸弄口、拱宸桥等；如西湖边灵隐、飞来峰、北高峰、孤山、断桥、龙井、虎跑、玉泉等；如百井坊巷、大井巷、柳翠井巷、义井巷、袁井巷、饮马井巷、白井儿头等。"②

吴玉琨在探讨运河城市德州的地名文化特征时，指出大运河及其形成的商业文化之影响比较凸显，"隋朝开通大运河，德州依此凸显出地理优势，往来德州地区的人群络绎不绝"，"一个个德州地名见证了他们的

---

① 王克胜主编：《扬州印记》，南京师范大学出版社2022年版，序。
② 张跃西、朱文军：《杭州市地名文化遗产保护研究》，吴蓓、宋雪玲主编：《2020年浙江发展报告（文化卷）》，浙江人民出版社2020年版，第164—185页。

经历，他们的经历固化下来也汇成了一个个历史地名，成为地域文化研究的坐标"；"自京杭大运河开通，特别是元朝以来，德州成为运河沿河的四大漕运码头枢纽之一"，以运河商业为依托形成的村落，如渡口驿、四女寺、南口村、北口村、罗厂村、青苏厂、袁厂等，沿运河逶迤而下。①

王铭《北京通州非遗的历史文脉与通州运河文化》一文从大运河文化带视角，分析运河城市通州非物质文化遗产和大运河之间的历史与现实关联。其中，关于"通州"之得名值得关注："'通州'得名，时在金代，意即'漕运通济'之州。这一名字，从历史上系金代海陵王完颜亮从遥远的东北金上京迁都至中都（今北京）之前不久所改，实际上反映了完颜亮对于通州作为漕运关键码头支持将要营建的京城的功能寄予厚望。'通州'取名为'通'，又有漕运'通达'、往来'通路'之意，具有流动性特征。"② 元明清以来，通州在京杭大运河漕运中发挥了重要作用，在运河两岸传唱的民谣就突出了通州城以及周边运河地名的特点。经过数百年的漕运发展，通州运河沿岸还逐渐形成了一些与漕运相关的地名，展现了漕运时代的独特印记：一为码头地名，如土坝、石坝、张家湾等；二为桥闸地名，如八里桥、通运桥；三为仓储地名，如通州城内的大运中仓、南仓、西仓，以及街道地名中的中仓街道；四为屯厂地名，如皇木厂、竹木厂、窑厂、江米店等。

陈孝忠、洪再生等以大运河天津段沿线地名为例，探讨运河地名文化的价值与保护。天津也是重要的运河城市，形成了不同类型的运河地名，如因运河本体得名、因运河附属设施得名、因运河相关事件得名。因运河附属设施得名类型又包括因运河管理机构得名、因运河储藏地、码头渡口得名。因运河相关事件得名类型涉及军事屯田、帝王出行、名流驻足等。运河地名文化的价值在于"运河功能的展现""运河两岸人类活动类型的见证""天津地名文化的重要组成部分""南北物质、文化交流在天津的展现"，而保护运河地名文化的措施涉及"进一步研究运河地名文化的价值""在新农村'迁村并点'过程中注意运河地名文化的保

---

① 吴玉琨：《德州地名文化特征及其成因》，《德州学院学报》2020年第5期。
② 王铭：《北京通州非遗的历史文脉与通州运河文化》，王胜三、浦善新主编：《方舆：行政区划与地名1804》，中国社会出版社2018年版，第143—149页。

护""将运河地名文化纳入到大运河保护规划中"。①

关于大运河天津段地名研究的还有赵静媛、郭凤平等《浅谈天津漕运与地名文化保护》一文,"天津的形成始于京杭大运河的开通,元明清定都北京,途经天津地区漕运的兴盛,造就了天津的发展与繁荣,同时也成就了一批与漕运相关的地名,成为城市文化的重要组成部分之一,见证了城市的发展"。② 漕运对天津地名的影响表现在以下几个方面:一是,以河流水系等自然地理特征为名;二是,以漕运码头及仓廒设施为名;三是,以漕粮督运、税收机构为名;四是,以漕运衍生出的商业、手工业和各种服务性行业为名;五是,以漕运兴起的妈祖文化为名。对天津漕运历史地名的保护利用,可以借助宣传力量进行弘扬,建立历史地名保护制度,以及与历史文化街区、名镇、名村保护相结合。

运河城市济宁的地名研究有两篇文章,一为张培安《大运河与济宁地名》,二为刘晓玲《从地名中解读运河文化——以山东济宁地名为例》。前者认为:"地名是一个地方在一定的社会时期政治、经济、文化、风俗的反映,纵观今天济宁城区的许多地名,其由来与演变与大运河息息相关,林林总总的济宁地名,是大运河哺育繁荣济宁的风情画。"③ 济宁地名分为以码头、河埠、桥梁、涵闸命名的地名,以与运河相关的官署机构命名的地名,以厂坊、店铺等行业市场命名的地名,以名人胜迹命名的地名,以及城区带"口"字的地名。后者梳理了济宁运河地区的众多地名,从中探析地名所反映的漕运官署文化、工商业文化、城镇文化以及水乡文化内涵。"纵观运河地名,其由来与演变与大运河息息相关,品位这些地名,可以感受其中蕴含的永不枯竭的运河文化风貌,领略一幅

---

① 陈孝忠、张博、张燕荣、刘铧文:《浅谈运河地名文化的价值与保护——以大运河天津段沿线地名为例》,天津市城市规划学会编:《规划,让城市更具活力与品质:2012年魅力天津·学会杯优秀学术论文集》,天津科学技术出版社2012年版,第304—310页;洪再生、陈孝忠:《浅谈大运河天津段运河地名文化的价值与保护》,中国文物学会传统建筑园林委员会主编:《建筑文化遗产的保护与利用论文集:纪念〈世界遗产公约〉发表四十周年学术论坛暨中国文物学会传统建筑园林委员会第十八届年会》,天津大学出版社2012年版,第76—80页。

② 赵静媛、郭凤平、戴学来:《浅谈天津漕运与地名文化保护》,《中国地名》2012年第1期。

③ 张培安:《大运河与济宁地名》,山东省济宁市政协文史资料委员会编:《济宁运河文化研究》,山东友谊出版社2002年版,第250—262页。

大运河哺育沿河城镇的风情画卷。"①

在运河地名变迁方面,王聪明、李德楠作有《记忆的嫁接:古淮阴地名的嬗变与传承》,马俊亚作有《从沃土到瘠壤:明清淮北地名变迁与水患成因》。前者从历史地理学的角度,对淮阴城址及政区变化予以考证,"通过阐释'明清淮阴为山阳'这样的史实,以及在山阳县境重建以淮阴为内核的地理景观,对地名蕴含的文化记忆功能进行分析,试图理清淮阴的行政与文化归属问题"②,这对今天的运河地名文化传承具有重要的启发意义。后者考察了淮北地区从沃土到瘠壤的变迁,指出"明清政府在淮北的治水,首要目的不是防灾减患,而是维持漕运,严重地破坏了淮北的水文和生态环境,使水资源极为丰富的淮北成为一个工程性缺水、水质性缺水,甚至季节性缺水与季节性洪涝并行的地区"③,对淮北地名变迁造成的影响是,当地人方言中长期称"田"为"湖",已经忘记了田湖之别。

在运河具体地名考证上,有几位学者用力颇多。大运河枣庄段开凿于明朝万历年间,史称"泇运河"。它是大运河河道上比较年轻的一段,又被称为"黄金水道"。开凿之初,围绕政治上利弊得失、技术上水利难题,朝廷各派进行了激烈论争与博弈。吴元芳《泇运河的名实之辩》一文在分析运河东迁、泇河之议、泇河之开、泇河之绩的基础上,分析开泇精神和文化记忆;在梳理泇河名称由来和各种别称、中河名称及其演变、泇河和中河管理体制基础上,指出用中河统名泇河名不副实。④ 明清两朝不断加强对泇运河的管理和改造,与之相关的文献史料弥足珍贵,具有重要的研究价值,需要进行系统性的整理、分析与研究。经过四百多年的变迁,积累了丰富的物质文化遗产和非物质文化遗产,亟待保护发掘。

2018 年,淮安市淮阴区恢复使用"马头"老地名,体现出地名文化遗产保护的意义。马头即马头埽,属于埽工的一种,作为大型水工建筑,

---

① 刘晓玲:《从地名中解读运河文化——以山东济宁地名为例》,《山东档案》2021 年第 4 期。
② 王聪明、李德楠:《记忆的嫁接:古淮阴地名的嬗变与传承》,《地方文化研究》2019 年第 2 期。
③ 马俊亚:《从沃土到瘠壤:明清淮北地名变迁与水患成因》,《史学集刊》2022 年第 4 期。
④ 吴元芳:《泇运河的名实之辩》,《枣庄学院学报》2021 年第 4 期。

起到控水、护堤等作用。因其控扼运口，地当要冲，且与陆地接合部分面积较大，吸引了大量民众前来经商或居住，日久天长形成大镇。最迟在明朝嘉靖年间，马头镇成为大运河沿线著名市镇。徐业龙《运河水工文化记忆："马头"地名源流考略》一文对马头镇的地名文化进行了细致研究，指出马头由工程名称演变成地名，具有极其深厚的历史文化意蕴。① 作为千里运河线上最重要的古清口水利枢纽工程遗址所在地，马头被视为运河第一要枢，这些水利设施体现了明清两代水工建设的最高水平，成为大运河申报世界遗产的重要实物载体，也决定了淮阴在运河发展史上的地位和影响。

淮安清江闸是大运河上颇具代表性的遗产点之一，因其较为完整地保存了运河船闸系统而著称，李德楠、王聪明《运河清江闸、龙汪闸名称考辨》一文对其名称及别称进行了辨析。清江闸的别称有龙王闸、龙汪闸，其名大约于康熙十三年（1674）至十七年（1678）或十八年（1679）间开始出现，到了乾隆三年（1738）恢复使用清江闸名称。淮安境内的龙汪闸并非只有一处，明朝万历年间在永济河上所建龙汪闸，实为《明会典》误载所致。龙汪闸又名龙王闸，应该是清江闸先更名为龙王闸，企图利用龙王神明的力量来抑制多发的水患，到了后来才俗称龙汪闸，两种称呼实可相互替用，但龙汪闸之称更为普遍。②

刘芹《高邮明清运河故道沿岸地名中的神灵膜拜》一文揭示了运河地名反映出来的信仰文化。高邮明清运河故道沿岸分布有众多水工遗迹和历史文化景观，如车逻坝、御码头、界首大码头、平津堰、万家塘、杨家坞、镇国寺塔、耿庙石柱等，它们富含运河文化。其中，露筋祠与运河女神露筋娘娘有关，耿庙石柱与渔民守护神耿七公有关。它们都是因运河而生的神化形象，"这神化形象的背后，既是运河民众与水的各种辛酸过往，又是运河民众对未来的期望。运河神灵作为大运河畔民众祖祖辈辈的心灵寄托，是运河民众遭受苦难的慰藉之所，憧憬幸福的力量源泉"③。

隋唐时期是大运河东西向发展期，此时的经济重心逐渐向东南转移，

---

① 徐业龙：《运河水工文化记忆："马头"地名源流考略》，《江苏地方志》2021年第4期。
② 李德楠、王聪明：《运河清江闸、龙汪闸名称考辨》，《淮阴工学院学报》2019年第4期。
③ 刘芹：《高邮明清运河故道沿岸地名中的神灵膜拜》，《档案与建设》2020年第3期。

都城长安的经济需要倚重东南地区。为了加强经济发达地区与政治中心地区的联系，同时也为强化中央王朝对全国范围的统治，隋唐两朝着力畅通、拓展以洛阳为中心，向东北、东南延伸的东西向水运交通。[①] 钟军、朱昌春、蔡亮所著《隋唐运河故道地名考》一书分上、中、下三大篇章，上篇探讨广通渠及其黄河段、谷水漕运故道地名，中篇探讨通济渠及其故道地名，下篇主要探讨永济渠、桑干河及其故道地名和幽州城及城坊地名，考证比较详细。[②]

大运河文化带建设是新时期提出的首个以文化建设为指向的线性带状区域发展战略[③]，将运河地名研究与大运河文化带建设联系起来有两篇文章。李德楠《地名研究与大运河文化带建设——"里下河"地名的个案考察》一文指出："地名是大运河变迁的历史见证，大运河文化带建设为运河地名研究提供了良好的机遇。今后要紧跟大数据时代潮流，加大运河地名文化研究，将运河地名资料整理与数据库建设相结合，创建运河地名特色数据库，提高地名文化保护的水平，为专家学者开展运河研究提供资源检索。"[④] 刘芹以明清时期高邮段运道为案例，探讨大运河地名研究在文化带建设中的价值。她通过挖掘大运河沿岸地名三个层次的文化，揭示出大运河文化的民族精神，"既要做好运河沿岸地名文化遗产的保护传承工作，同时为运河旅游文化带建设提供文化素材"[⑤]。

至于研究大运河聊城段地名的主要有四篇文章，分别探讨了临清、张秋镇的地名文化。王萤对文学作品《金瓶梅》涉及的地名进行考证，弄清了这样一个问题："《金瓶梅》据以描写的真实地理环境，并非明代

[①] 郭涛：《大运河：承载中国水利文明的活态文化遗产》，《中国三峡》2012年第10期。此文最初刊登于新华社《瞭望》新闻周刊2012年8月20日，第34期；后来又收录于《2013年中国水利学会水利史研究会学术年会暨中国大运河水利遗产保护与利用战略论坛论文集》，2013年11月30日。

[②] 钟军、朱昌春、蔡亮：《隋唐运河故道地名考》，中国社会出版社2017年版。

[③] 李崎、胡付照：《新时代大运河文化带建设对策研究》，九三学社江苏省委员会编：《科技创新与促进江苏区域协调发展》，东南大学出版社2019年版，第234—238页。

[④] 李德楠：《地名研究与大运河文化带建设——"里下河"地名的个案考察》，《淮阴工学院学报》2020年第2期。

[⑤] 刘芹：《运河沿岸地名史话研究在"大运河文化带"建设中的意义——以高邮明清运河故道为例》，《江苏地方志》2020年第4期。

直隶广平府清河县，即今河北清河县，而是明朝弘治之后的山东东昌府临清州，即今山东省临清市。"① 王连洲对《金瓶梅》一书中出现的部分临清地名也做了一些考证，指出"小说本事是发生在清河县城，而主要场景却是写与清河毗邻的临清。除书中多处直接提及临清外，在书中出现的城区细部地名也以临清为最密集，景物描写也最具体"②，明确地提出地理背景是山东临清与"名托清河，实写临清"的论证。后来，他又写作一文作为续考，进一步指出："我们论定临清是《词话》真实地理背景，依据的不仅是一堆与书载相同的地名集合。同时注意到它们的相互位置与故事叙述有惊人的一致性。"③ 关霞以张秋镇挂剑台为例，探讨地名文化与区域经济社会发展之间的关系问题。④

综上所述，目前学界已在运河城镇地名、运河水工地名、运河河道地名的考证，运河具体地名的变迁，运河地名文化的价值与保护，以及运河地名研究与大运河文化带建设等方面取得了一些成果。不过，与其他类型地名研究相比，运河地名研究明显不足。研究运河地名意义重大，且有待进一步深化的必要。本书将以文献史料为基础，结合实地调查、口述访谈，对京杭大运河聊城段⑤地名文化、地名遗产现状及其遗产价值

---

① 王萤：《〈金瓶梅〉地理背景为今山东临清市考》，聊城《水浒》《金瓶梅》研究学会编：《〈金瓶梅〉作者之谜》，宁夏人民出版社1988年版，第270—283页。

② 王连洲：《〈金瓶梅〉临清地名考》，聊城《水浒》《金瓶梅》研究学会编：《〈金瓶梅〉作者之谜》，宁夏人民出版社1988年版，第284—307页。

③ 王连洲：《〈金瓶梅〉临清地名续考——再谈〈金瓶梅〉地理背景是明山东临清州》，王利器主编：《国际金瓶梅研究集刊》第1集，成都出版社1991年版，第217—244页。

④ 关霞：《地名文化与区域经济社会发展之间的良性互动——以张秋镇挂剑台为例》，郭晓琳主编：《地名观澜》，山东人民出版社2018年版，第133—146页。

⑤ 本书考察的京杭大运河聊城段以当下行政区划为基准，即京杭大运河流经今聊城市的空间范围。聊城市位于山东省西部，北部和东北部与德州市接壤，南部和东南部隔金堤河、黄河与河南省及山东省的济宁市、泰安市、济南市为邻，西部靠漳卫河与河北省邯郸市、邢台市隔水相望。全市总面积约8700平方公里，辖东昌府区、茌平区、临清市、冠县、莘县、阳谷县、东阿县、高唐县8个县（市、区）和聊城经济技术开发区、聊城高新技术产业开发区、聊城江北水城旅游度假区3个市属开发区。在具体行文过程中，或者基于简化之便，或者基于特定场景，对"京杭大运河聊城段"有不同的表述，如"大运河聊城段""聊城运河"等，而对"京杭大运河"有时也称作"大运河"或"运河"，并不影响理解，特此说明。另外，有的学者还使用"山东聊城段运河""聊城段运河""京杭运河聊城段""聊城境内段运河"之称，参见陈昆麟、陈笑天编注《山东聊城段运河备览》，山东省地图出版社2009年版。

进行梳理与分析，同时探讨运河地名文化遗产保护、传承和利用的具体路径与方法。

结　语

作为世界上开凿最早、航程最长的人工水道，大运河与长城、坎儿井并称为古代中国三项伟大工程，成为中国文化地位的重要象征。大运河绵延两千多年，纵横三千里，不仅沟通了吴越、淮扬、中原、齐鲁、燕赵、京津等地域文化，而且还连接海陆与域外国度相通。如果从2004年正式提出大运河"申遗"开始算起，至2014年大运河成功列入《世界遗产名录》，可谓走过了不平凡的十年寒暑。大运河"申遗"之成功具有里程碑意义，标志着对于大运河的保护传承利用开启了一个崭新的阶段。我们应当认真审视大运河的文化意义和遗产价值，在最大限度上发挥大运河在新时代里的多元职能。

大运河既是一项水利工程，又是一个地区范畴，更是一种文化概念。目前，大运河研究取得了丰硕成果，涉及河工河政、黄运关系、治河方略、古籍文献、民俗艺术、文物保护、建筑规划等领域，但是，将地名与大运河结合起来的研究还有待进一步加强。在历史发展过程中，地名是大运河变迁的重要载体，之所以选择大运河地名文化作为研究对象，主要还基于以下原因：一是大运河虽然主体单一，但其流经的区域社会比较广泛；二是大运河涉及交通航线布控、水利工程建设等科技因素，凝聚了历史、地理、政治、经济、社会、文化等众多领域的大量信息；三是时机早已成熟，自大运河"申遗"成功后，为探索跨区域地名文化与其他文化遗产之间的关系提供了有利条件。

第二章

大运河的时空演进与聊城段运道

中国大运河由隋唐大运河、京杭大运河和浙东运河三大部分构成，这也是入选《世界遗产名录》的遗产河段。实际上，大运河由不同的河道组成，它们各自流经不同的区域，而且也拥有不同的历史起源。在地名文化方面，这种特征尤其表现在不同历史背景下对于"运河"的认知与界定。本章首先对"运河"之名进行知识考古，接着整体考察大运河开发的历史，尤其分析基于不同标准出现的分期问题，最后聚焦到鲁西地区的生态环境以及大运河聊城段的开凿过程。

第一节 "运河"之名的知识考古

一 知识的考掘

人们可能对运河并不陌生，有些人甚至世世代代居住在运河岸边，但是，如果上升到学术研究层面发问，许多人对运河概念的认知却会出现偏差。由于涉及与运河相关概念使用上的不同，人们往往对运河的形成与发展历史产生诸多误解。运河概念的形成是如何发生的，它的内涵又是如何变迁的？不同语词表述之间有哪些要素是重合的，哪些又呈现出差别？这样的重合和差别如何发生？运河概念流变的历史环境、社会背景是怎样的？以及认知这些意义变迁对于探索运河文化内涵的开放性又能提供怎样的启示？所以，在研究与运河相关的地名之前，有必要先对运河概念进行一番知识的考掘。为此，我们可以借鉴傅柯（Michel Foucault）的知识考古研究路径，以历史上形成的各种概念，以及围绕此界定而开展的实践活动为分析对象，从而描绘出运河概念的行走轨迹。当然，这种路径亦可以运用于后文对运河地名的具体研究中。

"知识的考掘"是傅柯作品在中国台湾出版时使用的译名，后来的大陆版本书名改用"知识考古学"。米歇·傅柯（1926—1984），法国哲学家、社会思想家，"当代欧美学界最受瞩目的文化、思想史学者之一"[1]。考掘学的建立是《知识的考掘》全书议论的焦点，正如译者王德威分析道："在傅柯的定义里，'考掘学'应与传统的'历史、史料学'相对立。一反以往史家依赖时间坐标所敷衍的延续性、叙述性史观，'考掘学'从空间坐标出发，强调历史的断层性及物质性——就像考古学的遗址遗物一样，层层积累、错综零碎，有待我们不断的挖掘拼凑。借此傅柯申明每个时期的'精神'、'文明'、'意义'的流变不是自发连续的，而总是有一横向的、矛盾的、扩散的特征。'考掘学'的用意，即在描述这些特征，从而再思'人为'知识和历史的有限性与无常性。"[2]

我们在面对有关运河概念不同"文本"表述的时候，应当具备一种知识考古学的态度。针对历史文献、历史文物不同的呈现面向，要回到不同的历史现场提出不同的问题并进行反思。傅柯强调，将文本置放于特定的场域中进行阐发，解读文本背后的符号、话语、意义等，这即是对知识进行的考古实践。之所以会有考古追寻，抑或为什么要建立知识考掘学，源于后现代主义思潮的影响。在傅柯看来，"客观性"只是一个幻觉，"历史客观性"仅是话语建构所为，而且也并不存在跨知识型的客观性，只能在特定的知识型或认识中谈论它才具有意义。"对史学而言，文献不只是史家用以重塑人类过往言行的一些生硬材料，或是过去事件硕果仅存的记录；历史现在力图自文献性的资料中找出'一统'、'整体'、'系列'、'关系'的定义。历史必须自此一因循多年的形象中解脱出来，因为此一形象一直为历史在人类学方面的意义提供一个有力的借口。"[3] 当面对不同历史现场的时候，要试图挖掘历史文献与历史文物的不同层面，寻求

---

[1] [法] 米歇·傅柯：《知识的考掘》，王德威译，台北麦田出版有限公司1993年版，译序。

[2] [法] 米歇·傅柯：《知识的考掘》，王德威译，台北麦田出版有限公司1993年版，译序。

[3] [法] 米歇·傅柯：《知识的考掘》，王德威译，台北麦田出版有限公司1993年版，第74页。

"知识"在不同层面中的不同形态,追究其之所以可能的理由。

知识考古学所要发掘的东西,就是要揭示在一定历史背景之下,性质迥异的"话语"是如何形成的,有什么样的构成规则。傅柯的立论也是基于话语加以展开的,但是他并没有将话语局限在语言分析的范围,而是扩大其定义,泛指人类历史长河中所有知识信息之有形或无形的传递现象。以此综观,特定的话语存在于社会的各个层面,各种各样的话语组成了某一时期的历史文化,它们之间相互推衍联结便形成了可以辨识的"话语形构"。对话语形构的探讨离不开对其所统辖的诸如"陈述"(中国台湾地区版本译为"声明")与"句子"的组织、规则与策略相关研究的"推理式实践"。作为一种推理式实践,话语不仅仅是语义学、符号学的对象,而且也是知识考古学的"档案"。知识考古学的档案如同其他考古发掘的文物一样,成为理解不同时代思想的例证,而并非只是存在于特定时空脉络之下具有连续性意义的封闭系统。

因此,采取傅柯的知识考古路径,实际上也就是使用话语理论分析知识在生产中的变化。按照傅柯的逻辑,从社会历史角度对变化着的话语形构予以考察,而话语形构即多个陈述按照特定规则进行的组合,抑或一个知识领域。话语分析的意涵主要有以下三个方面:一是分析陈述如何遵循特定结构规则而展开;二是分析特定领域的陈述与其所处的经济、政治、社会等背景如何相联系;三是分析构成陈述的关键元素——概念是什么,它们在特定场景中如何生成,相互之间又如何关联。可见,概念的形成是知识考古学的着力点。接下来,我们看一下"运河"概念的生成与变化。

二 "运河"概念考

何谓运河?通过查阅辞典,我们不难找到对它的说明。最具权威性的《辞海》是这样界定运河的:"人工开挖的水道,用以沟通不同河流、水系和海洋,联接重要城镇和工矿区,发展水上运输。"[1] 此一定义主要落脚在近现代时期,强调运河的人力属性与航运价值。运河不独中国有,巴拿马运河沟通太平洋与大西洋,苏伊士运河衔接地中海与红海,二者

---

[1] 《辞海》(工程技术分册·下),上海辞书出版社1982年版,第174页。

都是典型的人工水道。一般来讲，运河的出现确实由人工开凿，但中国的运河又有其自身特点，在广泛利用的过程中，经常借用黄河、长江等自然河流，或者东平湖、射阳湖等天然湖泊。所以，它不仅仅是人工的，而且与自然密切相关，上述运河概念有存疑的成分。

另一权威工具书《中国大百科全书》所列许多学科，如"中国地理""世界地理""经济学""交通""水利""土木工程"等，都有与运河相关的条目，但以"中国历史"中的条目篇幅最大、内容最丰富、介绍最系统，分别由四位对运河各个时期有专攻的学者撰写。不过，王健指出有关明清时期对于运河的介绍存在几处问题：一是对清朝的记载较为详细，但对明朝的记载则相对简陋，而且还"疏漏了明朝京杭大运河改线，开凿南阳新河、泇河，以及全线贯通并开创漕运全盛时代的史实"；二是叙述中出现"清代沿明旧""台儿庄至淮阴段是利用黄河，漕称'河漕'"等比较明显的史实失误。当然，这是鉴于《中国大百科全书》的高度权威性和影响力而提出的商榷，因为古代运河之争早已显现，"单说运河曾经出现过的名称、河道、线路、里程等方面的变化令人眼花缭乱，各种文献众说纷纭，目不暇接，完全弄清楚非常困难"①。

关于运河的最早表述应当追溯到春秋战国时期"邗沟"之名，这也是在中国历史文献记载中第一条有确切开凿年代的河道。公元前486年，吴王夫差为了北上争夺霸业，开凿了这条北入淮河、南接长江的运道。邗沟又有邗溟沟、邗江、渠水、中渎水等之称，成为后来大运河的起始河段。② 这是有确切纪年的情况，还有一种情况是如陈桥驿所言有文字记载的最早运道，即见于《水经·济水注》中的记载："偃王治国，仁义著闻，欲舟行上国，乃通沟陈、蔡之间。"偃王是一位传说人物，《后汉书》列于《东夷列传》："穆王畏其方炽，乃分东方诸侯，命徐偃王主之。""周穆王是西周的第五代国君，其在位约当公元前11世纪到10世纪，则徐偃王开凿这条运河，是目前尚可见诸记载的最早运河。"③ 按照安作璋

---

① 王健：《〈中国大百科全书·中国历史〉"运河"条目商榷》，《学海》2007年第2期。
② 刘庆余：《世界遗产视野下的线性文化遗产旅游合作研究：以京杭大运河为例》，中国经济出版社2015年版，第97页。
③ 陈桥驿：《南北大运河——兼论运河文化的研究和保护》，《杭州师范学院学报》（社会科学版）2005年第3期。

的分期，在早期运河时代，区域社会范围内经由人工开凿的一些河道，一般使用"沟""渠""渎"等代称运河。例如，三国时期曹操利用黄河故道所修"白沟"，又名"宿胥渎"。汉朝有"漕渠"名称的出现，汉武帝"悉发卒数万人穿漕渠，三岁而通"①。隋朝至宋朝，仍然延续汉朝漕渠之称谓。

张礼恒、吴欣、李德楠认同"运河""大运河"语词与概念的使用始现于宋朝②，其论据在于《新唐书》有"开成二年夏，旱，扬州运河竭"③和《咸淳临安志》有"过东仓新桥入大运河"④的记载。刘恋、马俊从三个方面对"运河"定名于宋进行了历史考察：通过运河指称的史籍考索，可以认定"宋代'运河'一词的出现可提前至北宋真宗年间"；通过运河异名的历时流变，可以看到"宋代以'运河'逐渐替代'漕河'，既渊源于既有的'漕运'成熟体系，又发明于宋代的'纲运'制度创设，自此宋代'运河'所包举的完全意义已呼之欲出"；通过运河定名的时势探究，可以推论"宋代的隋唐运河不仅构筑了王朝赖以立国的'生命线'，而且掌握并行使了这一黄金水道的'命名权'"。⑤可见，宋代成为隋唐运河的集大成者，其最直接的证明便是始有"运河"之定名。

《新唐书》是北宋欧阳修、宋祁等人编纂的一部有关唐朝历史的纪传体史书，上述记载是对唐代长江流域自然灾害的部分记录，说明了当时发生旱灾的严重程度，扬州的运河完全干涸。《咸淳临安志》的详细记载是："下塘河，南自天宗水门接盐桥运河，余杭水门接城中小河清湖河，二河合于北郭税务前，由清湖堰闸至德胜桥，与城东外沙河菜市河泛洋湖水相合，分为两派，一由东北上塘过东仓新桥入大运河，至长安闸入嘉兴，曰运河，一由西北过德胜桥上北城堰，过江涨桥、喻家桥、北新桥以北入安吉州界，曰下塘河。"⑥此处提到的大运河，应当特指江南

---

① （汉）司马迁：《史记》卷29《河渠书》，中华书局1959年版，第1410页。
② 张礼恒、吴欣、李德楠：《鲁商与运河商业文化》，山东人民出版社2010年版，第8页。
③ （宋）欧阳修、宋祁：《新唐书》卷36《志第二十六·五行三》，中华书局1975年版，第947页。
④ （宋）潜说友：《咸淳临安志》卷35，台北成文出版社1970年版，第355页。
⑤ 刘恋、马俊：《"运河"定名于宋的历史考察》，《档案与建设》2020年第6期。
⑥ （宋）潜说友：《咸淳临安志》卷35，台北成文出版社1970年版，第355—356页。

运河。

《宋史·河渠志》有这样一条记载："（徽宗政和）二年七月，兵部尚书张阁言：'臣昨守杭州，闻钱塘江自元丰六年泛溢之后，潮汛往来，率无宁岁。而比年水势稍改，自海门过赭山，即回薄岩门、白石一带北岸，坏民田及盐亭、盐地，东西三十余里，南北二十余里。江东距仁和监止及三里，北趣赤岸瓯口二十里。运河正出临平下塘，西入苏、秀，若失障御，恐他日数十里膏腴平陆，皆溃于江，下塘田庐，莫能自保，运河中绝，有害漕运。'诏：亟修筑之。"① 嵇果煌认为这段记载中张阁奏折提到的"运河"一词，才是最早出现的有力证据，即时间为宋徽宗政和二年（1112）。"这是因为《宋史》虽然撰写、编纂于元末，但在编纂时，都是遵照宋代历朝的实录以及包括朝臣和地方官员的奏折等在内的各种历史档案为依据的。所以上引记载中的张阁之言，应该是北宋时兵部尚书张阁向朝廷进行奏报或所写奏折中的原话，而并非《宋史》执笔人之所为。"② 可见，在北宋后期的官场中，"运河"一词似乎已普遍使用。

运河的"运"字本意为运输，古时运河发挥的主要作用在于漕粮运输。《说文解字》解释"漕"为"水转谷也"③，即利用水路来转运粮食。到了隋唐时期，具有漕运功能的人工河道大多被称为"漕渠"或"漕河"。《通典》记载："天宝三年，左常侍兼陕州刺史韦坚开漕河，自苑西引渭水，因古渠至华阴入渭，引永丰仓及三门仓米以给京师。"④ 宋朝以后，虽然仍用"渠""河"等词指称某段运道，如永济渠、会通河，但是，尤其在元、明、清时期，使用"运河""大运河"这两个语词统指某一段运道或整体意义上的运河成为一种趋势。《明史》和《清史稿》均列运河专篇，特指北京至杭州的运河。不过，明朝也多用"漕河"之名，"漕河之别，曰白漕、卫漕、闸漕、河漕、湖漕、江漕、浙漕"⑤；清朝倾向于直接称"运河"，"运河自京师历直沽、山东，下达扬子江口，南北

---

① （元）脱脱等：《宋史》卷96《河渠志》，中华书局1977年版，第2386页。
② 嵇果煌：《中国运河三千年》，上海科学技术出版社2020年版，第689、690页。
③ （汉）许慎：《说文解字》卷11，中华书局1963年版，第237页。
④ （唐）杜佑：《通典》卷10《食货十·漕运》，中华书局1988年版，第213页。
⑤ （清）张廷玉等：《明史》卷85《河渠志三·运河上》，中华书局1974年版，第2078页。

二千余里，又自京口抵杭州，首尾八百余里，通谓之运河"①。

清朝咸丰五年（1855），黄河在河南铜瓦厢决口，洪水泛滥鲁西地区，截断运道，北徙后改由山东入海。山东境内运道废弛，南北航运被迫中断。光绪二十七年（1901），停止河运漕粮，标志着运河漕运功能的终结，而漕河之名也随之失去了存在的意义。

三 运河称谓的发展

上述可见，不同时期的运河有不同的称谓。清朝水利专家傅泽洪在《行水金鉴》一书中说"运道有迹可循，而通变则本乎时势"，说明变通是运河的属性，开拓是其生命之源，这同样适用于运河名称的变化。傅泽洪（生卒年不详），字稚君，一字育甫，号怡园，官至分巡淮扬道按察司副使，任淮扬道河官20余年，拥有丰富的治水经验。② 张强指出："唐宋以前，运河主要有'沟'、'渠'、'溪'、'浦'等称谓。唐宋以后，因运河在维护国家安全、供给京师、稳定社会秩序、繁荣经济、发展农业等方面扮演重要的角色，因此受到统治者的高度重视，从此有了'官河'和'运河'之称。"③

吴欣认为："运河名称的变化直接指示了运道以及其背后时势发展变化的趋势，从渠、沟到漕渠、漕河，再到运河、运粮河、大运河，大运河名称经历了由区域到跨区域、由专称到统称再到专称、由'漕'到'运'或'漕''运'兼称的不同阶段。长时段来看，尽管称谓本身是语言习惯的表现，但是称谓习惯的形成也是社会意识的反映和社会文化的积累。"④ 她进一步分析道：首先，运河的基本功能是漕运，漕河、漕渠之名都突出了这种功能；其次，这些名称既反映了运河功能逐渐增加、社会交流日益频繁，又体现了社会发展的过程；最后，名称的演化不仅说明了历时性变迁，而且区域性空间差异亦可见一斑。

所以，运河是一个广义的概念，也是一个不断建构、不断发展的概

---

① （民国）赵尔巽等：《清史稿》卷127《河渠志二·运河》，中华书局1977年版，第3769页。
② 王云、李泉等：《中国运河文献书目提要》，人民出版社2012年版，第147页。
③ 张强：《运河学研究的范围与对象》，《江苏社会科学》2010年第5期。
④ 吴欣：《大运河文化带的内涵与价值》，夏锦文主编：《大运河文化研究》第1卷，江苏人民出版社2019年版，第52—58页。

念。至于"京杭大运河"之名的出现,则是相当晚近的事情了,它应该是一个现代才出现的称谓。20世纪90年代,著名史学家白寿彝主持编写的《中国通史》最早使用了这个概念,书中有一节的标题为"京杭大运河的全线贯通与整治",文中指出元朝"划直修凿大都通往江南的京杭大运河,以替代隋唐以来那条以中原地区为中心的旧运河"①。究竟何时把大运河名称之前冠以"京杭"二字,现在尚未考证清楚。实际上,京杭大运河概念的使用,应当特指元朝以来开凿与疏浚的自北京到杭州的运河,而不能指涉中国运河的全部。

陈桥驿提出"南北大运河"概念,"从元代开始,中国最重要的运河,其走向发生了重大的变化,即从隋代以来的西东走向转变为南北走向,南北大运河开始出现",由于隋朝疏浚的江南运河以杭州为终点,后人多称其为京杭运河,"事实上钱塘江以南在先秦已有运河,经历代疏凿,皆称浙东运河,从杭州越钱塘江经绍兴至宁波长期畅通",故南北大运河的终点实为宁波,应称"京甬运河"。②后来他在《中国运河开发史》一书"引言"中,又提到做学问认真的美国汉学家曼苏恩(Susan Mann)也注意到南北大运河的流程细节,认同其终点不是杭州而是比杭州更向南的宁波。她在其所著《地方商贾和中国的官僚政治:1750—1950》一书中,所绘大运河图的注记符号就是从宁波标到临清。由于她对中国自然地理比较熟悉,故临清以北的注记符号改用天然河流。所以,宁波可视为南北大运河的起点抑或终点。③

与南北大运河相对,还有"东西大运河"之说,这是姚汉源在《京杭运河史》一书中提出来的。两汉定都长安、洛阳,从长安向东有漕渠沟通黄河,然后再经黄河东通汴渠以达江淮终至杭州,或经黄河北折后通卫河,而自长安向西则可利用渭水、成国渠,自西北而东南形成水运要道。隋唐规模大致与汉代相似,隋朝以东都洛阳为中心,向东以通济渠接山阳渎,过江通江南运河,向北利用永济渠可通涿郡,向西则由黄

---

① 白寿彝主编:《中国通史》第8卷,上海人民出版社1997年版,第867页。
② 陈桥驿:《南北大运河——兼论运河文化的研究和保护》,《杭州师范学院学报》(社会科学版)2005年第3期。
③ 陈桥驿主编:《中国运河开发史》,中华书局2008年版,第1—2页。

河、广通渠通长安。唐朝由长安之东南，通江淮、过江至杭州，成为当时运河之骨干。上述流程"可称为东西大运河，规模和后来的京杭大运河不相上下而时代较早"，"这两个大运河虽非辐射，但却成不规则非字形，中间是骨干，两侧多分支"，"后来由于江淮及以南各地区的开发，经济地位后来居上，四通八达的水运遂有所偏重。东西大运河和明清南北大运河的重要，几乎掩盖了两侧分支，以一条主干代替了辐射运道"。①

当前学界一致认可使用"中国大运河"作为中国运河体系的总称，这也是申报《世界遗产名录》中使用的概念，特指隋唐大运河、京杭大运河和浙东运河的合称。李玉岩、潘天波从概念史的角度出发，认为中国大运河的概念是一个发展变化的过程，"大运河起初被界定为贯通于隋朝的隋唐大运河；元代以后，大运河指贯通于元代的京杭大运河；为申报世界遗产，提出包含整个大运河工程体系的中国大运河概念"②。现在，各种文献中对"大运河"这一简称的代指，一般会根据不同语境而有所变化，不过这并不影响我们的理解。所以，应当基于中国文明发展进程，从宏观角度去认知运河概念。

第二节 大运河开发史与分段地名

一 大运河开发简史

中国的运河肇始于春秋时期，形成于隋朝，发展于唐宋之际，定型在元、明、清三朝。大运河由不同的河道组成，它们各自流经不同的地域，而且也拥有不同的历史起源。实际上，组成大运河的各个部分并不具备共同的特点，大运河不是一个持续不断、稳定统一的体系。如果把这些不同的河道视为一条运河，那么就会忽略很多相关而又必要的细节。③

水道运输既经济又省力，古人很早就懂得加以利用。春秋战国之际，可以行船的水道几乎都被利用了起来，如吴在江淮太湖地区开凿了运河，

---

① 姚汉源：《京杭运河史》，中国水利水电出版社1997年版，第8页。
② 李玉岩、潘天波：《中国大运河：一项概念史研究》，《档案与建设》2019年第4期。
③ [美]黄仁宇：《明代的漕运》，张皓、张升译，鹭江出版社2015年版，第1、7、34页。

魏、楚、齐等也分别在各自所属势力范围内开凿运道。吴王夫差为了解决北上争霸的交通运输问题，开凿了一条北入淮河、南接长江的运河。在开凿的时候，夫差还在河道入江处修筑了一座城池，名为邗，位于今扬州市。这条运河也因城而得名，称为邗沟。魏王向东扩张开凿鸿沟，自荥阳引黄河水汇入淮河，后来成为黄、淮之间通航的主要水道。"鸿沟不是一条单一的水道，而是由几条运河共同构成的一个水系。人们习惯上把这个水系中几条运河统称之为鸿沟；这个水系中有一条由黄河引水的主水道，人们也往往仅把这条主水道称为鸿沟，其下游的水道则各有不同的名称。"① 齐国开凿了淄济运河，位于淄水和济水之间。蜀人为了减少水害，在岷江出山处开凿了一条河道，沟通了岷江和沱江。秦昭王时，李冰为蜀郡守，修建了以都江堰为中心的水利工程，集灌溉、防洪、航运为一体。

秦统一后所开运河著名的是灵渠，它沟通了漓江和湘江，将长江和珠江水系打通，为开发岭南地区提供了便捷的水上交通。"汉代起，水运与运河即随统一和短期分裂而加速发展和有所延缓。大统一时，运输航道往往自都城向外辐射或各地区辗转向中央集中。"② 西汉都城偏于西部，"于是'漕运'作为一种新的运输手段登上了历史的舞台，在整个国民经济中占据重要的地位"③。在这些运输河道中，沿渭河南岸，傍渭东行至黄河的漕渠，发挥了明显的经济效益，加强了关中地区与东南部地区的联系。东汉国力不如西汉强盛，以疏浚利用旧河道为主。魏晋南北朝是分裂割据时期，曹魏修凿过白沟、平虏渠、泉州渠、利漕渠、成国渠等，孙吴修凿过破冈渎、江南运道等，蜀汉则整修成都平原上的水网。

隋朝为了用兵和沟通南北漕运，先后修凿了山阳渎、通济渠、永济渠，以及最后又开通了江南运河，从而形成了一个全国范围的运河系统，奠定了大运河的基础。这样，隋朝大运河沟通了五大水系，其开凿是中国航运事业的转折点，这一工程即使放在世界历史上也是空前的、伟大的水利工程。隋朝享国日浅，真正享受到大运河带来好处的是唐、宋各

---

① 安作璋主编：《中国运河文化史》，山东教育出版社2001年版，第20—21页。
② 姚汉源：《京杭运河史》，中国水利水电出版社1997年版，第8页。
③ 安作璋主编：《中国运河文化史》，山东教育出版社2001年版，第2、3页。

朝，正如唐李吉甫在《元和郡县图志》中所说"隋氏作之虽劳，后代实受其利焉"，皮日休在《汴河铭》中所说"在隋之民，不胜其害也；在唐之民，不胜其利也"，以及《汴河怀古》云"尽道隋亡为此河，至今千里赖通波；若无水殿龙舟事，共禹论功不较多"。

唐朝并没有开辟新的运河，只是对隋朝遗留下来的运河加以疏浚、修整、扩充。由于经济重心在江淮地区，而政治中心在长安、洛阳，故江南运河、邗沟、通济渠是唐朝水运的一条大动脉。"一般来说，这个系统的运河畅通，唐皇朝的形势就稳固起来；运河受阻，皇朝即岌岌可危，后来东南运输中断，统一局面便瓦解。"[1] 北宋定都开封，对汴河、惠民河、广济河、金水河，以及两浙运河、江南运河、江淮运河等进行开凿或整治。南宋定都杭州后，亦大力疏浚江南河道为其所用。金朝境内的水上运输亦多依靠原有河道，较为突出的是开凿通州运河和对北清河的治理。

元朝定都大都即今北京后，才改定大运河的方向为由南向北，打造一条直航线以缩短江南与京城之间的漕运路程，于是采用"弃弓走弦"、截弯取直等方法对原有运道进行改造。"元代致力于山东以北段。南段虽有残破，尚存宋代遗规。北宋以开封为政治中心，开运渠通五方，但仍以汴渠为最主要，邗沟接汴渠亦见重于当时。惟向北一路可通幽蓟，而永济渠已非隋唐可匹。元都在北，绕卫水（御河），嫌通江南太迂曲。开山东运河，以使前代运道裁弯取直。后京杭运河畅通而汴渠堙废，大运河道自东西变为南北，且南北便运输为明清定都北京因素之一。"[2] 元朝大运河自北向南可分为以下几个部分：（1）通惠河，从北京到通州；（2）通州运粮河，从通州南下入大沽河，西接御河；（3）御河，即卫河，从天津南至临清，接会通河；（4）会通河，从临清至东平路须城的安山，接济州河；（5）济州河，从须城的安山到济州，接泗水，入黄河；（6）扬州运河，从黄河到扬州，入长江；（7）江南运河，从镇江经常州、平江（苏州）、嘉兴，直达杭州。[3] "前代呈多枝型分布的运河至此转变为单线型运河，从而把南北方各大经济区域更加直接紧密地联系起来，

---

[1] 安作璋主编：《中国运河文化史》，山东教育出版社2001年版，第300页。
[2] 姚汉源：《京杭运河史》，中国水利水电出版社1997年版，第17—18页。
[3] 朱偰编著：《大运河的变迁》，江苏人民出版社2017年版，第32页。

成为中国运河变迁史上自隋唐以后的又一次重大转变，奠定了此后南北京杭大运河的基本走向及其规模。"①

不过，"运河体系在元朝始终没有有效地发挥作用，于是沿海运输逐步取代了它而成为粮运的主要形式"②。到了15世纪初，大运河已经大段大段地淤塞、损坏，不能通航了。明朝自永乐年间迁都北京后，在元朝大运河的基础上，对某些重要河段进行改造整治，主要分两个阶段进行治理。北段的疏浚和修复工作由工部尚书宋礼监督，这项工作包括疏浚河渠、建造船闸，尤其是重新设计引汶河河水在地势最高的汶上县南旺处入于大运河，"是明代为这一年代久远的大运河作出的重大贡献，也是使它能重新开放的关键工程"③。南段一带自黄河到长江，由漕运指挥陈瑄监建新运河、堤坝、闸门等大型工程，以充分发挥河道的作用。至此，运河体系能从长江下游流域直达北京，沟通南北的京杭大运河贯通定型。

清朝沿袭明朝的一些方针，也十分注意维持大运河的漕运，对其治理主要反映在两个重点上："第一个重点，是疏浚山东省境内的大运河，尤其是从临清到南旺的一段，来维持南北运河的畅通。第二个重点，是保证江苏省境内大运河的安全通航，特别是保护里运河的堤防，使它不受洪泽湖及高宝湖下来洪水的威胁。"④ 其中，江苏省内各段的治理为重中之重，"实由于南河为治黄淮运为一局之复杂情况"⑤。在康熙朝以前，治理工作大部分与明朝稍有差别，主要在于恢复旧貌和整顿漕运秩序。康熙、雍正、乾隆三朝是最鼎盛时期，均对大运河进行了全面整治。清朝后期，由于政治腐败、国力日衰，加上黄河决溢频繁，河道淤塞严重，大运河逐渐失修。咸丰朝黄河北徙，大运河全线断航。

二 大运河分期问题

根据不同的划分标准，大运河的发展与演变历程可以分为几个时段，

---

① 安作璋主编：《中国运河文化史》，山东教育出版社2001年版，第658页。
② [美]牟复礼、[英]崔瑞德编：《剑桥中国明代史（1368—1644年）》上卷，张书生等译，中国社会科学出版社1992年版，第247页。
③ [英]崔瑞德、[美]牟复礼编：《剑桥中国明代史（1368—1644）》下卷，杨品泉等译，中国社会科学出版社2006年版，第571、573页。
④ 朱偰编著：《大运河的变迁》，江苏人民出版社2017年版，第51页。
⑤ 姚汉源：《京杭运河史》，中国水利水电出版社1997年版，第330页。

这在一些专家学者的学术研究中有所体现。

汪胡桢于1935年发表的《运河之沿革》，从工程技术进步的角度，将中国古代运河发展与衰退过程分为四期：第一期为原始时代，始于春秋，迄于隋朝，不用船闸只用堰埭；第二期为闸河萌芽时代，唐宋两代试用船闸；第三期为闸河时代，"闸河者，即就水面倾斜甚巨之水道，间段设闸，分成多级，以节水量而利舟楫"，元朝、明朝至清朝中叶全河用闸；第四期为衰废时代，晚清为海运和铁路时期，"南北货物，陆道则由铁路，水道则由海舶，运河遂仅有局部交通之价值，不复为南北交通之孔道"。[1] 谭其骧于1955年发表的《黄河与运河的变迁》一文，根据中心点的有无及其位置将运河历史分为三期：第一期，先隋没有中心点；第二期，隋、唐、宋三朝有了中心点，且中心点位于西部；第三期，元、明、清三朝的中心点位于东北部。[2]

姚汉源《京杭运河史》主要探讨了京杭运河从兴建到发展直至衰败的历史过程，其架构分区域性开凿时期、元朝开通京杭运河全线时期、明朝漕河治理时期、清朝早中期补偏救弊时期、清朝后期运河衰落直至废弃时期。[3] 对运河的区域性开凿亦可视为古运河时期，各主要水系之沟通至秦朝已具雏形，由于沿线自然条件变化较大，且地貌、地形、生态、人文等各式各样，因而各段开凿的条件不同、问题不同，修建过程也随之不同。元朝重海运，内河为辅，以运河为骨干，去弯取直，改隋唐东西大运河为南北大运河，开凿前人未完成的河段，或者恢复宋金分割致使部分堙废的水道，终使京杭运河全线贯通。明朝由于舍弃海运，自江南至北方的漕运全赖运河，故对其治理用力最多。明末政乱，运河失修，至清康熙朝始大力整治，下至乾隆初运河日益完善，实为鼎盛时期。运河由人工开浚，其盛衰与政治相因循。乾隆后期，朝政渐乱。至嘉庆、道光以后，腐败日甚。运河之衰落是因久而不治，至咸丰时黄河改道，运河亦随之解体。

安作璋主编《中国运河文化史》分隋唐以前、隋唐时期、宋元时期、

---

[1] 汪胡桢：《运河之沿革》，《水利》1935年第2期。
[2] 谭其骧：《黄河与运河的变迁》，《地理知识》1955年第8、9期。
[3] 姚汉源：《京杭运河史》，中国水利水电出版社1997年版，第32—639页。

明代、清代、民国时期予以论述，全面呈现出两千多年运河区域物质文化和精神文化发展的历史。其中，将隋唐以前的运河开凿统称为早期运河时代："春秋战国时期，鉴于水道交通受相对封闭的自然水系的制约，人们开始设法开凿运河，沟通本来不太联贯的水道，使舟楫得以直接往还。自此以后，历代皇朝都开挖运河，发展水运，但直到隋朝以前，这些运河的规模都不大，且时兴时废，没有形成一个水运的系统，因此我们将这个阶段的运河称为早期运河。"[1] 随着政治中心的东渐北移和经济重心的逐步南移，隋唐以后贯通联结南北的大运河主干运输线，已经成为历代统治者的共有认识和奉行国策。[2]

陈桥驿主编《中国运河开发史》汇集对中国运河有着较长时期研究的部分学者成果，主要从历史地理学原理出发研究运河史。"开发"一词虽然包含"开凿"的意思，但不完全等于"开凿"。书中不同章节基于上下文背景，多次使用"疏凿"语词，显然也在"开发"大概念之下。"其实，中国的运河之中，有大量河段都是在天然河流的基础上加以人工的疏凿整治而成的"，"但是在山地丘陵之中，为了便于航运，也有需要从事疏凿的天然河流，工程就非常艰巨了"。[3] 在运河开发的过程中，有开发成功的，也有开发不成功的。全书以河段的空间分布和不同时期的开发历程为纲，分为以下几大部分：黄河北侧运河的开凿与水运系统的形成；山东运河开发史；里运河的历史变迁；关中豫东与皖北皖中运河史；江南运河的形成及其演变；大运河杭州段开发史；浙东运河史；灵渠。[4]

赵维平《中国治水通运史》使用可持续发展理论，审视古代中国治河通运的历史，将其分为两期：第一期，先秦至元朝为古人不断追求水运梦想，且水运基本可持续的时期；第二期，明、清两朝为在不可持续中追求持续的时代。这一分期法相较汪胡桢、谭其骧要合理得多，而且

---

[1] 安作璋主编：《中国运河文化史》，山东教育出版社2001年版，第2页。
[2] 安作璋：《中国大运河的繁华》，《中国文化遗产》2006年第1期。
[3] 陈桥驿主编：《中国运河开发史》，中华书局2008年版，第17页。
[4] 张环宙探讨了陈桥驿的运河研究学术贡献，其中专门提到《中国运河开发史》并予以点评，参见张环宙《山川之子　运河之忆——谈陈桥驿先生运河研究的学术贡献》，《光明日报》2015年5月16日第11版。

拥有充分的历史依据。在第一期中,"三代征服自然江河,开启水运初程";"春秋战国放慢海运探索脚步,重视开掘运河";"秦汉整合列国运道,初圆大一统漕运梦想,再启寻梦海洋征程";"三国再寻运河强国梦,六朝坚挺水战远航海外";"隋唐初圆大一统、可持续漕运水运梦想";"宋人追求无险漕运、谋利海运,器局虽小但效率颇高";"元人首创漕粮海运为主、河运为辅崭新格局,漕粮海运规模巨大,河运体系可以持续,既广纳四海蕃船来华贸易,又组织船队出海经商,把古代中国治水通运推向最高境界"。① 第二期与第一期形近质异,主要表现在:"前后两期接入黄河形近而质异,失之毫厘而差之千里";"明清黄河含沙量越来越大,决多害大,河工难度急增";"封建社会吏治腐败积重难返,使明清河运更加不可持续"。②

嵇果煌在2008年出版《中国三千年运河史》,后又进行开拓创新、充实提升、全面修订,形成《中国运河三千年》一书,于2020年出版,以朝代为纲,上起商朝,下至清末。在分期问题上的一大创新是,将中国运河历史的起始时间,从古今学术界一向认为的春秋时代,提前了五六百年到商殷时代的后期,即那时开凿的太伯渎运河才是中国历史上最早的人工运河,从而开辟了中国运河历史的新篇章。嵇果煌将中国运河史划分为两个历史阶段,以隋炀帝开凿运河为界线,前后各为一千五百多年:"在前一千五百多年间,历朝所开凿的运河,分散在各地,都属地区性运河","这些运河因受当时开挖工具和技术条件的限制,大多河道短小、水源不足、设施简陋或根本无设施,因此除个别运河如邗沟等,因后代不断进行整治利用,至今尚完好存在外,其余的运河,大多早已堙废而成为历史遗迹";"在后一千五百多年间,历朝所开挖的运河,大多河道里程较长,坝、闸设施齐备且形成系统,因此有些河段至今尚存,甚至还在发挥航运作用"。③

一般认为,隋朝将不同地区开挖的运河联结在一起,使之成为沟通东西、南北的水上大动脉,所以,有的学者主张以隋朝作为分期的分界

---

① 赵维平:《中国治水通运史》,中国社会科学出版社2019年版,第2、4、5、6、8页。
② 赵维平:《中国治水通运史》,中国社会科学出版社2019年版,第9、11、12页。
③ 嵇果煌:《中国运河三千年》,上海科学技术出版社2020年版,第1页。

线,将运河史分成前后两个阶段,这种划分依据的标准主要是运河规模、运输能力的大小,以及区域联结的程度。不过,张强认为,不同时期的运河有着不同的功能和价值取向,将运河开凿的历史分为前后两个时期是远远不够的,而划分为六个阶段可能更加有利于揭示运河的历史。"第一阶段为中国运河开挖的发生期,上限可上溯到史前传说时代,下限至秦统一六国之前;第二阶段为关中运河、中原运河开挖的展开期,时间集中在两汉;第三阶段为中原、华北运河及江淮运河的开挖期,时间集中在三国、魏晋、南北朝;第四阶段为运河形成贯穿全国的水上运输能力的整合期,时间为隋唐;第五阶段为中原运河与江南运河整修期,时间为两宋;第六阶段为京杭大运河期,时间为元明清三代。"[1]

虽然有不同的历史分期,但根据各个时期开凿规模、航运及繁荣程度,我们还是能够达成一定的共识,即"隋以前为中国大运河体系的初步形成阶段;隋唐至北宋为中国大运河进一步完善和稳定发展阶段,也可称为中国大运河繁荣阶段;元、明、清为中国大运河南北直航和再次繁荣阶段"[2]。

三　大运河分段地名

一系列连接长江三角洲和华北地区的人工水道,一般被认为是大运河。实际上,大运河不是一条漫长而又持续不断的运河,它由不同区域的一条条短运河共同组成,它们"会通"原来存在的一些水路,较著名者有钱塘江、长江、淮河、黄河、白河等。之所以这样设计规划,在于尽可能依靠它所连接的各条自然河流的流向。由于各自开凿或疏浚以合成水系,所以大多使用分段命名的方式,而且不同时期的名称多有变换。

大运河各段皆有专名,我们从大运河的正式贯通来看。自隋朝开始,出现了沟通南北的全国性大运河。隋朝东西向运河有广通渠,自北而南有永济渠、通济渠、山阳渎、江南河。广通渠缘大兴城北东行,与汉朝漕渠首段基本一致,傍渭水南岸,基本与之平行,至潼关入黄河。这条渠道以"广通"命名,因其下游经过华州的广通仓而得名。广通渠既解

---

[1] 张强:《运河学研究的范围与对象》,《江苏社会科学》2010年第5期。
[2] 程玉海:《中国大运河的形成、发展与繁荣》,《光明日报》2008年11月30日第7版。

决了漕运问题，又解决了舟楫往来问题，还使两侧农田得到灌溉，因此又被褒称为"富民渠"，后因避隋炀帝"广"字之讳，改称为"永通渠"。永济渠是从黄河通向北方边陲的一条运河，大部分利用了自然河流即今天的卫河，一直维持到元朝。通济渠是沟通淮河与黄河的一条运河，实际上是利用汴水水源并加以取直，因河畔筑御道且遍植杨柳，故又名"御河"。山阳渎就是春秋时期吴王夫差所开邗沟，"邗沟，一名渠水，一名中渎水，一名合渎渠，一名山阳渎"，"渎即'渎'也"，"山南曰'阳'，邗沟在蜀冈之阳，故曰'山阳渎'"，"邗沟以广陵邗江得名，而由江达淮，皆谓之邗沟"①。江南河亦称江南运河，是位于长江以南的一段，属于今太湖流域。

元朝打通大运河，多在北方兴建，如开凿大都通州段的通惠河、山东段的会通河等。根据《新元史·河渠志》记载："元之运河，自通州至京师为通惠河，自通州至直沽为白河，自临清至直沽为御河，自东昌须城县至临清为会通河，自三汊口达会通河为扬州运河，自镇江至常州吕城堰为镇江运河，南逾江淮，北至京师，为振古所无云。"② 通惠河是通州至京城间的一段河道，其上源出于白浮、瓮山诸泉，一名阜通河，又名坝河。白河亦称潞河，又叫北运河，民间称通州运粮河。相对潞河而言，北运河之名出现较晚。白河在天津境与后来的永定河、大清河、卫河相会，再往南运道称南运河，即卫河的下游。卫河又名御河，自河南境至山东临清，再往北即为南运河。卫河的上、中游常与漳河分合不定，故又称漳卫河。会通河南接古泗水运道，由泗水入黄河，过淮河接淮扬运河，过长江接江南运河。

---

① （清）刘文淇：《扬州水道记》，赵昌智、赵阳点校，广陵书社2011年版，第2、3页。冀朝鼎在《中国历史上的基本经济区》一书中说："在晋朝穆帝（公元345—361年）时期，地方官员陈敏沿着原有路线的西边，从射阳到末口开凿了一条多少直了一些的运河，从而缩短了距离。这条运河被称为山阳运道或山阳水道。在隋朝时期，这条运河淤塞了，但其线路仍有迹可循。隋文帝在公元587年为'通运漕'又修复了这条运河。"（冀朝鼎：《中国历史上的基本经济区》，朱诗鳌译，商务印书馆2014年版，第107页）史念海认为："炀帝整理过的邗沟，是北起山阳（今江苏淮安县），南至扬子（今江苏仪征县东南），较之吴王夫差的遗迹，又要偏西一点；河身经过屡次改道，也比从前直一点，不象吴王夫差的时候绕道到射阳湖中了。"（史念海：《中国的运河》，陕西人民出版社1988年版，第170页）

② （民国）柯劭忞等：《新元史》，余大钧标点，吉林人民出版社1998年版，第1353页。

明朝常称京杭运河为漕河,但各段又有其别称,"漕河之别,曰白漕、卫漕、闸漕、河漕、湖漕、江漕、浙漕,因地为号,流俗所通称也"[1]。明代运河首先利用江南运河,这一段北面称江漕,南面称浙漕;然后由镇江过长江,从扬州至淮安多为湖泊运道,这一段称湖漕;淮安至徐州为原泗水运道,后来被黄河所夺,故需再经行黄河至茶城与会通河汇合,这一段称河漕;经会通河,出临清后于卫河汇合,这一段称闸漕;再由卫河北段至天津,与白河汇合,这一段称卫漕;由白河北至通州,与大通河汇合,这一段称白漕;最后沿着大通河可以到达北京。[2] 明朝称元朝通惠河为大通河,由于通州与北京之间常改为陆运,或者漕粮直接送入通州仓,故这一段没有漕名。天津与通州以南张家湾之间的运道又称通济河,但此名不甚通用。会通河南段至天津又称北河,会通河南段至黄河又称中河。淮扬运河及江南运河又总称为转运河。淮扬间运河又称南河,有时候与中河又并称南河。

清朝继续奉行"国家根本,仰仗东南"的国策,在元、明大运河基础上予以完善,"到中运河开挖使运河完全脱离黄河后,才真正形成了京杭运河"[3]。根据清人靳辅《治河方略》、清人李大镛《河务所闻集》诸书相关记载,清朝大运河全漕运道,自张家湾迄杭州其概况如下:北京至德州由大通河、白河、卫河组成,总称直隶(河北)运河;德州至苏鲁交界的黄林庄处由卫河、会通河、南阳新河、泇河组成,总称山东运河;黄林庄至淮阳杨庄段由泇河下段和中河组成,总称中河;杨庄至扬州段由两部分组成,自杨庄至淮安称清江浦,而淮安往南则称里河,总称里运河或淮扬运河;镇江至杭州段仍称江南运河。

第三节 鲁西生态环境与聊城运河

一 鲁西地区范围

一般而言,聊城所在的地域被称作鲁西地区。关于鲁西空间范围的

---

[1] (清)张廷玉等:《明史》卷85《河渠志三·运河上》,中华书局1974年版,第2078页。
[2] 朱偰编:《中国运河史料选辑》,江苏人民出版社2017年版,第96页。
[3] 欧阳洪:《京杭运河工程史考》,江苏省航海学会1988年版,第258页。

划分问题，有广义与狭义之分。在地理学研究中，鲁西地区泛指沂沭深大断裂带以西的广大区域。沂沭深大断裂带是中国地质结构中郯庐断裂带的延伸，因大致位于沂河和沭河之间而得名。该断裂带是山东地区地质的分界线，将山东分为地质上的鲁东与鲁西两大块。[1] "鲁西地区泛指以潍坊—临沂一线以西的山东省西部，在构造上属于华北克拉通东南部。东以郯庐断裂中段山东段——沂沭断裂为界，西至聊城—兰考断层，北抵埕宁隆起，南达开封—郯城秦岭隐伏隆起带。以齐河—广饶断层为界，鲁西北部为济阳坳陷，南部为鲁西隆起。"[2]

今天广义上的鲁西范围，不仅指聊城，还包括菏泽、德州，以及济宁西部五个县、泰安东平县、济南平阴县。[3] 如果从京杭运河流经山东的范围来看，包括了鲁西大部分地区："山东运河区域，是指明清时期京杭大运河在山东境内流经的州县及辐射州县，大体包括今枣庄、济宁、聊城三市及德州市的德城、陵县、武城、夏津、平原，菏泽东部的单县、巨野、郓城，泰安市的东平，济南的平阴等近40个县市。土地面积约占全省的25%，涵盖了鲁西平原的绝大部分。"[4] 狭义上的鲁西仅指聊城地区，也即陈桥驿在《中国运河开发史》一书中指出的河漯平原区："本区指今鲁北平原西部临清卫河和今黄河之间运河沿线地区，相当今聊城地区。它位于黄河下游巨大冲积扇的东北斜面，地势平坦，从西南向东北缓缓倾斜。"[5]

鲁西地区历史悠久，商代为纣王庶兄微子受封之地。春秋时期为齐、晋、卫三国之域。其中，齐国辖东阿、高唐邑、聊城、茌平；晋国辖冠氏邑；卫国辖莘邑。战国时期，鲁西地区隶属齐、赵、魏三国。其中，齐国辖东阿、高唐邑、聊城、阳谷、茌平；魏国辖莘邑；赵国辖冠县。西汉时期，分东郡[6]、魏郡、清河郡治其地。元朝时期，鲁西地域范围由

---

[1] 商婷婷：《山东昌乐火山国家地质公园地质遗迹资源类型及评价》，《科技经济导刊》2016年第12期。
[2] 李理、钟大赉：《鲁西地区晚中生代以来伸展构造及其控矿作用》，《地质评论》2008年第4期。
[3] 李红：《鲁西地区经济发展滞后原因及对策建议》，《忻州师范学院学报》2005年第1期。
[4] 王云：《明清山东运河区域社会变迁》，人民出版社2006年版，第24页。
[5] 陈桥驿主编：《中国运河开发史》，中华书局2008年版，第116页。
[6] 东郡：秦取魏地置东郡，治濮阳，今河南濮阳南。后汉初平元年（190）移治武阳，今聊城莘县朝城镇西约20千米处。晋废。

东平路、东昌路、冠州、濮州和高唐州所辖。明初东昌由路改府，下辖三州十五县——三州为临清、高唐和濮，十五县为聊城、茌平等，阳谷、寿张、东阿三县归兖州府东平州所辖；清初沿袭明制，乾隆四十一年（1776）升临清为直隶州，领武城、邱县和夏津三县。① 民国元年（1912），将东昌府改成济西道，治所为聊城。民国二年（1913），将济西道改成东临道。民国十五年（1926），将东临道废除，改为直接隶属于山东省。

吴欣认为，明清时期的鲁西"即是指兖州府下辖寿张、阳谷、东阿及东昌府辖临清州、高唐州之恩县、夏津县、武城县和聊城县、堂邑县、博平县、茌平县、清平县、恩县等州县"②。李庆华认识到这一区域在清末民初政区变换频繁，"大体说来，鲁西平原包括清末兖州府、曹州府、东昌府和济宁直隶州、临清直隶州三府二直隶州所辖的 36 个州县和泰安府所辖的东阿县、东平州 2 个州县。其中兖州府下辖滋阳、曲阜、宁阳、邹县、泗水、滕县、峄县、汶上、阳谷、寿张 10 个州县；曹州府下辖菏泽、濮州、曹县、定陶、范县、观城、朝城、巨野、郓城、单县、城武 11 个州县；东昌府下辖聊城、堂邑、博平、茌平、清平、莘县、冠县、馆陶、高唐州 9 个州县；济宁直隶州下辖济宁州、金乡、嘉祥、鱼台 4 个州县；临清直隶州下辖临清州、夏津、武城、邱县 4 个州县。民国三年（1914），实行道制，鲁西包括济宁道和东临道的大部分州县。1936—1937 年，实行行政督察专员公署制，鲁西包括第一、第二、第六行政督察专员辖区全部和第四督察专员辖区的一部分"③。

二 鲁西地理特征

鲁西地区位于黄河冲积平原的西北侧，自古以来黄河河道泛溢和泥

---

① 魏志阳：《元代以来鲁西地区水环境变迁及其影响研究（1289—1937）》，硕士学位论文，聊城大学，2021 年，第 2—3 页。

② 吴欣：《明清鲁西运河区域的土地与农业生产——以契约、碑刻、家谱为中心》，李泉主编："运河与区域社会研究"国际学术研讨会论文集》，中国社会科学出版社 2015 年版，第 210—220 页。

③ 李庆华：《鲁西地区的灾荒、变乱与地方应对（1855—1937）》，齐鲁书社 2008 年版，第 2 页。

沙沉积，塑造了本区原始地貌特征。聊城地处黄河下游，水系较为发达，境内河流密布，流域面积在30平方公里以上的有23条。其中，黄河在东部奔腾咆哮百余里，卫河从西部携水弄潮冀鲁豫，运河从中部蜿蜒曲折过市区，还有徒骇河、马颊河等纵横交错。①

清末以前，黄河下游河道变迁大致经历了北流、东流、南流三个较大的发展阶段。②古籍史料中记载的黄河第一次改道，发生在周定王五年（前602）。黄河在宿胥口（今河南淇县东南），也即淇河与卫河合流处改道，"溢水借古漯川河道行洪"，入山东后"经冠县、馆陶、堂邑、清平、清河、博平、高唐等地"，③北合漳河至章武（今河北沧州东北）入海。汉元光三年（前132），黄河在瓠子（今河南濮阳西南）决口，向东南流经巨野，由泗水入淮河。王莽始建国三年（11），黄河在魏郡（今河南南乐县附近）决口，朝东南方向泛滥进入漯川故道，流经南乐、观城、濮县、范县、朝城、阳谷、茌平、高唐等地，在利津一带入海。黄河支流则在今山东西部、河南东部一带漫溢，直到东汉初才结束了这种局面。

东汉永平十三年（70），水利专家王景对黄河迁徙大势加以疏浚，疏浚后的河道大致经过今河南新乡、浚县、滑县、濮阳、范县，进入山东经今阳谷、东阿、东昌府区、茌平、高唐、临邑、商河、惠民等地，在利津处入海。此次治理成效颇为显著，黄河流向大致稳定，此后维持近千年安流局面。自汉朝至唐朝，黄河中下游基本安流稳定。北宋庆历八年（1048），黄河在今濮县东部决口，向北流经大名入卫河，至沧州西北与漳河合流，在天津处入海。嘉祐五年（1060），黄河在今河南南乐附近决口，与原河道分流形成一条新河，东北经莘县、冠县之间，清平、堂邑之北，夏津、高唐之间，经乐陵南、无棣北入海。熙宁十年（1077），黄河又决口，北流断绝，河道南徙，向东汇于梁山、张泽泺，分为两派，一由南清河入于淮，一由北清河入于海。④元符二年（1099），黄河在今

---

① 张吉会：《聊城水文化初探》，《聊城宣传》2015年第4期。
② 程玉海主编：《聊城通史》，中华书局2006年版，第397页。
③ 魏志阳：《元代以来鲁西地区水环境变迁及其影响研究（1289—1937）》，硕士学位论文，聊城大学，2021年，第6页。
④ 张崇旺：《论淮河流域水生态环境的历史变迁》，《安徽大学学报》（哲学社会科学版）2012年第3期。

浚县境内决口，东流遂断绝，全部向北流。[1]

金朝统治以后，忙于战争。在这期间，黄河泛滥仍然比较严重。明昌五年（1194），黄河在今河南原阳一带决口南徙，经今长垣、封丘、延津、东明、曹县、归德、虞城、单县、砀山、丰县、萧县，在徐州处合泗水，南下进入淮河。因此，黄河迁徙形势为之一变。张含英指出："自从周定王五年（前602）迄金章宗明昌五年（1194）的约一千七百年间，黄河主要流经现今河道以北入渤海。只有短时由泗水入淮。惟自明昌五年迄清咸丰五年（1855）的约六百六十年间，黄河流经现今河道以南，到徐州汇泗水，注淮河，东流入黄海。"[2] 到了元朝，黄河大致因循金时故道，不再对聊城地区产生影响。不过，黄河河患在元朝后期再次影响聊城。至正四年（1344），黄河在曹县西南处向北决口，紧接着又北决冲溃金堤，河水之势北侵东平安山，流入会通河及清济河故道。原河道以北各县都受灾严重，因此河患也波及聊城。

根据《山东水利大事记》的统计，黄河较大的决口泛滥在明清两朝各有20多次，可见这一时期山东黄河决口泛滥十分频繁。与聊城有关的决口泛滥有以下几次：洪武二十四年（1391），黄河在原阳决口，东阿县受灾；正统十三年（1448），黄河在大名、新乡决口，"抵东昌，冲张秋，溃寿张沙湾，坏运道，东入海"[3]；弘治二年（1489），黄河在开封决口，冲毁张秋运河，漕运中断；万历二十一年（1593）至四十一年（1613），黄河在黑羊滩连续决口使聊城各地泛滥成灾；顺治七年（1605），聊城、东阿洪水漫流；雍正元年（1723）至八年（1730），黄河在东阿、阳谷泛滥成灾，陆地行舟。

徒骇河源出河南清丰，东北流至沾化入渤海。聊城地处徒骇河的上游位置，境内干流从莘县开始，流经阳谷、聊城城区、茌平、高唐等，所经之处地势东北部低、西南部高。从历史上看，徒骇河聊城段干流经历了从古代漯川水系到今天徒骇河水系的演变过程。根据史料记载，山东境内徒骇河之名在明朝以前是没有的。万历《临邑县志》指出，徒骇

---

[1] 程玉海主编：《聊城通史》，中华书局2006年版，第400—403页。
[2] 张含英：《历代治河方略探讨》，水利电力出版社1982年版，第9页。
[3] （清）张廷玉等：《明史》卷83《河渠志一·黄河上》，中华书局1974年版，第2015页。

河俗名土河，从齐河经夏口至东南有 25 里。这应是史书中所见最早的记载了。宣统《聊城县志》也载，该河俗名土河，旧志遂谓之徒骇河。[①] 徒骇河聊城段的支流有 30 多条，古时即已形成的主要有赵王河、金钱河、西新河、赵牛河、管氏河、小运河等。

图 2-1　徒骇河

（照片系笔者于 2023 年 2 月 14 日拍摄）

马颊河源出河南濮阳，至莘县入聊城境内，东北流至无棣入渤海，因上宽下窄形如马颊而得名。现在流经鲁西北的马颊河是久视元年（700）为排泄黄河洪涝而开挖的河道，时人称之为"新河"，后来就以禹疏九河之一的马颊河命名。自元、明两朝开挖、疏浚会通河以后，马颊河被大运河阻隔在西边，而大运河东边的马颊河则作为分洪河道，从而极大地降低了河道原有的排涝作用。在聊城境内，马颊河支流较大者有

---

① 宣统《聊城县志》卷 1《方域志》，《中国地方志集成》编辑委员会编：《中国地方志集成·山东府县志辑》第 82 册，凤凰出版社 2004 年版，第 27 页。

10多条，古时即已形成的主要有鸿雁渠、唐公沟、德王河。

图 2-2　马颊河
（照片由聊城大学运河学研究院提供，2013年7月）

聊城所处地理位置为黄河冲积平原，其地形地貌大致分布以下几类：一是岗地，又叫高地，多为古河道沉积而成。由于历史上黄河多次流经聊城，持续影响时间长达两千年，故泥沙对当地土壤地形造成决定性影响，成为所谓的黄泛平原。聊城西境的阎寺上堤、道口铺、堂邑、张炉集、郑家、沙镇等高亢地区都属河滩高地，它们由古河道和主流泛滥而形成。二是坡地，分布较广，多为黄河泛滥沉积而成，高低地形差异微小，且有的地段十分平缓。靠近古河道的四新河流域和西新河沿岸，大部分是缓平坡地。三是洼地，由黄河泛滥的静水沉积或尾水缓流造成，主要有牛家洼、殷家洼、谭家洼、白家洼、旧洲洼、十二连洼等。全境土壤是由黄河带来的黄土高原土壤，在沉降过程中组合成黏、沙等不同土质，多为粉沙、细沙、黏粒等。古人以"黄水一石，其泥数斗，且水且肥，长我禾黍"来描述黄河的泥沙含量及水肥资源；今人谓"慢出淤，紧出沙，不紧不慢出莲花（两合土）"，说明特殊土壤的形成过程且有规律地分布着。①

三 聊城运河开凿

乾隆《东昌府志》"川泽"篇云："郡之大川，无过会通与漳卫，其余则所谓水泛则津注，水耗则涸流者也。"② 考三代有贡道，但是没有漕运。大运河在隋唐时期南北贯通，初具规模，大业四年（608）所开永济渠又名御河，处于大运河的中段，也是从黄河通往北方边陲的一段，在馆陶附近进入山东境内，后沿着今河北、山东省界东北流淌，又经今临西、清河到达德州，又继续北流进入河北境内。③《元史》河渠志称：御河从大名路魏县界开始，流经元城县泉源乡的于村渡，南北长约十里，又东北流淌至包家渡，往下接馆陶县界三口处，今称之为"御河"。④ 历史上，由于河道多次变迁，行走路线和长短略有出入，故历代名称不一：战国之前称"清水"，清河也称"卫河"；汉魏时期称"白沟"；隋朝称"永济渠"；唐宋时期称"御河"；元明清时期"御河""卫河"并称。

当然，隋朝以洛阳为中心，开挖通济渠、永济渠并疏通邗沟，那时的永济渠穿过冠县、临清，并未流经聊城。⑤ 葛渊曾提到这个细节并加以考证："最近看到一篇地方史志资料，其中有'隋炀帝大业元年（公元605年）开始修凿运河，经过聊城'的记载。考察中国大运河的开凿，并

---

① 葛渊：《黄河流经聊城考略》，政协山东省聊城市文史资料研究委员会编印：《聊城文史资料》第2辑，1983年，第90—96页；葛渊：《沧海桑田话聊城》，政协山东省聊城市文史资料研究委员会编印：《聊城文史资料》第7辑，1995年，第111—114页。

② 乾隆《东昌府志》卷6《山水一·川泽》，清乾隆四十年（1777）刻本。

③ 关于永济渠的具体行经路线，嵇果煌认为由于《隋书》《资治通鉴》等史料只字未提，故无从知道。不过，唐朝永济渠流经城市在《元和郡县图志》中有记载，渠道走向基本上就是隋朝的状况。结合史料记载和今人相关考证，可知永济渠大致行经路线："起自武陟县境内的沁水尾闾，走向东北，经新乡、汲县、黎阳（今浚县东北）、内黄、洹水（今魏县西南）、贵乡（今大名县北）、馆陶、临清（今临西县）、清河（今清河县西北）、漳南（今故城东南）、长河（今德州东北）、东光、长芦（今沧州）、乾宁军（今青县）、独流镇，折向西北，再经雍奴（今天津市武清区西北）至蓟城（今北京市）。"（嵇果煌：《中国运河三千年》，上海科学技术出版社2020年版，第448页）

④ （明）宋濂等：《元史》卷64《志第十六·河渠一》，中华书局1976年版，第1599—1600页。

⑤ 中共山东省委党史研究院、山东省地方史志研究院、聊城大学运河学研究院编：《京杭大运河山东段志》，中华书局2021年版，第846页。

非始于隋炀帝，隋开运河也不经过聊城。"① 由于山东、河北是元朝征收赋税重要之地，保证该区域漕运对京畿供给和王朝统治有着特殊意义，因此，政府基于运道具体情况对御河进行了疏浚和改造。其中，对于临清一带的御河进行加固、整修。临清境内既有御河，又有大清河、黄河等，水文情况比较复杂，一旦洪水暴涨出现乱流或合流，很容易破坏原来的堤防。据史料记载："泰定元年二月，枢府臣奏：'临清万户府言，至治元年霖雨，决坏运粮河岸，宜差军修筑。臣等议，诚利益事，令本府差军三百执役。'从之。"② 当河堤被水灾破坏后，采取了加固堤防的措施。史料又记载："致和元年六月六日，临清御河万户府言：'泰定四年八月二日，河溢，坏营北门堤约五十步，漂旧桩木百余，崩圮犹未已。'工部议：'河岸崩摧，理宜修治，既都水监会计工物，各处支给，其役夫三千人，若拟差民，方春恐妨农务，宜移文枢密院拨军。'省准修旧堤岸，展阔新河口东岸，计工五万九千九百三十七，用军三千、木匠十人。"③ 当河溢毁坏堤坝后，又再次整修该段运道。

　　元朝初期曾多次对御河加以治理，尤其是至元二十六年（1289）开通了会通河，临清以北的卫运河便成为大运河的关键运道。为了确保漕运顺利进行，对其修治就更加频繁了。如上述泰定元年（1324）黄河夺淮后，卫河水量出现不足，又实行引漳入卫。到了清朝康熙四十七年（1799），漳河在馆陶徐万仓处与卫河合流，形成如今的形势，更加有利于漕运。卫河聊城段主要支流有车庄沟和长顺渠。车庄沟原是黄河故道，位于临清南边陈公堤以东的河漕洼地，经历朝疏浚而形成一条排水河沟，"原起于冠县肖庄，向北经临清境内的路庄西、薛店西、营子东、唐庄西至车庄村东北入卫运河，故命名车庄沟"④。长顺渠又名通渠，位于馆陶正北偏东，南起汪堤迤南，北至李圈村北，河渠之水直入卫河，可排泄五百多亩的积水。光绪初年曾在入河之处建造水闸，河水盛时闭闸以防倒漾，河水弱时启闸以泄沟水。

---

　　① 葛渊：《运河演变与流经聊城考略》，政协山东省聊城市文史资料研究委员会编印：《聊城文史资料》第3辑，1985年，第171—181页。
　　② （明）宋濂等：《元史》卷64《志第十六·河渠一》，中华书局1976年版，第1598页。
　　③ （明）宋濂等：《元史》卷64《志第十六·河渠一》，中华书局1976年版，第1599页。
　　④ 程玉海主编：《聊城通史》，中华书局2006年版，第418页。

聊城境内处于大运河的津黄段，其中从天津至临清段称为河北南运河，这是上文所述隋朝所开永济渠；从临清至黄河北段称为山东北运河，这是元朝所开会通河。会通河便是流经聊城地区的一条运河，也是元朝大运河的重要一段，它南起东平，北至临清，全长约 125 千米，流经阳谷、聊城、茌平、临清四个县（市、区）。历史上，聊城借助交通和漕运的便利条件，逐渐成为鲁西地区军事、政治、经济、商贸之枢纽。

元朝定都今北京后，所需物资全仰赖东南地区供给，当时南来物资运往京城需要水陆交替运输，"元初粮运自浙西入江淮，溯黄河至中滦，陆运至淇门，由御河舟达于燕"[1]，此种方式费时费力。也就是说，为了缩短航线，朝廷起初也有意识地改变漕运方向，在扬州附近沿着战国时期吴王夫差首开名为邗沟的故道，北上进入到淮河，又继续向北到达黄河，漕船在河水中逆水而行一段，来到河南封丘中滦舍舟登陆，陆运至位于浚县西南处的淇门改换水运，然后由御河运抵通州，还要陆行一段才能到达京城。如此这般辗转华北，水陆交替运行，所遇困难颇多。

都水少监郭守敬于至元十二年（1275）勘察今山东、河北以至江苏一带地形，"自陵州至大名，又自济州至沛县，又南至吕梁，又自东平至纲城，又自东平清河逾旧黄河至御河，自卫州御河至东平，自东平西南水泊至御河，乃得汶、泗与御河相通形势，为图奏之"[2]，为开凿山东运河做了先期技术上的准备。至元十三年（1276），丞相伯颜提议说，如今南北统一，应当疏浚河渠，使远方向京师进贡，可皆由此运道通达，则万世享受其利。此次建议引起元世祖忽必烈的重视。于是，朝廷决定对大运河进行疏浚和改造，使大运河不再绕道河南而直接进入山东，然后穿过华北平原可达京城。

元朝在山东境内对大运河的经营源于此种设想，即为了缩短京城与江南之间的漕运路程而打造一条直航线。从元朝最初的计划与实施，一直到明朝中期的重新浚通，大运河的建设完成是分段进行的。根据史料

---

[1] 万历《东昌府志》卷 14《河渠志》，明万历二十八年（1600）刻本。
[2] （民国）柯劭忞等：《新元史》卷 171《列传第六八》，吉林人民出版社 2005 年版，第 2764 页。陵州即今德州，济州即今济宁，吕梁即今徐州东南，纲城即今宁阳堽城镇，卫州即今河南汲县。

所载:"至元二十年,以江淮水运不通,命兵部尚书奥鲁赤等,自任城穿渠导洸、汶、泗水北流,至须城安山入清济故渎,经东阿至利津河入海。后海口沙壅,又从东阿陆转二百里抵临清,下御漳。以道经茌平,夏秋霖潦,转输艰阻,二十六年用寿张尹韩仲晖、太医令史边源言,复自安山西南开渠,由寿张西北过东昌,又西北至临清,凡二百五十里,引汶绝济,直属御漳,建闸节水,名会通河。"①

可见,在至元二十年(1283)的时候,以河行运于江淮之间已不再畅通,朝廷遂下令人工开凿运道,路线自山东济宁至安山,将泗水、济水沟通,名为济州河。漕船可经此河进入大清河,然后经东阿至利津入海,再由海运抵达天津。济州河开通后,北运物资经江南运河、扬州运河,后经济州河,出大清河进入渤海,复达天津,进入通惠河后,直达京城。后来,由于大清河海口出现沙壅,又改从东阿舍舟陆运,经100公里至临清下卫河,然后北上继续前往京城。其中,从东阿抵临清途经茌平,此处地势低洼,每逢夏秋多雨季节,道路难以通行,遂于至元二十六年(1289)又开凿另一条名为会通河的运道。开河之经过及"会通"之命名,在杨文郁撰文的《开会通河功成之碑》有详细记载。②

会通河起自东平路须城安山西南处,向西北延伸至临清。会通河聊城境内的具体行经路线为:"由阳谷之官窑口入聊境,北至博平之梭堤儿出聊境,其长六十五里,赐名会通河,今概谓漕渠为会通河者误也。"③这条新开运道因起自须城安山,起初名为安山渠,元世祖忽必烈赐名后,始称会通河。后来,一并将安山以南的济州河统称会通河,济州河之名遂弃而不用了。

至元二十九年(1292),元朝又开挖了通州至京城的通惠河。这样,一条从南到北的京杭直航漕运线全部完工,全长1700多千米,比绕道河南隋朝所开大运河,在航程上缩短了900多千米,且没有陆运全为水运,减少了许多不便之处。这就是近代以来的京杭大运河,对促进政治、经

---

① 嘉庆《东昌府志》卷7《建置三》,清嘉庆十三年(1808)刻本。
② (清)傅泽洪辑录:《行水金鉴》卷101《运河水》,商务印书馆1937年版,第1492—1493页。
③ 光绪《聊城县乡土志》《水》,清光绪三十四年(1908)石印本。

济、社会、文化的发展起过非常重要的作用。元朝大运河通航时间共有90多年，因大运河会通河段岸狭水浅，经常不任重载，曾于至元五年（1268）、至大三年（1310）、延祐六年（1319）、泰定四年（1327）等多次对其进行疏浚①，以利于航运畅通。但是，漕运"每岁不过数十万石，虽行河运而海运仍未罢"②，故终元以海运为多。

明清以来，会通河的整治情形又出现变化。据史料记载："明代复循会通故道，屡事疏筑，卒使南北通利，一气贯输，后乃专行河运焉。夫大河为通运必由之道，故黄与运相为表里。河一日不安，即漕一日不利。自明以及国朝，治黄必兼治运。盖以此也。咸丰五年，兰阳铜瓦厢河决而北，致运道为河所阻。迨江南肃清，东南之漕，改由海道。惟江北漕粮，试行河运。以米石无多，运道绵长，口门淤垫，节节浅阻，屡有理黄通运之议。以工艰费巨，迄未果行。而河运乃以渐而废，治黄者遂无牵于治运，黄运之关系从此绝矣。"③永乐初明成祖朱棣迁都北京，实行海陆兼运，但海运险远，漕船多有漂失。为了沟通元朝开通的大运河，又重提再开会通河之议。永乐九年（1411），采纳济宁州同知潘叔正建议，命令工部尚书宋礼总管其事，对会通河进行全面疏浚开挖。开通后的河道从济宁到临清全长190千米，"深一丈三尺，广三丈二尺"，比元朝时大为拓展。④"永乐十二年（1414），会通河疏浚，在聊城修建龙湾护堤；正统六年（1441），修龙湾减水闸，建裴家口减水闸、官窑口减水闸；景泰四年（1453），徐有贞治理张秋沙湾，东昌之龙湾、魏湾等处建闸8处，以为管理水源之用。同时又修建了东昌驿北侧的减水闸，以减水势。"⑤

清朝定都北京后，漕运仍关乎国计，因此也十分重视大运河航道建设。经过明朝长期的整治与经营，大运河行经路线大致定型，重大的水

---

① 程玉海主编：《聊城通史》，中华书局2006年版，第420页。
② 宣统《山东通志》卷126《河防志》，民国四年（1915）铅印本。
③ 宣统《山东通志》卷126《河防志》，民国四年（1915）铅印本。
④ 政协山东省聊城市委员会编：《运河名城·聊城》，中国文史出版社2021年版，第28页。
⑤ 中共山东省委党史研究院、山东省地方史志研究院、聊城大学运河学研究院编：《京杭大运河山东段志》，中华书局2021年版，第846页。

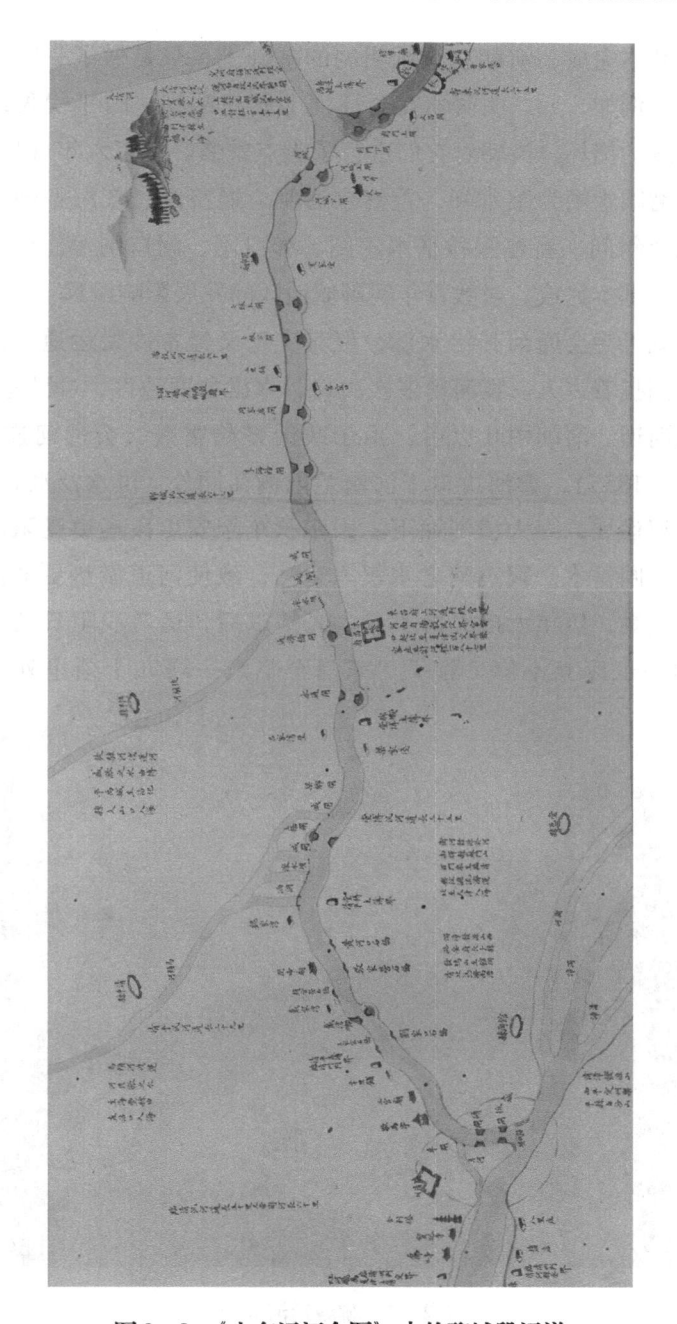

图 2-3　《山东运河全图》中的聊城段运道

资料来源：美国国会图书馆藏，聊城大学运河学研究院提供；王耀：《美国藏〈山东运河全图〉与光绪朝山东运河状况》，《贵州师范学院学报》2016 年第 1 期。

利工程也基本完成，清朝在继承明制的基础上，只是做了一些维护与整理的工作。例如，元、明两朝在会通河上所建闸坝，因年代久远许多已有不同程度的损坏，清朝对它们进行了重点整修。雍正六年（1728），改造聊城龙湾减水闸为滚水坝，重修永通闸、通济闸、李海务闸、周家店闸等。乾隆年间，新建张秋平水三闸、彭口闸、湖口闸等。至此，聊城运河的开凿基本完成，对数百年间聊城地区的发展影响深远。

黄河既可为会通河补给水源，但其决口又经常冲毁运道，这种矛盾关系始终困扰着古人。黄河曾多次决口，水漫鲁西地区，冲毁运河堤防，淤塞漕运河道。清朝中叶以后，由于政治日趋腐败，会通河连年失修。咸丰五年（1855），黄河决口于河南兰阳铜瓦厢处，洪水泛滥鲁西地区，冲击会通河运堤，夺大清河而下。因张秋东至安山段运道受阻，朝廷又在陶城铺建闸蓄水。因黄河之水侵入运河，致使河道淤垫更甚，故疏浚河道较前更勤，历年大挑尤虑不足。光绪以后，运道浅阻日甚一日，许多运河闸坝也废弃不修。除了"东昌至临清一段九十余里外，几如平

图 2-4　聊城运河故道

（照片由阳谷县文管所提供，2014 年 4 月）

陆"①，但也仅仅能行驶小船而已。由于运河水源缺乏，漕船每至临清南板闸处，经常面临拖坝危险。光绪二十六年（1900），漕粮改折，运道遂废。光绪三十年（1904），疏浚聊城至临清段河道，人们一时称便。光绪三十二年（1906），又疏浚临清段河道，但工程并不坚固，更因水源没有保证，河堤逐渐倾圮，河道愈加淤塞。

结　语

很早就有学者指出，大运河不是一个通常所认为的那样——持续不断、稳定统一的体系。那么，随之而来的问题是"运河"概念的产生与变迁。借用法国知名学者傅柯"知识考掘学"视角，对运河称谓进行一番"考古"。大运河自开凿以来，先后出现过很多称谓，如"沟""渠""渎""溪""浦""漕河""官河""运河""运粮河""大运河"等。其中，对于具有里程碑意义的"运河""大运河"之名称出现时间，张礼恒、吴欣、李德楠、刘恋、马俊等学者作过"定名于宋的历史考察"，而且一致同意运河称谓的由来与流变，是不同时期节点与时势所勾连起来的历史进程的一种反映。此外，运河还是一个不断建构、不断发展的概念，如白寿彝、陈桥驿、姚汉源分别提出"京杭大运河""南北大运河""东西大运河"之说。至于"中国大运河"的说法，则是为了申报世界遗产而提出的整体性概念。

基于不同的划分标准会出现大运河不同的分期问题，这直接影响专家学者对大运河发展史的认知与理解。汪胡桢、姚汉源、安作璋、陈桥驿、赵维平、嵇果煌、张强等学者各自提出了大运河发展与演变历程的时段分期，颇具启发意义。从整体走向部分，大运河各段皆有专名。自隋朝起，全国性大运河开始出现，在运河史上是一次"飞跃"。隋朝大运河各段专名分别是：广通渠、永济渠、通济渠、山阳渎、江南河。元朝以贯通京杭大运河而彪炳史册，大运河各段专名分别是：通惠河、通州运粮河、御河、会通河、济州河、泗水、黄河漕道、山阳渎、江南运河。明朝大运河南迄杭州，北尽大通桥，其各段

---

① 民国《临清县志》卷6《疆域志·河渠》，民国二十三年（1934）铅印本。

自南而北分别以"浙""江""湖""河""闸""卫""白"等冠名，后均以"漕"作为通名，总称漕河。清朝全漕运道，自张家湾迄杭州，各段分别为直隶（河北）运河、山东运河、中运河、里运河（淮扬运河）、江南运河。

在中国历代王朝兴衰史上，大运河占有重要的地位。元朝将会通河开通形成的京杭大运河，贯穿聊城市域，为明清时期聊城的崛起，带来了重要契机。聊城位于鲁西地区，元朝截弯取直的那段运道主要流经该地区。聊城运河的开凿最早应当始于隋朝，历经唐、宋、元、明、清诸朝，境内东昌府区、临清、阳谷、冠县、东阿等地都留下大运河的痕迹。隋朝建立后，开凿贯通南北的大运河，永济渠流经临清、冠县。宋金时期，聊城境内运道除了徒骇河、孝武河之外，最主要的运道还是永济渠。元明清时期，聊城运河逐渐成为鲁西地区重要的水运交通主干线。其中，一条是起于济宁、终于东阿的济州河；另一条是贯通济州河与御河的会通河。

第三章

大运河聊城段水工遗存及其地名

中国大运河"申遗"采用片段申报、整体保护原则,选取重要遗产点和典型河道段落,其数量分别为58处和27段,共计85个遗产要素。大运河遗产类型包括闸、坝、堤、桥、码头、纤道、险工、水城门等水工遗存,仓窖、钞关、驿站、衙署、会馆、行宫等管理设施和配套设施,以及与大运河密切相关的历史文化街区、古建筑等。[①] 它们分别位于31个遗产区里,而每个遗产区均涵括最具代表性和典型性的遗产,具有科技手段突出、线路位置关键、历史意义重大等特点。本章对大运河聊城段的特点及其历史地位予以阐述,在宏观梳理大运河水工类型基础上,尤其对聊城段所涉工程与地名、修治与管理进行分析。

第一节 大运河聊城段特点和历史地位

一 开凿历史背景

大运河聊城段所在的山东运河有着悠久的历史,但是在元朝以前,这些人工开挖的运道或者是区域性的,或者从鲁西边境流过,对区域社会的影响十分有限。元朝初年,漕粮"自浙西入江淮,逆黄河至中滦,陆运至淇门,由御河舟达于燕"[②]。这条运道并非我们现在所能看到的这个样子,也就是说那时南北之间还没有直达的水运通道。所以,元朝起初的漕运路线先是从苏北的黄河旧道逆流而上,到达今河南封丘后,改

[①] 李德楠:《后申遗时代运河研究的思考》,《中原文化研究》2014年第5期。
[②] 嘉庆《东昌府志》卷7《漕渠》,清嘉庆十三年(1808)刻本。

为陆运至今河南汲县，再进入卫河北上到达大都。然而，这种运输方式——水运转陆运，陆运转水运——既拖延了时间，又浪费了人力、物力。同时，在运输过程中，多次转手肯定会造成大量的消耗。因此，元朝政府开始对大运河进行开凿和疏浚。

起初，元朝政府改造汶、泗等河流的渠道，沿着山东丘陵地带之西北边缘，朝南方向开凿了济州河。虽然自济州河开通以来，从南方来的漕船可以经此直接进入济水并从利津入海，但是几年之后"海口沙壅"，故改从东阿陆运至临清入御河北上。可见，正如上文中分析的那样，这条运道仍然没有从根本上解决好漕运问题。此后，为了彻底解决陆运所带来的困难，元朝政府又在临清和东阿两地开挖一条人工运道——它连接了御河和济州河。元世祖忽必烈赐名"会通河"，其意义深远，这充分表明新生的元朝政权对大运河漕运的高度重视，将隋唐大运河"弃弓走弦""裁弯拉直"改为京杭大运河，是一项"诚国家永久之利"[①] 的壮举。而且，这个观念也深刻影响着明清两朝，它们均认同"国家大计，莫过于漕"[②]。

会通河"此为本段运河成立之始"[③]，它的开挖促进了聊城区位优势的提升，后人称赞此河"开魏博之渠，通江淮之运，古所未闻"[④]，诚一时之盛事。然而，"当时河道初开，岸狭水浅，不任重载，每岁漕运不过数十万石，终元之世，海运未辍"[⑤]。到了元末明初，更是因长期的战乱，不能对运道有效地加以管理，从而使其淤积严重难以通航。诚然，当时的大运河并未发挥其更大的作用，不过它为以后明清两朝大运河的持续繁盛，为大运河区域社会经济的发展奠定了基础。"南北经济、文化的交流开始了一个新的时代，在政治上也起了巩固统一的作用。由此，也为聊城日后的繁荣兴盛和区位优势的提升奠定了坚实的基础。"[⑥]

---

① 陈得芝辑点：《元代奏议集录（上）》，浙江古籍出版社1998年版，第115页。
② （清）王命岳：《漕弊疏》，（清）魏源：《魏源全集》第15册，《皇朝经世文编》卷46《户政二十一·漕运上》，岳麓书社2004年版，第478—480页。
③ 民国《临清县志》卷6《疆域志·河渠》，民国二十三年（1934）铅印本。
④ （明）陈邦瞻：《元史纪事本末》卷12《运漕》，清同治十三年（1874）江西书局刻本。
⑤ 民国《临清县志》卷6《疆域志·河渠》，民国二十三年（1934）铅印本。
⑥ 程玉海主编：《聊城通史》，中华书局2006年版，第180页。

图 3-1 大运河上的船只

（照片由靳国君提供）

二 聊城段运道特点

聊城段运道是京杭大运河各河段中开发时间较晚的河段，也是最为重要的河段。会通河的成功开凿，开启了京杭大运河全线贯通的新局面；而会通河后来被黄河冲断，也造成了黄河以北各段河道渐次停航。由于大运河山东段所处地形比较复杂，加之水源缺乏，沿线水工设施多，因而管理难度大，故最受政府重视。大运河山东段的成功开通，改善了鲁西地区的交通条件，有力地促进了当地社会、经济、文化的发展。大运河聊城段水工设施种类多，数量大，技术水平高。在纵贯南北的大运河体系中，聊城段及其所在的山东段占据举足轻重的地位。

聊城段运道是会通河的一部分，会通河畅通则整个大运河南北畅流，会通河出现了问题则这条南北运输线便会瘫痪。元、明、清三朝，对会通河造成最大的威胁是黄河决口泛滥。从地势上来看，黄河比较适合向北流，可在山东利津一带入海,如果向南流夺泗入淮的话则并不顺畅。古人对此早有所论:"余阙曰:南方之地,本高于北,河之南徙难而北徙易。自宋南渡至今,殆二百年而河旋北。议者虑河之北,则会通之漕废,当筑堤起曹南迄嘉祥,东西三百里以障遏之,不使之北。"① 余阙进一步分析道:

> 予则以为河北而会通之漕不废,何也?漕以汶而不以河也。渭按此言,正与挽河之议相左。盖河在梁、卫之郊,北流为顺,其曰南徙难而北徙易是也。谓河北而会通之漕不废,则大非。明中叶,河屡贯会通,挟其水以入海而运道淤,河不可北也。向使河北而无害于漕,则听其直冲张秋,东北入海,数百年可以无患。奚必岁岁劳费,防其北决邪。②

所以,元朝以后,黄河一旦在豫北一带决口,就会顺势下流到位于会通河中段的张秋镇,然后横穿大运河夺大清河入海。因此,为了避免黄河冲毁大运河,必须阻止其决口向北流。例如,元朝贾鲁治理黄河,一方面修筑北堤以阻止黄河向北泛滥,另一方面疏通旧河道以逼黄河向东南流入淮河。这次治黄确立了"南疏北堵"的指导方针,对于保证会通河的畅通具有重要意义。之所以极力阻止黄河向北流,就是为了保全大运河山东段。因为一旦黄河北流,势必冲毁运道,大运河交通遂陷入瘫痪。京杭大运河在阳谷县境内穿过黄河,该段黄河"河漕宽浅,主流位置不定,水流散乱,泥沙淤积严重,河势变化大,是黄河下游河床变化最为频繁的游荡型河段"③。"由于大运河水直接与黄河水连通,相互影响,在清末大运河废弃前,经常为保证漕运畅通而置黄河水灾于不顾。"④

---

① 傅泽洪辑录:《行水金鉴》第 8 册,卷 160《两河总说》,商务印书馆 1937 年版,第 2311 页。
② 傅泽洪辑录:《行水金鉴》第 8 册,卷 160《两河总说》,商务印书馆 1937 年版,第 2311 页。
③ 苏群生、郭党伍、娄洪富、姜天福:《黄河下游"二级悬河"的分布与形态特点》,《人民黄河》2007 年第 6 期。
④ 葛剑雄:《黄河与中华文明》,中华书局 2020 年版,第 87 页。

明朝前期，黄河经常北流冲决张秋运河，致使漕船不能按时抵京，朝廷也时常陷入恐慌状态。景泰年间，黄河冲毁张秋沙湾一带运河堤岸，朝廷急忙派人前往治理。"璞至，浚黑洋山至徐州以通漕，而沙湾决口如故。乃命中官黎贤、阮洛，御史彭谊协治。璞等筑石堤于沙湾，以御决河，开月河二，引水以益运河，且杀其决势。三年五月，河流渐微细，沙湾堤始成。乃加璞太子太保，而于黑洋山、沙湾建河神二新庙，岁春秋二祭。六月，大雨浃旬，复决沙湾北岸，掣运河之水以东，近河地皆没。命英督有司修筑。复敕中官黎贤、武艮，工部侍郎赵荣往治。四年正月，河复决新塞口之南，诏复加河神封号。至四月，决口乃塞。五月，大雷雨，复决沙湾北岸，掣运河水入盐河，漕舟尽阻。帝复命璞往。乃凿一河，长三里，以避决口，上下通运河，而决口亦筑坝截之，令新河、运河俱可行舟。工毕奏闻。帝恐不能久，令璞且留处置，而命谕德徐有贞为金都御史专治沙湾。"①

徐有贞采用"堵塞决口、分注入运、疏通运道"的治理措施，用了两年时间工程告竣。成化初年，黄河又在开封附近决口，再次冲毁张秋运河，朝廷急派白昂前去治理。没过几年黄河又在金龙口冲决，张秋运道被毁，"时夏且半，漕集张秋，帆樯鳞次，财货山委，决口奔猛，戒莫敢越，或贾勇先发，至则战掉失度，人船灭没"②。此次前往治河的刘大夏一改分黄河之水北流入运河的策略，堵口筑堤使之南流经淮河入海。"凡堵黄陵冈口、金龙口等黄河决口7处，其中黄陵冈口屡堵屡决，最为难治，封堵后乃筑堤三重，严加保护。又在黄河北岸修筑防护大堤，金龙口东西各二百余里，黄陵冈口东西各三百余里，后人称之为'太行堤'。"③自从修筑了太行堤，堵塞黄河北流之道，会通河北段才得以平安无事。

清朝以后，黄河中下游河道淤高，决口泛滥形势日益严重。顺治初年，黄河多次决口泛滥，洪水漫过曹县、单县、金乡县、鱼台县等。史

---

① （清）张廷玉等：《明史》卷83《河渠一》，中华书局1974年版，第2017页。
② （明）王鏊：《奉敕撰安平镇治水工完碑》，张明福编著：《运河碑刻》，济南出版社2021年版，第116—118页。
③ 中共山东省委党史研究院、山东省地方史志研究院、聊城大学运河学研究院编：《京杭大运河山东段志》，中华书局2021年版，第14页。

载：到了顺治元年（1644），"伏秋汛发，北岸小宋口、曹家寨堤溃，河水漫曹、单、金乡、鱼台四县，自兰阳入运河，田产尽没"；"二年七月，河决流通集，分两道入运河，运河受河水淀浊淤塞，下流徐、邳、淮、扬亦多冲决"；"四年，流通集决口将合，河下注湍激，又决汶上入独山湖"；七年"八月，河决荆隆口，南岸出单家寨，北岸出朱源寨。南岸先合，河全注北岸，张秋以下堤尽溃，自大清河东入海"①。康熙与乾隆两朝社会比较安定，朝廷也重视治理黄河，屡兴大工修筑堤防，河患对大运河的危害减轻。自乾隆后期开始，黄河泛滥又有加剧之势。"嘉庆元年，河决丰汛，刷开南运河佘家庄堤，由丰、沛北注金乡、鱼台，漾入微山、昭阳各湖，穿入运河，漫溢两岸"，"自丰工决后，若曹工、睢工、衡工，几于无岁不决。"② 嘉庆二年（1797），丰工堵口工程结束，黄河又在于砀山杨家坝处溢出。不久，山东曹县黄河又决口。苏鲁交界之处此堵彼决，修治工程连年不断。

可见，一部明清山东运河史，就是半部明清治黄史。大运河与黄河二者之间的关系是我们研究的一个大题目，"运河与黄河的关系尤为复杂，一部中国大运河的变迁史，就是一部黄运关系史"，"运河与黄河的关系大体可归纳为如下几个方面：一是'借黄行运'，二是'引黄济运'，三是'避黄通运'，四是'治黄保运'"③。"治黄保运"之策，成就了会通河北段数百年的畅通；"避黄通运"之策，则催生了会通河南段的洳运河与南阳新河。治理黄河就是为了保障大运河山东段的畅通，而保障大运河山东段畅通首先必须治理黄河。明朝弘治皇帝当年命刘大夏治理张秋运河时，便已经摆明了这个道理："朕念古人治河，只是除民之害，今日治河，乃是恐妨运道，致误国计，其所关系盖非细故。"④ 万历时期治河专家潘季驯也指出："我国家挽漕东南，全赖河渠。古洪以北必资汶、泗诸水，徐、邳以南悉借淮、黄二渎。河虽不同，利害相因。故理漕必

---

① （民国）赵尔巽等：《清史稿》卷279《列传六十六》，中华书局1977年版，第10109—10110页。
② （民国）赵尔巽等：《清史稿》卷127《河渠二》，中华书局1977年版，第3784页。
③ 李泉：《运河学研究的内容和方法》，《聊城大学学报》（社会科学版）2015年第1期。
④ 何宝善编：《明实录大运河史料》，北京燕山出版社2019年版，第234页。

先于理河,治黄即所以治漕,诚不可一日不讲也。"①

所以,黄河治理的目的可以对等于运河治理。另据乾隆初年成书的《山东通志》说得更加直白,即"治黄即所以治运"。治理黄河就是治理运河,两者之间应当是一回事!大致来看,明朝时期治理黄河的重点,主要是为了保障会通河免遭侵害;而清朝时期治理黄河的重点,主要是为了保障清口之处的畅通。虽然如此,通观整个元、明、清时期,黄河泛滥对大运河山东段的威胁并没有彻底解除。尤其是到了清朝后期,黄河已是千疮百孔,自江苏淮安到河南开封,每年都有溃决之处。嘉庆至道光年间,朝廷将治理黄河的重点放在确保清口畅通上,从而忽视了黄河对大运河山东段的潜在威胁,最终造成黄河向北泛滥冲断运道,大运河贯通南北的局面就此终结。"京杭大运河之兴,开始于会通河的开挖;京杭大运河之衰,起因于会通河被黄河所毁。会通河畅通则京杭大运河通畅,会通河埋塞则京杭大运河衰败,会通河在京杭运河史上的地位之重要,只此可见一斑。"②

第二节 大运河聊城段水工类型与地名

一 大运河与水利工程

所谓水工,即水利工程,又称"河工"。"河工,国之大政;修防,民之命脉"③,大运河上的水利工程是关乎国计民生的大事。历史上,尽管王朝在不断更替,但是治理运河这件事无不举之为大政,从而推动着水工持续不断地向前发展,"从无河到有河,由分段通航到全线通航,终于建成了举世闻名的南北大运河"④。"中国历代运河的修建者、维护者、利用者在复杂多变的水文环境、错综复杂的地貌与地质结构等困难条件下,巧妙利用沿线江河湖泊等多样的水资源条件,综合运用勘察、测量、规划、设计、管理等多个跨领域的科学知识,让这个农业文明时代的巨

---

① (明)潘季驯:《潘季驯集》(下册),付庆芬点校,浙江古籍出版社2018年版,第565页。
② 中共山东省委党史研究院、山东省地方史志研究院、聊城大学运河学研究院编:《京杭大运河山东段志》,中华书局2021年版,第15页。
③ (清)傅泽洪辑录:《行水金鉴》卷172《夫役》,商务印书馆1937年版,第2515页。
④ 欧阳洪:《京杭运河工程史考》,江苏省航海学会1988年版,第5页。

大系统工程得以开发、利用、延续并合理改造，使大运河成为农业社会土木工程的最高成就。"①

2012年由文化部公布的《大运河遗产保护管理办法》，在界定大运河遗产的构成时也指出水工要素："本办法所称大运河遗产，包括隋唐运河、京杭大运河、浙东运河的水工遗存，各类伴生历史遗存、历史街区村镇，以及相关联的环境景观等。近代以来兴建的大运河水工设施，凡具有文化代表性和突出价值的，属于本办法所称的大运河遗产。"② 2014年中国大运河申报世界遗产，最终获准列入《世界遗产名录》共计85项，其中大运河水工遗存就有63项。2019年中共中央办公厅、国务院办公厅下发《大运河文化保护传承利用规划纲要》，在"深入挖掘和丰富文化内涵"一章中指出要展现遗存承载的文化："大运河遗存承载的文化是指与大运河相关的各种遗存所代表、蕴含的文化，以大运河沿线遗存的'物'为基础，其载体是大运河沿线的运河文物遗存、水工遗存、运河附属遗存以及其他关联遗存，是大运河千年历史的真实印记。"③

在开凿大运河的过程中，古人创造了很多当时领先于世界的水利工程技术。"运河沿线林林总总的堰、埭、堤、坝、闸、水城门、纤道、码头等工程遗存，无不体现古人因势利导、因地制宜的科学意识与高超的技术水平。与航运配套的仓窖、衙署、驿站、行宫、会馆和钞关等设施与管理制度也自成体系，值得后人研习与借鉴。"④就本节而言，则主要分析地名与大运河水利工程的关系，以及附着于水工之上积淀而成的地名文化。

二 水利工程技术通论

由于中国的地形和地势复杂多变，大运河的南北贯通因此离不开修建大量的水利工程。大运河水利工程需要解决一系列的技术问题，不同

---

① 姜师立编著：《大运河文化的传承与创新》，江苏凤凰科学技术出版社2020年版，第64页。
② 《大运河遗产保护管理办法》（文化部令第54号），山东省文物局编：《文物保护法律法规汇编》，山东大学出版社2015年版，第179—180页。
③ 《大运河文化保护传承利用规划纲要》，中办发〔2019〕10号，2019年2月2日印发。
④ 韩子勇主编：《黄河、长城、大运河、长征论纲》，文化艺术出版社2020年版，第121页。

时代背景下所用基本思路大致为"阻水"或"泄水"。这两种思路的具体实践，突出表现在运道的开挖、疏浚、维护等方面，进而又逐渐积淀成为一种所谓的技术文化。大运河水利工程所反映的地名文化，"既蕴含着人定胜天的积极态度，也有相地而流、本乎时势的理性，是人类适应自然和改造自然这一永恒矛盾的权衡"①。大运河水利工程具有兴建频繁、种类繁多、分布广泛等特点②，具体可以分为河道工程、供水工程、排水工程、控水工程、枢纽工程等，它们的名称一般都属于人工建造物的地名范畴③。

欧阳洪《京杭运河工程史考》是一部较系统、全面的有关大运河工程史的专著，从大运河的形成和历代帝王为自己的统治，看到大运河利用价值而进行多次的开挖、整治工程都进行了论述。其中，该书一大亮点是对水利工程技术发展进行了总结，在不同章节中分别以"水工技术与工程管理""水运工程技术的一些成就""河工技术的发展""明代河防技术成就简介"等为题，兹引介相关论述以观大略。

> 唐及五代时期，随着漕运事业的进一步发展，在水工结构、堰渠管理，以至测量制图等方面，都取得了一些新的成就。唐代有一种用块石砌筑而成的堰，称石矞（音刹）或将军矞，大约是与灵渠铧嘴相类似的分水建筑物。……这种石门、斗门，特别是斗门，唐代已相当普遍。……传统的水车，在唐代已有相当大的改进，特别是在适应低水高送需要方面，进入了使用和推广的新阶段。这对发展高田灌溉及加快排水挖河的速度，起了重要的作用。……这一时期，与水运工程密切相关的测量学、制图学，都有所进步。
>
> 北宋在测量技术方面，普遍推广了用定平之制测量地形高下的方法。……通过这种工具，还可以测知水位高低，为水运工程建设提供了科学依据。……河道水下方的疏浚，神宗熙宁六年（公元1073年），由王安石主持建立的"疏浚黄河司"，曾作过机械疏浚的

---

① 吴欣：《大运河文化的内涵与价值》，《光明日报》2018年2月5日第14版。
② 李泉：《运河学研究的内容和方法》，《聊城大学学报》（社会科学版）2015年第1期。
③ 周嘉：《京杭大运河遗产与地名文化研究》，《运河学研究》2020年第5辑。

尝试。……在水文方面，宋人通过长期对黄河水位涨落的观察分析，在掌握其规律的基础上，根据植物生长的过程和有关时令，确定了各种来水的名称。……这些形象化的称呼，使人们易于掌握水情的变化与特点，争取了防御黄河洪水的主动权。同时在引黄济运及借黄行运方面，也相应地加强了通航的维护措施。

　　元代为编制工程计划和施工提供比较科学的依据，在治河经验大量积累的基础上，对材料、工程定额，筑堤堵口以及质量控制等方面，都定有具体的规定。……元代的筑堤工程，据《至正河防记》载，有所谓"创筑、修筑、补筑"之别。按不同作用和特点，又分"刺水堤"、"截河堤"、"护岸堤"、"缕水堤"、"石船堤"等种类。"刺水堤"具有挑水的功能，堵截串沟支汊所修之堤称"截河堤"，束水的小堤为"缕水堤"，而"石船堤"就是贾鲁治河时所用的沉船法。对于埽工，根据作用、形状的不同特点，区分为"岸埽"、"水埽"、"龙尾埽"、"栏头埽"、"马头埽"等类，各有一套严密的施工程序与要求。

　　自黄河南徙夺淮入海后，徐州至淮阴的泗水漕道为黄河所占据，出现黄运不分的复杂形势。……因此为了保漕，就必须确保黄河堤防的安全。以免决口泛滥，毁伤运道，致误国计。由于明代的黄河灾害频繁，人们在不断治黄的实践中，提高了认识，丰富了经验，河防技术有了新的发展。为了掌握水情的变化，提高防洪的预见性，洪武年间，各州县开始有了雨情的记载，对黄河洪水周期性变化的某些特点，有了进一步认识。……明代河堤的施工方法和质量控制，都定有一套严格的法规。……明代十分重视堤防的维护，而且还特别强调人为的因素。认为："河防在堤，而守堤在人，有堤不守，守堤无人，与无堤同矣。"为此，制订了"四防二守"的制度。四防，即风防、雨防、昼防、夜防。在汛期大水时，无论风雨昼夜，一律护防。二守，即官守、民守。……堤岸植柳具有防风固堤的良好作用，明代刘天和总结了这方面的经验，定出了植柳六法。……此外，明代还采用"埽由"（或名小龙尾埽）防风的方法，以防止大浪冲刷大堤造成严重坍塌。……在抢险和堵口方面，明代大多沿用卷埽之法。①

姜师立通过对比分析中国大运河与世界水利水运遗产，认为前者是农业文明技术体系下运河工程所能达到的巅峰杰作。"中国大运河是农业文明时代运河工程的杰出代表，其因地制宜、因势利导的规划思想与适应性、动态性的技术特征具有中国文明的典型特征，在系统构成上具有综合性，在单体结构上具有典型性。"② 总体来看，中国古代水利工程的普遍特点有：其一，较之世界上其他地区的技术，中国的水利工程具有特殊性和原创性。中国独特的气候与水文条件决定了降雨量在季节、地区之间分布极为不平均，这导致了北方与南方地区河流特性的差异，以及自然河流年流量的较大反差。无论利用天然河流，还是开设人工运道，均需要注重水源的四季调配问题。其二，水利工程在国家事务中占有极其重要的地位，治水国家建基于农业之上并管理着经济的一部分。季风气候随时可能引发的洪涝灾害，以及以黄河为代表的北方含沙量较高河流造成的淤积、溃堤等，致使水利工程的防灾减灾功能放大，并与国计民生息息相关，因而重要水利工程均由国家组织兴建与维护。其三，水利工程技术的发展往往与治理河流密切相关。为了应对每年的洪灾风险，"岁修"便成为一种重要传统。为了进行常态化、低成本维护，就地取材并与应急性质相适宜，如夯土、埽工的使用，也成为一种工程技术特色。同时，在与洪水长期的斗争实践中，人们也总结、验证了自古以来的某些哲学观念，如因地制宜、因势利导。具体来看，大运河工程基本技术特点有：第一，它的历史比较悠久，而且与以农业为基础的生活方式关系密切，对所在区域的文明发展进程影响深刻。第二，农业文明时代的大运河工程表现出更多的地方适应性，工程修建所用材料更加偏向竹、木、石料、土砖等。第三，由于古代社会里的交通往来并不发达，因而水利工程技术之间的相互交流或采借并不普遍，不同区域之间技术的独

---

① 欧阳洪：《京杭运河工程史考》，江苏省航海学会1988年版，第130、131、132、170、171、172、204、205、250、251、252、254页。

② 姜师立：《中国大运河与世界水利水运遗产的对比分析》，《运河学研究》2019年第3辑；姜师立编著：《传奇中国：大运河》，中国轻工业出版社2022年版，第135页。

特性更加彰显。

三 水利工程及其分类

在对大运河水工类型及相关地名之形成进行分析前，需要首先了解一个宏观背景。山东运河所在的大运河江北段，是整个大运河系统中最具特点的河段——地形地貌多样，景观差异明显，河工问题突出。大运河江北段自南向北具体包括里运河、中运河、会通河、南运河、北运河五个部分，各部分均因自然地理条件不同而各具特点。例如，里运河沿岸湖泊较多，虽然经历河、湖分离过程，但仍然与湖泊关系紧密，沿途归江、归海、涵洞等工程作为减水设施突出；中运河起初是黄河河道，后经"借黄行运"到"避黄改运"，最终由借助天然河道到人工渠化，但黄运关系始终是突出问题，故不断建设"蓄清刷黄""分黄导淮"等工程；会通河则完全是在平地上开凿而成的河道，其所处的鲁西地形起伏大，加之河浅水少，多利用山泉水以济运，水源问题比较突出，故引水工程多，沿途闸坝林立；南运河与北运河均以自然河道为主，由于河道较为弯曲，且夏秋季节水流湍急，故很少建造节制闸坝，河东减水工程突出。[①] 大运河聊城段与工程相关的地名之形成，也离不开这样的大背景。

（一）河道工程

上节曾述及大运河水利工程的分类，河道工程指将天然河流与大运河隔开，或者将其改造成为大运河的支流或越河。大运河河道又简称"运道"，是大运河发挥运输功能的基础。在不同的历史时期里，不同区段的大运河河道名称各不相同，既有整体河道名称与分段河道名称之分，又有古代河道名称与现代河道名称之分，还有官方河道名称与民间河道名称之分。除了直接以大运河河道不同称谓命名的地名外，尚有少量地名虽然没有提到大运河的名称，但也是与之有直接关系的，如"河口""河湾""沿河""顺河""临河"等。作为整体性的运道，大运河有"运河""运渠""漕河""漕渠"等多种称谓，民间更多称之为"官河""运粮河"等。

---

① 李德楠：《京杭运河江北段工程与地名》，中国社会出版社2016年版，第170页。

（二）枢纽工程

枢纽工程指大运河穿越或连通其他河道，由多种水利设施共同打造而成的综合性工程。为了调节水量、控制水流，满足大运河供水、交通、排水、灌溉等，需要在大运河适宜河段或与其他河流交汇处，修建几种不同类型的水工建筑物。大运河山东段的枢纽工程共有5处，其中，属于元、明、清时期的有临清枢纽、南旺枢纽和济宁枢纽，属于现代时期的有四女寺枢纽和南四湖二级坝枢纽。临清枢纽在大运河聊城段占据重要地位，它是两条河流相交的工程，主要在会通河进入卫河的运道上设置了4座控制闸。同时，还建有临时性的土坝，其功能为防止卫河倒灌会通河，或者会通河之水大量流失。由于会通河、卫河二者水位不同，故在此处需要"拖坝"过船，史料不乏相关记载：

> 上年漕船挽抵临清，值卫水甚小，与运河高下悬殊，时已交秋，当仍劝令南船拖坝入卫，径送通仓，以期妥速。[1]
>
> 嗣虽航海有禁，而回空各船，俱以北路运河淤浅太甚，拖坝致损，视为畏途。[2]
>
> 查河运向系散舱，酌买麻袋以备沿途起剥拖坝之用。[3]
>
> 嗣由东昌府派员经理，延至十月初旬甫得拖坝出运渡黄，迨十里铺口门挑工完竣，于十月中旬全船始入南运口，阅时已久，几误新漕。[4]
>
> 查漕船驰抵陶成埠后，因黄河水小，难以启坝入运。当经东昌府知府督同在事各员竭力挑挖，多方设法筹办。至八月初九日，始一律挽入北运河。复节节灌塘套送，于三十日，拖坝入卫。[5]
>
> 再上年回空漕船八帮，于十一月初五日出北运口，一律拖坝入黄。[6]

---

[1]（清）刘坤一：《刘坤一集》第2册，陈代湘校点，岳麓书社2018年版，第105页。
[2]（清）刘坤一：《刘坤一集》第2册，陈代湘校点，岳麓书社2018年版，第190页。
[3]（清）刘坤一：《刘坤一奏疏》，陈代湘等校点，岳麓书社2013年版，第1425页。
[4]（清）曾国荃：《曾国荃全集》第2册《奏疏》，梁小进整理，岳麓书社2006年版，第398页。
[5] 中国水利水电科学研究院水利史研究室编：《再续行水金鉴·运河卷5》，湖北人民出版社2004年版，第1787页。
[6] 中国水利水电科学研究院水利史研究室编：《再续行水金鉴·运河卷5》，湖北人民出版社2004年版，第1776页。

原拟办理接运,无如北船寥寥,委无可雇;而南船节节磨钝,益惮北行,开导再三,并加优恤,仍令原船拖坝入卫,径送通仓。①

图 3-2 南旺枢纽

(照片系笔者于 2019 年 12 月 13 日拍摄)

会通河在山东境内流经之处,以南旺这个地方作为水脊,使大运河之水南北分流。南旺一带还流传着"七分朝天子,三分下江南"的谚语,以此来说明汶河流入大运河的水量,约百分之七十流向北方,约百分之三十流向南方。当然,关于南旺分水量的多少也有不同的说法,"汇诸泉之水,尽出汶上,至南旺,中分之为二道,南流接徐、沛者十之四,北流达临清者十之六"②。其他史料如《宋康惠公祠志》《行水金鉴》《居济一得》等都称南旺所分之水七分往北,三分向南。大致来看,分水量南少北多,至于具体比例,不同时期应当有所不同,这样就比较有效地解决了南旺至临清段运道水量不足的问题。由于地势相差悬殊,所以水流

---

① 江苏省财政志编辑办公室编:《江苏财政史料丛书》第 1 辑第 2 分册,方志出版社 1999 年版,第 138 页。

② (清)张廷玉等:《明史》卷 153《列传第四十一·宋礼》,中华书局 1974 年版,第 4204 页。

图 3-3　四女寺枢纽

（照片系笔者于 2019 年 11 月 1 日拍摄）

十分湍急。元朝曾在运道上建闸 31 座，后来明朝重开之时又增加到 38 座，成为大运河上设闸最多的河段，第一座闸就位于临清的头闸口。

所谓"头闸"，其实最早就是一个土坝。过往的船只依靠人力拉纤，借助坝体上的滑泥拖过坝去，俗称"拖坝"。① 明朝漕船初期规定一般每只运载米量约两千石，其船身长七丈一尺、宽一丈四尺；后来，船头、船尾各加阔二尺多，船身也增长约二丈，这样载米量便增加到三千石。② "如此大船，要多少人挽纤？据本地一位生于清光绪二十八年的老人说，那时聚集在头闸口为来往船只拖坝的壮夫，竟多达一二千人。当年航运之艰难，实在是令人难以想象的！"③

其他地方的"拖坝"行为以及形成的埠头交易，为我们提供了生动鲜活的案例：

---

① 沈兴大：《为皇家烧砖的古窑地——临清》，《水利天地》1988 年第 4 期。
② 沈兴大：《为皇家烧砖的古窑地——临清》，《水利天地》1988 年第 4 期。
③ 沈兴大：《京杭运河　首次自行车之旅》，水利电力出版社 1987 年版，第 76 页。

后渡埠头亦称过塘埠头和拖坝埠头，是一个货物转运码头，专门将外沙晒制的食盐，种植的棉花、络麻、甘蔗、番薯、榨菜、萝卜、花生等农副产品，每天用船只装运至后渡埠头交易。早期有的用牛在岸上牵拉，民国时期至20世纪60年代，后渡还有牛拖船10余只；以后有的用众多人力将船拖至塘内河道，更多的由脚夫肩背、手提、担挑搬运过坝到岸上，或直接放入内河停泊的袓板船或小船上。每天凌晨开始，这里就有脚夫20余人集结，等到外沙的货船一到，他们就蜂拥而至，兜揽搬运生意。①

当然，有时还会面临"拖坝之险"：

漕运船只到临清南闸外有拖坝之险，且会通河水不足，每次启闸放船无几，水即消尽。故在入运河处筑一阻水坝，漕船到时用搅缩牵挽，利用坝上滑泥顺势拖过，然而，每次拖坝毁船颇多。及至漕船回空时，由低向上牵挽更难。②

（三）供水工程

供水工程是专门为大运河提供水源的引水河道、泉源及蓄水湖泊等。会通河完全由人工开凿，故需要利用天然河流，主要的引水河道有洸河、小汶河、府河、黄河等。其中，元朝至明朝早期，黄河成为会通河的重要水源。当时它南北分流，而北流之水便被引入运道，广济河即为引黄河水到张秋的河道。引泉入运是大运河山东段的另一重要特点，"一浚泉源以资灌注。会通河，南北千里，尽赖十八州县百八十余泉之流"③。明朝永乐年间便开发泉源，引泉入运。当时泉源分布在济南府、兖州府所属16个州县，共计180处，到了明朝后期已增加至298处。④ 清朝为了

---

① 大山西村民委员会编：《大山西村志》，浙江人民出版社2016年版，第273页。
② 崔子良：《会通河史略》，《临清文史》1990年第4辑。
③ （明）常居敬：《查理漕河疏》，（清）唐仲冕：《岱览校点集注》，孟昭水校点集注，泰山出版社2007年版，第606页。
④ 中共山东省委党史研究院、山东省地方史志研究院、聊城大学运河学研究院编：《京杭大运河山东段志》，中华书局2021年版，第16页。

图 3-4 "拖坝"场景（一）

（照片由靳国君提供）

图 3-5 "拖坝"场景（二）

（照片由靳国君提供）

探索更多泉源，对于新发现者给予相应奖励，故泉源数量又有所增加，据康熙十年（1671）《山东运河备览》统计其数有478处。[①] 蓄水湖泊在会通河沿岸的分布也很多，它们通常被称为"水柜"，是大运河常年通航的根本保障。

图3-6 济宁洸河入运处

（照片系笔者于2019年11月17日拍摄）

（四）排水工程

排水工程是在大运河沿线修建的排水设施，用来排泄大运河的洪水，防止流向大运河的水量过大时造成决堤泛滥。这些设施包括减水闸、减水河、减水坝、减水涵洞、滚水坝等。它们或者属于排水涵闸，或者属于排水河道。根据明朝王琼《漕河图志》记载，明朝成化以前会通河上的减水闸共计11处，其中，聊城县有5处，东平县有1处，博平县有1处，堂邑县有2处，清平县有2处。除此之外，在张秋镇的南边还建造1处大型滚水坝。在德州至临清之间的南运河上，分布着四女寺、哨马营等减水坝、减水河。

（五）控水工程

控水工程主要由闸、坝、弯道、越河等组成。闸是一种调节流量、

---

① （清）陆耀：《山东运河备览》卷8，海南出版社2001年版，第419—438页。

图 3-7　济宁府河

（照片系笔者于 2019 年 11 月 17 日拍摄）

控制水位，具有泄水、挡水双重功能的水工建筑物。[①] 闸在秦汉时期称"水门"，后来又称"陡门"或"斗门"，宋朝始将规模较大的斗门视为闸，明清时期习惯上将能够通行船只或规模较大者称为闸，而只是用来排水、输水或规模较小者称为斗门。"闸"之名最早见于宋朝史籍，绍定年间《吴郡志》有"初治河至唯亭，得古闸，用柏合抱以为楗，盖古渠况，今深数尺，设闸者以限松江之潮势耳"[②] 的记载。后来在《元史》的记载中，使用该名称则比比皆是。按照用材划分，闸有砖闸、木闸、石闸、草土闸等；按照形制划分，闸有单闸、复闸、澳闸等；按照功能划分，闸有进水闸（积水闸）、减水闸（分洪闸、排水闸）、节制闸（跨河闸）、平水闸、挡潮闸等。坝是"以土石为主要材料修筑，用以抵御水溜的一种水工建筑物"，"如修在堤防或河岸上具有顺溜、托溜、挑溜等

---

① 孙斌：《浅议水闸的标准化设计体系》，《河北水利》2016 年第 5 期。
② （宋）范成大：《吴郡志》卷 19《水利》，陆振岳点校，江苏古籍出版社 1999 年版，第 263 页。

作用的建筑物"①。坝也称"堰""埭""堨",拦河筑坝也可以代闸。按照材质分类,有土坝、石坝、土石坝、埽坝等;按照功能分类,有拦河坝、车船坝、平水坝等。"坝"之名最早见于唐朝,不过最初与大运河没有关系,直到宋朝《吴中水利书》中才提到,含有"闸""坝"的相关地名比较普遍。弯道是南运河独具特色的控水方式。由于南运河是利用天然河道改造而成,河道比较宽阔,每当洪水来临,河水流量很大,很难利用船闸控制,故只能"以弯代闸"——增加河道弯曲度,降低河床的坡度,从而减缓水流速度,也同时保证了河道局部深度。② 越河是大运河上的辅助性河道,"在修筑有滚水坝、闸等的地方,旁开河道,使船绕越坝、闸而航行"③。

(六) 辅助工程

除此之外,大运河上还有一些辅助性的工程,如桥梁、码头、纤道、渡口等。桥梁是架设在大运河上利于通行的建筑物,主要分为石桥、木桥、砖桥等。凡是在建有水闸的地方,一般都会搭建木桥。每当闸门关闭的时候,搭上木板便可以过河,而移开木板则可以过船。有的时候还会搭建临时性浮桥,"以舟为桥","拨桥中二舟以通往来船,船过还以所拨之舟复为桥"④。桥名既是一种文化的载体与符号,更是一类相对特殊的地名。对桥梁的命名,"总要有些文学气息,使人见了,不由得发生情感,念念不忘。或是纪事抒情,引起深思遐想;或有诗情画意,为之心旷神怡。这样,通过慎重题名,一座桥的历史、作用或影响,就立刻表现出来,因而容易流传"⑤。通过大运河上的众多桥梁之名,"既有叙述动人传说、民间故事的,也有反映民风习俗、伦理道德的。其所蕴涵的自强不息、开拓进取、仗义疏财、济世利人、勤政廉政、尚贤崇孝等理念,

---

① 水利部黄河水利委员会编:《黄河河防词典》,黄河水利出版社1995年版,第133页。
② 例如,当地民间有"三望苏家楼""九望德州""甲马营,一盘绳,弯弯曲曲到武城"等俗谚,形象地反映了河道弯曲的实际情况。河道弯曲并非自然河道本来面貌,而是改造时由人工修筑而成。
③ 李鹏年、刘子扬、陈锵仪编著:《清代六部成语词典》,天津人民出版社1990年版,第438页。
④ 葛振家:《崔溥〈漂海录〉评注》,线装书局2002年版,第124页。
⑤ 茅以升:《桥名谈往》,梁启超、王国维等:《文化的盛宴》,新世界出版社2015年版,第275—281页。

从多方面体现了中华民族传统价值观"①，而大运河桥梁附近的村庄、社区、街道、集镇等也大多以之命名②。

码头是建在大运河畔专供船只停靠，以装卸货物或供乘客上下的设施。其中，以运输货物为主要目的的码头，大多设立在城镇边缘或货物集散地；专供游船接驳，以方便交通为目的的码头一般会设立在城内。码头多为土木结构，而功能全、规模大的码头则多为石制。码头是大运河上的重要水工设施，很多分布在河之两岸，而且紧邻重要的商埠城镇。位于主航道上的码头由政府出资修建，支航道上的码头由商人或个人自建者也屡见不鲜。③ 随着时间的流逝和城镇的变迁，当前码头保存与利用状态各异，有些码头本体已经从地表消失了，只是留存在零星历史记载和口耳相传的记忆中。近年来，因进行南北水调、文物保护、大运河"申遗"以及配合经济基本建设工程，文物部门针对大运河山东段做了一些码头考古工作，尤其是阳谷七级码头的发掘，还被评为"2011 年度全国十大考古新发现"。不过，除此之外，其他考古所获码头资料，有的属于内部资料，有的只作简单公布。④

随着运河城市的发展以及城乡之间联系的加强，在城市周边的河道处大多设有渡口，其中有官方或私人出资创建的"义渡"。例如，临清城北水门外大运河之上原来设有义渡，"渡船一只，撑夫二名，每名每年工食银七两二钱，四季赴部支领。此系施舍周济往来行人，不渡驿马，不许索讨船钱。如违，许诸人首告"⑤。义渡处刊立刻石用来提醒渡人，碑文落款处有李采、尹觉民、董应选等人名。李采，陕西咸宁（今属西安）人，万历三十五年（1607）进士，时任户部临清分司官员，分理临清仓事务。尹觉民，直隶（今河北）冀州人，万历三十二年（1604）进士，时为临清钞关郎中御史。⑥ 临清户部漕粮仓务官员由于长期管理废弛，致

---

① 赵怡、冯倩等编：《杭州运河桥梁》，杭州出版社 2013 年版，第 89 页。
② 胡克诚编著：《京杭运河桥梁遗产与地名》，中国社会出版社 2016 年版，第 3—4 页。
③ 山东运河经济文化研究中心编：《运河工程》，济南出版社 2021 年版，第 106 页。
④ 吴志刚：《京杭大运河山东段码头考古资料整理与研究》，《运河学研究》2021 年第 6 辑。
⑤ 万历四十一年（1613）《户部义渡碑》，碑存临清市博物馆；临清市博物馆编、马鲁奎辑注：《运河名城临清明清碑刻集注》，齐鲁书社 2022 年版，第 82 页。
⑥ 康熙《临清州志》卷 1《职官》，清康熙十二年（1673）刻本。

图 3-8　漕船在码头卸粮情景画

（照片由靳国君提供）

使弊政丛生。为了缓和官民纠葛，户部在大运河处设此义渡。早在万历二十七年（1599）爆发了由工匠、作坊主、商人、市民等参加的反税监马堂的斗争，史称"临清民变"。"有些正直官吏为缓和官庶矛盾，尽己所能做些善事义举以笼络民心，义渡之设便是其中一例。"[①]

大运河沿线至今仍然保留着不少以"口"字命名的地名，从中可见这些地方应该都是原来的渡口。河岸上有纤夫拉船时所走的纤道，其旁种植柳树以遮荫。在某些低洼容易泥泞的路段，往往铺设成石板路。在某些重要的渡口附近，还会建造仓廒以储粮备用，从中也能够看到渡口、驿站与仓廒之间的关系及其对于大运河的意义。例如，夏津渡口驿仓廒始建于明朝成化二十二年（1486），嘉靖十六年（1537）时进行了扩建，以"纳粮贮米""候军兑运"。《重建渡口驿水次仓廒碑记》刻于清朝康熙五十九年（1720），碑虽已散佚，但碑文尚存县志中，它是研究当时临清直隶州属县渡口、驿站与漕运仓储的宝贵资料，在此作为个案予以剖析。

鄃邑渡口驿为仓粮水次，上关天庾。仓廒之建，诚长民者第一

[①] 周嘉：《漕挽纷华：明清以来临清城市空间研究》，中国社会科学出版社 2023 年版，第 216 页。

事，前人见及于此，不惮捐俸创始，广募绅衿，爰成伟绩，迄今六十余年，借以相资，此寿阳夏公之丰功余泽，与昔年踊跃绅衿所当，永勒贞珉，不能磨灭者也。无如历年既久，补葺因循，沿陋就简，递以相掸。丁酉冬，予征漕水次，见墙垣栋宇有倾欹之患。越次年戊戌春，兑漕方竣，旦夕寝处，怵惕虑墙栋倾欹，无以贮漕而安心也。予几经焦劳筹画，盖欲新之而无术，诚以上既不可取于公家，下又不可累民力，其若漕粮积贮何既？而豁然曰：凡事之振兴，在司事者有以创之也。稽昔夏公之建，地属诸民，犹且拮据落成，况今现有基址，而朽木断砖亦得斫而用之耶？因割俸五十两，为阘邑绅衿倡，而阘邑绅衿暨邻邑寄庄绅衿闻予斯举，各竭力捐资，重建廒一十六座，是年冬初告竣，予深喜绅士之乐输，而绅士且喜予之继葺也！维时，适届征漕，仓廒完固，无倾欹之患。[1]

渡口驿是大运河北上天津、南下杭州的重要码头之一，在明清大运河漕运繁忙之际，这里集渡口、码头、粮仓、驿站于一身。渡口驿码头是漕粮必经之地，此处逐渐形成一个小村镇——拥有数百家居民，以及很多店铺、旅店、集场等。夏津县的水次仓、理河厅等建在大运河东南岸（此处河道为西南至东北走向），而水驿站、石佛寺等则建在大运河西北岸。[2] 嘉靖《夏津县志》记载明朝洪武年间设立渡口驿水驿，南北过往船只云集，漕粮运输繁忙，从而极大带动各行各业的发展，这一带很快就发展成为货物吞吐、商品流通的集散地。嘉庆《夏津县志》记载嘉庆年间夏津县有集市7处，分别为张官屯、张里屯、孙生镇、八方塔、裴家圈、渡口驿、县市，其中就有渡口驿。

随着渡口驿的兴旺发达，朝廷在此处建立了水次仓以贮存漕粮。水次仓又称"转运仓""中转仓""转搬仓"，其功能主要是存储、转运漕粮，另外还兼负填补漕粮缺额、赈济灾荒等。水次仓最早由时任知县张

---

[1] 康熙五十九年（1720）《重建渡口驿水次仓廒碑记》，临清市博物馆编、马鲁奎辑注：《运河名城临清明清碑刻集注》，齐鲁书社2022年版，第83—84页。

[2] 郭华堂：《明清时期的粮库——渡口驿水次仓》，李靖主编：《运河记忆》，团结出版社2021年版，第100—103页。

恕所建，后由另一位知县易时中重修。由于崇祯末年战乱，水次仓已不存在。清朝顺治八年（1651），时任知县夏人佺于卫河东南岸——河之西北岸为"北渡口驿"，东南岸为"渡口河南"——购买官员李敦厚住宅改建成水次仓。康熙五十九年（1720），时任知县刘信烈即上引碑文的作者，为了保护水次仓安全，首先捐出俸银 50 两，并号召县里绅士筹款。同时，在渡口驿水次仓附近修建一座廒神庙，以供奉、祭拜司仓库之神灵。后来，他又拿出积蓄，再次呼吁乡民乐捐，用所筹资金在原址重建 16 座仓库，"分别为子廒、丑廒、寅廒、卯廒、辰廒、巳廒、午廒、未廒、申廒、酉廒、戌廒、亥廒、丰廒、润廒、行廒、盈廒"[①]。清末漕运停止，水次仓荒废，其址已无考。不过，大运河两岸许多村镇还保留着那时的名字，如渡口驿、二屯、三屯、四屯等。

图 3-9　渡口驿

（照片系笔者于 2019 年 11 月 1 日拍摄）

---

① 郭华堂：《明清时期的粮库——渡口驿水次仓》，李靖主编：《运河记忆》，团结出版社 2021 年版，第 100—103 页。

四　聊城段工程与地名

（一）河道

南运河　属于天津至临清段的运河工程与地名，具体指自天津三岔河口始，经沧州、德州至临清之间的一段运道，河水自南而北流向天津。古称"清河"，因水清而得名，故临清、清河等地均由此得名。隋唐两朝该段是永济渠的一部分，故又称之为"永济河"。宋元时期称"御河"，元明清时期改称"卫漕""卫河"。"卫漕者，即卫河。源出河南辉县，至临清与会通河合，北达天津。自临清以北皆称卫河。"[1]"卫河即南运河也，亦曰永济渠，亦曰御河。源出河南卫辉府，自山东武城县流入直隶故城县界，又东径山东德州界，复入直隶，径景州东吴桥县西，又东北径东光县西，又东北径交河县东南七里口，又东北径泊头镇入南皮县界，又东北径沧州城西，又东北径青县城东静海县城西天津府城北，至三岔口与白河汇入海，计长八百余里。"[2]

漳卫运河　名称见于清朝中期，陆耀《切问斋集》有"东阿之舟又可北入漳卫运河"[3]记载，康基田《河渠纪闻》有"漳卫运河至天津，合潞河入海"[4]记载。漳河古称"衡水""衡漳"，原属黄河水系，后因黄河南徙，纳入海河水系。上游有两河，一为清漳，一为浊漳，均发源于山西。卫河发源于太行山，在河北馆陶县处与漳河合流，经山东临清汇入南运河，故称"漳卫运河"。具体来看，漳卫运河位于冠县的西部边境，在斜店乡班庄南边入境，经东古城镇、北馆陶镇的西边蜿蜒北上，在北馆陶镇大刘庄东北处出境。漳、卫两河汇合口位于河北馆陶县徐万仓村南约500米处，1942年漳河在魏县南尚村决口，在此地入卫河至今，形成了现在漳、卫河的态势。漳河自涉县合漳村东来，至馆陶县徐万仓，河长189千米；卫河自河南辉县苏门山百泉，至馆陶县徐万仓，河长293

---

[1] （清）张廷玉等：《明史》卷86《河渠志四·运河下》，中华书局1974年版，第2109页。

[2] （清）陈仪：《直隶河渠志》，《四库全书》第579册，上海古籍出版社1987年版，第783页。

[3] 转引自李德楠《京杭运河江北段工程与地名》，中国社会出版社2016年版，第34页；谭其骧主编：《清人文集地理类汇编》第5册，浙江人民出版社1988年版，第452页。

[4] 转引自李德楠：《京杭运河江北段工程与地名》，中国社会出版社2016年版，第34页。

图 3-10　卫河临清段

（照片系笔者于 2020 年 12 月 6 日拍摄）

千米。漳河、卫河于徐万仓汇合后，至德州四女寺为卫运河，河长 157 千米。

古运河　横穿聊城市区，亦名"小运河"，又叫"会通河"。元朝至元十九年（1282）开挖济州河以通漕运，因位于当时的济州境内而得名。该河之开通是大运河"弃弓走弦""取道鲁西"的开始，推动了后来会通河、通惠河的继续开凿。不过，济州河之名使用时间尚短，会通河开通后逐渐被后者取代，故与之有关的地名至今尚未见到。济州河开通之后第七年，即至元二十六年（1289）又开挖会通河，南起须城安山西南处，从寿张向西北途经东昌至临清入卫河，朝廷下诏赐名"会通河"。起初会通河仅指济州河往北到临清的运道，后来指代范围扩及整个徐州至临清段。会通河在明清两朝继有疏浚，在聊城市境内具体走向为：南边自阳谷官窑口入东昌府区境，北边至梁水镇土闸出境，先后流经于集、李海务、闫寺、北城、梁水镇以及城区。乾隆年间，以通济闸（今闸口）为中心，沿河两岸建有"江西""苏州""山陕"等商帮会馆，河中停泊船只舳舻相连数里。咸丰五年（1855），黄河决口冲毁运道，黄河穿运。光

第三章　大运河聊城段水工遗存及其地名　/　89

图 3-11　漳、卫两河交汇处

（照片系笔者于 2016 年 3 月 23 日拍摄）

图 3-12　隋唐永济渠徐万仓村遗址

（照片系笔者于 2017 年 3 月 8 日拍摄）

绪二十七年（1901），运河废弃。1935年，重新疏浚，虽一度通航，但未能持久。1938年，日寇入侵聊城，运河遂成废河。1951年，重新治理张秋至临清河段，"维修了周店船闸和李海务、龙湾、闸口、辛闸、梁乡闸、土闸六座桥，以及土闸北右岸三孔泄水闸，在陶城铺及牛屯设虹吸管、在张秋金堤河设泄水闸"①。1959年，周店至四河头段改为引黄四干渠。1970年，引黄复渠后，周店至四河头段改为二干渠，并在四河头处架设渡槽以跨越徒骇河，河道正流东北行，支流仍走运河故道。1983年，疏浚四河头至辛闸段，改名为"运河分干"。自1999年始，对古运河城区段进行改造，新开发的运河与东昌湖相连。

山东运河　此名最早见于清朝时期记载，如《清实录》中记康熙四十四年（1705）谕河道总督张鹏翮："山东运河转漕入京师，关系重大，不可忽略"②；《清仁宗圣训》中记嘉庆二十一年（1816）上谕内阁："山东运河全赖泉源接济，汶泗之闲，出泉处所本多。"③此处的山东运河当指临清以南的山东段河道。京杭大运河"最后的山东河段，就是元代的济州河、会通河，明代合称为会通河，清代又称为山东运河，完成于十三世纪末，又经过十五世纪初的改造，全线才得畅通"④。另外，清代以后有时还会把整个流经山东境内的河道视为山东运河，其范围南自峄县黄林庄，北至德州桑园驿，可见其指代范围已大于会通河，清代的《山东运河备览》《山东运河图说》以及《山东全河备考》附图可兹佐证。⑤这是因行政区划而得名，与之并称的其他地区有"江南运河""直隶运河"。民国时期出现用山东的简称来称呼——鲁运河，这是与江苏的"苏运河"相对而言。例如，《鲁运河工程局之治运救灾通盘计划》⑥《韩国钧为苏鲁

---

① 聊城市东昌府区民政局编：《聊城市东昌府区地名志》，中国文史出版社2019年版，第460页。
② 《清圣祖实录》卷220，康熙四十四年四月甲寅；山东师范大学历史系中国近代史研究室选编：《清实录山东史料选》，齐鲁书社1984年版，第96页。
③ 赵之恒等主编：《大清十朝圣训》，北京燕山出版社1998年版，第5635页。
④ 邹逸麟：《椿庐史地论稿》，天津古籍出版社2005年版，第150页。
⑤ 李德楠：《京杭运河江北段工程与地名》，中国社会出版社2016年版，第53页。
⑥ 《鲁运河工程局之治运救灾通盘计划》，《河北建设公报》1931年第3期。

图 3-13　元朝运河河道

（照片系笔者于 2020 年 9 月 25 日拍摄）

图 3-14　临清城区小汶河河道

（照片系笔者于 2020 年 9 月 25 日拍摄）

运河会议敬告淮北同人书》[①]《苏鲁运河》[②] 均有涉及。由于"鲁运河"

---

① 《韩国钧为苏鲁运河会议敬告淮北同人书》,《江北运河工程局年刊》1935 年第 1 期。
② 《苏鲁运河》,《江北运河工程局年刊》1935 年第 1 期。

"山东运河"之名本身较长,尚未见到相关用于组合地名的情况。①

图 3-15 临清城区明运河河道

(照片系笔者于 2020 年 9 月 25 日拍摄)

(二)节制闸

会通闸 位于临清市鳌头矶北侧元代大运河上、临清旧州治西南方向约 1.5 千米处,又称"会通镇头闸""临清北闸""会通北闸"。《元史·河渠志》记载:会通镇"头闸长一百尺,阔八十尺,两直身各长四十尺,两雁翅各斜长三十尺,高二丈,闸空阔二丈,自至元三十年正月一日兴工,凡役夫匠六百六十名,至十月二十九日工毕"②。明朝永乐年间,对会通河进行疏浚,清淤建闸以节制水源,故对该闸又予以重修。明人王琼《漕河图志》记载:"会通闸,在州治西南三里余,东至临清闸一里余,元至元三十年建,永乐九年重修,天顺五年移置于旧闸南五十余丈。"③ 会通

---

① 学界相关研究著作有高建军编著《山东运河民俗》,济南出版社 2006 年版;李泉、王云《山东运河文化研究》,齐鲁书社 2006 年版;王云《明清山东运河区域社会变迁》,人民出版社 2006 年版;山东运河航运史编纂委员会编《山东运河航运史》,山东人民出版社 2011 年版;张从军主编《山东运河》,山东美术出版社 2013 年版。

② (明)宋濂等:《元史》卷 64《志第十六·河渠一》,中华书局 1976 年版,第 1609 页。

③ (明)王琼:《漕河图志》卷 1《漕河》,姚汉源、谭徐明点校,水利电力出版社 1990 年版,第 29 页。

图 3-16　大运河张秋段

（照片系笔者于 2021 年 4 月 24 日拍摄）

闸始建于元朝至元三十年（1293），元贞二年（1296）又重建，由闸墩、雁翅、裹头、万年枋等构成。弘治三年（1490），户部侍郎白昂整治会通河时，曾巡行临清视察，对闸墩、雁翅扩崇加高，有效地解决了放水易泄、船只入卫河易损坏的问题。大学士徐溥对此写有《会通东闸记》，碑文载入地方志中。①

临清闸　位于临清市元朝大运河与卫河交汇处，又称"会通镇中闸""会通中闸"。《元史·河渠志》记载："中闸南至隘船闸三里，元贞二年七月二十三日兴工，至大德二年三月十三日工毕，夫匠四百四十三，长广与上闸同。"②《金瓶梅》第八十一回写道："韩道国从江南办货回来，

---

① 民国《临清县志》卷 16《艺文志·传记》，民国二十三年（1934）铅印本。据马鲁奎考证，此碑刻于明朝弘治三年（1490），但后来就散佚了。根据民国《临清县志》提供的线索，清朝乾隆十四年（1749），此碑在临清闸附近的孙永龄家发现，但后来又再度散佚。碑文载录于《钦定四库全书·山东通志》、谢肇淛《北河纪》、乾隆《临清州志》等典籍，对这次官修船闸记述翔实，言简意赅，是研究明朝大运河水工设施的重要文献。参见临清市博物馆编、马鲁奎辑注《运河名城临清明清碑刻集注》，齐鲁书社 2022 年版，第 106 页。

② （明）宋濂等：《元史》卷 64《志第十六·河渠一》，中华书局 1976 年版，第 1609 页。

图 3-17 会通闸

（照片系笔者于 2020 年 9 月 25 日拍摄）

一日，到临清闸上，正在船头上站立，忽见街坊严四郎从上流坐船而来，往临清接官去。"按乾隆《临清州志》载："会通闸、临清闸在汶北河，前元创为之，明永乐九年工部尚书宋礼重建，弘治三年户部侍郎白昂重修，久废，今闸旧址尚存。"①《金瓶梅》第九十二回又写道："这杨大郎到家收拾行李，跟着敬济从家中起身，前往临清码头上寻缺货去。到了临清，这临清闸上是个热闹繁华大码头去处，商贾往来之所，车辆辐凑之地，有三十二条花柳巷，七十二座管弦楼。"紧接着下一回又写道："敬济自此就在晏公庙当了道士……临清设二闸以节水利，不拘官民，船到闸上，都来庙里或求神福，或来祭愿。""临清地域图示晏公庙正好设在临清闸旁，可知八十一回严四郎经过的临清闸，和九十三回所写设二闸以节水利，都是指晏公庙边会通河上的临清闸。"② 康熙四十四年（1705），康熙皇帝爱新觉罗·玄烨有《过临清闸》诗："岸转蒲帆速，樯回树影低。波倾闸势险，溜紧浪声齐。连岁歌云汉，今春释惨悽。往

---

① 乾隆《临清州志》卷 7《漕运志》，清乾隆十四年（1749）刻本。
② 王萤：《〈金瓶梅〉地理背景为今山东临清市考》，《晋阳学刊》1987 年第 5 期。此文另收录于聊城《水浒》、《金瓶梅》研究学会编《〈金瓶梅〉作者之谜》，宁夏人民出版社 1988 年版，第 270—283 页。

第三章　大运河聊城段水工遗存及其地名 / 95

图 3-18　临清闸

（照片系笔者于 2020 年 12 月 6 日拍摄）

还为赤子，注意在黔黎。"[1] 当年元运河废弃后，改闸为桥，继修者题名"问津桥"。临清闸与会通闸、隘船闸前后管控漕河蓄泄、漕船转输，是那时重要的漕运枢纽重地。

隘船闸　会通河上除了设置用以保持水位、节制水流的船闸和水闸之外，还创设了一种隘船闸，简称"隘闸"。顾名思义，这属于一类门幅狭窄的水闸。隘船闸"南至李海务闸一百五十二里，延祐元年八月十五日兴工，九月二十五日工毕，夫匠五百，闸空阔九尺"[2]，长广与会通闸、临清闸一致。从规模上来看，虽然该闸与上述二闸有所区别，但却发挥了独有的功能。会通河初开之际，因河道浅窄致使水源不足，鉴于过往的船只非常多，朝廷下令只有不超过 150 料的才能通行，但豪门大贾经常私自改装以增加船载量，造成船只大多搁浅，运道受阻。于是，朝廷再次下令修建隘船闸，同时在闸的两边修筑隘船石坝，用以计量船的长度

---

[1]（清）圣祖制、张玉书等编：《圣祖仁皇帝御制文集》第 3 集卷 49，《景印文渊阁四库全书》第 1299 册，台湾商务印书馆 1986 年版，第 362 页。

[2]（明）宋濂等：《元史》卷 64《志第十六·河渠一》，中华书局 1976 年版，第 1609 页。

图 3-19 晏公庙遗址

（照片系笔者于 2020 年 12 月 6 日拍摄）

与宽度。这段历史在《元史》中有详细记载：

> 延祐元年二月二十日，省臣言："江南行省起运诸物，皆由会通河以达于都，为其河浅涩，大船充塞于其中，阻碍余船不得来往。每岁省台差人巡视，其所差官今言，始开河时，止许行百五十料船，近年权势之人，并富商大贾，贪嗜货利，造三四百料或五百料船，于此河行驾，以致阻滞官民舟楫，如于沽头置小石闸一，止许行百五十料船便。臣等议，宜依所言，中书及都水监差官于沽头置小闸一，及于临清相视宜置闸处，亦置小闸一，禁约二百料之上船，不许入河行运。"从之。①

"于是，都水监不得不会同地方官府采取新的措施，即在隘闸的下岸，竖立二石则（即石柱），间距为六十五尺（约 22 米），想要进入隘闸

---

① （明）宋濂等：《元史》卷 64《志第十六·河渠一》，中华书局 1976 年版，第 1611 页。

的船只，如果其船身长度不超过两石的间距，则允许其进闸入运河；否则，不仅禁止其船只进闸，而且还要追究其违法行为。"① 临清、会通二闸相互配合形成"复式船闸"，在功能上启闭有序，使河水得到宣泄，以此来转输船只。隘船闸则是一座辅助复式主闸而加以增建的船闸，"位置在原上湾街运河北浒，年纪在六十岁以上的临清人大都见过闸址，登瀛区改造中闸座遗址基础拆毁，今已无存"②。会通镇三闸三位一体，前后关联，相互配合，相互制约，管控会通河最北端的漕河蓄泄和船只转输。《元史》中称之为"运环闸"③，明人傅泽洪《行水金鉴》一书将其改称为"连环闸"，沿称至今。

南板闸　新开闸　元末明初，黄河经常在江苏邳州、山东曹县和河南阳武（今河南原阳）一带北决，自南而北冲断大运河，或北泛大溜自西向东，造成运道淤积严重。明朝永乐九年（1411），朝廷重开会通河，时宋礼治运，对临清城内的运道仍疏浚北河，即元朝所开会通河最北端，但"初汶水入卫，自吾州北河也，中缩而尾回，数坏舟"④。于是，永乐十五年（1417）开挖会通河南支，又称"南河"，从鳌头矶西南流至头闸口处进入卫河。在南支上建闸2座，分别名为"南板闸""新开闸"，也称"板闸""砖闸"，俗谓"头闸""二闸"。它们的具体修建情况是："南板闸，在临清州治西南六里三百七十三步，东至新开上闸一里半，南至砖闸二里。明永乐十五年（1417），平江伯陈瑄建。宣德七年（1432），邓郎中改为石闸。清雍正六年（1728）修，金门宽二丈，高二丈七尺六寸。新开上闸，又名砖闸，在临清州治西南五里四十八步，南至戴家湾闸三十八里。明正统二年（1437）建（《山东运河备览》为明永乐十五年建，初为砖闸，后改为石闸）。清雍正六年（1728）修，宽二丈，高二丈四尺，月河长三百九十五丈。乾隆十七年（1752）重修，嘉庆十九年（1814）拆修。"⑤

---

① 嵇果煌：《中国运河三千年》，上海科学技术出版社2020年版，第814页。
② 马鲁奎：《临清元代会通河"连环闸"盛世重光》，《临清文艺》2014年第1期。
③ 水利史专家姚汉源曾作过考证，认为"运"字当为"连"字之误，参见姚汉源《京杭运河史》，中国水利水电出版社1997年版，第117页。
④ 乾隆《临清州志》卷2《山川》，清乾隆十四年（1749）刻本。
⑤ 吕娟主编：《中国运河志·河道工程与管理》，江苏凤凰科学技术出版社2019年版，第273、275页。

图 3-20　临清头闸

（照片系笔者于 2016 年 10 月 6 日拍摄）

图 3-21　头闸口险工

（照片系笔者于 2016 年 10 月 6 日拍摄）

图 3-22 进入头闸的河道

（照片系笔者于 2024 年 6 月 19 日拍摄）

图 3-23 头闸口桥

（照片系笔者于 2024 年 6 月 19 日拍摄）

图 3-24　临清砖闸

（照片由聊城大学运河学研究院提供，2022 年 6 月）

地方志对此段运道流经节点与里程有详细记载：自"清平县属二十里铺入县境，再西北行经狄楼之南、邱屯之北、歇马亭与三里铺之中间，入土城之东水门，至鳌头矶转而南过新开闸，至土山南端折而西逾南板闸，至漳神庙前入卫河，由入境至此计程二十四里"[①]。南板闸"为北接卫河之口。闸河至此，势弱流缓。而卫河流浊势盛，故于其间，节比置闸，以防闸河之北出，又以防卫河之南溢也。……漕舟入卫河，始无启闭之阻，安流以达天津矣"[②]。因此处堤坝高峻，卫河水丰之期，浊流会倒灌会通河，造成泥沙淤积；卫河水枯之期，会通河水位高于卫河水位，故漕船至头闸口仍有"拖坝"之险，"板闸口正汶卫两水交汇之处，每岁三四月间，雨少泉涩，汶水既浅，卫水又消，高下陡势若建瓴，每一启板放船，无几水即尽耗，漕缺陷舟多阻。宜于闸口百丈之外，用桩、草设筑土坝一座，中留金门，安置活板，如闸制然。将启板闸，先闭活板，则外有所障，水势稍缓，而于运艘出口易于打放。卫水大发，即从拆卸，

---

① 民国《临清县志》卷 6《疆域志·河渠》，民国二十三年（1934）铅印本。
② （清）顾祖禹：《读史方舆纪要》，学谦等校，团结出版社 2022 年版，第 5006 页。

亦权宜之要术也"①。当水少时，船只均从坝上拖过，船工们在实践中摸索出一种行船的弧形路线，根据卫河流速的快慢而定，下行放船不至于倾覆，还在河之西岸立一"冲我来"石碑，以标示行船方位。②

南板闸和新开闸是会通河连接卫河的关键所在，清朝治运名臣张伯行指出：山东运河设闸有40多座，唯独板闸放船比较有难度，其原因大概在于板闸之下即为外河，没有置闸用以蓄水。当外河水量很小的时候，放船则尤为艰难，"盖以板闸一启板，则塘内之水一泄无余，粮船每致浅搁"③。采取行动的时机把握要准，必须在砖闸灌塘、板闸放船之时，砖闸要多放板块，这样可避免水势下泄，直到塘内浅阻不能出口。然后，拿出砖闸板块一两块，以便接济之。此时需要注意，"然又不可待其既浅而后亮板也。既浅而后亮板，则粮船一时恐难行动，须于将浅之时即行亮板"④。例如，放船20只后始浅，那么就在只放15只的时候"即行亮板"。其要领在于，砖闸、板闸必须多下板块，保证上源蓄水盛满然后可行；不然的话，上源没有充足的水源保证，恐怕闸板也难以应时拿放。

至于南板闸应该如何放船，张伯行基于实践经验，也提出了切实可行的具体操作方法：灌塘的时候，由于运粮船吃水大、民船吃水小，故运粮船应在前，民船在后。如果先放民船的话，待水小之时粮船就不能前行了。"必先放粮船，俟粮船浅阻不能出口之时，然后放民船，盖民船甚轻，至粮船不能行，而民船犹自易行也。"⑤用此法则粮船所放必多，但还存在一个问题是，外河水量一般较小，当板闸开启之际，水容易快速倾泄而致使船只搁浅，故放船最难。

> 予心窃忧之，复设一法于板闸，启板之时，将砖闸之板多下，滴水不致空泄，俟板闸启完板放船出口，视船将浅搁之时，即将砖闸之板酌亮一块或二块或三块，使足送船出口而止。又视粮船可以

---

① 乾隆《临清州志》卷7《漕运志》，清乾隆十四年（1749）刻本。
② 政协山东省临清市委员会编：《运河名城·临清》（增订本），中国文史出版社2020年版，第171页。
③ （清）张伯行：《居济一得》卷5，福州正谊书局同治五年（1866）版。
④ （清）张伯行：《居济一得》卷5，福州正谊书局同治五年（1866）版。
⑤ （清）张伯行：《居济一得》卷5，福州正谊书局同治五年（1866）版。

尽出口闸不致浅搁之时，即将砖闸之板依旧严下，毋使泄水。如此则水不空泄，而船多得出矣！故从前每日止放船三二十只，自予行此法，每日出船一百二三十只，甚至一百七八十只，附志于此以备后人之采择焉！①

新开闸也有一套放船之法：砖闸灌塘应当早于板闸，可以多下板块使水不容易下泄，如此无论船只多少，灌放皆可游刃有余。如果下闸下板子的数量太少的话，灌塘之际板闸水已经下泄了，那么船只必然不能多放，而上源也恐致搁浅。只能在砖闸灌塘的时候，板闸多下板块；板闸放船的时候，砖闸多下板块，这样可使水不致妄泄，而船只也可顺利出口。"或板闸不能放完塘内浅阻，或砖闸亮板一块以接济之，或板闸下板，砖闸启板，再灌入数十只，一时开放。惟在临时相机酌夺，审时度势，以一心权衡之而已。"②

闸上之水若可以过一百五十只船者，止过一百只即送会牌，俟戴家湾再放一塘有水接济，然后再放。若放船太多，水之消耗已尽，则戴家湾闸船恐难放矣。此处之水常使有余，无使不足，盖一经水小，则接济甚难也！

昨见报一塘五十七只船做三次放，一次放船三十只，二次放船二十只，三次放船七只。切思，七只之船而放一漕之水，岂不可惜！此后如一塘可放完者，极好。若一塘不能放完，做二次放亦可。或二次仍不能放完，或余几只，可将板闸下板，砖闸再启板，灌塘另做一漕放。如此塘放，一次二次不能放完仍有余剩者，即再将板闸下板，砖闸再启板，灌塘灌完再放，务使水皆有用不致空泄为妙。

此闸上水有十四五捺时即送会牌，令戴家湾闸放船接济，若至十三捺则不可放船矣。须候至戴家湾放下船来，板闸方可放船。予前闻砖板放船，每日止三二十只，或十数只，心窃疑之。故亲来监放，每日放至一百二三十只，甚至一百八十五只，乃悟从前之放船极少者，

---

① （清）张伯行：《居济一得》卷5，福州正谊书局同治五年（1866）版。
② （清）张伯行：《居济一得》卷5，福州正谊书局同治五年（1866）版。

以放水之时不放船，放船之日已无水也。何以言之？戴家湾放船之时，砖、板闸水大之时也。砖、板闸既不放船，而候会牌又不多加板块，使水直从板上空过。至戴家湾放完船而水亦尽矣，会牌始至砖闸，启板放船已无水矣。况外河水小，板闸一启板，水去而船留，故放船无多也。予力为改之，使放水之时即放船，放船之日始放水，故一日过船至一百八十五只。惟于闸上酌量水势，水将大，则亮板以放船；水将小，则加板以蓄水。不过启闭得宜，蓄泄有方而已。①

戴湾闸 位于临清市戴湾镇戴闸村南的会通河上，又称"戴闸""戴家湾闸"，"盖清平西四十里曰戴家湾，故有闸以节蓄泗洸诸水通漕舟艘"。② 据传，元朝开凿大运河时，在戴湾西边建造一个水闸，明朝万历八年（1580）李姓自肖寨乡李营子村迁来，在闸附近以捕鱼为生，形成村落后取名"戴闸"。明朝成化元年（1465）建，清朝乾隆十年（1745）修，嘉庆二十三年（1818）拆修。"金门宽一丈八尺八寸，高二丈三尺"③，"闸有月河，长135丈"④。该闸形制与规模大致与新开闸相同，由墩台、雁翅、石防墙（已毁）组成。《嘉庆重修一统志》记载："戴家湾闸在清平县西北，南距土桥闸三十八里，明成化元年建，本朝乾隆十年修，有闸官。河之东岸有李家口、魏家湾二减水闸，自魏家湾迤南又有减水闸五，属博平县界。"⑤ 嘉庆《东昌府志》记载："清平县主簿一员，该管河道南自田家口博平县界起，北至二十里铺临清州界止，计长三十九里，内有德州左卫，河道六里二百六十一步。闸座，闸一，明成化元年建，闸下月河一道。戴家湾闸在土桥闸北三十五里，闸官一员，闸夫二十八名。"⑥ 民国《清平县志》记载："凡置闸一，在戴家湾，即名戴湾闸。

---

① （清）张伯行：《居济一得》卷5，福州正谊书局同治五年（1866）版。

② （明）李廷梧：《重修戴家湾闸记事碑》，临清市博物馆编、马鲁奎辑注：《运河名城临清明清碑刻集注》，齐鲁书社2022年版，第116页。

③ 吕娟主编：《中国运河志·河道工程与管理》，江苏凤凰科学技术出版社2019年版，第276页。

④ 姚汉源：《京杭运河史》，中国水利水电出版社1997年版，第415页。

⑤ 《嘉庆重修一统志》卷168《东昌府一·堤堰》，四库丛刊续编史部，上海书店1984年版。

⑥ 嘉庆《东昌府志》卷7《漕渠》，清嘉庆十三年（1808）年刻本。

金门宽二丈，高一丈五尺六寸，闸板八块，乾隆三十二年修建。启闭皆责成于闸官。"①

图 3-25 戴湾闸

（照片系笔者于 2020 年 9 月 25 日拍摄）

戴湾闸上距土桥闸约 15 千米，下离南板闸、新开闸约 20 千米，是会通河上的一大关键之处。张伯行的戴湾闸放船之法为：

> 此处最宜斟酌得宜，蓄积有方。必先计算船数之多寡，水势之大小。或土桥放两塘，此闸放一塘；或土桥放一塘，此闸放一塘；或土桥放一塘半，此闸放一塘；则土桥三塘可分为此闸二塘。要使水势足用运行无阻，乃为尽善。然此处放船必酌量，砖、板闸之水使不大不小，盖水大则恐漫溢，水小则恐其浅阻，必审夺至当，使之得宜，则既无浅阻之虞，亦无漫溢之患矣。此闸宜多备板块，若水势太大，则此闸可蓄积。倘一放至砖、板闸，势不能留矣。
>
> 戴家湾闸……此闸最关紧要，启闭一不如法，则七十余里之塘河未有不致浅阻者，故必蓄水既多，则放闸之时上下自无浅阻之患。若

---

① 民国《清平县志》第 2 册《舆地篇》，民国二十五年（1936）铅印本；《中国地方志集成》编辑委员会：《中国地方志集成·山东府县志辑》第 89 册，凤凰出版社 2004 年版，第 223 页。

一塘灌一塘，蓄水必不能多。须土桥放船两次，此闸始可放船一次。则蓄水既多，而上下皆有余裕矣。或谓土桥放两闸，恐船太多，此闸不能放完。不知土桥放两闸，其船不过二百余只，即使三百四百无不可放，前者一塘曾经放过民船六百余只，并无浅阻，又何虑乎？①

土桥闸 位于聊城市梁水镇镇②土闸村，又名"土闸"，为全国重点文物保护单位。据史料记载：该闸"明成化七年建，国朝乾隆二年修，金门宽一丈九尺六寸，高一丈九尺二寸"③；"土桥启闭大闸一座，金门口宽一丈九尺六寸，高二丈二尺八寸，计石十九层，明成化七年建，乾隆二年重修，嘉庆二十一年拆修"④。明人丘浚《建堂邑县土桥闸记略》⑤

图 3-26 土桥闸

（照片系笔者于 2020 年 9 月 25 日拍摄）

---

① （清）张伯行：《居济一得》卷5，福州正谊书局同治五年（1866）版。
② 镇名即为"梁水镇"，特此说明。
③ （清）陆耀：《山东运河备览》卷7《上河厅河道》，海南出版社2001年版，第402页。
④ （清）黎世序等：《续行水金鉴》卷128，凤凰出版社2011年版，第7970页。
⑤ 按照当时的行政区划，土桥闸位于原堂邑县治东北处。

较为详细地记述了土桥闸的修建过程，"当时自梁家乡闸至戴家湾闸之间41里，没有任何闸座可以积水，致此处水流浅涩，漕船往往聚集于土桥上下十数里间，'舟人叫嚣推挽，力殚声嘶，望而不可至'，于是在土桥一带建石闸一座，闸旁开月河长一百八十五丈"①。2011年进行考古发掘，被评为当年十大考古发现之一。该遗址由青石堆砌而成，结构基本完整，包括闸门、闸东侧大王庙基址、越河，以及上游进水闸基、下游减水闸基。土桥闸主体主要由墩台、闸口、折冲、燕翅、裹头、燕尾等组成，闸基用松、柏木柱打桩，墩台由砌石、砌砖、三合土和夯土组成，闸体石壁用起到加固作用的铁扣砖和铜杆相连。发掘时还发现一通"中华民国二十六年马颊河北支穿运涵洞"石碑，对于大运河研究具有重要的价值。②

梁乡闸　位于聊城市梁水镇镇梁闸村，又名"梁水镇村""梁家乡闸""梁家浅闸""梁闸"。据史料记载：该闸"明宣德四年建，国朝乾隆二年修，金门宽一丈九尺六寸，高一丈九尺二寸"③；"梁乡启闭大闸一座，金门口宽一丈九尺六寸，高二丈二尺八寸，计石十九层，明宣德四年建，乾隆二年重修，嘉庆二十二年拆修"④。另据《嘉庆重修一统志》记载："梁家乡闸在堂邑县北，南距永通闸十八里，明宣德四年建，有闸官。其北十二里为土桥闸，明成化七年建，本朝乾隆二十三年修。河之西岸有进水闸二，曰中闸，曰函谷洞。河之东岸旧有土城，中有减水闸二，明季废。"⑤乾隆《山东通志》记载："梁家乡闸在永通闸北二十里。西岸进水，有大梭堤、三官庙、前梁家浅各涵洞。闸官一员，闸夫二十八名。土桥闸在梁家乡闸北十二里。西岸进水，有中闸、口闸、皮狐涵洞、函谷涵洞。闸务归并梁乡闸，闸夫二十八名。"⑥清人谈迁《北游录》记载了该闸流水落差大的特点："癸卯，晡刻，梁家乡启闸，发舟五

---

① 孙涛、杨煜达等：《大运河山东段古河道及船闸考察与清代山东段运河高程重建》，《历史地理》2016年第33辑。
② 陈清义编：《聊城运河文化研究》，山东画报出版社2013年版，第99页。
③ （清）陆耀：《山东运河备览》卷7《上河厅河道》，海南出版社2001年版，第401页。
④ 黎世序等：《续行水金鉴》卷128，凤凰出版社2011年版，第7970页。
⑤ 《嘉庆重修一统志》卷168《东昌府一·堤堰》，四库丛刊续编史部，上海书店1984年版。
⑥ 转引自（清）黎恂《〈运铜纪程〉校注》，王瑰校注，西南交通大学出版社2017年版，第324页。

里泊。甲辰，阴，步五里许为梁家乡闸，上下悬流五板，瀑声雷厉。"① 在梁乡闸的附近还建有泄水闸、浅铺、涵洞等，它们共同服务于该闸，主要目的在于保证漕运的畅通。该闸横跨南北向河道，南北长约 40 米，东西宽约 20 米，主要由两侧石砌的燕翅和闸口组成。燕翅由长方形的青石砌成，现存高度达 10 余层，两翼则向外延伸，靠上部分的砌石保存相对完好，两侧路面上仍然可见砌石基体。闸口由两边的燕翅合围而成，长约 5 米，宽约 7.5 米。闸口中部原是闸门所在，两侧还有深约 6 厘米、宽约 25 厘米的闸槽。②

图 3-27　梁乡闸

（照片系笔者于 2024 年 6 月 21 日拍摄）

永通闸　位于聊城市闫寺镇辛闸村，又名"辛闸"。明朝永乐十六年（1418）建，清朝雍正六年（1728）修，乾隆五十年（1785）拆修，当

---

① （清）谈迁：《北游录》，汪北平点校，中华书局 1960 年版，第 138 页。
② 山东运河经济文化研究中心编：《运河工程》，济南出版社 2021 年版，第 48 页。

时更名为"新闸"。嘉庆《东昌府志》记载："通济、永通二闸俱明永乐十六年建,闸下月河各一道";"永通闸,在通济闸北十八里,西岸进水,有大寺、东涵洞、十里铺闸,闸官一员,闸夫二十八名。"① 有的史料及相关论著指出:"东昌通济闸至梁家乡闸,则延长五十里。闸启水泄,积蓄为难"②,万历十六年(1588)分别增置通济闸、永通闸,"由此也可看出,永通闸为后置无疑。至于说是始建于永乐还是万历,说法不一,实难考证"③。2015 年,聊城市文物工作者在维修闸座的时候,在残缺的闸槽里发掘出 5 条闸板,其中有 2 条保存基本完整。④ 这些闸板是研究大运河节制闸的实物资料,具有非常重要的价值。

图 3-28 永通闸

(照片系笔者于 2024 年 6 月 21 日拍摄)

---

① 嘉庆《东昌府志》卷 7《漕渠》,清嘉庆十三年(1808)刻本。
② (明)常居敬:《查理漕河疏》,山东省济宁市政协文史资料委员会编印:《济宁运河诗文集粹》,济宁市新闻出版局 2001 年版,第 428—435 页。
③ 陈清义编:《聊城运河文化研究》,山东画报出版社 2013 年版,第 100 页。
④ 山东运河经济文化研究中心编:《运河工程》,济南出版社 2021 年版,第 50 页。

通济桥闸 位于聊城市东关街与会通河交汇处，即聊城东关老闸口，由于在闸上铺木成桥，使桥与闸合二为一，故称之为"通济桥闸"。据明《漕河图志》记载："通济桥闸，在县治东三里，北至堂邑县梁家乡闸三十五里。永乐十六年建。"① 清陆耀《山东运河备览》记明朝永乐九年（1411）建，清朝雍正六年（1728）修。乾隆《山东通志》记载："通济桥闸在李海务闸北十八里。西岸进水，有新建涵洞破闸口、涵洞龙湾闸。东岸减水，有二空桥、一空桥。闸官一员，闸夫三十七名。"② 嘉庆《东昌府志》记载同，宣统《聊城县志》记载略同。另据宣统《聊城县志》记载通济桥闸北 10 千米又有永通闸："通济桥闸，城东门外会通河上，南至李海务闸二十里。永通闸，县正北二十里，南至通济桥闸二十里。"③ 嘉庆《东昌府志》则未载。日本和尚策彦周良曾于嘉靖二十八年（1549）第二次入明，他在日记中写道：三月"十四日，晴。未刻前进超通济桥

图 3-29 东关桥

（照片系笔者于 2024 年 6 月 16 日拍摄）

---

① （明）王琼：《漕河图志》卷 1《漕河》，姚汉源、谭徐明点校，水利电力出版社 1990 年版，第 32 页。

② 乾隆《山东通志》卷 19《漕运》，《景印文渊阁四库全书》第 540 册，台湾商务印书馆 1986 年版，第 322 页。

③ 宣统《聊城县志》卷 1《方域志》，清宣统二年（1910）刻本；宋士功主编：《聊城旧县志点注》，吉林人民出版社 2006 年版，第 419 页。

闸。挽夫乘月挽船而前进，泊于中流"①。经考古发掘出土的永乐年间《重修通济桥记》碑记载："郡城东关外有桥曰通济，跨会通河。"如今，该闸已不复存在，在大运河开发整治时被拆除，其遗址所在地留下"大闸口"的地名——聊城闸口东关桥即其旧址。在东关桥施工过程中，闸座、雁翅等基础构件被发掘出来，而且，闸基的木桩排列非常整齐有序。

图3-30 《重修通济桥记》碑

（照片系笔者于2024年6月16日拍摄）

李海务闸 位于聊城市李海务镇李海务村的古运河上，元朝元贞二年（1296）创建，清朝雍正六年（1728）修，后来由于黄河改道，废弃较早，遗物较少，大多被现代建筑所覆盖。"李海务"一词最早出现于元

---

① ［日］策彦周良、［日］笑云瑞欣：《策彦入明记 笑云入明记》，崇文书局2022年版，第352页。

朝，万历《东昌府志》载"元至顺第六年盗扼李海务闸劫夺商旅（《元史》）"①，但当时此地是否有村落则无考。宣统《聊城县志》记载：李海务，城正南十八里。②光绪《聊城县乡土志》记载：在清朝时期，李海务是其中规模较大的一个镇，也是一个远近闻名的古老市镇。③嘉庆《东昌府志》记载："李海务闸，在周家店北十二里，闸务归并周家店闸，闸夫二十八名。"④

周家店闸　位于聊城市李海务镇周家店村的古运河上，又称"周店闸"。据嘉庆《东昌府志》记载："周家店闸，元大德四年建。"⑤可见，元朝之前即有"周家店"之名。明朝诗人李东阳曾到过此地，并有《雨泊周家店》诗一首为证，见于宣统《聊城县志》中的"艺文志"。

图 3-31　周家店闸

（照片系笔者于 2021 年 4 月 24 日拍摄）

---

① 万历《东昌府志》卷17《灾祥》，明万历二十八年（1600）刻本。
② 宣统《聊城县志》卷1《方域志》，清宣统二年（1910）刻本；宋士功主编：《聊城旧县志点注》，吉林人民出版社2006年版，第404页。
③ 光绪《聊城县乡土志》《市镇》，清光绪三十四年（1908）石印本。
④ 嘉庆《东昌府志》卷7《漕渠》，清嘉庆十三年（1808）年刻本。
⑤ 嘉庆《东昌府志》卷7《漕渠》，清嘉庆十三年（1808）年刻本。

图 3-32　周家店闸石刻

（照片系笔者于 2021 年 4 月 24 日拍摄）

另据传，明朝永乐年间，燕王朱棣南征北战之时，周姓躲藏在地窖内，没有被杀掉，后立村开店，故名"周店"。[1]《元史》记载："周家店闸南至七级闸一十二里，大德四年正月二十一日兴工，八月二十日工毕，夫匠四百四十二，长广与上同"[2]，即与会通闸一样。《嘉庆重修一统志》记载：

> 周家店闸，在聊城县东南三十二里运河上，南距兖州府阳谷县七级下闸十二里，元大德四年建，今有闸官。其北十二里为李海务闸，元贞元二年建，本朝乾隆二十八年修。旧有闸官，今裁。又北二十里为通济桥闸，明永乐九年建。又北二十里为永通闸，明万历十七年建，今皆有闸官。外有进水闸二，曰房家口、曰十里铺，在漕渠西岸，伏秋水大，开此引水入河，以利漕。其龙湾之进水闸，今已废。减水闸四，曰裴家口、曰米家口、曰官窑口、曰柳家口，

---

[1] 聊城市东昌府区民政局编：《聊城市东昌府区地名志》，中国文史出版社 2019 年版，第 115 页。

[2] （明）宋濂等：《元史》卷 64《志第十六·河渠一》，中华书局 1976 年版，第 1609 页。

并在漕渠东岸，河水盛涨，则开此泄水，由引河归徒骇河入海。[①]

清朝张伯行称周家店闸为"东昌府第一闸"，现闸为民国二十五年（1936）重修，在外部造型上作了较大改观，而且使用了一些现代建筑材料，也安装上新式绞盘，并将越河闸改成了涵洞。目前，整个大闸格局保存尚且完好。该闸由南闸和北闸组成，即上闸和下闸，两闸之间相距约50米，在两闸的西边还留有一条越河和一座涵洞。当年大运河通航的时候，大多在此装卸货物。越河自南闸从主河分出，然后略向西、再向北，继而转向东，最后在北闸并入主河。北闸东西长约38米，南北长约13米。闸口两边各向外伸出约13米，均用方石建筑而成。闸口内原来设置两扇闸门，关闭时呈"八"字形用以挡水。在每扇门自下而上约1米的位置上，还安放有两扇方形小门即"蝴蝶门"，利用连接的绳索可方便地站在上面控制。关于该闸如何运行，当地文物工作者做过详细说明：

  两扇门各固定在两边的石壁上，各壁门之后面有凹槽，底部各设有平放的方形木杠，并木杠内端各与闸门相连。凹槽之上设有铸铁搅磨，搅磨下部装有铁齿轮。又因铁齿轮与凹槽底部平放的侧面带有齿轮的方杠相连，故使用时即可推动搅磨而带动齿轮，再以齿轮而拨动木杠，或外推，或内拉，以达到闸门启闭之目的。为了避免闸门出现故障而影响使用，另外还在两扇闸门之外，各设有闸板装置。闸板即长条木板，使用时自底部依次上排，其两端各卡入两壁的凹槽中。此闸板多在闸门出现故障时使用。[②]

七级闸 七级闸位于聊城市阳谷县七级镇上闸村附近，故名"七级闸"。该闸又分南闸、北闸，也称上闸、下闸。《元史》记载："七级闸二：北闸南至南闸三里，大德元年五月一日兴工，十月六日工毕，夫匠四百四十三名，长广如周家店闸。南闸南至阿城闸一十二里，元贞二年

[①] 《嘉庆重修一统志》卷168《东昌府一·堤堰》，四库丛刊续编史部，上海书店1984年版。

[②] 陈清义编：《聊城运河文化研究》，山东画报出版社2013年版，第101页。

图 3-33 越河涵洞

（照片系笔者于 2021 年 4 月 24 日拍摄）

正月二十日兴工，十月五日工毕，夫匠四百五十名，长广同北闸。"[1] 七级上闸分别于明朝永乐九年（1411）、清朝乾隆十八年（1753）进行过重修，下闸分别于永乐九年、乾隆十年（1745）进行过重修。上闸处有一条越河绕行于闸旁，现已圮。下闸基础保存较好，已将闸改建为桥，利用原有闸座，上面铺板而成。原板曾为木质，后又改成水泥混凝土。此外，在雁翅上还留下一尊镇水兽，其形态可掬，栩栩如生。

阿城闸 阿城闸位于聊城市阳谷县阿城镇附近，分为南闸和北闸，统称"阿城闸"。《元史》记载："阿城闸二：北闸南至南闸三里，大德三年三月五日兴工，七月二十八日工毕，夫匠四百四十一名，长广上同；南闸南至荆门北闸一十里，大德二年正月二十五日兴工，十月一日工毕，夫匠四百四十六名，长广上同。"[2] "长广上同"即长广与七级闸相同。另据乾隆《山东通志》记载："阿城上闸，在荆门下闸北八里，闸官一

---

[1] （明）宋濂等：《元史》卷64《志第十六·河渠一》，中华书局1976年版，第1609页。
[2] （明）宋濂等：《元史》卷64《志第十六·河渠一》，中华书局1976年版，第1609页。

第三章　大运河聊城段水工遗存及其地名　/　115

图 3-34　七级下闸

（照片系笔者于 2022 年 3 月 1 日拍摄）

图 3-35　镇水兽

（照片由阳谷县文管所提供，2014 年 4 月）

员，闸夫四十六名。阿城下闸，在上闸北三里，闸务归并上闸。"[1] 明朝永乐九年（1411），朝廷采纳济宁州同知潘叔正建议，命令工部尚书宋礼、侍郎金纯等疏通并挖深会通河。为了控制水流和保证水源，他们利用当时的条件，对阿城闸进行了重修。阿城上闸的闸涵、闸基均保存相对完好，闸边堤岸还保留有镇水兽石刻。阿城下闸的闸涵、闸基保存也基本完好，近年来还进行过整修。

图 3-36 阿城下闸

（照片由高元杰提供，2023 年 6 月）

荆门闸 荆门闸位于聊城市阳谷县张秋镇上闸村、下闸村附近。元、明、清时期，此地名荆门镇，建闸的时候因靠近荆门故称"荆门闸"。原有南、北二闸，统称为荆门闸。《元史》记载："荆门闸二：北闸南至荆门南闸二里半，大德三年六月初一日兴工，至十月二十五日工毕，役夫三百一十名，长广同；南闸南至寿张闸六十五里，大德六年正月二十三

---

[1] 乾隆《山东通志》卷 19《漕运》，《景印文渊阁四库全书》第 540 册，台湾商务印书馆 1986 年版，第 321 页。

日兴工，六月二十九日工毕，长广同北闸。"① 《嘉庆重修一统志》记载："荆门上闸，在阳谷县东五十里。又北三里为荆门下闸，又十里为阿城上闸，又北三里为阿城下闸，又十二里为七级上闸，又北三里为七级下闸，俱在运河东岸，有闸官。"② 乾隆《山东通志》记载："荆门上闸，在戴家庙闸北四十五里，闸官一员，闸夫四十七名。荆门下闸，在上闸北三里，闸务归并上闸。"③ 上闸由青石垒砌而成，整体保存较完整，闸旁雁翅尚存镇水兽石刻，为圆浮雕，威武庄严，神态凶悍。下闸保存也基本完好，闸头原有4尊镇水兽石刻，现仅存1尊。

光绪《阳谷县志》对阳谷段运道并诸闸以及沿岸之事记载颇详：

运河，即漕河，即会通河。自张秋城北东阿界五里铺入阳谷境，包络县之震艮六十里，至官窑口铺出境入聊城界，即《禹贡》之灉沮会同，灉自河出而南，沮自济出而北，会同以趋于海。久之，河非故道，灉沮亦废，会同亦转为会通。会通河者，元世祖至元二十六年所赐名也。时用寿张尹韩仲晖议，自安民山西南开河，由寿张经阳谷过聊城达临清，引汶绝济，直属御泽，故赐名"会通"。南自任城至沽头，地降百十有六尺；自安民山至临清，地降九十尺。

成宗承混一之余，大德元年建七级上下二闸，二年建阿城上下二闸，六年建荆门上下二闸，漕运清厘，次第修举。后因河漕繁费，遂开海运。明成祖永乐九年，以海运覆溺不可胜述，陆路递运又重为民困，济宁州同知潘叔正请修会通旧河，上命工部尚书宋礼治之。礼用汶上老人白英议，筑坝于东平州东南之戴村，遏汶水勿入洸，使西南尽出于南旺湖，分之为二。四分南流接徐沛，六分北流达临清。令阳谷县丞黄必贵重修六闸。至世宗嘉靖十三年，知县刘素重修。清朝康熙十一年，知县王天璧增修雁翅，五十五年后又大修，每岁拨本县夫役供挑浚。漕船来时，自分水龙王庙而北三十余闸，严启闭、谨蓄泄，

---

① （明）宋濂等：《元史》卷64《志第十六·河渠一》，中华书局1976年版，第1610页。
② 《嘉庆重修一统志》卷166《兖州府二·堤堰》，四库丛刊续编史部，上海书店1984年版。
③ 乾隆《山东通志》卷19《漕运》，《景印文渊阁四库全书》第540册，台湾商务印书馆1986年版，第321页。

至张秋镇已掠谷境。旧有工部都水分司，今废，更置兖州府捕河厅通判治之，又有本县管河主簿厅辅之。

船至谷，人遝迩来观者，或辇阿胶、胶枣、棉布、瓜仁等物，与船带大米、赤砂、竹席、葛布等物杂沓交易，各得所欢，乃坐茶坊观船行以为乐。张秋北八里为荆门上闸，又三里为荆门下闸，有荆门上下闸之官司之。北八里为阿城上闸，又三里为阿城下闸，有阿城上下闸之官司之，又有本县县丞署焉。东北十二里为七级上闸，又三里为七级下闸，有七级上下闸之官司之。近数年来，张秋之上游淤塞，不能行舟。从张秋南新开运河于桃城铺之东，旧河遂成干河，凡十六里。张秋一带颇寂然，而谷境中锦缆牙樯，凫飞鸢驶，依然全盛时也。①

图 3–37　荆门上闸

（照片系笔者于 2017 年 5 月 24 日拍摄）

陶城铺闸　位于聊城市阳谷县阿城镇陶城铺村，又名"新闸"。始建

---

① 光绪《阳谷县志》卷 1《山川》，民国三十一年（1942）铅印本；《中国地方志集成》编辑委员会编：《中国地方志集成·山东府县志辑》第 93 册，凤凰出版社 2004 年版，第 186 页。

图 3-38　陶城铺闸

（照片系笔者于 2021 年 4 月 24 日拍摄）

图 3-39　陶城铺闸上的燕尾扣

（照片系笔者于 2021 年 4 月 24 日拍摄）

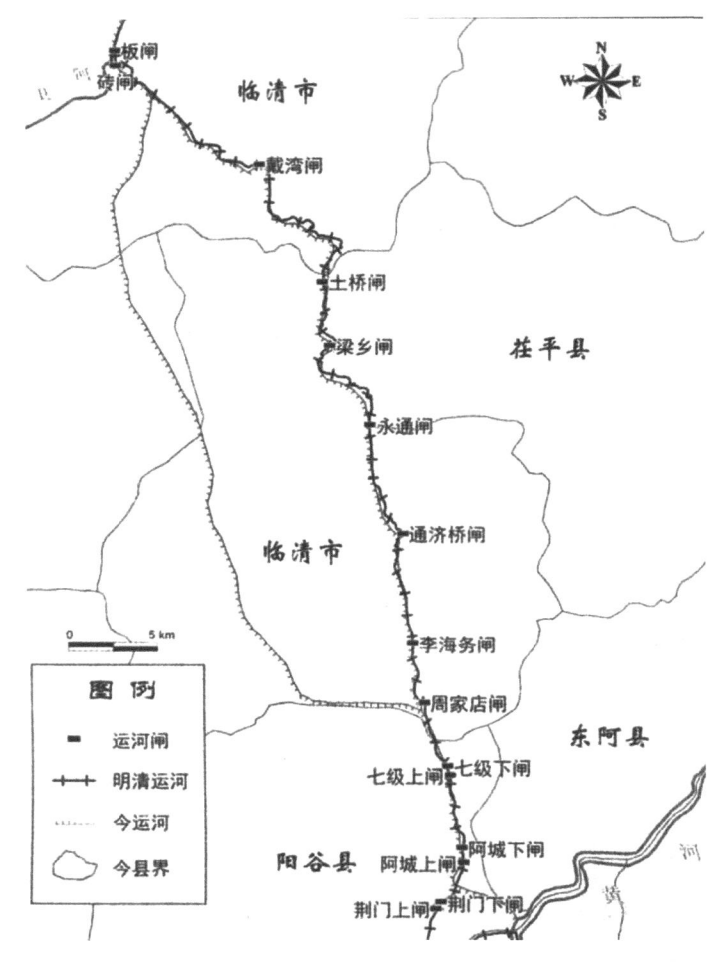

图 3-40　今黄河以北大运河聊城段各闸分布

资料来源：孙涛、杨煜达等：《大运河山东段古河道及船闸考察与清代山东段运河高程重建》，《历史地理》2016 年第 33 辑。

于清朝咸丰年间，由闸基、墩台、绞关石、石防墙、闸板等构成。咸丰五年（1855），黄河在河南铜瓦厢处决口，溃水汇至张秋镇，穿大运河进入大清河。从此，黄河改道北流，使漕运一度中断。为了恢复漕运，光绪七年（1881），改新运口至陶城铺，开新河至陶城铺闸入运道，在此制闸。光绪二十七年（1901），漕运废止，陶城铺闸功能丧失。20 世纪 60 年代，该闸改造为交通桥。2017 年，全貌修复。陶城铺闸是大运河上节制闸的典型代表，闸底、石防墙和绞关石均由青石垒砌，石与石之间上下由铁钉相穿，左右由燕尾形铁扣相连。闸体高10米，闸口宽7.5米，闸涵长8.7米，四石防墙依河堤岸随形砌筑。

表3-1　　　　　　　大运河聊城段节制闸座地名信息

编号	闸座地名	坐落今址	建立时间
1	会通闸	临清市先锋街道办事处	元朝至元三十年（1293）
2	临清闸	临清市先锋街道办事处	元朝元贞二年（1296）
3	隘船闸	临清市先锋街道办事处	元朝延祐元年（1314）
4	南板闸	临清市青年路街道办事处	明朝永乐十五年（1417）
5	新开闸	临清市青年路街道办事处	明朝永乐十五年（1417）
6	戴湾闸	临清市戴湾镇	明朝成化元年（1465）
7	土桥闸	聊城市东昌府区梁水镇镇	明朝成化七年（1471）
8	梁乡闸	聊城市东昌府区梁水镇镇	明朝宣德四年（1429）
9	永通闸	聊城市东昌府区闫寺街道办事处	明朝万历十六年（1588）
10	通济桥闸	聊城市东昌府区古楼街道办事处	明朝永乐九年（1411）
11	李海务闸	聊城市东昌府区李海务街道办事处	元朝元贞二年（1296）
12	周家店闸	聊城市东昌府区李海务街道办事处	元朝大德四年（1300）
13	七级上闸	聊城市阳谷县七级镇	元朝元贞二年（1296）
14	七级下闸	聊城市阳谷县七级镇	元朝大德元年（1297）
15	阿城上闸	聊城市阳谷县阿城镇	元朝大德二年（1298）
16	阿城下闸	聊城市阳谷县阿城镇	元朝大德三年（1299）
17	荆门上闸	聊城市阳谷县张秋镇	元朝大德六年（1302）
18	荆门下闸	聊城市阳谷县张秋镇	元朝大德三年（1299）
19	陶城铺闸	聊城市阳谷县阿城镇	清朝光绪七年（1881）

（三）减水工程

徒骇河减水工程　徒骇河是古黄河一条支流漯水的下游，明朝以前称为"土河"，自明始称"徒骇河"。明清时期，徒骇河仅指大运河以东的部分，从东昌府治所聊城向东北流经禹城、滨州，在沾化境内久山口处入海，大运河以西则称"金线河"。

《禹贡指南》：徒骇，郭璞曰今在成平县，义未闻。《汪份黄河考》：禹九河中有经流焉，其名实曰"徒骇"。徒骇之与八支分流而前鹜也，其西北岸则新河、束鹿、深州、献县、青县、大城、文安、宝坻，其东南岸则南宫、冀州、衡水、武邑、武强、阜城、交河、沧州、静海、天津。及禹河既徙，而漳河循徒骇北流，今德平、乐陵、齐河、济阳、庆云、海丰之有土河，乃在九河之南。志以为徒骇者，妄也。①

虽然徒骇河在大运河东岸，但是，它对于位于西岸一带的州县也十分重要。

按此河虽在运河东岸，而于西岸东昌、曹州一带州县最关紧要。盖聊城运河之西，上受阳谷鲁家堤口之急流，并接濮、范、观、朝等州县之坡水，每遇伏秋大汛，水势日增，运河顶阻疏泄无路，必俟运河水落方能开西岸之闸，放之入运，使由运入河归海。若运河消落稍迟，则数州县之淹浸不免矣。乾隆十九年，河道水利工程案内会，自聊城至临邑等八州县卫挑浚淤垫河身，凡三万六百一十三丈，使水由减水闸、滚水坝畅流入海。②

民国二十年（1931）治理徒骇河时，在位于聊城南边的四河头处，建造了四孔穿运涵洞，运东徒骇河与运西金线河相连通，统称为徒骇河。1956年重新疏浚徒骇河后，其排水能力大大增强。

马颊河减水工程　马颊河因上宽下窄、形如马颊而得名，是唐朝时为了排泄黄河洪水，上游利用秦汉时期的黄河溜道，中下游则将笃马河、屯氏别河北渎等连通起来，开挖而形成的排水河道。明清时期，马颊河主要由博平县东岸的减水闸、滚水坝宣泄汶河之水，以及马颊河上游来水，向东北流到海丰县直沽口入海。

---

① （清）陆耀：《山东运河备览》卷7，海南出版社2001年版，第400页。
② （清）陆耀：《山东运河备览》卷7，海南出版社2001年版，第400—401页。

马颊河在魏湾由博平东岸减水闸、滚水坝泄汶水,并马颊上源之水入之,东北径清平、高唐、夏津、恩县、平原、德州、德平、乐陵、庆云、海丰之沙河口入海。《禹贡指南》:河势上广下狭、状如马颊。《长河志》:乐史以笃马河为马颊河。自古河湮塞,名称相乱,又复同为"马"字,后人乃以"笃马"为"马颊"。乐氏不寻其源,漫指为一,非也。马颊本道在徒骇,太史南其数居九河之三,在沧州废清池县东南,为是自河水旁流,后人穿渠引派,因循旧名谓之"马颊",若今土河名"徒骇"矣。[1]

民国二十六年(1937)建成马颊河南支三孔穿运涵洞,从而使马颊河上下相连通,这样大运河西岸的洪水就可以顺利入海。

大清河减水工程 大清河属于海河五大水系之一,其流域范围涵盖北京、天津、河北、河南、山东、山西,是中国北方著名的河流。大清河为古济水,俗称"盐河"。乾隆《山东通志》对其地名渊源及流经路线记载颇详:

大清河,汶水故道。按之《水经》云,自冈县北西南过东平、章县南,又过无盐县南,至安民亭入济。今由东平州东南戴村坝分泄汶河之水,西经城子村、龙堌村、古台寺、夹河寺,又西北至和尚林坝分支,环城会于西北。其东北濠有芦泉水入之。又西北经马家口至卢家村,与七里河会,古济汶合流处也。又北至朱家屯入东阿县界,又西北经堂子村侯家河至班鸠店,与三空桥水会,又至庞家口与五空桥水会,合为一流,是谓"清河",世谓之"大清河",因"小清河"得名也。俗又名"盐河",因盐艘往来其中。又北流经鱼山南桥庄至大河口,有狼溪水入之。又东北经丁家口庄、汝家道口至滑口庄,有八里堂河水入之。又东北至郭家口庄入平阴县界,又东北经凌家庄大义屯至原家口南,有锦水入之。又东北经孙家溜、吴溪渡至黄家渡,有柳木沟水入之。又东至马官庄入肥城县界,又东北经许家道口、傅家岸至孟家道口入长清县界,有沙河水入之。

---

[1] (清)陆耀:《山东运河备览》卷7,海南出版社2001年版,第403页。

又西北经吴家渡口、阴河寺至张村口，有中川水入之。又东北经李家寨、二郎庙至大清桥开河口，有丰齐河水入之，入齐河县界。又东北至丁家口入历城县界，又东经马家渡至泺口，有泺水会诸河之水入之。又东经马家堂、邢家渡、张侍渡，有巨合水入之。又东北经清河寺至任家岸，入济阳县界，经县城南而东北至鄢家渡，入齐东县界，经延安镇，有渍河水入之。又东北经刘家圈至县城东北赵岩渡，又东有减水河入之。又东北经吴家庄至史家庄，入青城县界，东经归仁镇至董家口，有土河水入之。又东至韦家口，入蒲台县界，又东经县城北关韩家屯、三岔镇、曹家店，至吕家马头入利津县界。又东经县城南关，绕至东关，折而北，经永阜场、西滩、丰国镇，至牡蛎口入于海。[①]

另据《嘉庆重修一统志》记载：

大清河，自泰安府肥城县流入，经长清县西，东北流经齐河县东，又东北经历城县北，又东北经济阳县南，又东北经齐东县北一里，与武定府惠民县分界，又东流武定府青城县界。自长清至历城，皆济水故道，其在济阳、齐东者，漯水故道也，今谓之"盐河"。《水经注》：济水经平阴城西，右迤为湄湖，又东北至垣苗城西，河水自泗渎口东北流注之。又东北与湄沟合，又经卢县故城北，又经什城北，又过卢县北，东北与中川水合。又东北右会玉水，又东北泺水注之，谓之"泺口"。又东北经华不注山，又东北经台县，巨合水注之。又东北经台县北，又东北合芹沟水，又东北过菅县南。《通典》：东平以东，有水流经济南、淄川、北海界中入海者，谓之"清河"。……《齐乘》：自巨野北出，至四渎津，与河合流者，乃齐之清河，《水经》所谓得其通称者是也。胡渭《禹贡锥指》：《齐乘》以大清河为古济水，小清河刘豫所创，志家皆沿其说。……据《水经》，漯水经著县故城南，"著"即今济阳，而县南有大清河，是知大

[①] 乾隆《山东通志》卷6《山川》，《景印文渊阁四库全书》第539册，台北商务印书馆1986年版，第289—290页。

清河即潆。……此大清河所以浩浩，而小清河所以屡浚屡塞也欤。①

晚清时期水利专家蒋作锦著有《东原考古录》，对河流、城镇的考证提出了许多合理确切的见解。他在"大小清河考"一节中说道："水清莫如济，故济以清名。济水原在郓城分流南北，南济水为南清河。元明时期称'南运河'，清咸丰时期称'牛头河'。北济水为北清河，因汶济河流，又名'大清河'，名属济不属汶。自济水伏流不见以后，大清河所属惟汶水，故沿称'大清河'。汶水未入济渎以前，东至戴坝村，西经东平城北，统称'大清河'。城南古汶河亦称'大清河'，别称'小清河'，统为汶水。"② 今天大清河仍沿此名，北支源出太行山东麓河北省涞源县的涞山拒马河，南支源自恒山南麓山西省浑源县瀑河、漕河、府河、唐河、潴龙河等河流，两条支流在河北雄县新镇西南合流。大清河减水工程位于阳谷县张秋镇至沙湾一带，此处为大运河与大清河交汇之地。因地势低洼，每逢雨涝之时，水大流急。因此，张秋、沙湾间常患黄河决口穿运。后来，清朝咸丰五年（1855）的黄河改道就是在此处夺大清河入海。

（四）减水闸坝

魏湾减水闸　魏湾滚水坝　位于临清市魏湾镇，魏家湾曾是临清运河钞关的一个分关。根据明朝王琼《漕河图志》记载："魏家湾减水闸，在本县与博平县地界河东岸，元时建。"③ 所记"本县"原指清平县，即今临清市；"博平县"指今聊城市博平镇。《明实录》则记载，永乐十年（1412），工部尚书宋礼奏议减轻卫河水患：

> 近因监察御史许堪言卫河水患，命臣相度措置。臣尝自卫辉至直沽，视河岸低薄，非止一处。窃谓若不究其源，析其流，但务修筑堤岸，恐水复冲坍，不免连年动劳民力。今欲除患，须定长久之计。臣先视会通河至魏家湾与土河相连，宜于彼开二小河以泄于土

---

① 《嘉庆重修一统志》卷162《济南府一·山川》，四库丛刊续编史部，上海书店1984年版。

② （清）蒋作锦：《东原考古录》，清光绪十八年（1892）济宁孙聚奎堂刻本。

③ （明）王琼：《漕河图志》卷1《漕河》，姚汉源、谭徐明点校，水利电力出版社1990年版，第31页。

河，则虽遇水涨，下流卫河自然无漫衍之患。①

如从这则史料来看，似乎说魏家湾这一个水闸创建于此时。然而，《漕河图志》说该闸建于元朝，故可以理解成当时会通河或者与土河相连，或者在两条河交叉处已有元时建筑物。清朝早期的文献记载徐有贞建造魏湾减水闸，原来有"六空"，后用第四空为减水闸，第五空则为减水坝，可见当时徐有贞曾对其进行重修，如乾隆《山东通志》记载："徐有贞作减水闸于魏湾，旧有六闸，今用第四空为减水闸，第五空为滚水坝，又石涵洞一。"② 在后来的史书中记载则比较明确了，魏湾减水闸南至土桥闸约6千米，北至戴湾闸约10千米。如今早已废弃，地面上见不到痕迹。

经田野调查发现，此地还曾出土一通嘉庆元年（1796）告示晓谕碑：

> 特授堂邑县右堂、加五级、纪录五次廖，为呈请示遵等事。据河口庄贡生刘复振等禀称，切查魏湾煞坝应需桩木、蔴草等项，自五十三年不分大小挑之后，俱□□任自行捐办，并不派之民间，理合禀请示谕等情，到县据此当行。本县查卷属实，合行出示晓谕，□此示仰河下十七庄居民人等知悉，嗣后遇有魏坝需用桩木、蔴草等项，本县体恤民隐，概行照旧优免。自示之后，倘有不肖书役借端私派，许该庄民人协同牌甲，指名公禀，举凭究处，毋违特示。③

此碑虽为当地官府为体恤百姓而行优免之政，但我们从中还能看到与魏湾相关的水利工程名称——煞坝。所谓煞坝即煞坝挑浚，属于河工专业用语，具体指当河道淤浅时筑坝以煞住水流，从而方便进一步挑浅疏浚。清朝政府曾有定制，山东运河于每年十一月初一日煞坝，开坝日期以南来漕船抵达台儿庄闸为准。如果超过期限仍然没有筑坝，或者漕

---

① 《明太宗实录》卷127"永乐十年夏四月壬戌条"，"中研院"历史语言研究所校印本1966年版，第1583—1584页。
② 乾隆《山东通志》卷18《河防》，《景印文渊阁四库全书》第540册，台湾商务印书馆1986年版，第283页。
③ 嘉庆元年（1796）《告示晓谕碑》，碑存聊城市东昌府区梁水镇镇范公祠，碑刻题目为笔者所加。

船尚未抵达台儿庄即先行开坝，则督抚将该管各官吏查参议处。

图 3-41　临清运河钞关

（照片系笔者于 2016 年 3 月 17 日拍摄）

图 3-42　魏家湾关旧址

（照片系笔者于 2020 年 8 月 4 日拍摄）

魏家湾关设立于明朝宣德四年（1429），恰好位于大运河拐弯之处，是临清运河钞关的一个重要分税口。清朝雍正七年（1729），魏家湾关曾短暂关闭。乾隆七年（1742），魏家湾又得到朝廷题准，照旧设立，以便巡查设关征税。直到民国二十年（1931），才最终取消魏家湾关，该关共存在五百余年。除了钞关之外，明清两朝在魏家湾还设有驿站、巡检司、兑粮漕仓等。魏家湾得到了很大发展，被誉为"清平首镇"。

图 3-43 魏家湾清阳驿旧址

（照片系笔者于 2020 年 8 月 4 日拍摄）

龙湾减水闸　龙湾滚水坝　位于聊城市东昌府区柳园街道办事处龙湾村东边大运河的东岸。明朝正统六年（1441）徐有贞创建，原来建有一空桥、二空桥、三空桥、四空桥和五空桥，可以经由五空桥的分支进入小盐河，其余则经一至四空桥俱泄入徒骇河。黄河在进入山东之后，至东阿县鱼山以西，河面尚比较宽广，渐向东则渐趋变窄，最宽的地方也只 0.5—1 千米，最窄的地方更不到 0.5 千米。所以，那时候提出的计划多主张开河减水。民国《再续行水金鉴》引《山东河工成案》记载："又徒骇河在运河之东，由聊城东岸龙湾减水闸泄入，经博平、高唐、茌平、禹城、齐河、临邑、济阳、商河、惠民、滨州，至沾化之久山口入海。"① 清朝雍正六年（1728）时曾将其改为滚水坝，乾隆二十三年（1759）又改铺石底，俱泄异涨入徒骇河。如今早已废弃，地面上见不到痕迹。

三空桥减水闸　五空桥减水坝　聊城市阳谷县张秋镇大运河西岸有两条河流——赵王河、沙河，历史上汇上游河南之延津、仪封，直隶之东明、长垣，山东之濮州、郓城、范县、寿张等地沥水，横冲进入运道。因此，在大运河东岸所设三空桥、五空桥等减水闸坝是非常重要的减水工程。三空桥减水石闸又名"金线闸"，明朝景泰五年（1454）由徐有贞治理沙湾时所建，位于戴家庙以北的大运河东边。五空桥减水石坝创建于弘治十年（1497），位于大运河沙湾段的东岸。清朝顺治八年（1651），北河分司主事阎廷谟对五空桥进行重修，大运河西岸坡水以及多余之水，均得以重新由五空桥排泄到大清河入海。

滚水坝具体位于沙湾村北、后夹河村东南的大运河遗址东岸，现存有乾隆二十七年（1762）立石的"滚水坝"碑一通，后移至大河神祠遗址。② 根据清《山东运河备览》记载，乾隆年间以五空桥底高，致宣泄不畅，从而创建此坝，上设木桥以通人行。③ 滚水坝碑之阳刊有："乾隆二十三年，蒙皇恩建造宣泄沙、赵二河西来坡水并运汶异涨，由盐河归海，以利运道，以益民田。"清《钦定南巡盛典》则对滚水坝修建始末记载更为详细："东阿县运河两岸东高西下，西岸沙、赵二河水发，横冲入运，势甚汹涌。东岸旧有三空、五空桥及减水各闸，皆高运河，水不能消，不特漕运维艰，附近州县并虞汛溢，抚臣鹤年曾于八里庙运河东岸创堤泄水，由大清河归海，涨消有效。乾隆二十二年，直隶督臣方观承会同抚臣鹤年勘即此处，建滚水坝一座，面宽十二丈，底高运河八尺，嗣谕落低坝脊，高于运河底七尺。"④

"滚水坝"碑阴对尺寸记载颇详："滚水坝估修长高丈尺，龙脊向北长十一丈，宽四丈，高三尺；两墙由身各长五丈五尺，高一丈八尺。上

---

① 中国水利水电科学研究院水利史研究室编：《再续行水金鉴·黄河卷》，湖北人民出版社2004年版，第1207页。
② 孙凯：《京杭大运河会通河台前段考古调查勘探简报》，《运河学研究》2021年第6辑。
③ （清）陆耀：《山东运河备览》卷6，海南出版社2001年版，第388页。
④ （清）高晋：《钦定南巡盛典》卷51《河防十七·八里庙桥坝图》，《景印文渊阁四库全书》第658册，台湾商务印书馆1982年版，第800页。

雁翅各长二丈五尺，高一丈六尺；上裹头各长一丈，高一丈八尺。下雁翅各长九丈，高一丈八尺；下裹头各长二丈，高一丈八尺。上迎水南北宽十二丈，长一丈五尺。漫坡靠坝南北宽十二丈。下唇宽二十一丈，东西长七丈五尺。漫坡下平铺跌水南北宽二十六丈，长八丈。坝上水桥一座，廿一丈四尺，宽一丈五尺。"经当时勘探发现，滚水坝平面基本呈"］［"形状，距离地表深3.5—3.8米，石砌而成，石宽约2.6米；南北两墙东西长约16米，南北间距约36米，中部是否有桥墩则情况不明；西侧迎水石墙已探部分南北各长约10米，其中，北侧发现有乱石，上雁翅长约7米，下雁翅已探长度约8.6米。[1]

图 3-44 沙湾滚水坝

（照片系笔者于2021年4月24日拍摄）

此外，还有一些减水闸集中分布在聊城市东昌府区梁水镇镇境域内。例如，裴家口减水闸、方家口减水闸均建于正统六年（1441），由山东按察佥事王亮所创；老堤头减水闸、中闸减水闸均建于景泰五年（1454）；米家口减水闸、官窑口减水闸均建于景泰七年（1456），前者由山东布政

---

[1] 孙凯：《京杭大运河会通河台前段考古调查勘探简报》，《运河学研究》2021年第6辑。

第三章 大运河聊城段水工遗存及其地名 / 131

图 3-45 滚水坝考古发掘现场

（照片系笔者于 2021 年 4 月 24 日拍摄）

图 3-46 滚水坝镇河神兽

（照片系笔者于 2021 年 4 月 24 日拍摄）

132 / 京杭大运河聊城段地名文化研究

图 3-47 滚水坝上的燕尾扣

（照片系笔者于 2021 年 4 月 24 日拍摄）

图 3-48 滚水坝石刻

（照片系笔者于 2021 年 4 月 24 日拍摄）

使司参议陈云鹏所创，后者由工部主事孔诩所创；土桥减水闸、柳家口减水闸均建于成化八年（1472），后者由东昌府通判马聪所创。在明末和清朝各期，还陆续改建或新建了部分水闸，如位于聊城市东昌府区所属南至李海务、北至梁乡闸一段的运道上。这在相关史籍中有所载录，如《大清会典》记聊城县有吕家湾、耿家口、李家口、方家口、裴家口、西柳行等减水闸或泄水闸，而旧的龙湾、官窑口闸已废；《河防志》记聊城县境内的大运河西岸有两处进水闸，东岸有四处泄水闸，不过具体的地名已不详，此处不再赘引。

表3-2　　　　　　　　大运河聊城段减水闸坝地名信息

编号	闸坝地名	坐落今址	建立时间
1	魏湾减水闸	临清市魏湾镇	元朝（具体时间不详）
2	魏湾滚水坝	临清市魏湾镇	明朝（具体时间不详）
3	龙湾减水闸	聊城市东昌府区柳园街道办事处	明朝正统六年（1441）
4	龙湾滚水坝	聊城市东昌府区柳园街道办事处	清朝雍正六年（1728）
5	三空桥减水闸	聊城市阳谷县张秋镇	明朝景泰五年（1454）
6	五空桥减水坝	聊城市阳谷县张秋镇	明朝弘治十年（1497）
7	裴家口减水闸	聊城市东昌府区梁水镇镇	明朝正统六年（1441）
8	方家口减水闸	聊城市东昌府区梁水镇镇	明朝正统六年（1441）
9	老堤头减水闸	聊城市东昌府区梁水镇镇	明朝景泰五年（1454）
10	中闸减水闸	聊城市东昌府区梁水镇镇	明朝景泰五年（1454）
11	米家口减水闸	聊城市东昌府区梁水镇镇	明朝景泰七年（1456）
12	官窑口减水闸	聊城市东昌府区梁水镇镇	明朝景泰七年（1456）
13	土桥减水闸	聊城市东昌府区梁水镇镇	明朝成化八年（1472）
14	柳家口减水闸	聊城市东昌府区梁水镇镇	明朝成化八年（1472）

（五）桥梁

大运河聊城段沿线有很多建于元、明、清时期的船闸，它们或为桥、闸一体的"闸桥"，或在船闸废弃之后就被改造成交通板桥。清朝咸丰五年（1855）大运河断流后，由于会通河北端水源匮乏，聊城段运道大受影响，至今仍未能恢复通航功能。如今，市区段河道被修建成旅游景观带，而乡村段则多任其荒废或干涸后进行农耕，运河古桥遗存主要分布在临清市境内。①

根据地方志记载，明清时期临清卫河上有德绍桥、广济桥，前者到乾隆时便已废弃不用；后者又名"浮桥"，弘治八年（1495）由兵备副使陈璧创建，后于万历八年（1580）由山西官员卢商友在桥之西岸筑以砖石改为纤道。"国朝顺治八年，州民李际泰倡募商民，造舟十二，又叠石东岸，高下二十余级，与西岸对。后桥屡经兴废，今惟纤道与石岸存。乾隆十八年，李苞等重修，至三十九年毁于兵燹。"② 成化年间，巡抚都御史翁世资在会通河南支上创建弘济桥，其法用小舟数只相连而成，至雍正年间废弃。会通河北支上有通济桥，由兵备副使陈璧于弘治年间创建，也用小舟数只相连而成。嘉靖二十七年（1548）改为石桥，形制如闸。明朝人方元焕有《通济新桥记》一文记载此事：

> 明制漕渠由汶而北，放于御水，盖胜国之会通河也。变易之度，节宣之宜，则水部郎中一人奉简命专其事。戊申允斋严公至。是岁，河决聊城。公南登魏湾遵龙港观溃溢，遂至于临清，因怆焉叹曰：河藩其在斯欤！盖高流湍悍壅下，乃溢临清漕之下津也，必常有以导之其通济之桥欤。桥昔维舟，舟废而坝，涨则逆，逆则奋激回澜百里而不可止，啮防裹岸欲无昏垫难矣。乃集群议，撤其坝，虽降水，辄汤汤，若建瓴去。于是漕艎出泥，民稼去洳，榜人佃夫稽首欢跃。公因征滨水之庐，选横津之阪，力复其桥，南北各石其岸，柢之齿木，坚之键铁，隆然并峙，如闸制。上则擎木而梁，殆二十尺。车马绎绎，亦往来称便。③

会通河北支上还有一座重要桥梁——永济桥，成化二十年（1484）由临清知县奚杰创建，"制石如闸，以木四十丈撑水中，上为大筏，绝河

---

① 以下关于大运河聊城段的桥梁地名，在有的著作中已有提及，兹予以部分参考，参见胡克诚编著《京杭运河桥梁遗产与地名》，中国社会出版社2016年版，第26—30页，第88—92页。
② 乾隆《临清直隶州志》卷2《建置志·桥梁》，清乾隆五十年（1785）刻本。
③ （明）方元焕：《通济新桥记》，民国《临清县志》卷16《艺文志·传记》，民国二十三年（1934）铅印本。

望之如飞虹，俗名'天桥'"①。弘治三年（1490），挑浚会通河北支时将其拆除，后又在嘉靖年间重建。在鳌头矶东北处有鳌臂桥，康熙年间由僧人莲峰募捐创建。此桥虽名"桥"，其实际作用等同于"坝"。乾隆十一年（1746），奉河道檄将桥毁之以杀水势，后来又予以复建。月径桥在鳌头矶西北处，顺治九年（1642）由商人邵以枢捐资修造。因此处又有禽鸟贸易市场，故又称之为"鸽子桥"。中洲有一座鹊桥，"中洲雨水汇流至大宁寺前，迤逦入卫，成巨沟一道，因置斯桥。旧俗每月逢七日，桥上以禽鸟相货，故名"②。后来，禽鸟市场移至月径桥。另据民国《临清县志》记载："东桥以五、十日为市期，大桥则以二、七日为期，均为禽鸟专市。"③ 鹊桥南边有一座狮子桥，因其旁有一尊石狮面河蹲踞，隆庆年间由州人王勋捐资进行修建。此外，临清砖城西门广积门外有广积桥，门、桥皆因城内广积仓而得名，康熙年间由附近居民募捐建造成砖桥，遂改名为广济桥。以上所述桥梁，除了月径桥之外，其他桥梁今均不存。《临清市水利志》列举了横跨在会通河之上的一些桥梁地名，如会通桥、鳌背桥、永济桥、问津桥、月径桥、宏济桥、二闸口桥、戴闸桥等。这些桥梁有的已经拆除了，有的或由废弃的闸座改建而成。

会通桥 位于临清市福德街北首、会通河北支元代运河故道上。明朝正德年间，为了方便会通河北支两岸交通，将会通闸借墩筑拱，改建成桥，名为"会通桥"。嘉靖年间将其改为闸式单孔石拱桥，砖石结构，南北走向。桥身长6.4米，跨径3.2米；桥孔宽6.2米，高4米；南雁翅残长2.8米。目前保存比较完好。会通桥与问津桥、月径桥仿佛会通河北支的三条玉带，呈现一派小桥流水人家的水乡景观，时人称之为"玉带三桥"。

问津桥 位于临清市会通河北支元代运河故道上。明朝万历年间，在临清闸原址上，用借墩筑拱的方法，将闸改建成桥，命名为"问津"。至崇祯时续修，因采用元宝石，又名"元宝桥"。1972年扩大治理卫河时，该桥曾被拆除，原址仍留存元宝石数块。后来对其重建，基本保持原貌。很多民间故事皆自该桥演绎而出，如明朝文学名著《金瓶梅》中有充分展现。

---

① 康熙《临清州志》卷1《城池》，清康熙十二年（1673）刻本。
② 乾隆《临清州志》卷3《城池志》，清乾隆十四年（1749）刻本。
③ 民国《临清县志》卷8《经济志·商业》，民国二十三年（1934）铅印本。

图 3-49　会通桥

（照片系笔者于 2020 年 12 月 6 日拍摄）

图 3-50　问津桥

（照片系笔者于 2020 年 12 月 6 日拍摄）

图 3-51 问津桥上的元宝石

（照片系笔者于 2020 年 12 月 6 日拍摄）

月径桥 位于临清市会通河北支元代运河故道上。此桥地处临清城区官驿街西端，当年该河段附近商铺林立，人车密集，热闹繁华，故清朝顺治九年（1652）商人邵以枢为了方便两岸交通，在会通桥与问津桥之间捐资修建该桥。民国十八年（1929）重修，上嵌有石匾，刻字"月径桥"。砖石结构，单孔。桥身长 5.8 米，跨径 3.1 米。目前仍维持交通功能。关于该桥得名，一说人们站在桥上可观月，故取此名；一说河道至此恰呈弯月状，故取名"月径桥"。民国时期，月径桥一带逐渐形成一个繁华的禽鸟市场，该桥后来就被称为"鸽子桥"。据当地人回忆，20 世纪 60 年代禽鸟市场仍存在，由于是到桥上赶集，一提到逛月径桥上的禽鸟市场，都俗称"赶桥"。

鳌背桥 位于临清市鳌头矶东北处。清朝康熙年间，由僧莲峰募资修建。砖石结构，单孔。孔高 1.5 米，半径 1.3 米。目前已拆除。鳌头矶建于明朝正德年间，在该桥西南数十步。中洲镇东起砌筑一石，状如鳌头突出，有一观音阁筑于其上，新、旧二闸分左右如鳌足，有一桥名"广济"尾其后，故名"鳌头矶"。该桥因位于鳌背处，故名"鳌背桥"。

图 3-52 月径桥

（照片系笔者于 2020 年 12 月 6 日拍摄）

图 3-53 鳌头矶

（照片系笔者于 2024 年 5 月 24 日拍摄）

图3-54 "鳌头矶"匾额

（照片系笔者于2020年9月25日拍摄）

永济桥 位于临清市锅市街以北。明朝成化年间，由知县关杰建造，弘治时遭毁，嘉靖时重修。桥身长17.25米，宽15米。砖结构，双拱。孔高3.5米，孔宽3.2米。1965年重建，目前仍作交通之用。大运河桥闸工程的设计特点，对桥梁命名产生了非常重要的影响，其名称大多寄予"通运济运""大河安澜""会通天下"等理念，如"永济""广通""通济""会通""通惠""通运"等之命名，强调了大运河在通途、惠济方面的作用，展现了王朝国家"广济八方、惠民利生、运通天下"的政治愿景。

通济桥 位于临清市鳌头矶以北。始建于明朝弘治年间，由徽商汪保独自捐资，嘉靖年间将石桥改为闸式，后又屡经重修。1965年，改建后命名为"工农桥"。桥身长14.25米，宽23.2米。砖结构，双拱。孔高3.2米，孔宽2.3米。目前仍作交通之用。徽商汪保是侨寓临清的客商，因独自建桥，乐善好施之名盛传一时。知州刘志业称其为"善人"，兵备副使刘赟立石名为"善民善桥"，工部郎中张大器建亭撰文立石于桥侧。[①]《善民善桥碑》称："汪居士，安徽人也，侨寓清源，乐善好施，

---

① 王云：《明清时期山东运河区域的徽商》，《安徽史学》2004年第3期。

兹桥其所建也。桥当鳌头矶东，旧有故桥，日久就圮，居士为新之。……居士不在编民之中，无官府之檄，乃能捐资不爱其力而人褰裳，善岂虑誉哉。"①

图 3-55 工农桥

（照片系笔者于 2020 年 9 月 25 日拍摄）

宏济桥 位于临清市大众公园北门外。明朝成化年间，由巡抚翁文贤造舟为桥，待会通河南行后废弃，后来改建为木桥。1965 年，建成石墩砖拱桥，改名为"东升桥"。桥身长 24 米，宽 7 米。单孔，跨径 6 米。

二闸口桥 位于临清市车营街北端。明朝永乐十五年（1417）建，桥墩砌石，木质桥面。1965 年改建成砖拱桥，桥身长 12 米，宽 7.2 米。② 所谓"二闸口"，因明时建有头闸，已废。

三孔桥 位于临清市魏湾镇附近会通河入马颊河处。始建于明朝景泰四年（1453），民国时期改建成混凝土平板桥面。石木结构，中孔宽 5.19 米，边孔宽 6.5 米。因有三孔，故名。传说，三孔桥有一只金鸡，经常在五更天打鸣，声音非常嘹亮，十里八村都能听到。

戴闸桥 位于临清市戴湾镇戴闸村南。明朝时期，李姓由李营子村

---

① （时间不详）《善民善桥碑》，碑文拓片存临清市博物馆。
② 临清市水利志编纂办公室编印：《临清市水利志》，1989 年，第 73 页。

图 3-56　宏济桥

（照片系笔者于 2024 年 5 月 24 日拍摄）

迁来，在水闸附近捕鱼为生，形成村落后命名"戴闸"。此桥成化七年（1471）建，石木结构，桥面长 7 米，宽 2.8 米。1965 年拆除，1967 年重建，为砌石墩钢筋混凝土结构。

迎春桥　位于聊城市东昌府区后菜市街路北。始建年代不详，据嘉庆《东昌府志》记载："迎春桥在通济桥东，跨月河"；"通济桥在府城东门外会通河，永乐九年改为闸，仍置木桥"。[①] 目前该桥主体部分掩埋在地下，只有桥上部石栏杆裸露在外。关于桥名，据宣统《聊城县志》记载："迎春桥，在通济桥东，每岁迎春日必至此。"[②] 可见，此桥当是昔日人们去东郊祭春的必经之路，故名"迎春桥"。该桥那时地处繁华的越河圈，自此西去直到闸口，商业店铺林立，茶馆就有三处。民国时期位

[①]　嘉庆《东昌府志》卷 7《建置三·桥梁》，清嘉庆十三年（1808）刻本。
[②]　宣统《聊城县志》卷 2《建置志》，清宣统二年（1910）刻本；宋士功主编：《聊城旧县志点注》，吉林人民出版社 2006 年版，第 435 页。

于鸡市街北端的"迎春居"茶馆，即因邻近此桥而得名。① 1940年前后，桥上曾建有楼阁，砖刻横额"迎春桥"三字为清末秀才陈文卿所写，笔力雄劲。②

闸口桥 位于聊城市老东昌府府城东关外。元朝开凿会通河时在此建闸，名为"通济闸"。闸上有桥，故名"通济（闸）桥"，俗称"闸口桥"。通济闸的闸板可以提升，以方便桥下船只通过，是当地所知最早的桥。中华人民共和国成立后，改建为石梁桥。历史上，此桥在民间又称"困镖桥"。相传，明清时期大运河上有押送皇纲的镖师，来往商船如果遇上镖师的船都要落帆。康熙年间，有一位聊城商户叫赵良堂，他看到刘镖师时并没有及时落帆，遭到对方毁船伤人。此时，闲赋在家的傅阁老傅以渐欲为其伸张正义，遂派人前往闸口桥处拦住刘镖师一行人。刘镖师到傅家闹事，没想到傅家摆着康熙皇帝的御书楹联。刘镖师只能服软告饶，赔偿了赵良堂的损失。

惊龙桥 位于聊城市龙湾村附近的大运河上。相传，乾隆皇帝南巡途中经过龙湾村时，因船夫只顾贪看一路上的风景，并没有注意到大运河在此处的大转弯，船到桥头，急忙转舵，皇帝受惊，故称此桥为"惊龙桥"。

崇贤桥 位于聊城市山陕会馆附近的大运河上，这座桥的历史可以上溯至清朝乾隆三十九年（1774）王伦起义历史事件。相传，乾隆年间东昌府有一位名叫罗士廉的读书人，他虽满腹经纶，但屡试不中，就在启蒙馆里为一些富人家的孩子教书，以此来维持生计。那年，山陕商帮已经在府治所在地聊城，将山陕会馆建造得颇具规模。会馆主事人请他来写对联，不巧正赶上王伦起义军很快攻打到聊城。罗士廉灵机一动，建议把"会馆"改成"关帝庙"。因为起义军举"替天行道，杀富济贫"旗帜，信奉义薄云天的关帝老爷，所以在馆内摆放关帝塑像，就不会遭到骚扰了。他挥笔写下"本是豪杰作为，只此心无愧圣贤，洵足配东国夫子；何必仙佛功德，惟其气充塞天地，早已成西方圣人"对联一副，

---

① 金志远：《茶馆忆旧》，政协山东省聊城市文史资料研究委员会编印：《聊城文史资料》第6辑，1991年，第164—178页。
② 卢昱：《东昌老街巷：运河古城之脉》，《大众日报》2012年12月4日第11版。

然后又让戏班子装扮成关羽、关平、周仓模样,站在戏楼上冒充塑像。结果,起义军杀到会馆前,见是关帝庙便跪拜了一番,之后就继续北上。后来,为了方便住在大运河对岸的罗士廉到会馆走动,人们集资在会馆东边建造一座桥,取名"崇贤桥"以纪念罗氏功德。①

图 3-57　山陕会馆

(照片由聊城中国运河文化博物馆提供)

堂邑桥　位于聊城市堂邑镇东关村附近大运河上,又名"堂邑东关桥"。1971 年修建,原来为木桥,后又改造成钢筋混凝土石墩双曲拱桥。② 2000 年又进行改建,下部结构是单侧单排的双柱盖梁,上部结构是简支预应力空心板。桥身长 104.8 米,宽 13 米。5 孔,单孔跨径 20 米。

观堂桥　位于聊城市朱老庄镇观堂村西南处的大运河上。2003 年将原来的钢筋混凝土桥进行改建,下部结构是单侧单排的双柱盖梁,上部结构是简支预应力空心板。桥身长 68.3 米,宽 30 米。5 孔,单孔跨径 13 米。

---

① 凌文秀:《水城那些桥》,《齐鲁晚报》2014 年 4 月 21 日第 L8 版。
② 聊城市地名委员会办公室编印:《山东省聊城市地名志》,1995 年,第 325 页。

田庄桥　位于聊城市侯营镇田庄村附近的大运河上。原来是一座木桥，后来改造成钢筋混凝土井柱结构。1999 年又进行改建，桥身长 56.8 米，宽 16.5 米。6 孔，单孔跨径 13 米。[①]

七级北大桥　位于聊城市阳谷县七级镇大运河上。始建年代不详，雁翅、桥墩和桥面均由古石刻构筑而成。桥身长 16 米，宽 5 米，雁翅长 7.5 米。桥头还有一座镇水兽，也是古渡口的原物。目前该桥有多处破损，但镇水兽保存相对完好，桥墩部分砌石仍然清晰可见雕刻精美的图案。桥南约 5 米处的位置即为古渡遗址，渡口现已被拆除。

张秋古渡石桥　位于聊城市阳谷县张秋镇大运河西岸，又称"水门桥"。始建于明朝，民国时期重修，是大运河的进水闸。桥南北长 10 米，东西宽 8.5 米，二涵洞，拱形。现存桥体为利用古渡口石料，以及周边所拆古建筑石构件砌筑而成，它们大多属于明清石刻。桥身两边的护栏雕刻形式精美，望柱柱头上还有桃形、多面体、卧式鼓状等多种造型，栏板处也留有精致的槽形图样。栏板由 6 块碑刻组成，清晰可辨者有万历二年（1574）募捐碑、道光二十年（1840）募捐碑、同治八年（1869）"三官碑"等。[②] 中间栏板下有一石质匾额，嵌于桥体内，上书"水门桥"三字。在桥头护栏的两端，各有一座石狮子，不过已经遗失一座，仅存三座。望柱和栏板有部分缺失，石狮子损坏比较严重。该桥是大运河上重要水工设施遗存，也是研究张秋镇历史的重要实物资料，目前仍作交通之用。

十二连桥　聊城东关通济闸是大运河经过此地的咽喉，那时从早到晚闸口间不知要过多少船只，有的船挤不开档就得停滞于闸口外。后来在闸之南开凿了一道"越河"，"这越河往东开辟，折北经柳园西去，大宽转地绕一回湾，还是归入运河，这个具体而微的小河，也就等同于一条沟渠，全长亦不过两三里远近，横绕中间的街市就叫'越河圈'"[③]。越河之作用除了疏泄大运河水势之外，还有疏通过闸船只，使之可以绕

---

① 聊城市东昌府区地方志编纂委员会编：《东昌府区志（1986—2005）》，方志出版社 2012 年版，第 168 页。

② 张超：《大运河山东段古桥遗产价值与保护策略研究》，硕士学位论文，北京建筑大学，2019 年，第 65 页。

③ 吴云涛：《聊城琐记》，未刊稿，1958 年，第 27 页。

图 3-58　张秋古渡石桥

（照片系笔者于 2021 年 4 月 24 日拍摄）

道而驶，不至于拥塞大闸口。在越河上分布着著名的"十二连桥"，顾名思义，它们由 12 座桥组成，连通了越河之水。"住户人家多是门映一泓清流，岸植红杏翠柳，曲折环绕，绿波激荡，三三两两的妇女伴聚在水边，有的洗菜，有的浣纱，她们愉快的笑语声经常地飘荡于水面。这里虽是邻近街市繁华之区，足然可领略到一点山水情趣和田野风光。"①

十二连桥，从来春桥为首，北是迎春桥、柳园的小板桥，南头通达前梁市西头桥，往北两座小桥，粮食市南口的石桥，灶王庙前桥，等等。详细处闹不清楚了，而且十二桥中除迎春、来春外，别的桥叫什么名字，如今也没法查考。询问年长者，也很少有人说得出。越河和桥，有的逐段湮塞，或已拆毁、改造，已早面貌全非了。来春桥从先是木桥一座，民国十二年经河东团长徐桐（字青云，人称"徐六爷"）倡议，重修捐款集料，改砌砖石。工竣后立了一个长

---

① 吴云涛：《聊城琐记》，未刊稿，1958 年，第 28 页。

约五尺的碑碣,和旧有一块石碑,并竖在桥的北块东侧。不知何时,旧碑失踪,而新立之碑,至今幸存。①

关于十二连桥中各座桥名及具体位置,有当地学者基于前人相关著述,并经实地调研后指出,十二连桥应包括阳谷庙石桥、猪市街石桥、前街西石桥、前街北砖桥、后街西石桥、小关庙砖桥、灶王庙板桥、玉皇阁石桥、姚园后所桥、老柴禾市桥、对月桥、救命桥。② 20世纪30年代中期,越河早已干涸,河道垫平成路,而"越河圈"的地名已经不见,"十二连桥秀,三千柳色青"也已消失在历史长河之中,只有迎春桥的遗址还尚存。

表3-3　　　　　　　　　大运河聊城段桥梁地名信息

编号	桥梁地名	坐落今址	始建年代
1	会通桥	临清市会通河北支元代运河故道上	明朝正德年间
2	问津桥	临清市会通河北支元代运河故道上	明朝万历年间
3	月径桥	临清市会通河北支元代运河故道上	清朝顺治九年(1652)
4	鳌背桥	临清市鳌头矶东北处	清朝康熙年间
5	永济桥	临清市锅市街以北	明朝成化年间
6	通济桥	临清市鳌头矶以北	明朝弘治年间
7	宏济桥	临清市大众公园北门外	明朝成化年间
8	二闸口桥	临清市车营街北端	明朝永乐十五年(1417)
9	三孔桥	临清市魏湾镇附近会通河入马颊河处	明朝景泰四年(1453)
10	戴闸桥	临清市戴湾镇戴闸村南	明朝成化七年(1471)
11	迎春桥	聊城市东昌府区后菜市街路北	—
12	闸口桥	聊城市老东昌府府城东关外	元朝
13	惊龙桥	聊城市龙湾村附近运河上	—
14	崇贤桥	聊城市山陕会馆附近运河上	清朝乾隆年间

---

① 吴云涛:《聊城琐记》,未刊稿,1958年,第28页。
② 上述桥名应当并非原名,而是当地学者根据桥之所在地点予以命名,越河上的迎春桥、来春桥、柳园小板桥并不在十二连桥中,参见凌文秀整理《"十二连桥"背后的那些老故事》,《齐鲁晚报》2014年7月21日第I08版。

续表

编号	桥梁地名	坐落今址	始建年代
15	堂邑桥	聊城市堂邑镇东关村附近运河上	—
16	观堂桥	聊城市朱老庄镇观堂村附近运河上	—
17	田庄桥	聊城市侯营镇田庄村附近运河上	—
18	七级北大桥	聊城市阳谷县七级镇古运河上	—
19	张秋古渡石桥	聊城市阳谷县张秋镇古运河上	明朝
20	十二连桥	—	—

第三节　大运河聊城段水工修治与管理

一　明朝的修治与管理

（一）河道修治

明朝对大运河聊城段的工程修治主要围绕两个核心问题，即一方面要确保充足的水源，另一方面要尽量避开黄河的泛滥。"疏浚改造济宁至临清的会通河，有避黄的因素，但主要是解决水源问题，采取了筑戴村坝引汶水至南旺，合理分配入运的水量，疏通泉流以补给运水，设置水柜以调蓄运河水量，由此保证了会通河北段的顺利通航。开南阳新河、泇河主要是为了避开黄河决口的侵害及黄河行船的艰险。"[1] 接下来，具体看一下大运河聊城段的一些整治情况。

正统年间，黄河决口曾一度漫及阳谷县、东昌府，冲毁大运河堤防，淤塞大运河河道。朝廷虽着力堵塞河口，但旋堵旋决无甚成效。景泰年间，黄河两次冲毁张秋段堤岸，"掣运河水入盐河，漕舟尽阻"[2]。朝廷任命徐有贞为左金都御史前去治河，他提出开河分水、置造堰坝、疏浚河道三种办法予以综合性治理。开河分水指开挖广济河用以分黄河之水势——广济河西起河南新乡东边，向东流经开州、濮州和范县，至张秋入于大运河。广济河修成之后，大运河水小则引黄济运，黄河水大则分

---

[1] 王云：《明清山东运河区域社会变迁》，人民出版社2006年版，第34页。
[2] （清）张廷玉等：《明史》卷83《河渠一》，中华书局1974年版，第2017页。

其水势。对于疏浚河道之法，由于大运河山东段河道甚高，且长期淤积，遂自沙湾至临清段加以挑浚。此外，在东昌之魏湾、龙湾等处建造8座减水闸，其作用在于调节水量；在濮州、开州建造堰坝以围黄河决口之水，从而使东阿以西等地积水得以排泄。

弘治二年（1489），黄河在多处决口，其中较大一股水流至张秋进入大运河，淹没闸坝，冲毁堤岸。朝廷派遣户部左侍郎白昂前去治理，措施包括增设减水闸、增开越河和堵塞决口。弘治五年（1492），黄河泛滥再次冲毁张秋段堤岸，大运河最终在张秋戴家庙决口。第二年，朝廷任命刘大夏为都察院右副都御史前往治河。刘大夏征发夫役堵住决口，又在黄河北岸建造大堤——黄陵冈口东西各三百余里，金龙口东西各二百余里。此次治河成效显著，以后黄河北决之水大多在鱼台、济宁以南进入大运河，对会通河不再造成更大威胁。可见，明朝前期的相关治理实践，比较有效地阻止了黄河对山东运河北段的侵害。①

明朝中期以前，朝廷对运道畅通非常重视，将治理大运河视为事关国家兴亡之大事，屡次委派重臣前往治理。而且，每派重臣疏通运道、治理河患时，必先予以升职，如徐有贞由右春坊右谕德升为都察院左佥都御史，刘大夏由浙江右布政使升为都察院右副都御史。朝廷的高度重视、多方选拔人才机制及信任治水能臣，让许多精通治水之道之人脱颖而出，并能完全施展其治水才能。经过有效修治，因黄河泛滥而被迫在张秋一带中断漕运之事就大为减少了。仅从地方志记载来看，张秋一带于嘉靖初年又发生过水患，不过，这次河患规模不大。史料记载：嘉靖三年（1524）十二月，总理河道侍郎李瓒说："前年河决安平，故开北河以杀水势。中间建闸四，浅铺二十，设闸官四员，闸夫二百二十名，浅铺夫二百名。今河归故漕，前项官夫并宜裁省。"② 由于河患很快被治理，工部复议从之，临时特设的闸官、闸夫遂被裁省。此后，终明之世有关张秋镇（即安平镇）发生水患的记载就很少了。

---

① 山东运河南段仍然受到黄河决口泛滥的影响，而解决问题的根本途径在于开辟新运道以避之，故明朝中期以后开挖新河、避黄保运之策受到朝廷重视，如南阳新河（夏镇新河）、韩庄新河、泇河新道的开通。

② 何宝善编：《明实录大运河史料》，北京燕山出版社2019年版，第302页。

（二）工程管理

明朝自停止海运后，运输漕粮全靠大运河，从而建立起比较完善的管理体系。"运河管理机构由管河、管运两大系统分工组成。管河方面，包括治理河道、管理闸坝、疏浚泉源、修治堤防等内容。管运方面，包括集运、押运、仓储等环节。以后增设了舟船管理机构，但各专业的管理在实际运行中又是互相交错的，管河方面亦参与管运、管船。"[1] 会通河开通以后，朝廷曾在东阿县景德镇（今张秋镇）设立都水分监，负责临清至徐州段的运道疏浚、闸坝修建、漕运政务等。其实，早在元朝都水监是在六部之外而设的河道管理机构，专门掌管河渠整治及堤防、桥梁、闸堰、水利之事。都水监派出机构有二：一是分都水监，简称"分监"；二是行都水监，简称"行监"。

明朝永乐初对大运河并没有专设总的管理人员，而是以"漕运总兵"一职兼理河道事，负有河道修治和漕运管理两种职责，如永乐十五年（1417）"命平江伯陈瑄充总兵官，掌漕运、河道之事。是时，又命都督陈恭、侍郎兰芳，继又命尚书刘观、新宁伯谭清、襄成伯李隆等往来提督，员外郎夏济、主事刘文勇等分理。后又命侍郎张信提督，监察御史、锦衣卫千户等官往来巡视，后悉召还"[2]。永乐十九年（1421）以后，对临清闸、济宁闸等会通河沿线各处关键地方，均由朝廷派员主其事，期限"皆三年更代"[3]。成化七年（1471）设"总理河道"（简称"总河"）职位，成为漕、河分治之始。在其之下，大运河则分段加以管理。大运河流经的各府、州、县，也都需要分派官吏参与管理。这些管河官吏均为专职，而差役河夫也日趋专业化。

大运河山东段大多浅涩，故需经常挑浚，一般分为岁修与大挑。岁修即每年一次例行维修，如临清一带每年十月份开始修堤挑河；大挑指数年一次大规模维修，如临清因卫河与大运河交汇，每到夏季卫河之水裹挟大

---

[1] 吕娟主编：《中国运河志·河道工程与管理》，江苏凤凰科学技术出版社2019年版，第345页。

[2] （明）王琼：《漕河图志》卷3，姚汉源、谭徐明点校，水利电力出版社1990年版，第170页。

[3] （明）王琼：《漕河图志》卷3，姚汉源、谭徐明点校，水利电力出版社1990年版，第170页。

量泥沙入运，经常淤塞运道，遂行"三年二大挑"之法。此外，作为大运河最基层的河工组织，浅铺之设旨在疏通淤浅，保持运道畅通。在不影响船只通行的前提下，可随时进行局部河道的疏通工作，称为"捞浅"。明朝中期以前，从临清到鱼台段设浅铺140处，有捞浅夫3840人。其中，阳谷、济宁、汶上等较易淤浅的地方，捞浅夫数量都在500人以上。[1]

总之，明朝对会通河进行了疏通改造，使之有效避开黄河的侵害，较好地解决了水源保障问题，同时对河道工程进行严格管理与质量监控，因此终明一世大运河尚能保持常年畅通。

二　清朝的修治与管理

（一）河道修治

明朝治理大运河的某些经验，大体上也被清朝所继承。清朝立国后因定都北京，漕运通畅与否也成为国之大事。在大运河路线大致定形的基础上，清朝做了一些维护与整理的工作。

由于明末政治腐败，大运河失修，朝廷忙于镇压农民起义，无暇顾及漕运，致使河道受阻，所以，清初张秋一带发生过几次水患。例如，顺治七年（1650）八月，黄河在荆隆口[2]冲决，张秋以下运道大堤皆溃，自大清河向东入海；顺治九年（1652），"河决封丘大王庙，冲毁县城，水由长垣趋东昌，坏安平（即张秋）堤"[3]。康熙《张秋志》中亦有记载：

> 本朝顺治七年九月，黄河决荆隆口，趋张秋城南，马星海、甜瓜口、沙湾、戴家庙迤西堤岸并决，水由大清河入海。张秋工部分司阎廷谟率捕河通判方圣时督官夫修治，至次年辛卯渐有成绩。九年壬辰七月，黄水又大溢，力不能施工，役暂停。廷谟亦得代去，著决口行漕图说，以贻后官。[4]

---

[1] 王云：《明清山东运河区域社会变迁》，人民出版社2006年版，第36—37页。
[2] 荆隆口即金龙口，位于今河南省封丘县西南。
[3] 黄河水利委员会黄河志总编辑室编：《黄河志》卷1《黄河大事记》，河南人民出版社2017年版，第85页。
[4] 康熙《张秋志》卷4《河渠志二》，清康熙九年（1670）刻本；《中国地方志集成》编辑委员会编：《中国地方志集成·乡镇志专辑》第29册，江苏古籍出版社1992年版，第52页。

不过，这两次水患很快得到治理。康熙至咸丰年间的河患，大多南移了，与聊城地区无涉。直到咸丰年间黄河改道，向北流至张秋穿大运河，并夺大清河入海，又值太平天国起义，大运河废弛十多年。清政府也曾试图恢复大运河漕运。

> 然现在河道，未可即谓流通者，一在于黄水之多阻，一在于贼势之未平。自河决兰、仪，黄水穿运，挟汶东趋，其张秋以北之运河，仅恃黄河旁溢之水为来源。入运之处，名南坝头，口门日形淤垫。从前秋冬尚能过水，近则水落辄至断流。惟五、六、七等月，汛水盛涨之时，始则畅行无阻。[1]

由此看来，对于大运河的治理因故未能施工，而且每年漕运数量和时间大为减少，张秋一带运道每年也只有3个月可以通航，其他月份便依赖海运。同治八年（1869），挑浚张秋南北河道淤垫。同治九年（1870），筑造南北大堤。光绪初年开挖阿城至陶城铺一段新运道，以避开张秋南沙湾之淤。[2] 光绪二十一年（1895），疏浚临清至陶城铺段约100千米，又在张秋南金堤建闸，引金堤河水以济运。之后终因无力治河，运道浅阻越发严重，至光绪二十七年（1901）河运遂罢，仅临清至东昌之间有小船往来运输。光绪三十二年（1906），在临清设立北运河下段工程局，挑修临清至东昌段运道，可惜工程质量较差，没过几年河堤即倾塌。民国年间，大运河已是"岁久失修，淤垫日甚"，"由临清迄黄河北岸计程二百余里，所有汶河河道、堤岸及岸外埝道，悉为沿河居民纳租垦种，向之南北交通孔道，悉变为膏腴良田"。[3]

（二）工程管理

清朝基本沿袭明朝管理体制，但也有所变化。通过对管理机构进行调整简化，使之更趋完备和职责分明。各级官员名称也有变化，如相对

---

[1] 中国水利水电科学研究院水利史研究室编：《再续行水金鉴·运河卷3》，湖北人民出版社2004年版，第1001页。

[2] 此后至1959年，大运河从陶城铺入境，在阿城南部进入原来河道。

[3] 民国《临清县志》卷6《疆域志·河渠》，民国二十三年（1934）铅印本。

于明朝总河一职,清朝则称"河道总督"。因清初直属管理机构与聊城市域无涉,故不再赘述。地方河道管理机构为道、厅、汛三级,并分文、武二职。道对应于明朝都水司,级别相当于省部级,武官有河标副将、参将等;厅与府、州同级,文官为同知、通判,武官为守备;汛相当于县级,设县丞、主簿等,武职为千总。

按照今聊城市辖区大运河管理机构由南而北依次为:兖州府捕务管河厅,驻东阿县张秋镇(今属阳谷县),位于张秋镇西南隅,设管河通判1名;阳谷管河主簿厅,位于张秋城北水门内北厅街,设主簿1名;寿张管河主簿厅,位于张秋城南水门外河西岸,设主簿1名;东昌府上河厅,驻东昌府,设上河通判1名,管辖临清、清平、博平、堂邑、聊城等处河道,又兼管卫河馆陶段。其中,临清州设管河州判1名,又设临清汛;清平县设管河主簿1名,又有左卫汛、清平汛;博平县、堂邑县共设管河主簿2名,分管大运河东、西两岸,又有博平汛、堂邑汛;聊城县设主簿1名,东昌卫千总1名,又有聊城汛、东昌卫汛。临清州判所管河段设浅夫74名,临清汛设浅夫35名;清平县之左卫汛、清平汛共设浅夫67名;博平与堂邑主簿所管河段设浅夫51名,堂邑汛设浅夫45名;聊城县设浅夫97名,东昌卫设浅夫7名。[①]

表3-4　　　　　　　　大运河聊城段维护工程一览

	年代	工程概要
明成祖	永乐十年(1412)	开挖魏家湾河道
	永乐十二年(1414)	疏浚大运河
	永乐十五年(1417)	建造新开、上板二闸
	永乐十六年(1418)	建造永通、通济二闸
明宣宗	宣德五年(1430)	开挖临清越河,置闸
	宣德十年(1435)	疏浚大运河济宁至东昌段,并沙湾、张秋旧引黄故道,作斗门;又疏浚临清卫河

---

① 陈昆麟主编:《聊城论考》,山东省地图出版社2014年版,第216页。

续表

	年代	工程概要
明英宗	正统十三年（1448）	黄河在荥阳决口，东冲张秋，溃沙湾，会通河淤，命塞之
	正统十四年（1449）	疏浚临清撞圈湾河达卫河
明代宗	景泰二年（1451）	改造板闸
	景泰五年（1454）	建造戴庙北金线闸
	景泰六年（1455）	治理沙湾功成，名其渠曰"广济"，闸曰"通源"，又在东昌之龙湾、魏湾建闸八座，以启闭宣泄，自古河道入海
明宪宗	成化元年（1465）	修建戴家湾闸
	成化六年（1470）	修建临清以北各河口
	成化二十一年（1485）	疏浚大运河
明孝宗	弘治四年（1491）	修建张秋五空桥、河湾减水石坝
	弘治五年（1492）	秋七月，金龙口复决，毁坏张秋东堤，黄流夺汶河入海，漕运中断；总理河道陈政集夫十五万，治未效而卒
	弘治六年（1493）	会通河溢，二月以刘大夏为御史，治理张秋河决
	弘治七年（1494）	五月，刘大夏先自决口西南，开越河三里许，以通漕，复筑黄陵岗上流，河复南下，最后堵塞张秋决口
	弘治八年（1495）	张秋河工告成，运道无阻，孝宗下令改张秋镇为安平镇，予以纪念
清世祖	顺治十年（1653）	令临清每年一小浚，隔年一大浚
	顺治十七年（1660）	春夏之际，因卫河水少，在漳河筑堰，使水进入卫河以济运
清圣祖	康熙四十五年（1706）	引漳入卫
清高宗	乾隆二年（1737）	于馆陶、临清各立水则一，测验浅深，以时启闭，以利卫水济运灌田
	乾隆三年（1738）	修复三教堂减水坝，在三空桥旧址修建减水坝
	乾隆二十年（1755）	建张秋平水三闸
	乾隆二十七年（1762）	修建五空桥
	乾隆二十八年（1763）	用阿尔泰言，于大运河临清段逼近村庄处，开引河五，以分水势
	乾隆三十二年（1767）	修建沙湾三空桥为五空

续表

年代		工程概要
清仁宗	嘉庆八年（1803）	九月，河决封丘衡家楼，大溜奔注，东北由范县达张秋，冲大运河西岸民埝
	嘉庆九年（1804）	因大运河山东段浅塞，大加疏浚与治理
清宣宗	道光二十年（1840）	河督文冲等言："卫河需水之际，正民田待溉之时。民以食为天，断不能视田禾之枯槁，置之不问。嗣后如雨泽愆期，卫水微弱，船行稍迟，毋庸变通旧章。倘天时亢旱，粮船阻滞日久，是漕运尤重于民田，应暂闭民渠民闸，以利漕运。"从之
清文宗	咸丰五年（1855）	黄河泛滥冲毁运堤，大运河阻滞；值军务未平，改由海运，于是河运废弛，十有余年
清穆宗	同治八年（1869）	筹备挑浚张秋南北大运河淤垫
	同治九年（1870）	于张秋、八里庙等处，疏浚大运河之淤垫，以通北上之漕行
	同治十年（1871）	漕督苏凤文言："安山以北运河，全赖汶水分流，至临清以上，始得卫水之助。今黄河横亘于中，挟汶东下，安山以北，毫无来源，应于卫河入运及张秋清黄相接处，各建一闸，蓄高卫水，使之南行，俟漕船过齐，即启临清新闸，仍放卫北流，以资浮送。并于张秋淤高处挑深丈余，安山以南，亦一律挑浚。庶黄水未涨前，运河既深，航行自易。"
	同治十一年（1872）	挑挖三里堡、沈家口乾运河，并下十里堡及张秋拦黄坝各淤河，并补筑大运河官堤大小缺口
	同治十二年（1873）	估挑戴庙闸大运河旧运道及十里堡等处淤垫，并东阿、阳谷、聊城、堂邑、博平、清平六县，量挑长河
清德宗	光绪二十年（1894）	疏浚阳谷、茌平各属大运河
	光绪二十一年（1895）	疏浚陶城阜至临清大运河二百余里
	光绪三十二年（1906）	修浚北运河，自东昌府至临清一段仅九十余里，余仍淤如平陆，不通黄河

资料来源：欧阳洪：《京杭运河工程史考》，江苏省航海学会1988年版，第212—214、299—313页。

表 3-5　　　　　　大运河聊城段闸座管理人员一览　　　　　　（单位：人）

闸座地名	现在位置	闸官 明朝	闸官 清朝	闸夫 明朝	闸夫 清朝	其他役夫	备注
荆门上闸	阳谷县张秋镇北		1		47		
荆门下闸	同上，上闸北约 1.5 千米						闸务归并上闸
阿城上闸	阳谷县阿城镇西北		1		46		闸务归并上闸
阿城下闸	阿城上闸北约 1.5 千米						
七级上闸	阳谷县七级镇		1		47		
七级下闸	距七级上闸约 1.5 千米						闸务归并上闸
周家店闸	东昌府区东南约 18 千米处	1		30			
李海务闸	东昌府区李海务镇西			30			
通济桥闸	东昌府区闸口	1	1	40	37		
永通闸	东昌府区驻地西北约 10 千米	1	1	30	28		
梁家乡闸	东昌府区梁水镇镇	1	1	30	28		
土桥闸	东昌府区梁水镇镇北			30	28		闸务归并梁乡闸
戴家湾闸	临清市戴湾镇	1	1	30	28		
头闸	临清市北运河上（今废）						明时已废
中闸	临清市北运河上						明时已废
隘船闸	临清市北运河上						明时已废
砖闸	临清市南运河上	1	1	84	77	溜夫 40 桥夫 18	又名"新开上闸"
南板闸	临清市南运河上					溜夫 115	闸务归并砖闸

　　注：明清对各闸座管理比较严格，分别设立专门官吏和闸夫进行管理，人员数量虽有增减，但变化不大。

　　资料来源：陈昆麟主编：《聊城论考》，山东省地图出版社 2014 年版，第 216—218 页。

三　近代以来治理实践

　　民国前期，北洋军阀忙于内战，无暇顾及大运河的治理，聊城段运道渐趋废弃。民国二十三年（1934），鲁运河北段治理工程正式实施，沿线阳谷、聊城、博平、堂邑、清平、临清等县都需要出资，同时按照地亩的多少征调民工，开挖河道，培修堤岸。民国二十四年（1935）至二十六年（1937），宣泄运河西坡水工程开始实施，修筑了魏湾三孔桥、临清船闸、马颊河穿运涵洞、聊城徒骇河、陶城铺活动桥等水利设施。[①] 因抗日战争爆发，黄河以北至临清段运河通航的计划没能实现。日寇侵占聊城后，长期无人管理运河，遂致淤塞干涸。

中华人民共和国成立后，疏浚张秋至临清段河道，"南起位山，北至阿城入旧运河，再至聊城周店改道西行，经王堤口穿徒骇河，过王铺穿马颊河，至临清头闸口入卫运河，称卫临运河，以代替旧运河，后又名小东运河"[②]。1970年，在对马颊河进行扩大治理后，会通河在临清境内的故道，成为排灌两用的骨干渠道，称为小运河。[③] 至世纪之交，随着南水北调工程的疏通与中国大运河"申遗"的成功，聊城运河经近十余年的整治，逐渐重新焕发生机。

结 语

大运河是中国历史上伟大的水利工程，它是由历史上不同时期开挖的人工运道，经过修整、扩建串通而成的。对于元明清京杭大运河来说，由于所经区域地势高低不同，通常根据水的流向将其分成五段。聊城地区位于津黄段，其中，自天津至临清段称河北南运河，是隋朝开通的永济渠；自临清至黄河北段称山东北运河，是元朝开凿的会通河。会通河流经聊城，它南起东平，北达临清，对古代和近代聊城的发展做出了巨大贡献。

大运河水利工程直接反映了古代的科技水平，进而积淀为一种技术与地名相结合的文化呈现。大运河水工类型具体可分为河道工程、枢纽工程、供水工程、排水工程、控水工程、辅助工程等，它们的称谓都属

---

① 邢培华、邢莉：《近代聊城大运河述略》，《山东省青年管理干部学院学报》2007年第4期。

② 政协山东省聊城市委员会编：《运河名城·聊城》，中国文史出版社2021年版，第37页。

③ 临清市水利志编纂办公室编印：《临清市水利志》，1989年，第20—21页。

于人工建造物的地名范畴。大运河聊城段工程地名涉及河道地名有南运河、漳卫运河、古运河、山东运河；节制闸地名有会通闸、临清闸、隘船闸、南板闸、新开闸、戴湾闸、陶城铺闸等；减水工程地名有徒骇河减水工程、马颊河减水工程、大清河减水工程；减水闸坝地名有魏湾减水闸、魏湾滚水坝、龙湾减水闸、龙湾滚水坝、三空桥减水闸、五空桥减水坝；桥梁地名有会通桥、问津桥、月径桥、鳌背桥、永济桥、通济桥、宏济桥、二闸口桥、三孔桥、戴闸桥、迎春桥、闸口桥、惊龙桥、崇贤桥、堂邑桥、观堂桥、田庄桥、七级北大桥、张秋古渡石桥、十二连桥。

  明清两朝均重视大运河聊城段河道修治，并实施了有效的工程管理。明朝对会通河进行疏通改造，使之有效避开黄河侵害，从而解决了水源保障问题，同时对河道工程进行严格管理与质量监控。清朝立国后，在很大程度上继承了明朝治理经验，在大运河路线大致定形前提下，做了一些维护与整理工作。民国时期，聊城段运道渐趋废弃，其间也曾实施过相关治理工程，后来由于抗日战争爆发，河道遂致淤塞干涸。中华人民共和国成立后，对河道进行了疏浚并扩大治理。

第四章

大运河聊城段城镇发展及其地名

大运河沿线城镇是在特定的自然地理和社会经济条件下发展起来的，其所发挥的职能和空间结构变迁具有一定的特殊性，值得深入研究。大运河以最短的空间距离联通东西、纵贯南北，区域社会随之产生以其为主干的交通网，沿线城镇得以快速兴起和发展繁荣，最终形成了以大运河为轴线的城镇带。无论从空间形态还是地域文化属性，这些城镇都表现出明显的"运河"特色，同时也留下独特的城镇地名文化遗产资源。本章主要考察临清、聊城、七级、阿城和周家店，分别探讨临清历代城址变迁与古城地名变化，聊城空间格局与古城三迁地名，"金七级、银阿城、铁打的周家店"之地名来源。

第一节 汶卫津梁：临清历代城址与古城地名变化

一 临清建置沿革

临清明清时期方志对沿革考据颇为详细，其间尚有遗漏之处民国县志也予以修改增订。民国县志首先辨识了"临清在唐虞三代为兖冀之交"之说，认为"临清当属兖州无疑，不得谓为兖冀之交也"。之后，对临清沿革大略进行了说明：

> 《前汉书·地理志》曰，殷因于夏，亡所变更。商末，纣盈钜桥之粟，聚乐戏于沙邱。查钜桥在今河北省曲周县东北，临清西境与曲周接壤，临清又即古沙邱地。诗谱曰，邶鄘卫者，商纣畿内，方

千里之地，在禹贡冀州太行东，北逾衡漳，东及兖州，桑土之野。则临清在商末为畿内之地。又曰，武王伐纣定天下，乃三分其地，置三监，则有周武王之世。临清盖三监之地。又曰，自纣城而北谓之邶，南谓之鄘，东谓之卫。成王既杀武庚，伐三监，乃封康叔于卫，使为之长。则自周成王至春秋，临清乃康叔之封域。故今据禹贡、职方及诗谱，定临清为兖州地，商末为纣畿内地，周武王时为三监地，自成王至春秋为卫地。春秋以后直至清乾隆之世，除据山东通志加入三国之魏，并将隋代司州改为冀州外，余均遵旧说。自乾隆时升直隶州以后无所变更，迨民国肇造，大事改革，元年十月颁行地方官制，废府厅州及一切佐贰官，设济西道。于是本州遂改为县，属济西道。……十七年南京国民政府成立，废除道制，本县遂直属山东省政府，并改称县公署为县政府，县知事为县长。县政府下划为十区，各设区长以为自治之基。①

历史文化名城临清位于山东省的西北部，于2006年被联合国地名专家组认定为中国地名文化遗产——千年古县。临清在远古时期为有鬲氏部落范围②，在夏朝时期为兖州之域。《尚书》禹贡篇记载"沇、河惟兖州"，济水称"沇"，黄河称"河"，"此州东南据济水，西北距河"③，临清即在该范围之内。在秦朝统一全国之前，临清没有行政上的建制。商末被纳入纣畿内地，正如史料所载殷纣王"盈钜桥之粟"④"聚乐戏于沙邱"⑤。钜桥在商朝就有该地名，位于今河北曲周东北，横跨漳河，临清西部即与之接壤。临清又为古沙邱地，《毛诗谱》记载："邶鄘卫者，商纣畿内，方千里之地，其封域在禹贡冀州太行之东，北逾衡漳，东及兖州，桑土之野。"⑥春秋战国时期，临清又先后成为齐、晋、卫、赵等国

---

① 民国《临清县志》卷6《疆域志·沿革》，民国二十三年（1934）铅印本。
② 李白凤：《东夷杂考》，齐鲁书社1981年版，第20页；谭其骧主编：《中国历史地图集》第1册，中国地图出版社1982年版，第10页。
③ （汉）班固：《汉书》卷28《地理志》，（唐）颜师古注，中华书局1962年版，第1525页。
④ （汉）班固：《汉书》卷28《地理志》，（唐）颜师古注，中华书局1962年版，第1265页。
⑤ （汉）司马迁：《史记》卷3《殷本纪》，中华书局1982年版，第105页。
⑥ （汉）郑玄：《毛诗谱》，清光绪四年（1878）刻本。

之属地。秦灭六国后设三十六郡,临清被划归为巨鹿郡。汉承秦制始置县,当时称为清渊县,隶属冀州魏郡。三国时期,仍为清渊县,隶属冀州阳平郡。西晋时期改为清泉县,隶属司州阳平郡。十六国时期归属后赵,改称临清县。北魏复设清渊县后,又在县西另置临清县,二者同属司州阳平郡。此时的县域范围包括今河北临西全境,以及临清境内一部分西部地区。北齐时废临清县,将清渊县改成清泉县。

图 4-1 千年古县临清

(图片由临清市博物馆提供,2018年6月)

隋唐以来,废置相寻。隋朝复置临清县,与清泉县同属清河郡。开皇十六年(596),在临清西边析置沙邱县。大业年间实行郡县两级行政体制,改州为郡。大业二年(606)省沙邱入临清,时属清河郡。因此之故,后人又称临清为"沙邱"。当时,临清作为大运河上的码头,担负了全国建仓储粮的任务,因而有"汶卫津梁""沙邱古渡"之称。[①] 唐朝沿袭隋朝行政体制,后来又设府代郡,全国分为道、府、州、县。武德四

---

① 清人张度、王毂的书法笔锋苍劲潇洒,所书"汶卫津梁""沙邱古渡"墨迹流传至今。

年（621）析临清置沙邱县，六年之后并入临清县。武德九年（626）废清泉县，临清时属河北道贝州。沙邱与清泉二县变动频繁，或置或省，作为县的区划从此不复存在。此后，五代以及宋、金、元时期，临清县建置相沿袭。其中，大历七年（772）曾析临清西境置永济县，后由于元丰四年（1081）黄河在大名决口，废之并入馆陶县，临清县也改为临清镇，当年复置。元朝时临清仍为县，隶属中书省大都路濮州。清初仍为州，隶属东昌府，但不领县。乾隆四十一年（1776）升为直隶州，领夏津、邱县和武城。

1936年，临清属山东省第四专署，下辖10个区。1945年临清解放后，隶属冀南行署第一专署。中华人民共和国成立后，隶属河北省邯郸专署。1952年又划归山东省德州专署，随后再改属聊城专署。1956年清平县撤销，其旧城区划归高唐县，康庄、戴湾、康盛庄、王集、金郝庄5个区划归临清县。1958年县市合并，建置临清市，隶属聊城专署。1963年撤市复县。1965年将卫运河以西的老官寨、吕寨、下堡寺、童村、尖冢5个区，以及城关区的临卫街、米市街、北大队、南大队，另建临西县。1983年，撤县复市，由聊城市代管至今。

图4-2 "汶卫津梁"匾额

（照片系笔者于2020年8月4日拍摄）

二 临清城址起源（春秋—汉代）

一个地方的历史发展脉络，有一个从何时起述的问题，当然这并没有明确的规定，何时有记述者即可从那时起述。地方志编纂一般由官方

图 4-3 "沙邱古渡"匾额

（照片系笔者于 2020 年 8 月 4 日拍摄）

主导，为我们提供了许多地方资料。临清最早的志书应该是嘉靖四十年（1561）所修，可惜早已散失无从找见。"以今两县市所在地域论，春秋之前虽然连一个确切的地名也不见著录，但并非无一可记述者"①，因为即使在夏朝也有所谓九州之划分，商朝有纣畿内外之区别，而西周也有隶属于哪个诸侯国的情况。

早在春秋时期，临清境内就出现一个有人聚居的城镇，史称"贝丘古城"，其遗址位于今临清市大辛庄街道办事处近古村西南约 200 米处。根据该村《常氏家谱》所述，明万历三十九年（1611）常姓在此地开设店铺，命村名为"常店"。后因村址紧邻贝丘古城遗址，清雍正九年（1731）村民集体商议将村名改称"近古村"。② 贝丘又作"贝邱"，《说文解字》释其义为"土之高也"，《尔雅》解释为"四方高、中央下亦曰邱也"。历史上，人类聚居的地方其地名多称为丘，在《春秋》和《左传》中所见就有约 40 个③，如葵丘、清丘、宛丘、废丘、沙丘、顿丘等。在这里，涉及城建与水的历史问题：城郭建于"丘"上，既防水患之需，亦据水利之要。也就是说，城"丘"者乃因临水之高地而建。

对临清境内生存造成最大危害的天灾是黄河泛滥，故人们以高地土阜聚居而避之。"周定王五年，河决宿胥口，在今濬县西南，出濬、滑之

---

① 吕苏生：《关于临西县与临清市历史沿革的问题探讨》，郭晓琳主编：《地名观澜》，山东人民出版社 2018 年版，第 99—113 页。
② 临清市地方史志办公室编：《临清乡村概况》，五洲传播出版社 2003 年版，第 411 页。
③ 辛德勇：《黄河史话》，社会科学文献出版社 2011 年版，第 93 页。

间,循今之卫河即漳水,掠大名、临清,循南运至天津入海,是谓初徙。"① 这是对黄河首次改道情况的记载,在今卫河与淇河的合流处,其大致行经路线似今卫河之左右,史料也指出流经的几个重要城镇,"河决宿胥口,东行漯川,经滑台、戚城、元城、贝邱、成平,至章武入渤海"②,其中就有贝丘。汉朝又在此地建城,当时封清河王于清河郡,遂将清河郡改为清河国,治所也从位于今河北清河境内迁入此地。根据《太平寰宇记》记载:"临清……(等),已上五县贝州割到。……临清县西南一百五十里,旧五乡,今六乡,本汉清渊县地。后魏孝文帝太和二十一年于此置临清县,属魏州,高齐省。隋开皇六年复临清县,属毛州。十八年州废,县属贝州。唐大历七年于县西南张桥店置永济县,同时以沧州景城县隶瀛洲。贞元以后复自瀛洲隶贝州。贝丘在今(临清)县东南十五里,有汉贝丘县故城存,城中有贝丘,高五丈,周回五十步,兼有后汉贝丘长博陵刘伯言、北海苑盖兴二碑,并文磨灭。后魏初移县于故城东北十里,今县东又有贝丘城即后魏所治。"③ 另据《元和郡县图志》记载:"贝州……禹贡冀州之域,春秋时其地属晋,七国时属赵,秦兼天下以为巨鹿郡。汉文帝又分巨鹿置清河郡,以郡临清河水故号清河,后汉以为清河国。周武帝建德六年平齐,于此置贝州,因邱以为名。……临清县……本汉清泉县地,后魏孝文帝于此置临清县,属魏郡,高齐省。隋开皇六年复置临清县,属贝州,皇朝因之。贝邱城在县东南五十里,汉贝邱县城也。城内有邱,高五丈,周回六十八步,城因此为名。"④

虽然史料对临清境内的贝丘城记载不多,但是,自两汉至宋历代均对其有所关注,大概由于它是黄河故道和今道分流处的地理界标。正如宋人张洎指出:"禹导河自积石至龙门,南至华阴,东至砥柱,又东至于孟津,东过洛汭,至于大伾,即今成皋是也,或云黎阳山也。禹以大河流泛中国,为害最甚,乃于贝丘疏二渠,以分水势:一渠自舞阳县东,

---

① 民国《青城县志》卷1《舆地志·河渠》,民国二十四年(1935)铅印本。
② 张含英:《明清治河概论》,水利电力出版社1986年版,第15页。
③ (宋)乐史:《太平寰宇记》卷54《河北道三》,四库全书本。
④ (唐)李吉甫:《元和郡县图志》卷16《河北道一》,光绪六年(1880)金陵书局刻本。

引入漯水,其水东北流,至千乘县入海,即今黄河是也;一渠疏畎引傍西山,以东北形高敞坏堤,水势不便流溢,夹右碣石入于渤海。"①

三　临清城址变迁（西汉—金元）

（一）清渊古城

西汉时期临清开始置县,汉高帝年间置清渊县,隶属冀州魏郡。此后,历经两汉、三国、西晋至十六国后赵建平元年（330）,其存在时间长达500多年。古清渊县的治所应当位于今河北馆陶青（清）阳城（今青城村）处。根据1983年《馆陶县地名资料汇编》记载:"位于路桥乡驻地东北1.8公里处的清阳城村,系古清渊县城故址。"②结合《山东通志》《馆陶县志》等相关资料可知,青阳城在馆陶县西5千米,相传汉朝冯异追铜马贼于此;清渊县故城在馆陶县西北6.5千米,汉置县,属魏郡,俗称"青阳城"。

经实地调查可以发现,青城村附近的地势高亢,尚有一条比较明显的河流痕迹,自西南而东北绕其侧流过,此河流原来就是历史上的清水河。根据《水经注》记载:"清水出河内修武县之北黑山","东北过获嘉县北","又过汲县北","又东入于河","又东北过馆陶县北","又东北过清渊县"。③同时,结合考古发掘,在这个地方曾集中出土了一大批汉代陶器,其品位之高、数量之多实非一般人所能拥有。这说明了青城村一带当为汉朝政治活动的中心,从而也相对有力地证明此处为古清渊县治所的最大可能性。

那么,清渊县因何而得名呢?根据万历《东昌府志》的相关记载,淇水向东又经过清渊县故城西,又经县城之西北为清渊,因此县有"清渊"之名,世人称之为"鱼池城"并不妥,清渊县有清渊城。④淇水本是黄河的一条支流,在今河南淇县东边汇入黄河,清水则从西南过来与淇水汇合后向东北流。河水流淌至此地,汇聚而成深渊,在城的西北处

---

①　（元）脱脱:《宋史》卷93《河渠三》,中华书局1977年版,第2318页。
②　徐登阶:《临清城址初考》,《临清文史》1990年第4辑。
③　（北魏）郦道元:《水经注》卷9,巴蜀书社1985年版,第190页。
④　万历《东昌府志》卷14《河渠志》,明万历二十八年（1600）刻本。

有清渊潭。由于河水在此处分流汇集，从而形成城中有水、水内有城的景观，"清渊"之地名由此而得。

图 4-4　古清渊城遗址

（照片系笔者于 2018 年 7 月 10 日拍摄）

（二）清泉古城

西晋咸宁年间改清渊县为清泉县，隶属于司州阳平郡。后赵建平元年（330）又将清泉县改为临清县，隶属于司州建兴郡。"临清"之地名便始于此，其含义指临近清河。根据《水经注》记载："置临清县于水东，自赵石始也。"[1] 临清县城此时在"水东"，即位于卫河以东，俗称"水东临清"。卫河的古称是"清河"，漳河在馆陶境内与卫河汇合后称为"卫运河"。当然，历史上由于多次变迁，卫运河之称谓不一，如战国前称"清水""清河""卫河"；汉魏时称"白沟"；隋朝称"永济渠"；唐宋时称"御河"；元明清时称"御河""卫河"；民国以来称"卫运河"。[2] 北魏太和二十一年（497）复设清渊县，隶属于司州阳平郡，治所位于今

---

[1] 陈桥驿主译：《水经注全译》，山西人民出版社 1995 年版，第 328 页。
[2] 徐登阶：《卫运河演变初考》，《临西文史》1989 年第 2 辑。

冠县东北约 20 千米处清水镇。隋朝开皇六年（586）又析清渊县、馆陶县各一部分地区置冠氏县即今冠县，清泉城遂从临清行政区划中析出。

清水镇里有清渊泉，又称"清水泉"。"清渊泉在临清县清水镇，今州东四十五里"①，水清甘洌，而清水镇、清泉县均因之得名。如今，如果来该地考察，尚能看到残存的城垣和围子。据当地人讲，古城围子在民国时期还十分壮观，城墙上还能跑马。在挖地窨子的时候，还能掘出古时的陶瓷瓦片和残砖墙基。道光年间，清泉古城的城垣曾进行过重修，到了清末逐渐颓圮。地方志记载了民国时期古城修筑情况："民国六年重修，围廓墙濠悉如旧制，惟添修东西门各一，南关及西门关各一，南北门上均有门楼，南门仍名关洛要径，北门仍名燕冀亨衢，南关门曰丽泽，南东门曰映岱，北东门曰怀安，南西门曰信成，北西门曰悠久，西关门曰阜财，南关围墙一百丈，西关围墙一百丈，高与大墙等。"②

（三）临清古城

在北魏复设清渊县的同时，另于县西约 20 千米置临清县，治所位于今河北临西仓上村东一带。仓上是北魏临清县城的粮仓重地，临清古城遗址内地势平坦、土地肥沃，非常适宜粮食作物的种植，素有"粮仓"之称。当时，仓上村的临清古城与清水镇的清泉古城并存。根据《水经注》记载："（北魏）又别置临清县于水西，与后赵之临清并非一地。"③另据康熙《临清州志》记载："（临清）旧城自后魏始，在卫河西，土人曰旧县集者。"④北魏时的临清古城俗称"水西临清"，与"水东临清"遥相呼应。

到了唐宋时期，"水西临清"盛极一时，临清城东西宽 1.5 千米，南北长 3 千米，面积有 4.5 平方千米。临清古城遗址范围东至跃进渠即古永济渠，西到县官仓，南至联结渠南约 300 米，北到古城墙。城的西边紧邻处于隋唐大运河北段的永济渠，故此地也是那时建仓储粮的绝佳地方，在永济渠的东岸曾建有大型码头和官仓。现称"堂台子"的地方位于官

---

① 嘉靖《冠县志》卷1，明嘉靖二十四年（1545）刻本。
② 民国《冠县县志》卷2《建置志》，台北成文出版社1968年版，第217—218页。
③ 陈桥驿主译：《水经注全译》，山西人民出版社1995年版，第328页。
④ 康熙《临清州志》卷1《城池》，清康熙十二年（1673）刻本。

仓以东，当时为县城署衙之所在。① 在考古调查中，此地曾出土大量隋、唐、五代和北宋时期的瓷器、陶皿、砖瓦等，足资证明这一点。在县衙的北边，还建有文庙、武庙、钟鼓楼、奶奶庙等。今天仍存北城门、北城墙遗址，而且还留下一段约半米高的城墙残垣，夯土层比较明显。

"水西临清"古城存在时间长达600多年，在这期间临清县治曾划归宗城（今威县）一段时间。隋仁寿元年（601）始建宗城，金天兴三年（1234）废。宋熙宁四年（1071），黄河在大名决口泛滥，"七月辛卯，北京新堤第四、第五埽决，漂溺馆陶、永济、清阳以北"②。大名当时是陪都，被称为"北京"，三省六部各政府机构一应俱全。根据史料记载："宗城，畿，熙宁五年省临清县为镇入焉，当年复旧，寻以永济隶临清。"③ 临清县城被黄河洪水淹没，县衙被冲毁后已不能正常办公，于是暂时将临清县降为临清镇并入宗城县，当年末待县衙修好后又恢复了临清县。

仓上村所在的区域地势比较低，因"其地洼下特甚"，当地俗称之为"月洼"。④ 如今去实地考察，仍能见其大致轮廓。有一座寺庙曾建于此地，寺因"月洼"而得名"月洼寺"，尚留有遗址可予以考证⑤。另外，因为有几条河流在此处相汇，所以，这里一直都是水灾比较严重的地方。到了北宋末年，黄河再次决口，多次从县境向北流。临清古城原本地处洼地，再加上黄河之水的泛滥，以至于尽败庐舍，城内倒塌殆尽。金朝天会五年（1127），为了躲避水患，临清县的治所从仓集镇迁移到曹仁镇——该镇位于卫河东岸，即今临清市旧县村。河仓在此建立以储备粮粟，此地逐渐发展成为御河沿线上的经济大县。根据《金史》记载："临清有河仓，镇一曹仁。"⑥ 曹仁镇成为大运河沿岸的漕运粮仓所在地，这当然成为迁移治所的另一重要原因。不过，值金元之间的战乱，这样的

---

① 杨遵义：《关于临清古县衙"堂台子"遗址的调查》，《临西文史》2002年第5辑。
② （元）脱脱：《宋史》卷92《河渠二》，中华书局1977年版，第2281页。
③ （元）脱脱：《宋史》卷86《地理二》，中华书局1977年版，第2122页。
④ 临西县地名办公室编印：《临西县地名志》，1983年，第55页。
⑤ 徐登阶指出："后魏太和二十一年（497）在河北临西仓集镇，即今临西县城，复置临清县，隶属于司州部阳平郡。至今城东尚有旧城遗址。此处原建有一寺，名'月洼寺'。旧寺遗址犹存，在今临西县啤酒厂东。"参见徐登阶《临清城址初考》，《临清文史》1990年第4辑。
⑥ （元）脱脱：《金史》卷26《地理下》，中华书局1975年版，第629页。

图 4-5　北魏临清县衙旧址

（照片系笔者于 2018 年 10 月 7 日拍摄）

图 4-6　临清古城遗址

（照片系笔者于 2018 年 7 月 10 日拍摄）

图 4-7 临清县故城旧址

（照片系笔者于 2017 年 3 月 27 日拍摄）

经济大县也渐趋萧条。《寰宇通志》对宋元时期的临清县治有过记载：熙宁间，"废临清为镇，寻复置，后徙于县东南四十里曹仁镇，元因之"[①]。可见，元时临清亦治曹仁镇。

四　临清城址拓建（明清—近代）

（一）临清砖城

元朝建都大都（今北京）后，"百司庶府之繁，卫士编民之众，无不仰给于江南"[②]，遂开会通河"起东昌路须城县安山之西南，由寿张西北

---

① （明）陈循等：《寰宇通志》卷 72《东昌府临清县》，朝华出版社 2020 年版。
② （明）宋濂等：《元史》卷 93《志第四十二·食货一》，中华书局 1976 年版，第 2364 页。

至东昌，又西北至于临清，以逾于御河"①。在曹仁镇以北大约5千米的地方，会通河与御河交汇，该交汇点便发展成为南北水运的交通枢纽。于是，商贩走夫在此日益屯聚，一个新兴的集镇应运而生，因位于会通闸的旁边，故取名为"会通镇"。永乐九年（1411），朝廷下令重新疏浚会通河，漕粮全部经由大运河输送至通州、北京两地，根据史料记载："从徐州至临清几九百里，过浅船约万艘，载约四百石，粮约四百万石，若涉虚然。"② 因此，临清的地位更加突出，成为牵挽漕运的咽喉、舟车水陆的要冲。

会通镇经过大约10年的发展，其繁华程度已经远远超过当时县城曹仁镇。有鉴于此，县城又于洪武二年（1369）迁至会通镇。当然，躲避水患也是迁城的目的之一，同时也是为了方便管理漕运、督造粮仓。"徙县治汶、卫环流之中"③，临清县治所从曹仁镇向北移动到中洲临清闸处。中洲当时属于会通镇，"自鳌头矶迤西，凡在汶、卫二水之间者曰中洲"④。由于临清的经济地位和战略地位非常突出，景泰元年（1450）开始建造临清砖城。当时的吏部尚书王直对建城始末撰有碑记——《临清建城记》，对临清城市历史演进之脉络记载颇详。⑤

王直于正统三年（1438）升礼部侍郎，正统八年（1443）升吏部尚书。正统十四年（1449）发生"土木之变"，时局变幻仓促，群臣朝议上奏，均以王直为首。事变发生后，公卿都议论道，临清要地如不守则燕蓟不可居，而中原地区亦不可保。兵部尚书于谦紧急命令平江侯陈豫、副都御史孙曰良镇守临清。出于防务之需，临清筑建砖城，用时不到三个月便竣工，王直乐以为记。结合《明史》《明实录》等相关史料，先是

---

① （明）宋濂等：《元史》卷64《志第十六·河渠一》，中华书局1976年版，第1608页。
② （明）何乔远：《名山藏》卷49《河漕记》，《续修四库全书》第425册，上海古籍出版社2002年版，第436页。
③ 康熙《临清州志》卷1《城池》，清康熙十二年（1673）刻本。临清当地民谣中也反映了城池与汶、卫之间的关系，如《临清城》："汶卫穿城流，清官不到头，富没三辈富，儿大父担忧。"参见临清市文化局编印《临清民谚民谣》，《中国民间文学集成》资料本，1989年，第26页。
④ 乾隆《临清州志》卷2《山川》，清乾隆十四年（1749）刻本。
⑤ 康熙《临清州志》卷4《艺文》，清康熙十二年（1673）刻本；临清市博物馆编、马鲁奎辑注：《运河名城临清明清碑刻集注》，齐鲁书社2022年版，第10—11页。

洪武二十六年（1393）定天下都司卫所后设临清卫，正统末年"土木之变"发生后，鉴于临清扼守漕运咽喉，其军事地位凸显，遂迁济宁左卫于临清改为临清卫。这样，临清卫共辖前、后、中、左、右营及原守御千户所。成化二十年（1484）又设临清兵备道，整饬兵备，兼管屯田、河道。

临清砖城选址在会通河北支流东北方向处，这里地势高亢适合营建，其遗址范围为今临清市区解放路、大众路、曙光路和红星路围成的区域。纸马巷遂成为县治遗址，如今仍留有古建筑门楼一座，上边为挑檐阁楼，下边专设砖门。门楣刻石"县治遗址"高约40厘米、宽约110厘米，镌刻于景泰元年（1450），此四字楷书为双钩阴刻，其上还刻有"纸马巷"三个小字。有学者指出，这些刻字"镶嵌于考棚街纸马巷'文昌阁'跨街阁楼券门之上，见证着六百多年来临清城市的发展和历史变迁"[①]。当时，砖城城墙"高三丈二尺，厚二丈四尺，围九里一百步"，城门各有名称，"东曰武威，南曰永青，西曰广积，北曰镇定"[②]。城墙上边设有8座戍楼、46个戍铺，为了方便人马上下城墙守城还特设蛾眉甬道。城墙之外有护城河环绕，其深度和宽度均有3米。临清市文博专家马鲁奎曾进行实地考察，发现所用城砖大多由明代临清砖窑制造，每块砖上都印有"临清城砖"字样，这与贡砖上的印记明显不同[③]。砖城建造完成后，治所迁至城内居中偏西南处，并以此作为营建坐标的参照点，"左建帅府以居总戎，其余藩宪、分司、卫所、县邑、学校、仓廪，凡百司局各以位置"。

（二）临清土城

明朝弘治二年（1489），临清升为直隶州后，临清砖城西边和南边商贾云集，生聚日繁，城内已没有空间容纳。因而在中洲与运河两岸地区，逐渐发展出新的商业与居住空间。正德五年（1510），刘六、刘七起义，由河北攻入山东，重创夏津、博平、济宁，高唐、武城也被攻陷，同时对临清城市形成半月形包围势态。兵备副使赵继爵遂组织军民，在砖城

[①] 临清市博物馆编、马鲁奎辑注：《运河名城临清明清碑刻集注》，齐鲁书社2022年版，第5页。

[②] 乾隆《临清州志》卷3《城池志》，清乾隆十四年（1749）刻本。广积门，因仓而得名。永青门，民国以后一度称为"中山门"。

[③] 政协山东省临清市委员会编：《运河名城·临清》，中国文史出版社2020年版，第142页。

图 4-8　纸马巷县治遗址

（照片系笔者于 2015 年 11 月 16 日拍摄）

与会通河之间筑土围、挖堑壕。当时，这道外围防护设施称为"罗城"，又名"边城"，此为营建土城之始。

嘉靖二十一年（1542），大学士邱浚在论漕挽之宜时，曾对临清的地理形势作过分析。他首先指出历代建都于西北者，均仰赖东南之漕的情形，然后谈及明朝建都北京，使用最大且功劳最巨者，当为运河由长江而入邗沟，由邗沟过淮而渡上青口，又经徐、吕二洪，溯沁水、泗水到达济宁。济宁位居运道之中，该地所建天井闸又称"会源闸"，泗水、沂水、洸水、汶水皆会于此，而分流于南北。向北至安民山，建闸 17 座，而达于漳御；向南至沽头，建闸 21 座，而达于河淮。

> 通论诸闸，天井居其中，临清总其会。居中者，如人身之有腰脊。总会者，如人身之有咽喉。腰脊损，则四肢莫运。咽喉闭，则五脏不通。国家都北而仰给于东南，恃此运河以为命脉。济宁居腹里之地，州县栉比，居民鳞次，而又多有旁出之途。惟临清乃会通河之极处，诸闸于此乎尽，众流于此乎会，且居高临下，水势泄易，

而涸速,是凡三千七百里之漕路,此其要害也。东控青齐,北临燕赵,且去边关不远,疾驰之骑,不浃旬可到。为国家深长之思者,宁有而弃,毋无而悔。书生过虑,请跨河为城,两际各为水门,以通舟楫,而包围巨闸在于其中。设官以司启闭,屯兵以为防守,是亦思患预防之一事也。①

为此,他提出占据中洲、跨河建城的构想,请求进一步修筑土城。后来,经过46天的时间便竣工。这次修筑是在原有边城围墙基础上拓展而成,起于砖城东南隅,止于砖城西北隅,延袤约10千米,横跨卫、汶二水,俗称"玉带城"。城门设有6个,东面两门名分别为"宾阳""景岱",西面两门名分别为"靖西""绥远",南门名"钦明",北门名"怀朔"。此外,还开辟了3个水门,分别为东水门、南水门和北水门。无论城门还是水门,其上"各建成楼,对峙其上,为戍铺三十有二"②。城墙的高厚、护城河的深阔、守城士兵战守的屋室和上下城墙的通道,均与砖城相差无几。相对于"新城"之称呼,史称原先的砖城为"旧城",因此,土、砖二城也有新、旧称谓之分。

五 地名变迁反映的城市特点

临清城址之所以发生多次迁建现象,我们不难看出地理环境发挥了较为突出的作用。《管子·乘马》记载:"凡立国都,非于大山之下,必于广川之上,高毋近阜而水用足,下毋近水而沟防省。因天材,就地利,故城郭不必中规矩,道路不必中准绳。"③ 这是古代因应地理环境的变化,对城市选择地址提出的要求。临清古时拥有相对丰富的河水资源,其腹地有古老的清河穿过。清河在《战国策》中有记载,赵之"东有清河",齐之"西有清河",即指此河。水体与城治之间的空间位置关系,从地名上能够清楚地体现出来,"临清""清泉""清渊"等称谓来源,都是因

---

① (明)邱濬:《大学衍义补》卷34《漕挽之宜》,林冠群、周济夫校点,京华出版社1999年版,第316页。
② 乾隆《临清州志》卷3《城池志》,清乾隆十四年(1749)刻本。
③ 黎翔凤撰、梁运华整理:《管子校注》,中华书局2004年版,第83页。

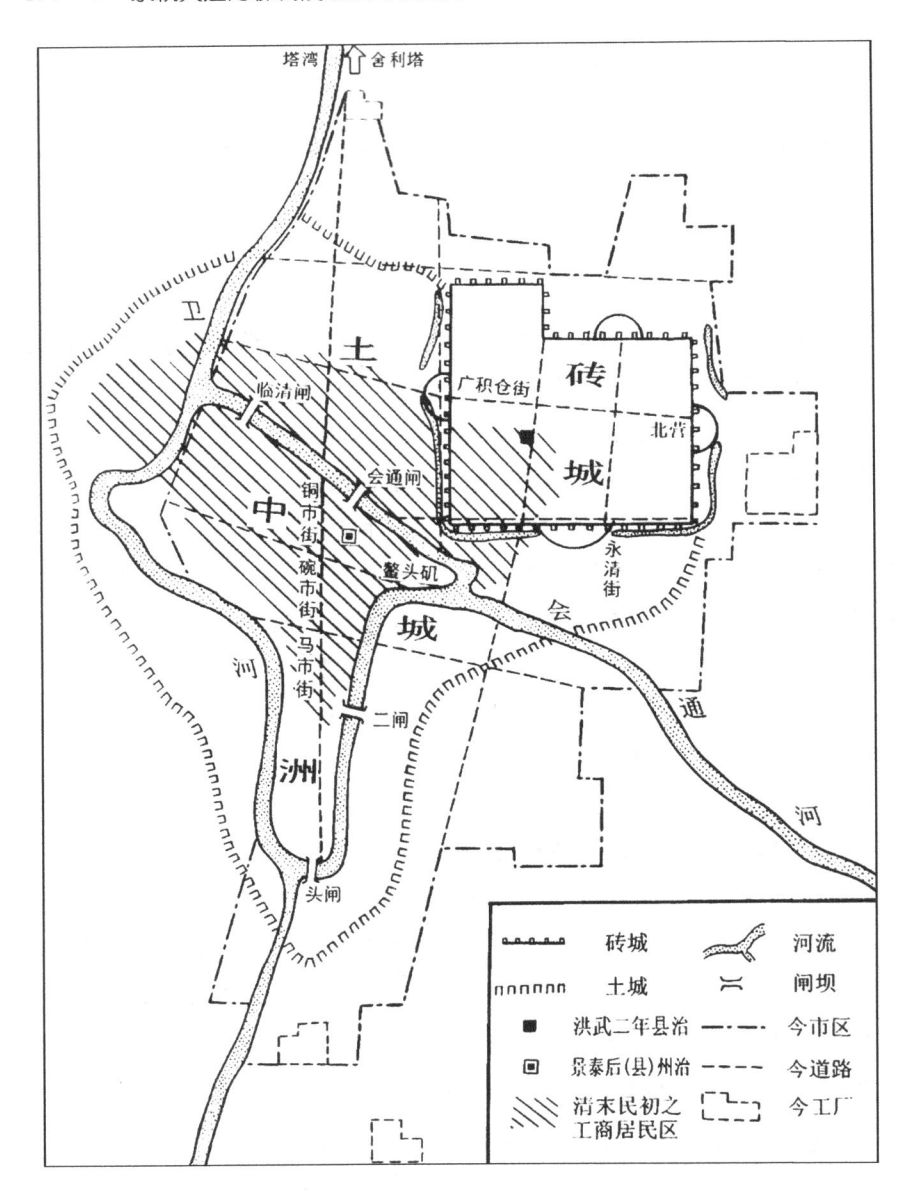

图 4-9　明清临清城区示意图

水而得名。可以说，临清城的历史得水而灵，因河而兴。不过，由于临清位于黄河下游，属于黄泛区平缓低洼地带，一遇水患肯定首当其冲。同时，因卫河弯曲狭窄，造成行洪能力受限，当超过河道最大容量时，就会决口泛滥成灾。因此，临清从聚落发展为城市，其城址屡经迁建，

图4-10 临清土城墙遗迹

（照片系刘英顺拍摄，由靳国君提供）

在河水两边始终转换，故其"命运"系于"水"。

隋、元两代，临清是大运河的交汇之处，其所处地理位置十分重要。隋朝大业四年（608）大运河开始经过临清，自洛阳经临清到天津后直抵涿郡，此段运道称为"永济渠"。元朝时临清发展成为南北水运之枢纽，得益于朝廷漕运思路的转型，即开凿了济宁与临清之间的会通河，完成了大运河"弃弓走弦"的线路改造，从此开启了漕运的繁盛时代。尤其到了明朝嘉靖、隆庆、万历年间，临清最为兴盛，成为当时著名的商业城市。此外，还有一个重要原因是，临清城池进行了较大规模的扩建与改造，这也是使其能够持续繁荣的关键因素。景泰年间开始在会通河以东营建砖城，正德年间修造记载尚未得见，"据地望判断，不会超出会通河东。直到嘉靖年间土城扩筑后，才最终奠定了临清城的规模"[1]。

土城与砖城形成了两个界限分明的社区，一个是中洲与砖城相连的

---

[1] 杨正泰：《从地理条件的变化看明清临清的盛衰》，李蓝生、杜明德主编：《运河明珠——临清》，山东省地图出版社2001年版，第15—22页。

商业社区，另一个以粮仓、官署为核心的行政社区。社会学家费孝通指出，古代中国的城市分为两大类别：一类是以军防、行政为首要功能的"城"，另一类是在"城"之外成长起来的经济市镇。① 美国人类学家施坚雅认为这两种类型的城市是一体的，只不过"城"之形成要依赖市镇作为基础。② 基本上，临清城市发展史支持了施坚雅的观点。从空间形态方面来看，临清具有复式城市的属性，因它由土城和砖城两个均建造城墙的部分组成，而且是在大运河两岸的沿河集合城市。如果从城市职能整合与扩张方面来看，临清又可视为一种拓展型的城市。临清起先由于政治、军事和行政之需建造砖城，后来因商贸发展在城郭之外形成商埠，在砖城附近逐渐拓展而成土城，从而突破了治所城市之局限。

在中国古代城市发展过程中，州城、县城的营造遵循一定的体制，大致呈现为四方形的状貌，这是典型的政治城市特色。自明代以来，临清成为全国性的商业都市，其城池顺应河势，因地制宜，不拘一格，两城一池形制，防御体系日益完善。土城横跨在大运河两岸，顺应会通河两条支流及卫河不规则的弯曲形状，在河之外围地带加阔开深堆筑而成。砖城以重要粮仓广积仓为基础，其西北角凸出，俗谓之"幞头城"，民间还有"纱帽城"之地名。砖城里四条主干街道皆不直通，四座城门也不相对，从而形成一个"卍"字形。四周环绕的护城河既深且宽，设立了四座桥对应于城门，桥之命名随城门名而定。护城河利用越河与大运河相通，以保证拥有充足的水源。砖、土二城相连，颇似"葫芦含丹系玉带"，所以，临清城市造型像一个"宝瓶城"。

第二节　江北水城：聊城空间格局与古城生命历程

一　聊城建置沿革

从文献记载来看，聊城在唐虞三代之时，"古之大河自大伾而北，乌得及今府境？虽周定王五年河徙之后在郡境内，而汉之冀州固非三代之

---

① 费孝通：《中国绅士》，中国社会科学出版社2006年版，第61页。
② ［美］施坚雅主编：《中华帝国晚期的城市》，叶光庭、徐自立等译，中华书局2000年版，第327页。

冀州也，故断以为兖州之域。"① 春秋时期，聊城境区范围大致为晋、卫、齐三国之域。战国时期，聊城地区隶属于赵、魏、齐三国。秦朝，聊城境域隶属于东郡，郡治濮阳（今河南濮阳西南）。西汉，聊城境域分属于冀州部魏郡、清河郡，青州部平原郡，兖州部东郡。东汉至隋以前的行政区划比较混乱，政区设置极为繁杂。

隋朝开皇三年（583）将州、郡、县三级制改为州、县两级制，同时裁汰了一批冗官，合并了一些州县。大业三年（607）实行郡、县两级制，改州为郡。聊城境域属于贝州清河郡、济州济北郡、魏州武阳郡辖境。唐朝的地方行政建置，除了天宝元年（742）至乾元元年（758）改州为郡，实行郡、县两级制外，其余时间均实行州、县两级制。贞观十三年（639），聊城境域分属贝州、魏州、济州、博州管辖。天宝元年（742），聊城境域分属魏郡、济阳郡、博平郡管辖。宋朝实行路、州（府、军、监）、县三级地方行政区划。政和元年（1111），山东政区分为京东东路和西路，此外还有部分州县属于河北东路。是时，聊城境域分属于京东西路东平府、开德府，河北东路大名府、博州管辖。金朝，今聊城境区隶属于山东西路和大名府路。元朝，聊城境域分属于东昌路、东平路、高唐州、冠州、濮州管辖。明朝，聊城境内今所属县市隶属于山东布政司东昌府、山东布政司兖州府东平州。清朝，地方行政机构设为省、府（直隶州）、县（州）三级。聊城境内今所属县市均隶属于山东省，分别归东昌府、泰安府、兖州府和临清直隶州管辖。②

地方志对聊城沿革有详细记载，兹赘引以观其大略：

> 唐虞三代，兖州。……周，郭国，后入齐。秦，聊城，属东郡。按卫至始皇之世，仅守濮阳地，秦灭之，遂于此置东郡。汉因秦之旧耳。事见《史记》。汉，兖州部东郡，治濮阳，在今开州西南。领二十二县，分其七一为聊城。东汉，兖州部东郡，治濮阳，后改治武阳。领十五县，分其六一为聊城。晋，冀州部平原国，治平原。领九县，分其四一为聊城。北魏，济州部平原郡，治聊城。领四县，

---

① 宣统《聊城县志》卷1《沿革》，清宣统二年（1910）刻本。
② 程玉海主编：《聊城通史》，中华书局2006年版，第245—263页。

一为聊城。隋，武阳郡，治贵乡。领十四县，分其六一为武水、为聊城。唐，河北道魏州，治聊城。领六县，一为聊城。五代，聊城县，博州治。宋，河北东路博州，治聊城。领四县，一为聊城。金，山东西路博州，治聊城。领五县，一为聊城。元，山东宣慰司东昌路总管府，治聊城。领六县，分其五一为聊城。明，山东布政司东昌府，治聊城。领三州十五县，分其七一为聊城。国朝，因明旧制。雍正十三年升曹州为府，割府之濮州，范县、观城、朝城属焉。乾隆四十年改临清为直隶州，割夏津、武城、丘县属焉。今东昌府领州一、县九、卫一。首县附郭，春秋时聊摄也。[1]

今天，聊城市辖东昌府区、茌平区、临清市、冠县、莘县、阳谷县、东阿县、高唐县8个县（市、区）和聊城经济技术开发区、聊城高新技术产业开发区、聊城江北水城旅游度假区3个市属开发区。

二 聊城之名由来

根据出土文物考证，聊城境内早在新石器时代就有人类居住，他们不仅有了原始的农业，还会制作陶器，甚至掌握了夯筑城墙的技术。到大汶口文化中晚期，人文始祖炎帝、黄帝、蚩尤都曾在这里有过频繁的活动。传说汉字的创造者仓颉也曾在这里长期生活，而且去世之后还葬于此地。仓颉墓遗址就位于今聊城市东阿县铜城镇王宗汤村东南处。龙山文化时期，这片土地已是城邑林立。1995年，在这一地区里发现了两组九座龙山文化古城。夏朝时期，位于今莘县境内的"观""顾"两个小国，曾与夏朝亲善。当时，商王曾多次深入聊城境域活动，以安抚或征服这些部族方国。名相伊尹就躬耕于此，曾佐商灭夏。西周时期，此处为郭国之地。春秋战国时期，此处是齐国西部的边陲重地。[2] 聊城首次见于文献记载便始于这个时期。从春秋战国到今天，聊城已有两千多年的历史，其间疆域的变迁时而缩减、时而拓展，尤以地名纷纭，易于使人

---

[1] 宣统《聊城县志》卷1《沿革》，清宣统二年（1910）刻本；宋士功主编：《聊城旧县志点注》，吉林人民出版社2006年版，第400—401页。
[2] 陈昆麟、田之秋：《江北水城·运河古都的前世今生》，《走向世界》2009年第10期。

牵扯附会。

"聊城"地名的由来尚存争议,尤其值得予以考证。①"聊城"之名的最早记载是《左传》:"聊、摄二城,齐之西鄙也。"从字形上看,"齐之西鄙"的"聊""摄"两座城都和"耳"有关。赵乃光认为:聊,由耳与卯组成,卯是两把刀的会意。因此,所谓聊者,刀割耳也;摄者,手执耳也。根据《史记·齐太公世家》记载:"是时周室微,唯齐、楚、秦、晋为强。晋初与会,献公死,国内乱。秦穆公辟远,不与中国会盟。楚成王初收荆蛮有之,夷狄自置。唯独齐为中国会盟,而桓公能宣其德,故诸侯宾会。"当时,与齐国势力相当的还有秦国、晋国和楚国,史书记载齐桓公经常主持会盟。这样一个历史背景,的确为他称霸提供了非常难得的机会。他充分利用这个机遇,从而创造出惊人的政绩。在聊城地域内,齐桓公进行过五次会盟:鲁庄公十三年与鲁公柯之盟(柯为今山东阿城);三十五年夏会诸于葵丘(茌平杜郎口);鲁襄公二十五年会诸侯于牡丘(今茌平西南广平北门外);鲁僖公三年会盟于阳谷,今"会盟台"遗址在县城南门外西南隅。诸侯会盟之时,执牛耳者为盟主。齐桓公当时能够在聊城地域举行会盟,"聊""摄"两城之名应当是为了纪念他成为中原霸主。②

《史记》中有多处地方记载聊城,如《鲁仲连邹阳列传》对鲁仲连射书救聊城之经过写得比较详细:"其后二十余年,燕将攻下聊城,聊城人或谗之燕,燕将惧诛,因保守聊城,不敢归。齐田单攻聊城岁余,士卒多死而聊城不下。鲁连乃为书,约之矢以射城中,遗燕将。"③再如,《高祖本纪》中记载:"十一年,高祖在邯郸诛豨等未毕,豨将侯敞将万余人游行,王黄军曲逆,张春渡河击聊城。汉使将军郭蒙与齐将击,大破之。太尉周勃道太原人,定代地。至马邑,马邑不下,即攻残之。"④可见,

---

① 2005 年,聊城市社科联曾专门召开学术研讨会,邀集专家学者探讨聊城地名的由来,聊城市知名文史专家赵乃光、陈昆麟等提出的观点值得引起重视。

② 刘行玉:《地景制作、空间支配与国家转型:一座北方小城的地志学》,中国社会科学出版社 2019 年版,第 38—39 页。

③ (汉)司马迁:《史记》卷 83《鲁仲连邹阳列传第二十三》,中华书局 1963 年版,第 2465 页。

④ (汉)司马迁:《史记》卷 8《高祖本纪第八》,中华书局 1963 年版,第 388 页。

作为地名的"聊城"是以"城邑"身份最早见于文献记载,并被后人一直沿用至今。

关于聊城之名的由来,还流行一说因"聊河"或"聊水"得名。陈昆麟认为这种说法实际上是没有历史依据的,因为在早期古籍中没有发现聊河、聊水的记载,北魏以降许多关于河渠的著述也没有相关记载,元、明以降的地方志书所记都是在聊城名称形成之后。"有人看到明、清方志中有'聊河'二字,不经推敲考证,就作为聊城有'聊河'的依据,又依此推论出'聊城'名字由'聊河'而出,用晚期出现的所谓河名,作为早期'城'名字的来源,这是舍本逐末的方法,不能成立。"[①] 还是从"说文解字"的角度来分析,《尔雅·释木》中将"聊"字解释为"朻者聊",《中华大字典》中也说"聊,音寮,啸韵,木名"。可见,树木中还有"聊"这一品种,应当是一种类似花椒树的植物,或者就是花椒树的别名。[②] 一般来讲,作为边境城市的身份,其缘起大都与军事方面相关,大概当时齐国在派兵驻守"聊"这一区域的时候,这里有很多"聊"树,故而就地取材,权且用"聊"这种树木作为扎营安寨的材料,并在此基础上逐步发展成为"城"邑。因此,这座新建的边陲重镇就被称为"聊"了。[③]

总之,虽然不同研究者对于聊城之名由来尚存争议,但他们都进行了颇有意义的探索。"聊城"地名因"聊邑"而得名,似乎比因河得名、因国得名更具有充分的理由。如果再进一步探究"聊邑"名字的来历,那么可以认为它因城市的实际功能,与周边多"聊"树而得名。此外,聊城以"东昌"为地名始于元朝,元之前的聊城是博州之州治。元时改革全国行政设置,将州改为路,原来的博州遂改名为东昌路。自此,聊城始有"东昌"之称。明清两朝又将路改为府,聊城又改称东昌府。聊

[①] 《"聊城"名字的由来》,陈昆麟主编:《聊城论考》,山东省地图出版社2014年版,第152—156页。

[②] 《"聊城"名字的由来续考》,陈昆麟主编:《聊城论考》,山东省地图出版社2014年版,第157—162页。

[③] 《"聊城"名字的由来》,陈昆麟主编:《聊城论考》,山东省地图出版社2014年版,第152—156页。历史上,以树命名的城镇也有很多,如枣庄、枣强,因枣树而得名;桐城,因桐树而得名;梨园,因梨树而得名;榆林,因榆树而得名。

城是大运河上的一座古城,"上有天堂,下有苏杭;过了济宁,便是东昌",这恰恰表明"江北一都会"的运河城镇——东昌府的繁华和昌盛。

三 聊古庙:聊城旧城遗址

1957年,中国社会科学院考古研究所考古人员发现聊城旧城遗址,位于聊城西北约6千米的闫寺街道办事处申李庄北邻,经考古发掘证明为龙山文化至商周时期遗址,此处即为聊城旧城的遗址。《水经注》对聊城这样记载:"漯水又北迳聊城县故城西,城内有金城,周匝有水,南门有驰道,绝水南出,自外泛舟而行矣。东门侧有层台,秀出云表,鲁仲连所谓还高唐之兵,却聊城之众者也。"[1] "故城"两字说明原聊城县旧址依然存在,而新的聊城县治所已经设立。"城内有金城,周匝有水"说明当时城治形态已经形成了防御和防洪体系。这处旧城遗址即所谓的"聊古庙",应当是最早的古聊城所在地,也是秦、汉、魏、晋时期的聊城故城。[2] "聊古庙遗址位于闫寺乡申李庄东200米,台地遗址,面积约375平方米,文化堆积厚2米以上。采集陶器有龙山文化的磨光黑陶罐,磨光黑陶弦纹杯,泥质灰陶盆。商代夹沙灰陶鬲足,泥质灰陶罐等。保存完好。1977年列为市级文物保护单位。"[3] 1978年,为了保护文物古迹,政府在此立有方碑,铭文为"聊古庙遗址"。

聊城故城历经千余年,至北魏时治所由聊古庙迁至王城,故地中长期留有一处高阳陵庙古迹。高阳氏即传说中的古帝之一——颛顼,"帝颛顼高阳者,黄帝之孙而昌意之子也。静渊以有谋,疏通而知事;养材以任地,载时以象天,依鬼神以制义,治气以教化,洁诚以祭祀。北至于幽陵,南至于交阯,西至于流沙,东至于蟠木。动静之物,大小之神,日月所照,莫不砥属"[4]。颛顼是黄帝之孙,曾辅佐少昊,后来即帝位,起初国于高阳,因号高阳氏,故颛顼墓又称为高阳氏陵。《大明一统志》

---

[1] 谢维扬、房鑫亮主编,邬国义分卷主编:《王国维全集》第12卷《水经注校·上》,邬国义点校,浙江教育出版社2009年版,第190页。

[2] 梁金中:《聊城县故城考》,政协山东省聊城市文史资料研究委员会编印:《聊城文史资料》第3辑,1985年,第182—208页。

[3] 魏聊:《略论历史文化名城——聊城》,聊城地区新闻出版局1994年版,第33页。

[4] (汉)司马迁:《史记》卷1《五帝本纪第一》,中华书局1963年版,第11页。

记载:"高阳氏陵,在府城西北二十里,葬颛顼高阳氏。陵前有圣水井,旱祷辄应,旧有坛庙,久废,惟祈雨祷雪感应碑尚存。"① "府城西北二十里"即东昌府城西北处的聊古庙,陵前有一座圣水井,每逢旱灾人们就来此取水祈雨,立有感应碑。"圣泉携雨"成为当地古八景之一:"颛顼荒陵荆莽中,独留圣井惠无穷。蘼芜随地添新绿,古木栖霞照旧红。甘雨时分沧海润,空坛忍见石碑砮?春秋不必潢污奠,帝德民忘陋霸功。"②

明人陈黄裳时任聊城县训导,在其《请修颛顼神祠稿》中记载:

> 卑职业《春秋》,读至"卫迁于帝丘",《传》谓"东郡濮阳,颛顼高阳氏陵寝在聊城西北二十里",即俗传所谓聊古庙是已。濮之与聊相距不远,则陵之在聊者为是。卑职乘暇亲诣拜谒,见风景幽奥,气象轩豁,诚哉帝王之佳城也。陵前有祠,祠前有井,即所谓"圣泉携雨"为东郡八景之一。……卑职思得高阳氏生为圣帝,没为明神,在天之灵或不忍其故址,遗黎遭此暵害也,岂一井之功与?……伏乞准呈,批行该管地方,谕令善人募缘修盖,大非淫祠之比。费既不出于公,力亦无取于民,而愿发于士民之乐输,是亦人心之一快!③

陈黄裳(生卒年不详),号迁乔,山东嘉祥人,万历十四年(1586)任学官,掌教育所属生员。虽然没有品级,但高于一般县吏。到了明代中后期,颛顼陵庙已经年久失修,残破不堪,正如八景诗中所言"颛顼荒陵荆莽中"。万历年间,山东道巡按御史钟化民来此拜谒陵庙,接纳地方建议捐资予以重修。进士傅光宅《重修高阳陵庙记》对此次重修情况进行了详细记载:

> 且无论天下,即环百里内,诸鬼神祠宇无虑数十百所,岁时修葺,未有废者。而此庙独荒芜倾圮,此父老之所以过而叹息。而饥

---

① (明)李贤等:《大明一统志》,三秦出版社1990年版,第391页。
② 康熙《聊城县志》卷4《艺文志》,清康熙二年(1663)刻本。
③ 康熙《聊城县志》卷4《艺文志》,清康熙二年(1663)刻本。

僅水旱之灾，历年靡有宁也。万历庚寅春夏，天下大旱，而东省尤甚。巡抚、都御史宋公，檄郡邑求所谓圣水泉者祷之，郡守田公肃僚属祷祀焉，慨然欲修饰之，而以岁歉未果请。无何，巡抚、御史钟公历东郡，与守巡大参郝公、宪副许公亲谒焉，乃从郡邑之请，捐金修葺。……信哉！修举之不可已，而巡抚、监司、郡守令之为社稷苍生祈福泽也，非细矣。若其阔大之、庄严之，复其祀典而春秋奠献之，可次第举焉。先是父老以旱故多言庙当修，邑司训陈君黄裳以修邑志议复祀典，余时感其言，叹兴废固当有时与机也。举事而鸠工饬材，成于不日，亦足以明帝之至德感人心于不穷矣。[①]

地方进行多次重修的聊古庙，一直延续至清代，香火依旧不断。抗日战争爆发后，日伪乡公所在此建立。1945年，聊城解放后，人们基于对敌人愤恨，扒掉庙宇，拆除据点，至此聊古庙成为废墟。在之后的很长时间里，人们已经很难找到聊古庙遗迹，而原来遗址也只是成为略微高于周边地面的土岗。根据地方文史研究者考证，聊古庙位于今聊城西北约7.5千米，在西新河的西岸，推算治所在聊古庙的时间为1021年，距今已2500多年，此后的聊城曾3次迁城。

四 聊城古城三迁

（一）王城：一迁地名

历史上，聊城第一次迁城是在北魏时期，由聊古庙迁至王城。根据《水经注》记载："黄沟承聊城郭水，水泛则津注，水耗则辍流。自城东北出，迳清河城南，又东北迳摄城北，《春秋》所谓聊摄以东也。俗称郭城，非也。城东西三里，南北二里，东西隅有金城，城卑下，墟郭尚存，左右多坟垅。京相璠曰：聊城县东北三十里有故摄城，今此城西去聊城二十五六里许，即摄城者也。又东迳文乡城，又东南迳王城北。魏太常七年，安平王镇平原所筑，世谓之王城。太和二十三年，罢镇，立平原

[①] 宣统《聊城县志》卷10《艺文志》，清宣统二年（1910）刻本；宋士功主编：《聊城旧县志点注》，吉林人民出版社2006年版，第754—756页。

郡，治此城也。"①

这说明王城始建于北魏太常七年（422），而且成为平原郡的治所。南北朝时期，北魏是北朝的第一个王朝，而后分为东魏、西魏、北齐、北周。聊城是北魏之地，王城是北魏时期的平原郡城，也是隋唐时期的古博州城，还是当时的聊城县城。这段资料还反映了王城的地理位置，黄沟先是流经位于聊城东北方向约15千米摄城，然后流经文乡城，又流经所谓的王城之北。可见，王城在聊城的东部。另据《魏书》记载："聊城，二汉属东郡，晋属。魏置太平镇，后罢并郡。有王城，郡、县治。有畔城。……西聊，孝昌中分聊城置。治聊城。"②两汉时期聊城属于东郡，魏时置太平镇，后来撤销合并于郡。境内有王城，为郡和县的治所。孝昌年间，分聊城置西聊县。《续山东考古录》也记载："后魏济州平原郡治聊城县。又，西聊县。泰常七年，于聊城县东四十里筑城，置平原镇。太和二十三年罢镇，移平原郡来治，并移聊城县治此。孝昌中，于故城析置西聊县。"③

结合上述史料可知，北魏安平王镇守平原所筑王城，至太和二十三年（499）废镇立平原郡治此，并移聊城县治此。孝昌时又分置西聊县，北齐时又废西聊入聊城。当时，平原郡领聊城、西聊、茌平、博平四个县。所以，平原郡下既有聊城又有西聊；西聊由聊城析分而置；聊城的治所在王城，西聊的治所在聊城。"孝昌"年号总共使用了3年，即自孝昌元年（525）至孝昌三年（527）。"取其中，应为孝昌二年（526）。这一年应该就是王城成为聊城县治所的一年。也就是说聊城县治所于孝昌二年东迁至王城。至此，聊城自春秋时期公元前522年见于文献记载，至孝昌二年迁至王城，在原址共存在了1048年。"④至于王城的具体地理位置，"它处在东经116°线的东侧约2.5公里、北纬37°线南约55公里处，

---

① 谢维扬、房鑫亮主编，邬国义分卷主编：《王国维全集》第12卷《水经注校·上》，邬国义点校，浙江教育出版社2009年版，第191—192页。

② （北齐）魏收：《魏书》卷106《地形志》，中华书局1974年版，第2528、2529页。

③ （清）叶圭绶：《续山东考古录》，王汝涛、唐敏、丁善余点注，山东文艺出版社1997年版，第142—143页。

④ 《聊城城址变迁考》，陈昆麟主编：《聊城论考》，山东省地图出版社2014年版，第59—65页。

西距聊城故城即西聊县治所约15公里，而且几乎呈正东正西方向"，"在今聊城的东北方向约12.5公里处"。①

隋朝开皇三年（583）废郡，开皇十六年（596）在王城之地置博州，大业二年（606）州废，聊城归属武阳郡。隋乱，宇文化及弑杀隋炀帝杨广，自江都举兵至此，窦建德攻陷其城复自据之。唐朝武德四年（621）讨平窦建德，又重置博州，领聊城、高唐、堂邑、博平、清平、武水六县。王城这个地方是博州、聊城县的治所。后晋开运三年（946）黄河决口，王城受灾被淹，即嘉庆《东昌府志》所载"故博州在今府治东二十里，晋开运三年河决城圮（永乐志）""故博州城在府东北二十五里，隋置博州，石晋开运初河涨城埋（万历旧志）"②，乾隆《山东通志》也载"故博州城在府城东北二十五里，隋置博州治于此，石晋开运初河涨城湮"③。由此，县治、郡治遂南迁至巢陵。

（二）巢陵城：二迁地名

关于石晋开运初的那次黄河决口，《旧五代史》载开运三年七月"杨柳口河决西岸，水阔四十里……自夏初至是，河南、河北诸州郡饿死者数万人，群盗蜂起，剽略县镇，霖雨不止，川泽泛涨，损害秋稼"④，《新五代史》载开运三年夏六月"河决渔池。大饥，群盗起。秋七月，大雨，水，河决杨刘、朝城、武德。八月辛酉，河溢历亭。九月，河决澶、滑、怀州。……大雨霖，河决临黄。冬十月，河决卫州，丙寅，河决原武"⑤。黄河决口导致王城毁坏后，南徙巢陵于此立州。

巢陵故城遗址位于今聊城"九州洼"，这是第二次迁城的旧址。巢陵，即巢父的陵墓。传说，这里是巢父隐居生活的地方。巢父是唐尧时期的一位高士，《汉书》载"尧舜在上，下有巢由"⑥。巢父和许由都是上

---

① 《聊城城址变迁考》，陈昆麟主编：《聊城论考》，山东省地图出版社2014年版，第59—65页。
② 嘉庆《东昌府志》卷43《古迹一·墟郭》，清嘉庆十三年（1808）刻本。
③ 嘉靖《山东通志》卷22《古迹·东昌府》，《天一阁藏明代方志选刊续编（51）》，上海书店1990年版，第46—47页。
④ （宋）薛居正等：《旧五代史》卷84《晋书十·少帝纪第四》，中华书局1976年版，第1116页。
⑤ （宋）欧阳修：《新五代史》卷9《晋本纪第九·出帝》，中华书局1974年版，第96页。
⑥ （汉）班固：《汉书》卷72《王贡两龚鲍传第四十二》，（唐）颜师古注，中华书局1962年版，第3095—3096页。

古时期的两大高士。《高士传》中有巢父传记："巢父者，尧时隐人也。山居不营世利，年老以树为巢，而寝其上，故时人号曰巢父。尧之让许由也，由以告巢父，巢父曰：汝何不隐汝形，藏汝光，若非吾友也！击其膺而下之，由怅然不自得。乃过清泠之水，洗其耳，拭其目，曰：向闻贪言，负吾之友矣！遂去，终身不相见。"①"相传，尧以天下让许由，许不受，乃逃于中岳颍水之阳，箕山之下隐居，农耕而食。尧又召为九州长，由不欲闻，洗耳于颍水之滨。时巢父牵牛欲饮之，见由洗耳，问其故？对曰：尧欲召为九州长，恶闻其声，因而洗耳。巢父曰：子若处高山深谷，人道不通，谁能见子？子故浮游，欲闻求其名誉，污我牛口，于是牵牛上流饮之。尧以天下让巢父，巢山居不营世利，亦不受，树上筑巢而隐居，因此号称巢父。"②

据传这个巢父不求仕进，但却胸怀安邦济世之策，在聊城一带躬耕隐居。当时尧王为部落联盟领袖，听说巢父有治国之才能，就想把天下让给他。巢父不为所动，拒绝了尧王的邀请。后来，尧王又打算将天子爵位让给许由。许由是巢父多年的好友，巢父得知后提前传话给许由，让他赶紧躲避自己并隐藏锋芒。尧王找到了许由，许由更不欲闻，便来到颍河之滨洗耳。许由遇到正在放牧的巢父，遂向他讲述了尧王欲让位之事，因不想听到这些言语就洗洗耳朵。巢父说道：如果你能心如磐石，深居山林之中，而且也不接触权贵，不贪图利益，那么自然不会有人用爵禄干扰你。巢父还责备许由道：如果你真担心不愿闻听的言语会玷污自己的耳朵，那么你洗耳肯定会污染溪水，而污水也会弄脏我正在饮水的牛口。巢父说完后，就牵着牛到上游去饮水了。

古代有才华之人喜欢隐居不仕，含有一种飞遁鸣高、洁身自好的意境，因此备受后世人的推崇。巢父去世后，人们为了纪念他，就在他生活放牧的地方，修建了巢父陵。结合府志、县志相关记载，巢父陵在府城东南约15里，旧聊城治十字街东南处。嘉庆《东昌府志》记载："石晋巢陵城，晋开运三年徙博州治西南十五里曰巢陵，于此立州，今治东南十五里址犹存。"③巢陵城毁后，巢父陵却保存了下来。巢父陵位于今聊

---

① （晋）皇甫谧：《高士传》卷上《巢父》，商务印书馆1937年版，第12页。
② 竞放主编：《聊城》，聊城市新闻出版局1994年版，第80—81页。
③ 嘉庆《东昌府志》卷43《古迹一·墟郭》，清嘉庆十三年（1808）刻本。

城许营村西,遗址东西长15米,南北阔35米,高出地面4米。此处附近还有洗耳池、祭岁坪、卧牛坑等景观,西边约200米处为尧王墓遗址。昔日,巢父陵是一处供人们瞻仰观光、凭吊古人的胜景,"巢父遗牧"被列为聊城古八景之一,明朝嘉靖十七年(1538)进士许东望有诗云:"古来巢父此逃名,牧地犹然一望平。洗耳既嫌牛口潟,闻诏肯逐凤仪鸣。只余草色连天碧,时有杨花映雪明。旧事寥寥人莫问,南山叩角竟流声。"①

事实上,巢陵故城遗址所处的九州洼地方,还有"旧州洼"之说,其地名源于此处曾为旧时博州治所,因地形为洼地,后讹传成"九州洼"。九州洼南接张屠庄,北边是徐田村,西邻军王屯。"在如今周围村民的记忆中,30年前的九州洼北部尚存一处高大土堆,附近的老百姓称之为'老台',南部张屠庄附近的土堆被称为'王坟'。"② 20世纪50年代,聊城人吴云涛在《聊城琐记》一文中提道:

> 这地方又叫做巢陵城,就是现下城东十五里、许田庄南"旧州洼",因邻近"巢父墓"而得名。旧州洼这个地方,在军王屯村东、许田庄的家南偏西一带,地势洼下,幅员辽阔,周围数里占地约有十多顷。往前是终年不断存水,烟波浩瀚,一似湖沼。据上年纪的老人谈,在他们幼时,每逢到阴雨迷濛,或者凌晨月夜,常常望见雉堞楼阁,若隐若现。这就是所谓海市蜃楼之类,现下也见不到了。如此传说云云,亦只好姑妄听之而已。旧州洼的附近村庄居民,利用洼里潴水,栽藕种稻,每年生产数量可观,养出的藕也很清脆好吃,味道不亚于历下北湖的产品,间有鱼虾捕获。一到冬季,大批的白菜供应市区,都是旧州洼的农业副产物收获。据县志载称为"旧州陂",是小湄河上游水流汇聚之处。至于"陂""洼"两字,或系语音讹错,实则就是这一个地方,也不必再加以辩证了。③

---

① 康熙《聊城县志》卷4《艺文志》,清康熙二年(1663)刻本;宋士功主编:《聊城旧县志点注》,吉林人民出版社2006年版,第250页。

② 刘行玉:《地景制作、空间支配与国家转型:一座北方小城的地志学》,中国社会科学出版社2019年版,第42页。

③ 吴云涛:《聊城琐记》,未刊稿,1958年,第5—6页。

(三) 凤凰城：三迁地名

宋朝淳化三年（992），黄河再次决口，导致巢陵城毁坏，新城迁至孝武渡西，即今天的东昌古城，熙宁三年（1070）以土筑城。对于此次迁址，不同时期地方志也均有记载，如万历《东昌府志》记载："巢陵城在府城东北十五里，五代晋开运初置州，宋淳化初圮于水，移治孝武渡西。"① 乾隆《山东通志》从其说。嘉庆《东昌府志》也载："巢陵故城在府东北十五里，巢父隐居之处，五代晋开运初置，宋淳化初圮于水，移治孝武渡西。"② 宣统《聊城县志》也载："县附郭，旧治巢陵故城，宋淳化三年河决，城圮于水，乃移治于孝武渡西，即今治也。"③ 这些说法的最早来源应当是《宋史》，据该书地理志记载："博州，上，博平郡，防御。淳化三年，河决，移治于孝武渡西。崇宁户四万六千四百九十二，口九万一千三百二十三。贡平绢。县四：聊城，望。高唐，望。堂邑，望。博平，紧。熙宁二年，割明灵砦隶北京清平。"④ 可见，聊城自淳化三年迁往孝武渡西至今，已经有上千年的历史了。

金朝，聊城是山东西路博州的治所。州领县，博州即聊城。元朝，聊城是山东宣慰司东昌路总管府的治所，府领县。明朝洪武元年（1368），改东昌路为东昌府，聊城是其治所，府领县。聊城三迁之后并无坚固城墙防御，宋熙宁三年（1070）创建城市，明朝以来开始大规模筑城，形制逐渐完善。

聊城是南北通衢要隘，还是大运河的中心地区，在军事、政治、经济等方面均有其重要性，所以，明朝洪武五年（1372）由东昌卫指挥陈镛主持修城，在原来规模基础上加以扩充。城墙内层全用三合土培筑，外层则用特殊制作的大砖和石头砌垒而成，建造得非常雄伟坚固。整体空间形态呈正方形，四门是两道城门，而东、南、西三面都有突出的扭头门，南门东向似凤头，东、西门南向似凤翅，北门北向似凤尾，故名

---

① 万历《东昌府志》卷16《古迹志》，明万历二十八年（1600）刻本。
② 嘉庆《东昌府志》卷43《墟郭》，清嘉庆十三年（1808）刻本。
③ 宣统《聊城县志》卷2《建置志》，清宣统二年（1910）刻本；宋士功主编：《聊城旧县志点注》，吉林人民出版社2006年版，第427页。
④ （元）脱脱等：《宋史》卷86《志第三十九·地理二·河东路》，中华书局1977年版，第2123页。

"凤凰城"。"这固然也关系着有军事防御的意义,如果鸟瞰全城形势,恰好正象征一只凤凰,东西门是代表双翅,南门是头,北门为尾。"①

有关凤凰城的由来,当地还流传着这样一个传说:聊城一带曾是遍地梧桐树,在此居住着一对凤凰,过着幸福的生活,统率着林中百鸟。有一年发洪水,有条恶龙到来趁机赶走了凤凰,使这个区域变成一片汪洋,被称为"东州湖"。当地官员看到湖边林茂花繁、景色优美,遂召集工匠欲在湖边建城,但人们感觉工程艰巨,都不敢前来承担任务。这时来了两位名叫王东、王昌的人,他们自告奋勇,愿意承建。二人在建造城池的过程中,凤凰率领百鸟前来运送用料,不久一座雄伟的湖城便建成了。为了纪念凤凰的功绩,人们将此城命名为"凤凰城"。其实,王东、王昌就是被恶龙驱逐的那对凤凰所生之子。后来,这条恶龙又企图兴风作浪,摧毁新城,王东、王昌与之力战。恶龙扒开一条水道,引东海之水来淹城。为救当地的老百姓,兄弟二人进入水中,用身体堵住水道。人们为了纪念兄弟二人的献身精神,又将凤凰城改名为"东昌城"。②

早在宋朝熙宁三年(1070)东昌老城始建之际被筑为土城,明朝洪武五年(1372)为了战事需要对东昌城改造为砖城,到了正德十六年(1521)又进行重修,这在李廷相于嘉靖四年(1525)所作《重修东昌府城记略》中有较为详细的补记:

> 晋徙巢陵故城,宋移孝武渡西,胜国为路,我明定为府,凡领州三县十有五,城仍其旧云。……顾历载既多,其势渐圮,砖石腐败者凡三之二,楼舍桥洞倾欹者又半之。前守虽稍补葺,然费惮于夥、功驰于迁,而城固蔑有造焉。乃正德辛巳,婺源叶侯由尚书户部郎出守是邦,甫下车即遍阅城池……明年壬午,乃首新东面,越三年乙酉并营全城。……侯乃进诸文武僚属,指示画一,晨夜展功,易腐以坚,化摧为夬,人忘其旧地增而新。功实垺于陈侯,而事乃倍于前守,猗欤盛哉! 是役也,始是岁夏四月癸未,讫于冬十月辛

---

① 吴云涛:《聊城琐记》,未刊稿,1958年,第7页。
② 杨达、马军、朱希江主编:《聊城古城故事》,华艺出版社2009年版,第235页;政协山东省聊城市委员会编:《运河名城·聊城》,中国文史出版社2021年版,第249页。

丑。以金计者若干，皆出于公而靡征于私；以夫计者若干，皆出于郡而靡需于属；以砖石计者若干，以木铁计者若干，大抵皆出于陶冶、贸易而民罔弗知也。盖自建城以来未有如兹之伟者！①

这篇文章介绍了城周有 3.5 千米多，但是民间流传四周约 4.5 千米，应该是将环城的 12 个炮台（射箭台）长度也包括在内了。又说城墙高度为约 12 米，底宽为约 12 米。比较有名的城楼是位于西北角上的"绿云"，以及位于东北角上的"望岳"。四门除了城门外，还有垠门（二道门），东、南、西三面都是扭头门，北门是重叠门。在城门外面的护圈上，还开设有水门，平时关闭。东、南、西三面的水门与城门相对，外面架设有吊桥。北面的水门向东开，吊桥则对应着垠门。城高池深布局严密，易守难攻，故当时有凤凰城能陷不失之说。② 万历七年（1579）又经维修，重建瞭望楼 27 座，城墙垛口 2700 有奇。四门的名称也进行了变更，四门还都建有瞭望楼，系模仿京都门楼的建筑样式。明朝御史傅光宅有《登郡城东楼》诗："沧海孤城接素秋，万山摇落此登楼。青徐近绕秦封广，江汉遥通汶水流。旧雨东南频入梦，浮云西北回生愁。鲁连箭去人千古，樽底斜阳照白头。"③ 清朝顺治五年（1648）又经重修，户部尚书傅以渐曾作碑记。

1947 年，城楼和城门虽然被拆除了，但是墙基被完好地保留下来。现存古城墙基环绕古城一周，长度约有 4000 米，高度为 2—2.5 米，三合土夯筑，质地非常坚硬，对我国古代城墙研究颇具学术价值。从整体上来看，这座老城空间布局方正，边长均为 1000 米，街道布局与西安古城大致相同，比较符合《考工记》中关于城池营建的记载。由此可见，东昌府古城的格局也相对较好地保留下来。④

---

① 宣统《聊城县志》卷 10《艺文志》，清宣统二年（1910）刻本；宋士功主编：《聊城旧县志点注》，吉林人民出版社 2006 年版，第 737—738 页。
② 梁金中：《聊城县故城考》，政协山东省聊城市文史资料研究委员会编印：《聊城文史资料》第 3 辑，1985 年，第 182—208 页。
③ 宣统《聊城县志》卷 10《艺文志》，清宣统二年（1910）刻本；宋士功主编：《聊城旧县志点注》，吉林人民出版社 2006 年版，第 799 页。
④ 政协山东省聊城市委员会编：《运河名城·聊城》，中国文史出版社 2021 年版，第 64 页。

第四章　大运河聊城段城镇发展及其地名　/　191

图 4 – 11　聊城古城远景
（照片系笔者于 2024 年 3 月 3 日拍摄）

图 4 – 12　聊城古城墙基遗址
（照片系笔者于 2020 年 4 月 25 日拍摄）

图 4-13 聊城古城一隅

（照片系笔者于 2016 年 4 月 17 日拍摄）

第三节 运河古镇："金七级、银阿城、铁打的周家店"

一 运河小城镇

明清时期，在漕运制度的刺激与影响下，大运河沿线涌现出许多商业与经济比较发达的小城镇。其中，大运河在山东的贯通也极大地促进了沿岸城镇的繁荣，该区域形成了一条以大运河为轴线、分布密集、经济繁荣的城镇带。"除了府县级的政治经济中心城市之外，在运河的船闸、码头、渡口之处兴起的中小型商业城镇，也使运河城镇文化突显出异样的色彩。"[①] 它们大都夹河或临河而建，交通十分便捷，商业贸易兴盛。随着大运河沿线较大规模城市的迅速发展，沿线小城镇也日渐繁荣，而且还呈现出专业化发展的趋势。"大运河沿线古镇聚落镶嵌着大运河的

---

① 朱年志：《明清山东运河小城镇的历史考察——以七级镇为中心》，《华北水利水电大学学报》（社会科学版）2017 年第 6 期。

历史基因，因而读懂、保护和发展大运河沿线古镇聚落就是关系大运河保护和传承的首要课题。"① 随着中国大运河成功入选《世界遗产名录》，大运河小城镇及其地名文化遗产的保护与开发，愈加受到学界和政府的关注。

无论从自然形态还是地域文化属性，这些小城镇都体现出较强的大运河特色，从而形成相对独特的小城镇文化遗产资源。与其他区域相比较，大运河区域小城镇的"运河"特性主要表现在两个方面：

> 一方面它们大多是因运河而生的市镇，又可称之为交通性市镇。从成因看，这种市镇又分两种情况，第一种情况是河道工程处于所在地而形成的市镇。比如在会通河流域，闸坝、浅铺、渡口、码头多为市镇所在地。其形成的原因一是因为漕船及商船因等闸、盘坝或者搁浅拉纤而暂时停靠，增加了船上人与岸上人进行商贸交流的机会；二是闸、坝等工程设置点多有官方衙署，或是驿站、水次仓、闸座、盐仓检校批验所、管河主簿驻地等，这在一定程度上聚集了人气，增强了其在区域内的政治色彩，吸引了大量人员集中于此，小聚落逐渐变为地方性中心市镇。第二种情况是运河与其他河流的交汇处易形成市镇。从水利功能看，与运河相交汇的河流有两种功能，或是为其输送水源，或是排泄运河积水，前者又往往可能成为运河的转运水道，将离运河较远区域的物资通过运河进行更长距离的运输，甚至在不同的历史时期，支线也可能变成运河航道。另一方面运河市镇在运河开通之前就已经存在，或者具有一定的规模，运河的畅通进一步促进了其发展，扩大了它的商业功能。②

这些小城镇遗产资源可以从多个角度展示其形体风貌，其中作为一种特定文化资源的小城镇地名，就有着非常明显的地域性特色。大运河

---

① 赵亚琛、马冬青、张兵华：《鲁运河沿线古镇聚落空间演变解析以及适应性发展策略研究——以七级古镇为例》，《现代城市研究》2023年第6期。

② 《大运河商业市镇及其地名的历史分析》，吴欣：《大运河商业市镇地名》，中国社会出版社2016年版，前言，第1—17页。

沿线小城镇所处的历史环境和本身的特点是一个地名命名的来源与依据，而地名则能够经由自身的语词文化记录它所指代小城镇的一些发展历史和代表特征。因此，聚焦于大运河沿线的小城镇地名文化，通过梳理这些小城镇地名之由来与历史沿革，既可以揭示大运河与小城镇地名之间的关系，又可以展现大运河对小城镇形成和发展的影响。在大运河小城镇地名中找寻大运河的历史与未来，不仅是对世界遗产中国大运河的认同与尊重，更是寄托家乡情结，解读生命密码的一种实践。

考虑到历史上的许多小城镇目前已普遍发展成各级政区单位，一种可行实操方案是聚焦现在的行政区单位地名，选取大运河沿线的地级、县级和乡级三级政区单位，按照行政隶属关系予以划分，并根据政区单位所处大运河沿线地理位置，自北向南逐一进行地名文化的研究，力求准确、完整地展现大运河沿线小城镇的历史沿革、地名由来、文化内涵、社会变迁等方面。大运河聊城段沿线的小城镇主要有临清市先锋路街道、大辛庄街道、尚店镇、戴湾镇、魏湾镇，冠县柳林镇、范寨镇、辛集镇，茌平区贾寨镇、洪官屯镇，东昌府区梁水镇镇、堂邑镇、张炉集镇、沙镇镇①、侯营镇、朱老庄镇、闫寺街道、北城街道、古楼街道、新区街道、柳园街道、李海务街道、于集镇，阳谷县七级镇、阿城镇、张秋镇。它们在明清时期是周边州县粮食、杂货、盐业等转销枢纽与集散地，其经济地位十分重要。除此之外，某些境内还设有诸多水利设施，以及管理河工、漕运、水利等事务人员，"这种因漕运而带动地域经济发展，因经济发展又提高了城镇政治地位的模式在山东运河流域具有相当大的普遍性"②。其中，周店、阿城和七级"是山东省聊城市境内明清时期东昌府以南、张秋镇以北的三座典型的运河市镇"③，分别是重要的修船码头、食盐转运码头和粮食贩卖码头，故有"金七级、银阿城、铁打的周家店"之赞誉。接下来，本节将重点探讨这三座运河古镇的地名文化。

---

① 镇名即为"沙镇"，特此说明。
② 郑民德、李永乐：《明清山东运河城镇的历史变迁——以阿城、七级为视角的历史考察》，《中国名城》2013年第9期。
③ 阮仪三主编：《遗珠拾粹：中国古城古镇古村踏察》，东方出版中心2013年版，第241页。

表 4-1　　　　　　大运河聊城段小城镇地名信息

编号	名称	位置	地名来源
1	先锋路街道	临清市城区北部，卫运河东岸	1954年组建时名为"大寺办事处"，因当时办事处驻大寺街而得名。1966年改先锋办事处，因辖区内有先锋大桥而得名
2	大辛庄街道	临清市境东南部，大运河新旧两条河道从其两侧穿过	据传，明朝时期周姓奉诏令迁此建村，名为"周家辛庄"，后省去"周"字称"辛庄"。西面又有一村庄名为"左家辛庄"，也俗称"辛庄"。为了便于区分，人们将村庄规模较大的原周家辛庄称"大辛庄"，西边村庄则称"小辛庄"
3	尚店镇	临清市南部，大运河新河道东岸	据传，此地原有一座古庙，庙内铁钟上刻有"尚店"二字。明朝永乐年间，赵、郑、张、芦四姓自山西洪洞县迁此立村，遂以"尚店"命名村名
4	戴湾镇	临清市东南部，大运河古河道东岸	元朝戴姓在此立村，会通河开凿时，此处自南向西转为九十度大变道，故称"戴家湾"，后简称"戴湾"
5	魏湾镇	临清市东南部，大运河古河道由东南向西北穿境而过	原名"邵家铺"，明时改称"清阳水驿"，大运河经此穿过形成弯道。清时因魏姓人口增多，加上此地邻近水湾，又更名为"魏湾"
6	柳林镇	冠县东北部，大运河新河道穿境而过	柳林之由来有两种说法：一说宋时此处为太平集，明朝嘉靖年间于此建筑堡垒以加强兵防，驻守将领为柳春、林直，遂因其姓改名为"柳林"。另一说明朝洪武二十四年（1391）杨姓自北京乐亭县迁此定居，永乐年间柳、常、郭三姓由山西洪洞县迁此渐成聚落，因此地在宋、金时期曾为军用饮马场，有72眼井且遍植柳树，故名"柳林"。《中国古今地名大辞典》载明时为"柳林堡"，康熙《堂邑县志》载"柳林集"

续表

编号	名称	位置	地名来源
7	范寨镇	冠县东北部，大运河新河道纵贯镇境	此地原名"西国家庄"，因四周广植荆棘，曾一度称"葛针寨"。后来范姓兴起，更名为"范家寨"，后简化为范寨。康熙《堂邑县志》载"范家寨"
8	辛集镇	冠县东部，大运河新河道西岸	根据《于氏家谱》记载，明朝永乐年间，于姓自山东文登县大水泊迁移至辛龙镇旧址重建新村，仍然沿用辛龙镇的村名。后来，因重新开设集市，改名为"新集"，又演变为"辛集"。康熙《堂邑县志》载"新集"，道光《冠县志》载"辛集"
9	贾寨镇	茌平区西部，大运河旧河道东岸	明朝永乐年间，贾奉仙由山西洪洞县迁此立村，取名"贾家寨"，后简称"贾寨"
10	洪官屯镇	茌平区西南部，大运河旧河道西岸	此地原名"王承柞团"，明朝洪武年间洪姓由山西洪洞县迁来，后因洪氏家族出了一名军官，故改称"洪官屯"
11	梁水镇镇	东昌府区西北部，大运河新、旧两条河道分别自东、西穿境而过	隋朝初年，梁姓迁徙至此立村，初名"梁家乡""梁浦"。元朝会通河开通后，该村地处水运要冲，成为漕运码头，并发展成规模较大的集镇，故更名为"梁水镇"，又称"梁浅"
12	堂邑镇	东昌府区西北部，大运河新河道穿境而过	因东依清水（今徒骇河前身，又名"清河"），初名"清邑"。隋朝置县时沿用其西北"汉代堂邑"之名，称为"堂邑"
13	张炉集镇	东昌府区西部，大运河新河道穿境东部	据传，明朝洪武年间，张姓由登州莱阳迁徙至此立村，初名"张庄"。嘉靖年间，村里形成集市，张姓在街中建水炉、开茶馆，故更名为"张炉集"

第四章 大运河聊城段城镇发展及其地名 / 197

续表

编号	名称	位置	地名来源
14	沙镇镇	东昌府区西南部，大运河新河道西岸	据传，宋时白天祖大摆108阵（镇），在武水设黄沙镇，后来被穆桂英平定，此地称为"沙镇"。万历《东昌府志》载"武水在聊城西南四十里……宋大观三年立都巡检司讲武亭后，改为武水建检司"，嘉庆《东昌府志》载"隋武水县故城，即武水镇，今沙镇也"，宣统《续修聊城县志》载"沙镇集在西南四十里"
15	侯营镇	东昌府区西部，大运河新河道东岸	明朝洪武年间，刘姓大将军将眷属安置在聊城，他的3个儿子到此定居并盖楼，故称"刘家楼"。其后，王姓自山西洪洞县迁徙至刘家楼东边，建立村庄称"王庄"。明末清初，雷三起义军在攻打东昌府途中，在村庄西边安营扎寨，以侯姓居多，便将这两个村庄合并后统称"侯营"
16	朱老庄镇	东昌府区南部，大运河新河道北岸	据传，这里原来是朱阁老的一处庄园，因所处地理位置比较好，很多其他姓氏的村民搬迁此地居住，故得名"朱阁老村"，后简称"朱老庄"
17	闫寺街道	东昌府区西北部，大运河旧河道西岸	明朝成化年间，有一位僧人名叫阎角，从山西洪洞县来此，修建了一座寺院。后来此地渐成村落，遂得名"阎角寺"，后简称"阎寺"，再后为闫寺。光绪《皇清聊城县舆地全图》标有"阎寺"
18	北城街道	东昌府区东北部，大运河旧河道东岸	明朝初年，杨景南从山西洪洞县迁此定居，设立集市命名为"杨集"。中华人民共和国成立以后，因与位于城南的杨集重名，遂更名为"北杨集"，后来又以原北杨集的行政区域设立北城街道
19	古楼街道	东昌府区中心城区西部，大运河旧河道西岸	因辖区内有光岳楼（俗称"古楼"）而得名。有大运河上著名的"崇武渡"，也称"孝武渡"，即崇武渡大码头

续表

编号	名称	位置	地名来源
20	新区街道	东昌府区中心城区东北部，大运河旧河道东岸	因辖区内部分地方为中华人民共和国成立后新建而得名
21	柳园街道	东昌府区中心城区东南部，大运河旧河道东岸	因辖区内主干道柳园路而得名
22	李海务街道	东昌府区南部，大运河旧河道穿境而过	据传，明朝洪武年间有李海村村民在此处建造船坞，遂得名"李海坞"，后来演变为"李海务"。"李海务"一词最早出现于元朝，万历《东昌府志》载"元至顺六年盗扼李海务闸劫夺商旅"
23	于集镇	东昌府区东南部，大运河东岸	据传，早在宋、元时期，此处为和尚聚居处，初名"古集柳"。明朝中期，张姓由山西洪洞县迁徙至此立村，命名为"平岑集""凤凰集"。明朝末期，于尚斌从青州府益都县来此定居，因拥有势力，对村政进行管理，并设立集市，改名称"于集"
24	七级镇	阳谷县东北部，大运河穿境而过	旧称"毛镇"，元朝开挖会通河穿境而过，因渡口处建有七级石阶，故名
25	阿城镇	阳谷县东部，大运河穿境而过	《阳谷县志》载"春秋战国时，因距齐威王阿大夫所治之邑二里许，故名阿城"
26	张秋镇	阳谷县东南部，大运河流经境内，是大运河与金堤河、黄河的交汇处	"张秋"一名始见于五代时期，康熙《张秋志》载五代周世宗显德元年（954）"河决东平之杨柳渡，遣宰相李谷治堤，自阳谷抵张秋口，张秋之名著此"。张秋初名"涨秋"，因此处地势低洼，每逢秋季河水上涨便泛滥成灾，故名。后来，由于水患频仍，当地百姓忌讳"水"字，遂将"涨"之水字旁省去，更名为"张秋"。作为一座运河古镇，明清时期有"南有苏杭，北有临（清）张（秋）"之说。明朝弘治十三年（1500），刘大夏治河成功后，赐名"安平"。明末清初又恢复"张秋"之名

资料来源：聊城市民政局编：《聊城市地名志》，中国文史出版社2019年版；吴坚编著：《运河城镇地名》，中国社会出版社2016年版。

二 "金七级"

(一) 地理概貌与历史沿革

七级镇位于阳谷县的东北部,镇政府驻地距离阳谷县城约26千米。东邻东阿县刘集镇,西与安乐镇、郭屯镇交界,南与阿城镇接壤,北接东昌府区朱老庄镇,属于东昌府、东阿、阳谷三县(区)交界处。辖区东西宽10.2千米,南北长9.1千米,版图面积为68平方千米。七级镇总人口40988人,11803户,有汉、回两个民族。其中,汉族人口有40668人,回族有320人。全镇现有耕地6.8万亩,人均1.6亩。[①] 大运河穿境而过,东部为山东省引黄济津工程沉沙池地带。七级镇地处黄河冲积平原,地势比较平坦,土层相对深厚。古运河沿岸地势相较两侧偏高,东北部区域的郝林大洼海拔34.5米,是全县的最低点。境内沟渠纵横,排灌条件良好,适合多种作物种植,农产品主要有蔬菜、玉米、小麦等。七级镇交通便利,东西向有阳七路(县道019)、坡七路(县道071、乡道013)横跨辖区;南北向有聊位路(省道246)、崔七路贯通。镇驻地沿聊位路往北7千米至青兰高速,各村之间都有柏油路或水泥路相连。

清末政府标榜"自治",阳谷全县被划分为17个"自治区"(又称"乡"),七级乡为其中之一。1929年,阳谷县1184个自然村被划分6个区284乡(镇),七级属于第四区。1936年,阳谷县6个区下辖284个乡镇合并成51个,第四区包括9个乡镇,分别是七级镇、安乐镇、河东乡、河西乡、孟母乡、孟尝乡、永安乡、安定乡、古城乡。其中,七级镇包括七级各街。1947年8月,在聊城、东阿、阳谷交界处成立徐翼县,七级镇隶属之。1949年9月,撤销徐翼县建制,七级镇及现属各村回属阳谷,为阳谷县第四区。1949年10月,阳谷县设立11个区,第四区的区公所即设在七级镇上,下辖七级、三合、蒋庄、冯集、大杨、四合、西金、郝林、郎湾、桑庄、任庄、姚皋、七里河13乡,共计91个自然村。1958年3月,撤区并乡,阳谷全县合并成18个乡,在七级境内设立穆庄、七级2个乡。1958年8月,撤乡建社,阳谷县成立了8处人民公社,

---

[①] 政协阳谷县委员会编著:《文化阳谷·乡村记忆(七级镇卷)》,中国文史出版社2020年版,第67页。

包含七级公社。1958年12月,撤销阳谷县建制,七级公社并入寿张县。1961年7月,阳谷县建制恢复,共计划分成17处人民公社,包含七级人民公社。1962年12月,改建成8个区,包含七级区。1964年11月,全县划分成12个区,79处人民公社,七级区下辖七级、三合、郎湾、后王、胡楼、西金6处人民公社。1971年2月,撤区并社,原属七级区的胡楼,以及后王公社的部分村庄,分别被划归安乐镇、郭屯公社;七级、三合、西金、郎湾公社,以及后王公社的部分村庄,被合并成七级人民公社。1984年6月,改为七级镇。

截至2020年9月,七级镇设立7个管理区,下辖77个自然村、50个行政村。三街管理区:七一村、七二村、七三村。七级管理区:姚皋村(大姚皋村、前姚皋村、后姚皋村)、西刘村(东刘村、西刘村、清法寺村)、南焦村、前刘村(前刘村、后刘村、范园子村)、高楼村、官口村(官口村、孙沟村、北焦村)。三里管理区:三里村、张庄村(张庄村、姚庄村)、郝林村(郝庄村、林庄村)、大翟村(大翟村、小翟村)、井庄村(井庄村、彭庄村)、刘文堂村(刘文堂村、陶庄村)、桑庄村、孙庄村(孙庄村、齐庄村)、陈庄村、新丰村。郎湾管理区:前郎村、后郎村(后郎村、上闸村)、前杨村、后杨村(后杨村、高庄村)、韦铺村(韦铺村、小李庄村)、郑庄村、于庄村、东辛村、崔围子村。三合管理区:三合村、西辛村、义和村、东康村(东康村、西康村、西沈村)、苑闫高村(苑庄村、闫庄村、高庄村)、四合村(田楼村、四合村)、周堂村(周堂村、东田村、杨海村)、梁庄村。前王管理区:崔庄村、北张村、前王村(前王村、辛庄村)、簸箕柳村、蒋庄村(蒋庄村、小李庄村)、后王村、任庄村。孙楼管理区:穆庄村、孙楼村、东金村、西金村、贺庄村、盛庄村(盛庄村、南张村)、杨屯村。

2021年1月,阳谷县政府审核批准七级镇优化村庄布局方案,将原来50个行政村编制予以撤销,同时新设立17个行政村。七级村:辖原七一、七二、七三3个行政村。前刘新村:辖前刘、后刘、范园子、官口、北焦、孙沟6个自然村。高楼新村:辖高楼、西刘、东刘、清法寺4个自然村。姚皋新村:辖大姚皋、小姚皋、后姚皋、南焦4个自然村。郎湾新村:辖后郎湾、前郎湾、崔围子、上闸4个自然村。于庄新村:辖于庄、郑庄、东辛3个自然村。大杨新村:辖前杨、后杨、韦铺、高庄、小李庄5个自然村。大翟新村：辖三里、井庄、彭庄、桑庄、刘文堂、东沈、大翟、小翟8个自然村。张庄新村：辖孙庄、齐庄、郝林、陈庄、新丰、张庄、姚庄7个自然村。崔庄新村：辖北张、任庄、崔庄3个自然村。蒋庄新村：辖簸箕柳、前王、辛庄、后王、蒋庄、小李庄6个自然村。穆庄新村：辖盛庄、孙楼、穆庄、南张4个自然村。金庄村：辖杨屯、贺庄、西金、东金4个自然村。四合新村：辖田楼、四合新区、苑庄、闫庄、高庄5个自然村（区）。周堂新村：辖周堂、东田、杨海、梁庄4个自然村。三合新村：辖三合、西辛2个自然村。①

（二）地名来源与考古发现

七级在金朝时期建镇，原来的名称是"毛镇"，元朝所开会通河穿镇而过，致使该镇分为东、西两部分，中间有一座吊桥名为"古渡"，因古渡处建有七级石阶而易名"七级镇"。根据《中国古今地名大辞典》记载："七级镇，在山东阳谷县东北运河之东，路出聊城县，有古渡，相传唐田真兄弟哭活紫荆于此。"② 当年，会通河开通之际，朝廷曾在此建闸，用来节制水源。同时，在七级镇上还设立仓廒，以便存储、转运东阿、阳谷、莘县、平阴、肥城等地的漕粮。七级镇道路通畅，东关筑路较高，是该镇与东阿之间运输的大路，西南关能够直达安乐镇至阳谷县。

关于会通河在阳谷县和七级镇的具体流经，以及建造水利设施等情形，根据民国《阳谷县志》记载："自张秋城北东阿界五里铺入阳谷境，包络县之震艮六十里，至官窑口铺出境入聊城界……会通河者，元世祖至元二十六年所赐名也，时用寿张尹韩仲晖议，自安民山西南开河，由寿张经阳谷过聊城达临清，引汶绝济直属御泽，故赐名会通。南自任城至沽头，地降百十有六尺；自安民山至临清，地降九十尺。成宗承混一之余，大德元年建七级上、下二闸，二年建阿城上、下二闸，六年建荆门上、下二闸，漕运清理，次第修举。"③ 七级码头坐落在大运河之东岸，此处是转运粮食的大码头。自元朝以来，江南诸省由此入贡，漕运繁忙之时，纤夫号子声彻

---

① 政协阳谷县委员会编著：《文化阳谷·乡村记忆（七级镇卷）》，中国文史出版社2020年版，第67—70页。

② 臧励龢等编：《中国古今地名大辞典》，上海书店出版社2015年版，第5页。

③ 民国《阳谷县志》卷1《山川》，台北成文出版社1968年版，第83页。

图 4-14 七级镇河道

（照片系笔者于2022年3月1日拍摄）

两岸、起伏不息，河中舟楫相衔、樯帆蔽日，两岸商埠相映、人来车往。南来北往的达官显贵以及文人墨客，多在此驻足流连，或者作记题诗。明朝吴铠咏七级古渡云："古渡怜七级，东南贡道同。渔歌消白日，雁阵入苍穹。冠盖风云集，楼船日夜通。盈盈但一水，谁有济川功。"[①]

2004年10—11月，山东省文物考古研究所会同聊城市文物局和阳谷县文物管理所，对与七级镇主要古街区相连的大运河河道一带进行勘探，"发现该处地下文化层堆积较厚，地表下1米为近现代垫土，多为倾倒的建筑倒塌物和生活垃圾；距地表1米处有路土；其下有厚0.2—0.3米的黄褐色粉砂质淤土；淤土层下为灰褐色文化堆积；2米处见青灰砖块、素面瓦等建筑遗物；2.3—2.7米处有青花瓷片；3米和4米深处均有石板，石板上部的堆积中有白瓷片、黑釉白花瓷片等遗物；4.7米深见黄褐色淤土，稀软、纯净、有水"[②]。

[①] 阳谷县地名委员会办公室编：《阳谷县地名志》，山东省地图出版社2000年版，第327页。

[②] 山东省文化厅南水北调工程文物保护工作办公室、山东省文物考古研究所：《南水北调东线一期工程山东省文物保护工作初步设计报告》，2009年4月，第40页。转引自吴志刚《京杭大运河山东段码头考古资料整理与研究》，《运河学研究》2021年第6辑。

此次勘探对七级古码头的具体位置进行了确认。

2011年3—4月，为了配合南水北调山东段的建设工程，山东省文物考古研究所、聊城市文物局、阳谷县文物管理所对七级古码头遗址进行了全面发掘。"发掘出保存良好的清代京杭运河码头一座，连接码头的部分古街及码头南侧运河东岸晚期排水设施一套。"① 七级古码头和古街青石板路保存如此完好，吸引了考古专家们的注意，它的发掘为七级镇地名的来源提供了考古上的实证。此次发掘对码头的尺寸、结构及构筑方式进行了确定，同时还发现了水线和大量反复插拔的木桩痕迹等，这让考古界对大运河河水与河道的变化状况以及船只停靠河岸的方式有了较为深入的了解。值得指出的是，七级古码头下河道地层包含物很少，推断码头使用时得到经常清淤的结果。②

根据聊城市考古专家孙淮生介绍，20世纪70、80年代就对七级古码头进行了初步勘探，不过受限于当时的技术条件，没有对它进行深入发掘。在北魏时期，七级镇就已经拥有渡口，这说明早在大运河流经七级镇以前，此处曾经是一条古河流。元朝开凿山东境内会通河的时候，应当是利用了这条古河道。在七级古码头发掘现场，出土了一通非常有价值的石碑——《重修渡口石磴碑记》，记载了清朝乾隆十年（1745）由民间集资对七级古码头重修的过程。这通记事石刻碑身一为素面，另一面刻有文字，最上边刻有"万古流芳"，下边右侧刻写内容记述了七级镇的繁荣景象、重修石磴史事并留有捐款者姓名，左侧写有"谷邑庠生梓溪刘元沣撰，乾隆十年岁次乙丑孟夏，河岸一丈五尺三寸，东至街，西至漕河"③。昔日七级运河非常兴旺，运河一线的水工设施多有维修。在古码头南侧运河东岸的清理中，还出土了一些碑首、碑座和6通石碑。在古码头两侧，还发掘出大量瓷片、陶片和少量铜器。它们最早为金、元时期的遗物，以青瓷、青花瓷为主，还

---

① 吴志刚、李振光：《阳谷县京杭大运河清代七级码头遗址》，中国考古学会编：《中国考古学年鉴·2012》，文物出版社2013年版，第282页。

② 李振光、吴志刚、孙淮生：《阳谷京杭大运河七级码头遗址》，《中国文物报》2011年8月19日第5版。

③ 吴志刚：《京杭大运河山东段码头考古资料整理与研究》，《运河学研究》2021年第6辑。

有少量的白瓷。①

明清两朝，阳谷、莘县、东阿均在此设置官仓转渡，明朝《东海高处士克效墓志铭》云："广阳卫指挥，因督运过七级造庐。"② 2012年七级码头被评为"2011年度全国十大考古新发现"，2013年10月被列为"山东省文物保护单位"。据考古专家介绍，光绪二十六年（1900）清政府废弃大运河漕运，对于以漕运为主的七级镇逐渐萧条。光绪二十九年（1903）清政府裁撤运河官员，七级的闸官、闸夫均被裁撤，从而出现管理上的真空，居民侵河填土盖房，码头被湮没百年。③

图 4–15　七级古码头

（照片系笔者于2021年11月21日拍摄）

---

① 宋庆祥：《山东聊城大运河七级码头土桥闸的"新发现"》，中国新闻网：https: //www.chinanews.com/qxcz/2012/04–20/3835183.shtml。

② 政协阳谷县委员会编著：《文化阳谷·乡村记忆（七级镇卷）》，中国文史出版社2020年版，第74—75页。

③ 唐红星：《七级镇发掘出个古码头》，赵中田编：《阳谷运河三镇：金七级·银阿城·古张秋》，阳谷县运河三镇民间文化汇编，2017年，第16—17页。

图 4–16　七级古街青石板路

（照片系笔者于 2021 年 11 月 21 日拍摄）

（三）区位优势与古镇格局

七级镇为水陆要津，东西孔道，商贾云集，航桅林拥，"自元以来，江南诸省由此入贡，阿、莘、谷县于斯转漕"，"车水马龙，风帆浪舶，出没于四达之水陆，升平之象可谓盛哉"。[①] 借助大运河漕运之利，七级镇成为大运河沿岸的商贸重镇，"元代开凿会通河穿镇而过，镇市始分为东西，中间吊桥名为古渡，为两岸之关键"[②]。道光十一年（1831）《修万年桥碑记》记载了七级镇的繁华景象："余自丙戌后，春闱北上，必与翟生旭轩偕，屡过七级镇，地滨漕渠，商贾云集，南船北马，水陆交驰，钜镇也，亦孔道也。"[③] 七级镇成为重要的水运码头及货物集散地，其盛时"士民辐辏，商贾云集"，"北通京、津，南接苏、杭，凡诸河往运及贩米客舟皆由此达于城市"，"实官道舟车之冲"，"风帆交织，其自南来

---

① 民国《增修阳谷县志》第 1 册《疆域志》，民国二十六年（1937）抄本。
② 民国《增修阳谷县志》第 1 册《疆域志》，民国二十六年（1937）抄本。
③ 阳谷县政协文史资料委员会编印：《阳谷文史》，2009 年，第 252 页。

而北往者，至此皆少休，而北来南上者，亦至此而泊宿"。①

当时，七级镇的空间格局已颇具规模，曾有堪舆家指出其形势如翔凤，街道如同棋盘。全镇有六门、四关，六门分别为南门、北门、前东门、后东门、前西门、后西门，四关即东关、西关、南关、北关。"南门百步之外，地势兀然突起，形圆长如凤头，三官庙建其上；庙前有窄狭小路如凤嘴；关道自此直入南门，到前隅首向东颇弯，状如鹅脖，为凤项；其北为凤背，上建玉皇庙，为镇之正中峰；庙北为中隅首，其东西二街，势若凤翼之展，文昌、春秋二阁（即东西二门）在其两端；街道从此直出北门，逾万年桥，势向西弯，稍北路分数道，如凤尾之张，真武庙居其间。统观大势，则三官庙冠其首，真武庙附其尾，文昌、春秋二阁振其翼，巍然中立之玉皇庙骑其背，故谓形势如翔凤。是皆天造地设，莫之为而为，七级因此而堪称名区。后世运河西渐，东顺河街南部商民为便利水运，亦移其商肆于西面街，遂东西相错，非复南北一线之直，然无碍于形成之胜。"②

七级镇原是大镇，后来分成七一村、七二村和七三村，如今七一村地处位置即为古镇之镇中心。七级古镇南门在七一村村委会办公室正西，相传路北曾有一座花园，路南还立有一通某位江南富商从南方运来的化石碑。据说，化石可以治疗外伤，每当村民手脚碰伤，抹上就能止血。北门在七二村王金彦门口处，门楼原是拱式建筑，经门洞可直接进入街衢。门楼两边建有台阶，拾级而上可步入门楼。门楼里供奉着火神神像，当地俗称"火神庙"。每年正月十五村民在此观灯，彻夜狂欢。前东门在七一村翟继玲家门口处。清朝嘉庆皇帝的恩师翟作桢是七级镇人，为感谢恩师派人来此竖立功德牌坊，同时建有一门名"前东门"。翟姓在当地是大姓，翟家祠堂是他们家族活动的重要场所，现存有"旌表儒林郎翟作桢之妻安人冯氏寿坊"构件。后东门位于七一村老东关街上，建镇时即建立。前西门也在建镇时就建立了，后西门位于前西门东。七级唐代建镇，元代建闸，明清两代建水次三仓，即阳谷仓、莘县仓、东阿仓。

---

① 陈清义：《聊城运河文化研究》，山东画报出版社2013年版，第168页。
② 董经路：《运河古镇——七级》，阳谷县政协文史资料委员会编印：《阳谷文史》，2009年，第277—281页。

清代三县上缴国库的粮食均要运输至七级镇水次仓,莘县遂在前西门东边建立后西门,后西门里边的回音洞、杨家坑与大运河相通。①

全镇共有14条街道,呈六纵八横布局:位于运河东岸的南北向街道名"东顺河街",中部都是商肆店铺,两边则商农杂处,北边有一座运河闸署,再往东的南北向街道名"南极台街",台在街的南边,该街北口稍偏东处又有一条南北街道名"双井街";位于运河西岸的南北向街道名"西顺河街",此处商肆虽较少,但农舍居多,北边有莘县仓廒,再往西的南北街名"北极庙街",庙在街的北边,该街北口稍偏西处的南北街名"夏家街",这便是"六纵"布局。位于运河东岸最南边的东西向街道名"永安街",依次向北又有"义和街"(亦名"前街",有冯安人寿坊,东阿仓廒建于此)、"昌阁街"(亦名"后街")、"火神庙街";西街最南边的东西

图4-17 七级镇的街巷及沿街店铺

(照片系笔者于2017年5月24日拍摄)

---

① 政协阳谷县委员会编著:《文化阳谷·乡村记忆(七级镇卷)》,中国文史出版社2020年版,第137页。

街道名"太和街"（县别署和仓廒建于此），依次又有"药王庙街"、"春秋阁街"（亦名"东西街"）、"关帝皋街"，这便是"八横"布局。分布于运河两岸的街道，纵者距离相等，横者则隔水相对，运河为中界，棋势较彰显，故谓之"街道若棋盘"。① 如果再算上运河东岸东北隅多小庄名"吉庆街"，西岸西北隅之范庄名"平安街"，则共计有16条街道。

在这些街道中，比较著名的是俗称的"古街"和"石狮子街"。古街位于古渡口以东，明朝时即已形成规模，为石板路面。古街两边的茶馆、家庙、商铺等是砖木结构木板门坊子。仓粮、商漕上船，船客上下等必经此街，车来人往，络绎不绝，十分繁华。2000年因集市搬迁，人去房空。为了保护古街，文物部门多次投资进行维修。2004年"七级古街"被聊城市评定为市级古街保护区，2013年被山东省评定为省级古街保护区。石狮子街得名于明朝隆庆年间在此立有一座石狮子，位于古街大隅首以北、小隅首以东。石狮子立在街道中间路南，坐南朝北，雕工精细，栩栩如生；两眼炯炯有神，项圈上的纹饰如线，两条前腿非常有力地蹬在座盘上，狮毛似乎有一种飘起的感觉；前胸凸起，目视前方，彰显一种勇气和力量。石狮子是镇街之宝，每逢春节附近村民拿上一条红带子，端上一碗水饺，红带子系在狮子的脖子上，水饺则放在狮子前边进行祭拜，祈求百姓平安、人寿粮丰。"有一年冬天，下大雪，村民翟保环上房扫雪不慎从房顶滑下。因石狮子就蹲坐在他家房后，他正好滑落到石狮子身上，有惊无险，身体未有大碍，大家认为是石狮子显灵，对石狮子更加崇拜，称之为神狮。"②

在七级镇的空间格局中，还分布着为数众多的庙宇，其数量之多为别处所少见，全镇大小庙宇共计有72座。这些庙宇种类很多，名称繁杂，如真武庙、奶奶庙、三义庙、火神庙、大王庙、五官庙、关帝庙、紫荆堂、财神阁、罗汉庙、土地庙、蔡堂庙、圣庙及钟鼓二楼等。真武庙、奶奶庙和火神庙每年都举办香火大会，远近善男信女来此进香。四方商贾云集，有买有卖，热闹非凡。以下兹举数例，以观其貌。

---

① 民国《增修阳谷县志》第1册《疆域志》，民国二十六年（1937）抄本。
② 政协阳谷县委员会编著：《文化阳谷·乡村记忆（七级镇卷）》，中国文史出版社2020年版，第138页。

真武庙位于村民姜书达家的东边，坐北朝南，大门外立有迎门墙，院内东西两边各有厢房2间，正北有大殿3间，里边都塑有雕像。蔡堂庙位于蔡堂坑西南角，坐北朝南，有大殿3间、东厢房2间、西厢房2间，北面正中间的那间屋叫韦陀殿。韦陀殿北面是大扇门，西边有间屋内有大铜钟一口，正北面有石桥一座。罗汉庙位于北大桥西，在村民夏学芝家附近，没有院墙，坐北朝南，三大间，屋内有十八罗汉画像。南边有土地庙，一大间，坐北朝南。奶奶庙始建于唐朝，位于村民李福为家的后面，坐北朝南，内有大殿3间，塑有雕像。院外立有迎门墙，据说在西南角处有一棵唐朝时种植的大槐树，树的南边有一通透亮碑，但碑文不详。关帝庙又名新添庙，位于蒋庄村东。本地原先无庙，后缘起"关公斩狼屠"传说，建造庙宇并塑关帝像，以镇狼屠保一方平安，因之而叫"新添庙"。该庙坐北朝南，有大门、前殿、马棚、后殿（当地俗称"后皋"）。后皋保留至今，石碑能够找到，尚有很多地名传说，如"关公斩狼屠"的故事，已列入鲁西民间传说集；"迎墙麻雀吃光山西谷"，老幼皆知；"行车行到蒋庄头，神龟脖子要抹油"，赶车人到此，都要往龟脖子上抹油，故龟脖子常年油渍淋淋。[①]

　　这些庙宇内的泥胎都塑得形象逼真，活灵活现。以奶奶庙为例，山门是3间起脊的瓦房，东西两房塑有哼哈二将，法身高有丈余，两只手紧攥拳头，一只手放在膝盖上，另一只手伸向右上方，一条腿屈着，另一条腿伸着，瞪着大眼，龇牙咧嘴。步入山门，迎面并立双碑，碑阳刻着修盖庙宇的叙文，碑阴刻着施舍信众的姓名、施舍钱文的多少。东西两廊房各有6间，里面塑有十二阎君，有锯解的，有磨磨的，旁边还塑有一只黑狗在舔舐磨磨流下的血。有一口油锅，旁边站着一个活警绺子，手里拿着一条铁索子，专门负责抓差办案。他站在木板上，板上制有销纽，如稍有不慎踩着销纽，铁索子就会套住人的脖子；面貌狰狞，形态骇人，感觉好像到了阴曹地府，令人毛骨悚然。正中间是3间大殿，恢宏壮观，雄伟高大，里边塑有3位观音。中间大殿内有一座莲花台，台上有一个莲花盆，观音就端坐在里边，露出大慈大悲、救苦救难的模样。

[①] 唐红星：《七级镇的新添庙》，赵中田编：《阳谷运河三镇：金七级·银阿城·古张秋》，阳谷县运河三镇民间文化汇编，2017年，第11页。

图 4-18　七级镇蒋庄村关帝庙

（照片系笔者于 2021 年 9 月 5 日拍摄）

在莲花盆的旁边，还塑有金童玉女。盆里还有一些小泥孩，凡是前来进香没有子孙的，看到哪个泥孩塑得俊俏，总会在泥孩的脖子上系上一根红线，口中念叨"孩子跟我去，咱家啥都有"，等到以后有了子孙，再回来进香还愿。中殿后面有 3 间上下两层的皋，下层里边塑有一位菩萨，端坐中间；皋的上层中间有一木嵌，里边有一张床架，塑有一位盖着被子的菩萨，身子躺在里边，人们都叫她"卧奶奶"。[①]

（四）文学作品中的七级镇

"七级古渡"在明朝时期被列入阳谷八景之一，根据光绪《阳谷县志》记载，弘治、正德、嘉靖年间当地几位乡贤名流曾写有咏叹八景的诗作，其中包括 5 首专门咏七级古渡的，它们分别是：阳谷县正德年间 3 位进士吴铠、张恂、李际元各 1 首，弘治和嘉靖年间到阳谷县任职学官

---

① 田明远：《七级镇的庙宇》，政协阳谷县委员会编印：《阳谷文史集刊》（下），1999 年，第 453—454 页。

的王文镇、张福各 1 首。吴铠，正德五年（1510）举人，九年（1514）进士，初任行人司行人，后擢升南京道监察御史，历任福建按察司佥事、陕西布政司参政、陕西宁夏都御史等，其诗云："古渡怜七级，东南贡道同。渔歌消白日，雁阵入苍穹。冠盖风云集，楼船日夜通。盈盈但一水，谁有济川功。"① 其中，"冠盖风云集，楼船日夜通"一句即是对大运河上繁忙景象的描写。张恂，正德十四年（1519）举人，十六年（1521）进士，历任四川道监察御史、陕西按察司佥事等，其诗云："渡口夕阳晚，中流鼓棹频。为言万里客，此处是通津。"② 其中，"为言万里客，此处是通津"也有同样的寓意。李际元，正德五年（1510）举人，六年（1511）进士，历任兵部职方司主事、武库员外郎、四川溆泸兵备道等，其诗云："七级停舟两岸秋，云帆万里拱神州。古今多少经行尽，独有芦花漾水流。"③ 其中，"七级停舟两岸秋，云帆万里拱神州"是对七级大运河最为形象的描写。王文镇，顺天府人，嘉靖十一年（1532）任阳谷县训导，其诗云："数簇居民数叶舟，断崖壁削放中流。兼葭湛露一泓水，蘋蓼西风两岸秋。星鼓动时惊别梦，云樯开处豁吟眸。近来河水无衣带，好为疲民画一筹。"④ 张福，湖广均州人，弘治三年（1490）任阳谷县教谕，其诗云："一派银河接九州，谁将砥柱挽中流。闲来试向滩头望，对对凫鸥带影浮。"⑤

聊城段运道地处大运河的中段，南控江淮，北系京师，每年都有数百万石的漕粮运输和数量可观的南北物资交流要经于此。七级镇设置官仓转漕，常年货运繁忙，过往舟船众多。"此外，南方士子进京赶考、官吏进京述职都要走运河经过此地，文人名士常常在此路过、停留并有诗

---

① 光绪《阳谷县志》卷 15《题咏》，民国三十一年（1942）铅印本；《中国地方志集成》编辑委员会编：《中国地方志集成·山东府县志辑》第 93 册，凤凰出版社 2004 年版，第 324 页。
② 光绪《阳谷县志》卷 15《题咏》，民国三十一年（1942）铅印本；《中国地方志集成》编辑委员会编：《中国地方志集成·山东府县志辑》第 93 册，凤凰出版社 2004 年版，第 324 页。
③ 光绪《阳谷县志》卷 15《题咏》，民国三十一年（1942）铅印本；《中国地方志集成》编辑委员会编：《中国地方志集成·山东府县志辑》第 93 册，凤凰出版社 2004 年版，第 324 页。
④ 光绪《阳谷县志》卷 15《题咏》，民国三十一年（1942）铅印本；《中国地方志集成》编辑委员会编：《中国地方志集成·山东府县志辑》第 93 册，凤凰出版社 2004 年版，第 324 页。
⑤ 光绪《阳谷县志》卷 15《题咏》，民国三十一年（1942）铅印本；《中国地方志集成》编辑委员会编：《中国地方志集成·山东府县志辑》第 93 册，凤凰出版社 2004 年版，第 324 页。

词佳作留存，描绘出北方运河古镇的繁华。"① 明朝万历年间，文学家、戏曲家、《牡丹亭》作者汤显祖自江西进京赶考，以及到南京礼部就职的时候，都曾在七级镇停留，并宿于田宗开设的馆舍。他的七级之驻给其留下深刻难忘的印象，不惜笔墨先后写出《阳谷助田主人宗祈雨》《阳谷田主人园中》《雀儿行》等篇幅较长的诗篇 7 首，这在其一生经历中是绝无仅有的。他在《阳谷田主人园中》写出了对于七级的感情②，还特意在《雀儿行》一篇的题目下用小字标出"在七级作"几个字。"在这里他觉得自己想写诗，他觉得这里到处是诗，一提笔就如那长河流水，奔泻不止，想停笔也停不下来。"③ 他在诗中还写道："想念家田下，风义亦如斯。萧旷乐斯土，奈何当见离。勉身一从秩，不获恋所怡。旅翼终南飞，徘徊经宿地。人生苟有情，别梦当游兹。"④ 在这些作品中，汤显祖不仅写出七级镇的田园景致，还写了与店主人相见恨晚的畅饮、与村民一起祈雨的活动、拿野草当供品的细节、夫人为养麻雀扎笼子的动作，等等。这些在别人看来都是些再平常、再琐碎不过的生活小事，到了他的笔下却是如此的津津有味，如此的富有情趣。

明朝嘉靖十一年（1532），文学家陆深由山西转任浙江提学副使，他在《题李栋塘诗文卷后》记载："嘉靖壬辰，予归自晋阳。舟次阿城、七级之间，待水南下。"⑤ 隆庆二年（1568）进士帅机在《过阿城七级》中写道："七级何清浅，千舫鼓吹喧。蟠云堤险固，瀑布水潺湲。孔道民居密，涓流国计存。三齐形胜地，陵谷几更翻。"⑥ 这首诗不仅反映了七级镇的人口密集、大运河上船只众多，而且更加表明七级镇地理位置的重要性。明末史学家谈迁在途经大运河山东段时，在日记中写道：

---

① 朱年志：《明清山东运河小城镇的历史考察——以七级镇为中心》，《华北水利水电大学学报》（社会科学版）2017 年第 6 期。

② （明）汤显祖：《汤显祖全集》，徐朔方笺校，北京古籍出版社 1998 年版，第 203 页。

③ 李印元、魏兰春：《汤显祖七级留名》，中共聊城市委党史研究室编：《聊城重要历史事件》，中共党史出版社 2003 年版，第 241—248 页。

④ （明）汤显祖：《汤显祖诗文集》（下），徐朔方笺校，上海古籍出版社 1982 年版，第 190 页。

⑤ （明）陆深：《俨山集》卷 86《题李栋塘诗文卷后》，上海古籍出版社 1993 年版；《四库明人文集丛刊——俨山集·迪功集·太白山人漫稿》，上海古籍出版社 1993 年版，第 555 页。

⑥ （明）帅机：《阳秋馆集》卷 4《过阿城七级》，清乾隆四年（1739）修献堂刻本。

> 九月癸巳朔，始寒。过上闸二百里曰下闸，又十里阿城，上闸亦羡市，盐贾骛焉，有土寨。又三里下闸，为小市，梨枣弥望。十二里为七级上闸，□又三里曰下闸，皆元时立。阿城闸，齐阿大夫治处。七级镇，古镇也。①

他记载了沿途的见闻，当时不但本地所产的杂货、鱼盐、水果在此交易，而且七级镇还是阳谷、莘县、东阿、肥城、平阴五县的漕粮交兑地。"每年漕运季节，会有大量的商人与民众在此从事粮食交易，从而丰富了当地粮食市场的种类与数量。"②

进入清代以后，七级镇仍然是比较繁盛的地方。乾隆年间顺天府乡试举人张九钺有诗《夜宿七级闸闻水声有感》云：

> 秋雨打孤篷，游子中夜觉。篝镫凄以凉，百物下寥阔。闸口何嗷嘈，一夜积涛憨。抑扬疑远近，往返杂歌哭。低吟不能长，万感满胸曲。想见故山阿，流泉灌茅屋。荷锄觇远脉，濯足乱新绿。幽期隔尘沙，岁月惜局促。南菀久思张，北士不轻陆。乡思逐推迁，羁愁震耳目。此身尚惝恍，所宅亦未卜。壮齿不恒居，古言有三复。起弄明月流，湿光滴衣幅。③

张九钺，字度西，号紫岘山人，又号陶园、梅花梦叟，湖南湘潭人，历任江西南丰、峡江、南昌、广东保昌、始兴、海阳等知县。这首诗描写了七级镇大运河一带多浅滩，每当夏季来临，如遇干旱少雨，船只通行则十分困难。上闸与下闸之间相距有3里，闸塘规模较小，可以容纳的船只少，致使船闸启闭次数较多，因而易于淤滞。所以，出现的场景是，虽然已经是深夜了，闸口处仍然是人声鼎沸，声音嘈杂。诗人彻夜不能眠，思绪万千，故发出"低吟不能长，万感满胸曲。想见故山阿，

---

① （清）谈迁：《北游录》，汪北平点校，中华书局1960年版，第34页。
② 郑民德、李永乐：《明清山东运河城镇的历史变迁——以阿城、七级为视角的历史考察》，《中国名城》2013年第9期。
③ （清）张九钺：《陶园诗文集》，雷磊校点，岳麓书社2013年版，第151页。

流泉灌茅屋""乡思逐推迁，羁愁震耳目"的感慨。

道光九年（1829），著名书法家、学者包世臣自馆陶登舟，沿卫溯汶进入闸河（即山东段运河）南下。他在《闸河日记》中记述了途经阳谷运河沿岸村镇时的所见所闻：六月初十日由东昌出发，"廿里至利和务（即李海务）闸"，"十三里至周家店闸"，"十二里抵七级闸，闸入阳谷境，夹岸俱有市。阳谷、莘、东阿三县兑漕之水次也。十一日癸酉，风略定，连日皆逆风溯流，昨日尤旺，纤挽之劳，几如上峡。十八里至阿城下闸。又二里至上闸"。[①] 从中，我们可以看到七级古渡及其他城镇的繁荣景况。

三 "银阿城"

（一）历史沿革与区位优势

阿城位于阳谷县城东偏北约25千米处的大运河东岸，地近汉代东阿城的遗址，初建于东阿故城毁弃时的南北朝时期。春秋时期，此地称为"柯"。汉朝时设立东阿县，南朝宋省东阿县后，县城渐毁。后魏复置东阿县，并将治所迁移了。至于迁徙的具体原因，当地流传着"东阿城遭地震而毁，百姓东迁三里居"的说法。根据地方志的相关记载，南北朝孝武帝大明六年（462）发生了破坏性的地震，梁山被摇动损毁的有两座。梁山距离东阿故城约40千米，地震灾害是有可能延伸的。口碑与史志记载两相符合，故可证明今阿城是东阿故城毁坏后迁此而建的。之所以命名为"阿城"，当取春秋战国时的阿邑之义。[②]

隋朝时置阳谷县，阿城属于阳谷，镇内叠路头村附近是原阳谷县城的所在地。清朝阳谷县丞驻镇开衙办理事务，具体负责司法、民政、漕运等，故阿城有"阳谷县二堂"之称。民国初年，在此设立义和乡。1929年，区划为阳谷县第二区。1942年，阳谷县下辖8个区公所，阿城仍为二区，治所设在阿城镇。1947年，设置徐翼县，县政府一度驻在阿

---

① （清）包世臣：《闸河日记》，谭其骧主编：《清人文集·地理类汇编》第4册，浙江人民出版社1987年版，第648—666页。

② 阳谷县地名委员会办公室编：《阳谷县地名志》，山东省地图出版社2000年版，第24页。

城海会寺内。1949年，撤销徐翼县，阿城镇回归阳谷县。1956年，阿城以南的刘什庄等共8个村划归寿张县（五区）。1958年撤区划乡，阿城为阿城乡驻地。同年8月又撤乡建社，全县划出8个人民公社，阿城是其中之一，阿城为阿城公社驻地。同年12月撤销阳谷县建制，并入寿张县。1961年，恢复阳谷县建制，原属地回归，重新划出17个人民公社，阿城是其中之一。1962年，阳谷县区划进行调整，合并为8个人民公社，后又改为8个区，阿城是其中之一。1971年，撤区建社，阿城、阎楼部分村庄组成范海人民公社。1984年，阿城人民公社改设阿城镇，范海人民公社改设范海乡。1996年，撤销范海乡，设立范海镇。2001年，撤乡并镇，范海镇并入阿城镇。

阿城镇现辖9个管理区、83个行政村、109个自然村。阿城管理区：阿东村、阿西村（阿西村、林庄村）、皋门村（皋门村、邱海村）、海会寺村、东双庙村（东双庙村、田庄村）、刘楼村、古河村、岳庄村（岳庄村、南翟村、小城村）。杨尧管理区：杨尧村（杨尧村、孙庄村）、义和村（义和村、高庄村）、袁楼村（袁楼村、高坑村）、北李村、魏黄村、富安镇村、陈庄村、前熬村、后熬村、郭庄村、武台村、王楼村。阿胶管理区：于庄村（于庄村、任庄村）、吕场村（吕场村、翟庄村、辛庄村）、东王庄村、朱楼村、夏庄村（夏庄村、夏口村、李庄村）、夏堂村、魏庄村、庞楼村。范海管理区：范海村、汤海村、十王庙村、朱庄村、杨庄村、崔庄村、真武庙村（真武庙村、翁庄村）、肖庄村、曹庄村、石庄村、薛庄村。闫庄管理区：闫庄村、刘庄村、苑井村、西双庙村、汤洼村、张八村、张庄村、叠路头村、季井村、温碾村、雷庄村、寇庄村（团结村、寇庄村）。常楼管理区：常楼村、古柳树村、柴楼村、武庄村（武庄村、张庄村）、毛坊村、前陈村、徐庄村、西王庄村。马湾管理区：马湾村、大洼里村（大洼里村、董庄村）、小洼里村、常庄村、吴庄村、宋庄村（宋庄村、王庄村）、韩海村、齐店村（齐店村、何庄村、李庄村）。孙楼管理区：孙楼村、李炉村（李炉村、白庄村）、郭魏陈村、尤楼村、南李村、齐庄村（西齐庄村、齐庄）、殷坑村、乔楼村。颜营管理区：颜营村、东堤村、赵店村（前赵店村、后赵店村、连海村、纸坊村、景楼村、小王庄村）、刘什庄村、东铺村、西铺村、中铺村、后铺村。①

在阿城镇内，以东西大街为经，南北街道为纬，呈现出不规则的块状聚落，面积约有 3 平方千米。两条大街分布在中间，一条斜向西北，一条走向东北，俗称"剪子股街"。海会寺位于南部，是一处保存比较完好的古代建筑群。阿城镇的东部还分布着於陵会馆等古建筑遗址。黄河自镇南部穿境而过，使当地人拥有了一份黄河文化的豁达与自信。在这片黄河造就的沃土上，阿城有着悠久的历史和璀璨的文化。被誉为"海内古迹，莫先于此"②的古阿井便位列其中，使用此水熬制而成的阿胶是中药瑰宝。与古阿井毗邻的古城墙已屹立数千年，成为阿城古镇兴衰的有力见证。元朝大运河南北贯通，给阿城带来六百余年的繁华。出土碑记中称："阿镇为水陆通衢，富商大贾辐辏云集。"③当地的运河纤歌唱道："嗨呀哈嗨，栽下膀子探下腰，背紧纤绳放平脚，咳呀哈嗨。拉一段来又一段，不怕风紧头冒汗，阿城码头装胶枣，顺水顺风下江南，江南码头装上粮，一纤拉到皇城墙，咳呀哈。千里运河一条龙，背紧纤绳莫放松，好比文王拉太公，文王拉他八百步，太公保国八百冬，哎呀哈嗨。"④"阳阿道横贯于南，会通河纵通于西"⑤，因阿城地处大运河水路要冲，南北来往的船只较多，西起山西、东至周村的商人也纷纷前来经商，商业颇为繁盛，尤其盐、当二行业号称首富。"据说阿城旧有 13 家盐园子，有管理运盐的组织并设有盐巡，有专用运盐的石道。现在街上朝下挖两尺多都是石头，即运盐的盐道。"⑥作为著名的盐码头，阿城被誉为"银阿城"。镇内的海会寺为华北四大寺院之一，寺院内的盐运司是国家级文物保护单位，使"银阿城"这一名号天下闻名。

当地还流传着一则"海会与大蛇"的地名传说：在明清时期，阿城

---

① 政协阳谷县委员会编著：《文化阳谷·乡村记忆（阿城镇卷）》，中国文史出版社 2020 年版，第 69 页。
② 政协阳谷县委员会编著：《文化阳谷·乡村记忆（阿城镇卷）》，中国文史出版社 2020 年版，第 7 页。
③ 高建军编著：《山东运河民俗》，济南出版社 2006 年版，第 63 页。
④ 政协阳谷县委员会编著：《文化阳谷·乡村记忆（阿城镇卷）》，中国文史出版社 2020 年版，第 152 页。
⑤ 胡其伟、周晨、姜浩：《阅读运河》，上海交通大学出版社 2014 年版，第 78 页。
⑥ 高建军编著：《山东运河民俗》，济南出版社 2006 年版，第 63 页。

图 4-19　海会寺

（照片系笔者于 2021 年 4 月 24 日拍摄）

图 4-20　盐运司

（照片系笔者于 2022 年 3 月 1 日拍摄）

镇是一个十分繁荣的大码头，来来往往的游客、商人等非常热闹。有一位名叫"海会"的和尚外出游历，划着小船途经阿城镇码头时，一个漩涡突然将其船头给折了回来。当海会重新掉转船头时，又被漩涡给折了回去，如此往复好几次都离不开。海会此刻意识到可能在这里有一些功德，遂在阿城镇上暂住下来。那天晚上，海会做了一个梦，梦见佛祖让他在此地建造一座寺庙，并为一条大蛇安个家。于是，经过了6年时间，海会终于建成一座寺庙，还在里面盖了一座塔。一天，从大运河里上来一条大蛇爬进了寺院。和尚们都吓坏了，海会赶来一看，心想也许是佛祖让我养的蛇，便嘱咐大家不要惊扰了它。后来，佛祖在梦里告诉海会，大蛇总是攻击大运河里的船队，如今在海会寺安了家也就消停了。海会明白了佛祖的用意，每天都会给大蛇送吃的，还与大蛇一起坐禅诵经。当海会圆寂后，大蛇也不见了，他就是这样一心想着普度众生。[1]

关于海会寺的地名来历，还要从它的创建谈起。根据《创建海会寺碑》记载，清朝康熙年间，东阿海会庵比丘（和尚）隆性，从金陵（今南京）募捐塑造了3尊大佛，运到阿城镇后几十个人都未能抬得动，于是众人说佛要降福保佑此地。在这里，原来有一座3间小庙，是众商奉祀财神的地方。他们便将财神改祀南关，把庙改为寺以供奉佛像，并仍然按照隆性的原意取名海会寺。[2] 寺院占地约90亩，原有殿宇168间，现存81间。整体建筑由戏楼、碑亭、大殿、千佛阁、刘公祠等部分构成，采用传统的中轴线对称布局，自南向北依次为山门、前殿、中殿、大雄宝殿。东院的主体建筑是方丈阁，其前种植一棵古松，树冠繁茂，生机盎然，人称"太子松"或"莲花松"。寺院内原有很多石雕、碑刻，最著名者为康熙皇帝题写的御书扇面碑和天章御书碑，现均已无存。寺院中还有许多颇具较高文化艺术价值的石雕、彩画、碑刻等。[3]

---

① 政协阳谷县委员会编著：《文化阳谷·乡村记忆（阿城镇卷）》，中国文史出版社2020年版，第194页。

② 李印元：《天下海会知多少》，阳谷县政协文史资料委员会编印：《阳谷文史》，2009年，第100—104页。

③ 政协阳谷县委员会编著：《文化阳谷·乡村记忆（阿城镇卷）》，中国文史出版社2020年版，第19—20页。

（二）"柯""阿"古称之辨析

"柯"地名是春秋之际的称呼，即今阳谷县阿城镇西，原属卫国，后又属齐国。根据《春秋穀梁传》的记载：庄公十三年，"冬，公会齐侯，盟于柯。曹刿之盟也，信齐侯也。桓盟虽内与，不日，信也"①。也就是说，鲁庄公十三年（前681），鲁庄公与齐桓公于柯会盟，当时的鲁国将领曹刿以匕首挟持齐桓公，要求归还被侵占的土地。"曹刿是春秋时鲁国的一位有勇有谋的大臣，依靠为鲁庄公出谋划策得到重用，后对鲁国进行改革，但在对外战争中败给由管仲推行改革的齐国，多次失地。曹刿为了夺回失地，于是在柯之盟威胁齐桓公，最终夺回失地。"②《左传》注："柯，卫邑。"杜预注《左传》云：柯是"齐邑"，即"今济北东阿也"。所谓"邑"，即指"县"。

到了战国时期，"柯"改称"阿"，阿城地域称为"阿邑"。《尔雅》解释"大陵"为"阿"，"陵"指丘陵。"可知当年的阿城，地势高亢，四周低洼。从北面残存的高大城墙上的夯土，夯打城墙是取土中所包含的龙山文化时期的处处皆是的灰陶、绳纹陶片，可以知道这里在上古时代，就有着高度的文明。择高而居是古代居民的习惯选择。据历史文字记载，到春秋战国时期，阿邑北依旧有大泽被称作阿泽，湖面巨大。"③关于地名"阿"，早期历史上曾经有二，它们分别位于齐、赵之边境，在齐者称"东阿"，在赵者称"西阿"。古时"柯""阿"二字通假，故亦称"阿"。

（三）历代城址变迁与地名

任何一种文化现象都不能脱离社会现实、割断历史脉络而独立生存，否则便是无源之水、无本之木。研究阿城的地名文化，要有宏观的视野，要从广义上来予以对待。王治国为《阿城文化》一书作序时指出：

> 挖掘与研究阿城文化应看得远一些，不应忘记与柯、阿的历史

---

① 顾馨、徐明校点：《春秋谷梁传》，辽宁教育出版社1997年版，第26页。
② 奥森书友会编：《大美中文课之古文观止新编：全三册》，台海出版社2019年版，第79页。
③ 单清林：《东阿历代县域城址位置的变迁探源》，赵中田、崔存英主编：《阿城文化》，阿城镇党委政府编印，2013年，第4—9页。

与传承关系，不应忘记古老阿文化的影响，否则便是数典忘祖；挖掘和研究阿城文化还应看得高一些，不能画地为牢，把古老的阿文化狭义地功利化，否则便是对阿文化的分割。阿城文化只是古老阿文化的传承与延展，而且不是唯一的传承者，所以，阿城文化应认同东阿县、平阴县、东平县等对古老阿文化的传承和发扬，多流归宗，同心协力，才能做大做强一个完整的"大阿文化"。什么是阿文化呢？简单地说，历史上阿邑及东阿辖治过的今阳谷、东阿、平阴、东平（北部）等地的具有地域特色的历史传统文化都应是阿文化。①

在这样的视域下，我们有必要进一步探讨"大阿文化"背景下的历代城址变迁与地名。②阿是当时齐国西部的通都大邑，更是名冠鲁西的军事、政治、文化中心。春秋设邑于柯，战国时设立阿邑，秦、汉时置东阿县，至北魏太和十年（486）初迁，治所千余年，均位于今阿城辖区内的"东阿古城"。北魏太和十年，东阿县治所初迁至鱼山镇官庙洼；北宋开宝二年（969），二迁至今东平县旧县镇；太平兴国二年（977），三迁至今东平县大吉城；金天会十一年（1133），四迁至今单庄乡旧城；明朝洪武八年（1375），五迁至今平阴县东阿镇；1947年，六迁至铜城镇至今。

古城阿城　阿城今为阿城镇，因阿邑而得名。西汉史学家司马迁在《史记》中多次提到东阿，《项羽本纪》中说"项梁起东阿""项梁与齐救东阿""大破秦军东阿"，《高祖本纪》中说"项梁北攻亢父救东阿""彭越渡河击楚东阿"，《孟尝君传》中说"魏惠王与齐宣王会东阿南"。北宋史学家司马光在《资治通鉴》中也记载："二世二年（前208），齐田荣收其兄儋余兵，东去东阿，章邯围追之。……秋七月，大霖雨，项梁引兵攻亢父，闻田荣之急，乃引兵击破章邯军，东下。章邯走而西，田荣引兵东归齐。项梁已破章邯于东阿，引兵西北至定陶，再破秦军。"③

---

① 王治国：《大阿无疆——〈阿城文化〉序》，赵中田、崔存英主编：《阿城文化》，阿城镇党委政府编印，2013年，第1—2页。

② 以下对阿邑和东阿治所的沿革及迁徙，主要参见单清林《东阿历代县域城址位置的变迁探源》，赵中田、崔存英主编：《阿城文化》，阿城镇党委政府编印，2013年，第4—9页。

③ （宋）司马光：《资治通鉴全译》卷8《秦纪三》，李国祥等译注，贵州人民出版社1994年版，第363页。

司马迁写《史记》称"东阿",乃秦朝灭六国之后的新称。自是,东阿屡有省并复置,境域范围亦多有变迁,但其地名称谓一直相沿至今。

北魏郦道元《水经注》记载,东阿故城北门内,西侧皋上有大井,其巨若轮,有六七丈深,每年煮胶以供天府。此"大井"即指阿胶井,如今仅存一座石质碑亭。早在明朝时期,阿胶的生产有了较大的发展。随着大运河的重新开通,阿城镇设立了码头,得益于交通运输的方便,阿胶生产出现了作坊,较大者有岳姓、吕姓、白姓、雷姓等阿胶作坊。"凡各大药店之售胶者,皆遣人于阿城熬之,制作方块出售。"[①] 到了清朝,阿胶生产进一步发展,此时出现的堂号有"和顺堂""宏济堂""德成堂""魁兴堂""同兴堂""延年堂""庆余堂""玉春堂""同和堂""济源堂""福兴堂""同德堂""福德堂""延寿堂""万福堂""同善堂""天兴堂"等。

东阿县城址 北魏太和十年(486),后魏重设东阿县,城址位于阿城故城以东约10千米;自此以后,城池历经北魏、东魏、北齐、西魏、北周、隋、唐、五代到北宋初年,一直到再次躲避黄河泛滥,向南迁移至位于大清河东侧的南谷镇(东平县旧县)。南北朝时期,东阿并入谷城县;北魏太和十年(486),恢复东阿县;北齐,将谷城并入东阿,隶属济州;隋朝,将原来属于东阿的西南区域,大约十分之六的面积划出,设立阳谷县,同属兖州济北郡;唐朝,东阿先隶属济州,后隶属济阳郡,再后又属郓州。

《旧唐书》《新唐书》记载:"卢县,汉旧,隋置济北郡。武德四年,改济州,领卢、平阳、长清、东阿、阳谷、范六县";"天宝元年,改为济阳郡";"乾元元年,复为济州。十三载六月一日,废济州,卢、长清、平阴、东阿、阳谷等五县并入郓州";"平阴汉肥城县,隋为平阴,属济州。天宝十三载,州废,县属郓州。大和六年,并入东阿县";"东阿汉县。隋属济州。州废,属郓州";"卢,紧。本济州,武德四年析东平郡置。隋曰济北郡,天宝元年更名济阳郡。领卢、平阴、长清、东阿、阳谷、范六县";"天宝十三载郡废,以长清隶济州,以卢、平阴、东阿、

---

① 杨世钟:《阿胶与古阿井》,阳谷县政协文史资料委员会编印:《阳谷文史》,2009年,第95—98页。

阳谷来属。北有碻磝津故关"。《括地志》记载:"东阿故城在济州东阿县西南25里。"尽管目前还没有发现较为详尽的描述资料,但从已有史料记载和相关地图资料,我们还是能够推测出这座城池的大致位置。[①]

南谷镇(旧县)与大吉城 北宋开宝二年(969),县城向南迁址至南谷镇,即今东平县旧县位置。关于此次迁址的原因,应当是直接受到水患影响,明朝时编纂的当地村志《苦羊山志》相关记载可兹佐证:"966年(宋太祖乾德四年)四月郓州、东阿河溢,各坏民田数百顷,苦山禾稼没";"971年(开宝四年)郓州河及汶水、清河皆溢,注东阿,坏仓库村庄,苦山田庐没";"979年(太平兴国四年)郓、汶二河涨,坏东阿民田,苦山甚。"另据其他史料记载,杨柳古渡,自后周显德年间,"河决杨柳,离而为赤河(洪河),不复故道,其溢者注梁山泊"。

太平兴国二年(977),因大水冲毁城池,又迁移至利仁镇(东平县大吉城)。据说,当时迁城之后,由于县里经费严重不足,干脆就在周围栽满了棘条当作城墙,故有"大棘城"之说,后来改称"大吉城"。不过,这段时间里东阿县城的风土人情、历史事件等,不知由于什么原因记录不详。只是民间有"狮耳山上捞榨菜,老虎洞里摸鲶鱼"传说,记载了那时洪水水势的浩大。尤其到了后期,宋、金之间战争不断,当地成了战争的主战场。水灾、战争使人们过着胆战心惊、颠沛流离的生活。那些文字记载也许毁于战火,当是一种可行的推测。

新桥镇(旧城) 闻名遐迩的旧城原名"新桥镇",位于今东阿县鱼山乡驻地正东的黄河岸边,金朝天会十一年(1133)东阿县城自大吉城迁来。关于旧城之繁华,我们可以从现存两篇描述荐诚禅院碑记中找到踪迹。新桥镇原有一座荐诚禅院,北宋时由应言和尚倡导修建。应言和尚首倡开挖清冷口,导积水北入古废河,为东平一带解除了水患。由于治水有功,得到朝廷赏识。他就相中了这块风水宝地,着手在此处建造寺院。寺院落成后,苏轼为之作《荐诚禅院五百罗汉记》:

[①] 有学者对东阿历代县域城址的具体位置做过详细探讨,参见单清林《东阿历代县域城址位置的变迁探源》,赵中田、崔存英主编:《阿城文化》,阿城镇党委政府编印,2013年,第4—9页。

熙宁十年，余方守徐州，闻河决澶渊，入巨野，首灌东平。吏民恟惧，不知所为。有僧应言建策，凿清冷口，道积水北入于古废河，又北东入于海。吏方持其议，言强力辩口，慨然论河决状甚明。吏不能夺，卒以其言决之，水所入如其言，东平以安，言有力焉。众欲为请赏，言笑谢去。余固异其人。后二年，移守湖州，而言自郓来，见余于宋，曰："吾郓人也，少为僧，以讲为事。始钱公子飞使吾创精舍于郓之东阿北新桥镇，且造铁浮屠十有三级，高百二十尺。既成，而赵公叔平请诸朝，名吾院曰荐诚，岁度僧以守之。今将造五百罗汉像于钱塘，而载以归，度用钱五百万，自丞相潞公以降，皆吾檀越也。"余于是益知言真有过人者。又六年，余自黄州迁于汝，过宋，而言适在焉。曰："像已成，请为我记之。"呜呼，士以功名为贵，然论事易，作事难，作事易，成事难。使天下士皆如言，论必作，作必成者，其功名岂少哉！其可不为一言。[①]

这篇文章讲了应言和尚的两件事：一是提出了切实可行的疏浚河道以救灾的建议；二是修建了佛舍、铁浮屠，又造了五百罗汉像。其中，"造铁浮屠十有三级，高百二十尺"，"将造五百罗汉像于钱塘，而载以归，度用钱五百万"，一时间香火极盛。

金朝皇统四年（1144），信士捐钱修造一尊菩萨像。沂州防御使邵世衍为之作《荐诚院慈氏菩萨记》：

往佛说阿逸多定生兜天，其言彼天官院城邑、楼阁苑树，以至栏楯、渠水、幢幡、床帐，七宝庄严，花鬘弥覆。天女执持自然音乐，诸神化供自然香花。其间同居，皆福愿化生，极妙乐事，非世所有。有能至诚大愿，祈心注观，因行具足，亦得往生彼天，有圣为徒，然后超出三界，于佛道无退转。其说种种花宝名数，一一照耀色相，皆有指归彰表。因行功德福业，随量招感，如影响、如符契，细大不差，岂欺也哉？寿春讲僧明悟大师，善坚学业，口通辩

[①]（宋）苏轼：《荐诚禅院五百罗汉记》，曹慕樊、徐永年主编：《东坡选集》，四川人民出版社1987年版，第564页。

才，无碍善说。法要开悟后来，因经论智，生决定信，故于往生之因不疑。爰自初入道，即愿造慈氏像于通都大邑，冀广流通、利益滋远而已。慈氏者，华言弥勒者，竺语阿逸多，弥勒，字也。善竺，异音名字。元举亦非，旋遇兵火，井邑丘墟，志愿未遂。兹念不舍，洎乎稍定，里中罹害者，十室八九丐幸免离。感念益坚，乃蹑屦担簦，杖锡北来，由春而宋，自宋之滕，辗转唱讲。至于东阿，大敷法席，缁素盈门，邑人归敬，信供无虚。此邑当南北孔道、水陆要津，舳舻沿沂，轮蹄杂沓，人聚五音，货居百郡，所谓通都大邑者也。乃叹曰："吾慈氏缘其在是乎！"因以语邑之信士，众皆悦从。同力共济以钱二百万，募工建于邑之荐诚院。自癸亥闰月迄十月，众工告毕。巍巍堂堂，慈容相好，花冠葳蕤，璎珞悉窣。莲座高广，幡幢辉映，庄严具足光明，色相如在天上，如从地涌。观者赞叹，得未曾有。明悟喜愿斯就，大作佛事以庆之。于是四众云集，如水凑川，如风入阿，奔前轶后，惟恐不及。扶老携幼，酌水捧花，随意稽敬，异口同音，歌传殊胜。明悟鞠躬焚香，膜拜佛前，启大众曰："向也此堂像设未具，来者行住坐卧解弛自恣；今也不移故处，庄严华妙，而来者肃然，徒以睹吾像而生敬也。即像生敬，即敬生信，由信得证，敢谓无人乎？况我佛慈悲，广大悉备，随事利生，度门无碍，固可以转惑见为真智，化群迷为正觉。权实开阖，报化牙彰，善巧方便，岂情量之可测耶？由凡秽而生净天，因有生而证无生，屈伸臂尔，又岂难也哉！有求往生之由、无生之忍者，舟筏津梁，于是乎在。吾像之设，其为饶益，不既博乎！"众曰唯唯。皇统四年四月初八日记。[1]

沂州防御使邵氏所作记中可见县城风貌："此邑当南北孔道、水陆要津，舳舻沿沂，轮蹄杂沓，人聚五音，货居百郡，所谓通都大邑者也。"菩萨造像"巍巍堂堂，慈容相好，花冠葳蕤，璎珞悉窣"，"莲座高广，幡幢辉映"，"庄严具足光明，色相如在天上，如从地涌"，从而吸引信众来此观赏、庆贺，"四众云集，如水凑川，如风入阿，奔前轶后，惟恐不

---

[1] 王新英辑校：《全金石刻文辑校》，吉林文史出版社2012年版，第51—52页。

及"，"扶老携幼，酌水捧花，随意稽敬，异口同音，歌传殊胜"。因寺中有一座铁塔，故荐诚禅院又称"铁塔寺"。

东阿镇（谷城） 明朝洪武八年（1375），为避洪灾，县城南迁至谷城，位于今东阿镇。刚迁来之际，周围土城规制甚简。弘治十二年（1499），开拓关厢，增修楼堞。城楼有 5 座，城门分为东、东南、南、西、北 5 个，其名分别为少岱门、天地门、聚宝门、平安门、清溪门。因狼溪河穿境而过，将城池划分为二，故有"东阿县城两半"之说。民国时期，对城墙进行了简单修补，后来城池逐渐沦为废墟。

铜城（今东阿县城） 1947 年，铜城镇正式设立东阿县城。铜城的历史也比较悠久，自西汉至南朝一直为临邑县治所，"临邑属东郡，在今济州东，亦名马防城"，"马防城，汉临邑故城治此"①。宋朝时设立铜城镇，开始成为东阿的辖地。明朝洪武二年（1369），在此设站建馆，后来又称"铜城驿"，明朝迁都北京后，这里便成了直达南、北二京的快马驿站，例如隆庆年间，铜城驿拥有 2 所馆舍，30 多名吏员、差役，50 多匹驿马，成为飞报军务、转运军需、递送客使的重要驿站。一条古官道位于铜城西侧，北由茌平县入境，南至东平县出境，清时此路能够延伸到广东，因多有外国使节过往，故一度称为"使节路"。

（四）商业文化与会馆地名

"明清时期商人力量崛起，商人为逐利而离开乡土社会，逐渐形成一个社会群体。遍布区域市场的山陕商人为了保证商贸的顺利进行，建立会馆组织并创设各种制度为其自身的商业利益保驾护航。"② 会馆是在外地奔波的商人，为了联络乡谊并促进商业发展，捐资合建的居住、集会、存货的场所。会馆常用庙、殿、堂、宫等别名，作为本行帮办事集会和祭祀的地方。在漕运非常昌盛的康乾时期，阿城镇相继建成了东、南、西、北 4 个会馆，史称"四大运河会馆"。

在这"四大运河会馆"中，目前保存相对完好的是南会馆③，又称

---

① （清）叶圭绶：《续山东考古录》，王汝涛、唐敏、丁善余点注，山东文艺出版社 1997 年版，第 245 页。

② 周嘉、张佩国："'把持'与'共利'之间——明清山陕商人之制度伦理"，《史林》2021 年第 5 期。

③ 运司会馆因坐落于阿城镇南端，故称之为"南会馆"。

"盐运司会馆"或"运司会馆",俗称"山西会馆"或"西晋会馆",2004年被山东省政府批准为省级文物保护单位。该会馆为两进院落,坐落在海会寺的西侧,自成一体,采用北方传统建筑形式,砖木结构,飞檐斗拱,硬山式屋顶。后院大殿内供奉的是关帝,东西两配殿供奉的分别是关平、周仓。如今,在后院大殿房梁上,还留有这样的铭文:"乾隆十三年岁次戊辰三月十八日辰时阿城盐运司商人创建。"《创建大殿纪略》碑文后署恒字店、大成店、弘字店、公昇店、牛字店等9个店名和31个人的名字,由全镇盐商建立,可见其当年的盛况。[①] 前院大厅又称"过

图4-21 运司会馆

(照片系笔者于2022年3月1日拍摄)

厅"或"客厅",其建筑的4个角上皆镶嵌砖雕,具有较高的审美价值。其中,东南角是"高平峰",西南角是"松雪山",西北角是"绿霞洲",东北角是"雨花台"。据说,原来大门前边还有一道约几十米长的大影壁,使用砖瓦堆砌而成,两侧便门上嵌有2块方石,其上镌刻"运司会

---

① 李贵兴主编:《聊城游览文化》,山东科学技术出版社2019年版,第40页。

馆"4字。① 该建筑用料考究，布局合理，集雕刻、彩绘、营造等精华为一体，是清代建筑的典范代表，也是大运河漕运兴衰的历史见证，被列入中国大运河世界文化遗产点。

图 4-22　运司会馆房梁铭文

（照片系笔者于 2022 年 3 月 1 日拍摄）

会馆前院正对大厅修建在大门上的南屋是戏楼，东、西两厢即为 2 层的看台。由于海会寺山门外的空场地上也有一个戏台，所以寺门外戏台称"外戏楼"，会馆戏楼称"里戏楼"。当地人称赞说："运司会馆有戏楼，雕梁画栋真风流。扇面看台分上下，入楼好比画中游。"② 根据地方志记载，每年在麦前、秋后举办 2 次庙会，每次都百货云集，买卖兴隆，上演大戏 8 天，约半月贸易不绝，有"鲁西盛会"之誉。另据当地上了年纪的人讲："从前这里每年春秋都有古会，会期十多天。古会期间，各地戏班子、说唱

---

① 赵迭：《中国古代盐道》，西南交通大学出版社 2019 年版，第 263 页。所谓运司，即清廷在阿城镇设立的专门办理盐务的盐运使署之简称。

② 山西省戏剧研究所编：《晋商会馆》，山西教育出版社 2008 年版，第 62 页。

艺人、杂技团、马戏班都会云集而来，济南、周村、泰安、济宁、邯郸的商人也都赶来做生意。"① 布匹、木料、牲畜、杂货是庙会期间买卖的大宗，庙外头是木头交易，庙里头是金货交易。从早晨到傍晚，人山人海，几乎没有空隙。谈笑声、叫卖声等，几乎湮没了锣鼓声。

表4-2　　　　　　　明清时期阿城镇商人会馆一览

会馆名称	建立时间	创建群体	资料来源
大王庙	明末时期	山陕商人	田野调查
运司会馆	乾隆十三年（1748）	山西盐商和盐运司	现存大殿、门楣等
於陵会馆	乾隆时期	周村盐商	现存山门、大殿
北会馆	不详	山西商人	田野调查

几乎与此同时，也是在乾隆年间，由周村的商人捐款②，在阿城镇东关一处关帝庙旧址上，扩充改建而成於陵会馆③，俗称"东会馆"，又叫"山东会馆""周村会馆"。这里有个关于於陵会馆的地名传说：当年有一位来自周村的商人准备夜宿阿城镇，不料在东关外被抢走了数百两银子，因没钱住客栈只能到关帝庙投宿。那天夜里，关帝给他托梦，指点帮他寻回了被盗的银子。"夜里，关公托梦给他，让他天明去遭劫地捡回自己的银子。天亮以后，商人半信半疑地来到遭劫地，果然捡回了自己被抢劫的银子。原来强盗夺了他的银子后遇见一群走夜路的人，便误认为是来捉自己的，于是弃银而逃。"④ 后来，这位商人联合当地商人一起兴建了东会馆。该会馆分前、后两院，后院大殿供奉关公。道光末期，由于漕运不兴，慧哲和尚用重金购买会馆，从此道教圣地成为佛教场所。解放初期会馆建筑被毁，在原址上建成阿城粮库，后来粮库又迁移至海会寺。或许由于粮库的缘故，东会馆遗址得以保存，而海会寺也得以保留

---

① 赵中田、申春青：《见证商业文明的阿城四大会馆》，赵中田、崔存英主编：《阿城文化》，阿城镇党委政府编印，2013年，第113页。
② 一说康熙年间由周村丝商捐款而建。
③ 周村地属长山，"於陵"系长山旧名。
④ 赵中田、申春青：《见证商业文明的阿城四大会馆》，赵中田、崔存英主编：《阿城文化》，阿城镇党委政府编印，2013年，第113页。

下来。会馆遗址尚有一些碑座、碑身和碑帽，散存于殿前院中。

北会馆又称"山西会馆"，旧址位于阿城镇北街小学。据说，当年的会馆模型由晋商从本地制造，类如一个鸟笼，用独轮木车推来。该会馆由前、中、后、西4个大院组成，除了西跨院之外，一律都是高大的楼瓦房。前院步进山门是一座面向北方的戏楼，左右两边是与戏楼相连的东西两座看戏楼。戏楼正北是一座有十台级高大的过厅——专供地方官员、绅士等看戏之处，大过厅东西两端都有便门通往中院。中院正北是一座有着十几个台阶的大殿，大殿中间深处内山门里是一座木制的大阁，阁内塑有丈余的、金色的关帝神像。东西两厢房也是带有台阶的高大瓦房，塑有关平、周仓两座丈余的站像。大殿东西两端也有便门去往后院。后院紧靠着护城壕，常年留有积水。过厅北端又有通向西院的大门。西院有朝南的大门，但平常一般不打开，还有平房数间。在中院东西两厢的南端，还有数间不带台阶的瓦房，东屋为老者住室，西屋为徒弟住室。[1] 1926年，阳谷县立第三完全小学创建的时候就选址在阿城镇的北会馆，它是新文化运动后"废私塾、兴学堂"的产物。

西会馆建于前清，位于阿城运河闸西岸，由山西商人在大王庙旧址上建成，也称"山西会馆"。大王庙的全称是"金龙四大王庙"，是明朝皇帝敕建的大运河保护神庙。金龙四大王原名谢绪，南宋杭州钱塘县人。"元至明清三代定都北京，朝廷供需仰给东南，物资运输主要依靠京杭大运河，而黄河屡屡溃决，冲毁运道，治河、保漕成为朝廷要务。兴起于民间的金龙四大王因迎合国家的祭祀政策，由民间护佑漕运的水神上升为国家祭祀的黄河和运河之神。"[2] 民间传说，阿城镇运河石桥附近盘有一条大青蛇，河道上经常发生翻船事故，商人们为了祈求平安，集资建立了西会馆。当年大殿上供奉的是龙王，常年香火不断。过往船只，不分徽商、晋商，都要进馆上香。至今，石桥上的两只石雕猪婆龙，仍然被民间视为镇河兽。

---

[1] 陈赞臣：《阳谷县立第三高小始末》，政协阳谷县文史资料委员会编印：《阳谷文史资料》，2007年，第306—310页。

[2] 胡梦飞：《明清时期山东运河区域民间信仰研究》，社会科学文献出版社2019年版，第60页。

四 "铁打的周家店"

(一) 李东阳"雨泊周家店"

今天的周店村古时叫"周家店",它是大运河进入聊城境内的第四个古镇,位于七级、李海务两镇之间,因周姓商人最早在此开设宰坊店而得名。万历《东昌府志》记载:"聊城县为府治,居杂武校,服食器用竞崇鲜华,而然多皆窳寡积聚,由东关溯河而上,李海务、周家店居人陈橡其中,逐时营殖。"① 明清时期,周家店成为大运河沿线名噪一时的商业重镇,拥有上百家商铺、10余处庙宇和50多个姓氏,故流传下"铁打的周家店"之美誉。明朝诗人李东阳曾到过此地,并留下《雨泊周家店》诗作:"溪云压船船不行,雨脚坠地天冥冥。川迷谷暗不知路,独舣孤村何处汀。铜钲无声夜不发,寒灯辉辉焰犹活。鱼虾跳躞随波涛,船底水声时泼泼。人言野泊愁劫夺,我舟萧然屣堪脱。踞床拥被但坐睡,咫尺真同卓锥地。梦魂巉巍稳复惊,急雨鸣涛转奔沸。更深夜长不得晓,枕藉淋漓满衣袂。鸡鸣漏尽了不闻,殷殷谯楼鼓声闭。行厨火湿寒无炊,朝来盥栉不复施。披衣暂过别船去,强以慰藉生欢娱。篙工嗟咨缆夫泣,牙齿战击肩过颐。汝曹狼狈竟何事,今我尚免寒与饥。卜筑休居要冲地,生身莫作夫家儿。冲寒触热不自保,况乃困顿遭途泥。三升官粟仅自给,万间广厦何能为。谁当排空叫阊阖,下遣风伯驱云师。青天无言日复暮,仰视列宿光离离。"②

李东阳主持文坛数十年,其诗文典雅工丽,是茶陵诗派的核心人物。③ 当时,李东阳雨泊周家店,目睹篙工纤夫之困苦,遂有上述长句以系感慨。明朝成化八年(1472),李东阳时任翰林院编修,回茶陵祭祖省亲,乘船自通州出发南下,其所走的路程便是大运河。成化十六年(1480),李东阳奉旨主持应天府乡试,往返全走大运河,所经之处在其诗中更加密集地出现,如山东段有济宁、周家店、七里湾、戴家湾、临清、武城、德州等,汇集成《北上录》一卷。他在北上途中曾3次遭遇

---

① 万历《东昌府志》卷2《风俗》,明万历二十八年(1600)刻本。
② (明)李东阳:《雨泊周家店》,《李东阳集》,周寅宾点校,岳麓书社1984年版,第669—670页。
③ 云根:《中国历代文化名人诗传》,吉林文史出版社2020年版,第197页。

险情，均发生在山东段运道上：

第一次，夜过仲家浅时突然遇到涨潮，"舟人喧豗夜涛发，翻沙转石纷出没。是时水浅舟在地，闸门崔嵬昼方闭。闸官醉睡夫走藏，仓卒招呼百无计。民船弃死争赴闸，楫倒樯摧动交碎。舟人号咷乞性命，十里呼声振天地。我时兀坐惊舂撞，揽衣而起心彷徨。同行无人仆隶散，独与船月相低昂。攀崖陟磴不得上，咫尺如在天一方"①。

第二次，经过周家店时遭遇大雨，上引诗中指出"溪云压船船不行，雨脚坠地天冥冥。川迷谷暗不知路，独舣孤村何处汀。铜钲无声夜不发，寒灯辉辉焰犹活。鱼虾跳踯随波涛，船底水声时泼泼。人言野泊愁劫夺，我舟萧然屣堪脱。踞床拥被但坐睡，咫尺真同卓锥地。梦魂脆脆稳复惊，急雨鸣涛转奔沸。更深夜长不得晓，枕藉淋漓满衣袂。鸡鸣漏尽了不闻，殷殷谯楼鼓声闭。行厨火湿寒无炊，朝来盥栉不复施。披衣暂过别船去，强以慰藉生欢娱。篙工嗟咨缆夫泣，牙齿战击肩过颐。汝曹狼狈竟何事，今我尚免寒与饥。卜筑休居要冲地，生身莫作夫家儿。冲寒触热不自保，况乃困顿遭途泥"②。

第三次，路过七里湾又遭遇船只相撞事故，"昔过南望湖，乘涛下泷口。前有万斛舟，风帆霎南走。苍黄忽相值，篙柁惊失手。我舟触回矶，偃伏伤厥首。两曹奋交搏，怒嗷波争吼。置身群喙中，曲直劳析剖。喧嚣久乃定，日入天渐黝。今行七里湾，百步折过九。风舟杳然至，势复相踏蹂。我舟轻似叶，彼势颓比阜。窗舷半摧轹，荡若初未有。我时当窗看，兀坐但株守。脱身毫厘间，寄命鱼龙薮。他舟远莫救，扬袂屡挥肘"③。

关于周家店地名的来源，大抵可以追溯到元朝初期。根据《元史》

---

① （明）李东阳：《夜过仲家浅闸》，《李东阳集》，周寅宾点校，岳麓书社1984年版，第667页。

② （明）李东阳：《雨泊周家店》，《李东阳集》，周寅宾点校，岳麓书社1984年版，第669—670页。

③ （明）李东阳：《七里湾》，《李东阳集》，周寅宾点校，岳麓书社1984年版，第670页。由于政治地位的影响和制约，李东阳一生的诗作内容相对偏狭，颂圣、酬答、应制之作连篇累牍，大多缺乏个性的抒写，从而未能彻底摆脱"三杨"台阁体的庸肤之习。然而，一旦离开了朝廷庙堂，行走于江河湖海之上，他却能够创作出独具特色的诗文作品，确实有别于台阁体的空洞乏味、陈陈相因。参见魏青《江湖与庙廊：李东阳行纪的空间书写》，《中国韵文学刊》2020年第4期。

记载："周家店闸，南至七级闸一十二里，大德四年正月二十一日兴工，八月二十日工毕，夫匠四百四十二，长广与上同。"① 所谓"长广与上同"，即与会通镇闸的规制相等，"长一百尺，阔八十尺，两直身各长四十尺，两雁翅各斜长三十尺，高二丈，闸空阔二丈"②。自元朝至元二十六年（1289）至大德四年（1300），其间有一位叫周常兴的商人迁来居住，并开了一家宰坊店铺。明朝初年，赵氏自山西洪洞县迁此定居，因村西有一座大土岗，故命村名为"赵岗"。③ 中华人民共和国成立以后，周家店划分为周店、赵岗和李代庄三村。周店之地名来源还有一说，因明朝永乐年间周姓立村开店故名。④ 久而久之，人们就将这一带称为"周家店"了。

（二）周家店三"多"中的地名

自大运河开通和船闸兴建之后，周家店这个地方逐渐发展成为商贸、市集两旺的大运河重镇。周家店有三"多"：

一是，周家店里姓氏多。自从开挖了大运河，修建了船闸，周家店就有了人家，在这里干杂工、做买卖的人越来越多。不少人为了谋生，投靠亲友来此居住。后来，裴寨、崔庄、马庄、席庙、官窑口等附近村庄的人也陆续搬迁到周家店。此外，位于大运河下游，距离周家店船闸约6千米的李海务船闸附近的润家、杜家，也先后搬迁到周家店做生意。一直到20世纪50年代，周家店姓氏最多时一度达到50多个，其漕运繁华程度可见一斑。随着大运河的停航，有的姓氏消失了，有的姓氏迁走了，但到现在仍有40多个姓氏常住周家店。

二是，周家店里店铺多。随着大运河漕运数百年的兴盛，周家店船闸附近形成了远近闻名的大集。关于大集形成的具体时间，虽然没有详细的史料记载，但是当地上了年纪的老人都认为，应该是受到周家店船闸建成通船后的影响，许多买卖人在这里聚集并逐渐形成了后来的集市。据苗景生老人说：大集最初分布在船闸附近和大运河东岸的南北街上，每逢农历"一六"为集期。由于人数众多，光靠大集难以满足需求，又增设了小集，

---

① （明）宋濂等：《元史》卷64《志第十六·河渠一》，中华书局1976年版，第1609页。
② （明）宋濂等：《元史》卷64《志第十六·河渠一》，中华书局1976年版，第1609页。
③ 闫雪怡编著：《运河岸边的村落·一》，中国社会出版社2016年版，第172页。
④ 聊城市民政局编：《聊城市地名志》，中国文史出版社2019年版，第29页。

每逢农历"四九"。另据苗洪晋老人说：周家店逢"一六"大集也不是老百姓随便定的，当时官府有统一的规划，周家店大集的日期与周边集市的日期是错开设立的，就连"四九"小集也与周边集市日期不同。

周家店老街上的旅店很多，一般都是前铺后店，家庭经营。[①] 苗洪晋老人回忆道：当时比较有名气的有苗家店、裴家店、张家店、李家店、孙家店，都是旅馆兼营饭店，主食为馒头、包子、面条、烧饼等。周家店街上的茶馆也很多，有罗家茶馆、苗家茶馆、高家茶馆等。茶馆烧水主要使用砖泥垒制的炉灶，用烟煤[②]作燃料，木制风箱吹风。有一首民谣道："进茶馆，拉得欢，住了风箱冒青烟；出茶馆，掏水钱，你东我西称兄道弟说再见。"周家店街上还有很多家药铺，其中比较有名的如韩记药铺、周家药铺、苗记药铺、高家药铺、黑子彬膏药铺等。

三是，周家店里庙宇多。据苗洪晋回忆：20世纪50年代，周家店还保留着10多处庙宇遗址。其中，关于位于大运河西岸船闸西、月河（越河）涵洞东头的三王庙，苗景生说："只是听老一辈人说，泥塑中间的那个是三兄弟中最小的，但他来周家店的时间最早，所以就被供奉到了大殿的正中。"五仙坛1座，位于大运河东岸，毗邻船闸北闸。所谓"五仙坛"，顾名思义庙里供奉的应当是5位神仙。大王庙1座，又称"岱王庙""大庙"，位于大运河东老街筒北头路东。苗景生说："传说当年漕船过周家店时，经常走到这个地方船就不动了。但是只要你上岸买些鞭炮和香，燃烧之后船又可以走了。遇到这样的事多了，人们就觉得这块有仙家居住，后来就在这盖了一间庙。"[③] 真武庙，即玄帝庙1座，在大王

---

① 这些店铺并非随意布置，它们大致都拥有统一的风格，一般是黑灰色的木板门，门的一旁悬挂着本店独有的招牌——幌子。有的幌子下还会站着一位"店小二"，一声接着一声地吆喝，热情地迎接前来的顾客。走进店内，正对着门口不远处是一个柜台，或者用青砖垒砌，或者用厚木板搭建而成。柜台的作用不容小觑，它既可以摆放店里所售琳琅满目的商品，还能为"站柜台"之人提供"收找钱"的方便。总体来讲，周家店长街上的店铺都不是很大，也就约十几个平方米，基本上是全家经营。如若遇到顾客多的时节，有些规模较大的店铺也会雇请"打杂"的小工来帮忙，按照工时的多少来支付薪水。

② 烟煤，煤的一种，价格低廉，因燃烧时火焰长而多烟得名。

③ 作为村里目前尚在世的、唯一一个曾在大运河上"跑过船"的老船工，苗景生对这座小庙记得格外清楚。因为在他跑船的1945—1958年这10多年间，也曾多次到庙里烧香祈福。不过，现在苗景生记不清这座庙是什么时候拆除的，只隐约觉得它是在1958年自己不"跑船"后至20世纪60年代中期扩街这段时间被拆掉的。

庙东旁。奶奶庙 1 座,位于前街西头船闸前闸东头,庙里供奉的是泰山老母——碧霞元君。碧霞元君是华北地区极为盛行的女仙信仰,在民间信仰体系中占据重要地位。在道教尊崇的女性神灵中,常有"南有妈祖天妃,北有碧霞元君"之说,足以见其在北方地区里的影响力。[1] 苗洪祥说:"殿内的神像也是泥塑的,有一米多高。大门开在前院里,前后两院有小门相通。这座庙也是日本人来的时候给拆掉的——大约是 1941—1943 年这段时间,拆出来的青砖都拉去建炮楼了。"关帝庙 2 座,里边均供奉关公像,一座位于大运河东岸距船闸约 100 米处,另一座在后街苗家围子东端距大运河约 300 米处。土地庙 3 座,这是周家店里数量最多的一类庙宇。苗景生说:"这里的那个土地庙只有 1 间坐东朝西的大殿,大殿的房顶和墙壁都是用土垒的,里面供奉着泥塑的土地爷。庙大约是 1958 年前后拆的,算是村里拆的比较晚的那一批了。"周家店庙宇、神坛、堂皋之多,说明了这一带人们信仰的多样性,反映了治水、保漕与祈雨、自保、求安的心理特点,带有强烈的大运河文化特征。[2]

结　语

临清在史书中有"汶卫津梁"之称,它"因水而名","因河而城",后又"因漕而兴"。由于水患、兵燹、政治、经济等因素,临清县名几度变更,城治数易其位,城址也多次变迁。临清城的历史发展脉络可以从早期历史、建置时代和漕运盛时三个宏观时段加以考察。临清城址始终在河水两边转换,其命运系于"水"。临清成为大运河沿线商业都市后,对城池进行了大规模改造与扩建,突破了治所城市的局限,最终定型为砖、土二城相连的"宝瓶城"。

春秋时期,在聊城这一区域范围内,见于文献记载或图录的城邑名有冠氏、聊、摄、夷仪、高唐、辕、重丘、柯、桃丘等,但地名一直保

---

[1]　周嘉:《地方神庙、信仰空间与社会文化变迁——以临清碧霞元君庙宇碑刻为中心》,《民俗研究》2019 年第 6 期。

[2]　以上对周家店姓氏多、店铺多、庙宇多的分析,主要参见《聊城这个远近闻名的"明星村"你知道吗?》,《聊城晚报》2017 年 12 月 20 日第 4 版,记者:张英东,通讯员:王玉厚、刘建波。

留并沿用至今的，只有聊、冠、阿、高唐四处了。尤其是"聊城"之名，还曾长期被作为区域性的政治、经济、文化中心城市使用。可见，"聊城"不仅仅是一个记录地方的符号，它还有着十分丰富的人文内涵。聊城旧城遗址是被称为"聊古庙"的地方，即秦、汉、魏、晋时期的聊城故城。聊城古城先后经历过三次迁徙，第一次迁徙的地名是王城，第二次迁徙的地名是巢陵城，第三次迁徙的地名是凤凰城。聊城除了有"江北水城"之称号外，还有"凤凰城"的别称，其今址即三迁之地。

大运河沿线的城镇具有等级、层次之分，它们在各自辐射区域里发挥着不同的功能，根据实际情况可将其划分成中心枢纽城镇、中等城镇和小城镇三类。中心枢纽城镇一般具有全国性影响力，尤其在商品流通过程中发挥着举足轻重的作用；中等城镇的影响力限于地区范围，其辐射力往往覆盖数县；小城镇的影响力则进一步缩小至地方性市场，大多由地处闸坝、码头或交通要道的聚落发展而成。如果说临清属于中心枢纽城镇，聊城属于中等城镇的话，那么，七级、阿城、周家店则属于小城镇。从"金七级、银阿城、铁打的周家店"之地名俗称中，能够看到当年它们各自起到的作用。

第五章

大运河聊城段街巷胡同及其地名

街巷胡同，蕴城市之变迁；街巷史迹，载沧桑之映现。街巷胡同属于特殊而又重要的道路，承担着基础设施的功能，是城市中人们最为熟悉的公共空间。相较于乡村，城市是一个复杂的系统，有着高密度的物流、货币流、人流和信息流等。如果将城市社会视为有机体的话，那么，街巷胡同便是这座城市的经络。街巷胡同并非一个有形的物理空间概念，它们还蕴藏着无形的经济与人文要素，有着自身的发展规律和生命意义。大运河聊城段街巷胡同名称丰富多彩，文化积淀深厚，从元、明、清、民国时期到现代，从漕运、军事、政治、经济到民俗，在地名上都留下了历史的痕迹。本章探寻大运河聊城段街巷胡同的历史及其地名来历，重点对临清、聊城和张秋的街巷胡同地名进行考证，同时阐释地名背后的社会文化史，并归纳运河区街巷胡同布局与命名特点。

第一节 街巷胡同的"路"史

一 道路的生命意义

道路地名或交通地名简称为"路名"，它是地名文化研究中的重要部分。道路无处不在，这是人们与其所处环境互动最为直接的产物之一。鲁迅在《故乡》中说："希望本是无所谓有，无所谓无的。这正如地上的路，其实地上本没有路，走的人多了，也变成了路。"道路一经形成，就成为人们生活景观中的重要组成部分，对生态和社会形成多方面的影响。概而言之，道路有助于人员和货物的流动，促进经济和商贸的发展，给人们提供享受公共服务和其他社会资源的通道。道路作为基础设施的一部分,被视为生活便利的一个必备构成,也是城市现代化的先导。①"路学"视野下的道路研究②,其中一个重要部分是探讨出于什么目的,特定的人群在特定的时间和空间范围内修筑道路,或者自发形成了道路。

街巷胡同属于道路之范畴,它们的由来或许是因为这座城市的人文,比如当地的一些历史文化名人;或许是因为在一定时期内某个区域承担的角色,比如这个区域曾经是个知名的市场,那个区域曾经聚集了某个行业。可见,街巷胡同的存在和延续是一座城市政治、经济、文化等发展的印证和记忆。随着城镇化的推进,城市中的古街古巷和古民居被成片拆掉,代之以高耸的塔楼和繁华的商厦,寻找、挖掘、记录下那些渐渐或已经离我们远去的地名,让古街古巷留在文字里,藏在记忆中。

例如,东昌府区的前身是县级聊城市,这是一座国家历史文化名城,也是中国优秀旅游城市、国家园林城市、国家卫生城市、国家环保模范城市。这里不仅历史悠久、风光秀丽、商业繁荣、文化灿烂,而且人文气息厚重,豪杰名士辈出,历来受到世人的赞誉与青睐。这种世代相承的文化血脉,正是因为这样的古城、这样的街巷才得以保全。要想透彻地了解城市的历史演进与人文变迁,从承载着无数荣辱兴衰与悲欢离合的老街巷胡同入手,无疑是最佳的切入点。

二 地名的社会文化史

街巷胡同地名也是特定地理实体的一种专有称谓,与文化共生、共变并成为文化的镜像、载体。关于地名的研究,学界以往大多从地名学角度出发,分析地名的文化内涵和历史流变情况。③ 近年来,随着地名研究的多元发展以及批判转向④,地名命名甚至更名的社会文化关联,尤其

---

① 周永明主编:《路学:道路、空间与文化》,重庆大学出版社2016年版,第1页。
② 美国景观地理学家杰克逊(John B. Jackson)指出,道路应该成为景观研究的重要成分,并提出"路学"研究的专业性概念。
③ 相关研究如孙冬虎、李汝雯《中国地名学史》,中国环境科学出版社1996年版;华林甫《中国地名学源流》,湖南人民出版社1999年版。
④ 纪小美、王卫平等:《批判转向以来地名学研究回顾与展望》,《地理科学进展》2016年第7期。

是地名与权力之间的关系,逐渐成为最主要的议题。[1] 在政治层面上,以城市、政区为尺度,侧重突出国家、政府占据主导地位,对不同社会阶层也有所重视。[2] 在经济层面上,涉及地名的开发与利用、地名的命名权、地名的更名与争夺等。[3] 在社会层面上,着力探讨地名与地方认同、文化认同、社会记忆传承等之间的关系。[4] 对地名的考察,不能仅仅从官方立场出发,还应关注基层民众所扮演的角色。无论是在地名传承相对稳定的古代,还是在地名变动逐渐加速的近现代,国家传统或政治权力并非地名实践的唯一参与者,人们经常会利用地方性知识,主动参与到地名的社会建构与文化进程中。

在人文社会科学领域,对于道路的研究一般多侧重于道路修建、使用和影响。由于道路与人们以及自然无时无刻不在"互动",有的学者倡导应当综合历史学、生态学、人类学、政治学、地理学和传播学等学科,对道路展开深入研究。道路联结着人与自然、人与社会以及人与文化,与个体的生活方式、人群的组织形式乃至社会的整体结构都有着密不可分的关系。[5] 接下来,将重点探讨临清、聊城和张秋的街巷胡同及其地名文化。

第二节　街巷胡同地名考与地名文化

一　街巷胡同之临清篇

柴市街　位于临清砖城南门外,大致在今红星路中段南侧,又叫

---

[1] 罗桂林:《"地名战":上海法租界街路命名的社会文化史》,《城市史研究》2018年第39辑。

[2] 相关研究如黄雯娟《命名的规范:台南市街路命名的文化政治》,《台湾史研究》2014年第4期。

[3] 相关研究如周尚意、吴莉萍等《论城市实体空间变化与历史地名保护的关系:以北京二环以内地区为例》,《中国地名》2007年第1期。

[4] 相关研究如陈佳穗《台湾地名传说所反映之居民集体意识研究》,《南亚学报》2008年第30期;韦谢《城市地名变迁与社会记忆的建构:基于〈紫堤村志〉的分析》,《中国名城》2016年第3期。

[5] 周嘉:《漕挽纷华:明清以来临清城市空间研究》,中国社会科学出版社2023年版,第136页。

"南城根胡同"。东西走向，东通南门街，西通江坝胡同。① 据乾隆《临清州志》记载："柴市街，东西约二里许，为四乡柴薪聚集之地。"② 民国《临清县志》记载："南门外柴市街关帝庙前鼓棚下，有清道光时罗企襄书'无能名'三字，木质匾额，字法遒劲苍浑，誉满人口。"③ 柴市街之形成与临清烧造贡砖有关系，明朝在临清"岁征城砖百万"④，当时在临清的官窑有六处，分别为"东曰孟守科，在二十里铺，清平界内；南曰张泽、曰畅道，地名白塔窑；西南曰刘成恩，在吊马桥；迤东北曰周循鲁、曰张有德，地名张家窑"⑤。傅崇兰的研究表明，明清临清东、西吊马桥窑有72座，东、西白塔窑有48座，张家窑、河隈张庄窑有72座，共计192座，而每座官窑包括二小窑，故总计384座。⑥ "每烧砖一窑，约需柴八九万斤不等"⑦，可见砖窑所需柴火之巨。临清当地柴火已不能满足需求，周边地区人们纷纷前来贩卖，以至于在南城门附近形成一个规模颇大的柴火市场。

白布巷 南北走向，南与大宁巷、元宝街相连，北与果子巷、竹竿巷、浮桥口胡同相连，西临卫运河，因白布作坊、商铺而得名。漕运之兴盛也带动了临清纺织手工业发展，至明朝万历时期作坊已初具规模，"家家纺车转，户户机杼声，村村有土染"⑧。刘英顺指出临清纺织手工业发达的三个原因："一是临清在当时是一个商业都会，大批的能工巧匠会聚临清，纺织技术优于其他地方；二是临清是一个产棉区；三是临清商业资金雄厚，徽商晋商钱庄银号林立。"⑨ "布商，店在白布巷，自明成化二年，苏州、南翔、信义三会合而为行。隆万间寖盛，岁进布百万有奇。

---

① 本节关于临清街巷胡同的地名及其地理方位，多采自刘英顺于2015年在中国作家出版社出版的《临清胡同文化》一书，该书也提供了很多地名文化信息。
② 乾隆《临清州志》卷11《市廛志》，清乾隆十四年（1749）刻本。
③ 民国《临清县志》卷6《疆域志·古迹》，民国二十三年（1934）铅印本。
④ 乾隆《临清直隶州志》卷9《关榷志》，清乾隆五十年（1785）刻本。
⑤ 乾隆《临清直隶州志》卷9《关榷志》，清乾隆五十年（1785）刻本。
⑥ 傅崇兰：《临清明清史》，政协临清市委员会编：《临清明清史研究》，齐鲁电子音像出版社2020年版，第1—88页。
⑦ 乾隆《临清州志》卷7《关榷志》，清乾隆十四年（1749）刻本。
⑧ 齐保柱、高志超主编：《聊城风物》，山东友谊书社1988年版，第129页。
⑨ 刘英顺：《临清胡同文化》，中国作家出版社2015年版，第34页。

每岁轮行首一人，司一岁出入。凡庆谒、馈献、宴饮、交际，大至贷饷助公，行首主其事，费用宏巨。其时，店口甚伙，即一左元店字号，出银每锭必点一硃，每年需用银硃三二十斤不止，合以各家其费难量。今则各街俱有布店，自济宁、东昌拨贩。"①

不少商号的营业额很大，"一左元"字号每出银必点硃，每年需用硃粉达二三十斤，足见销量之大。徽州布商王道济曾独立出资修建临清舍利宝塔第六层，"信官王道济，捐资独立完工，济字康叔……年六十岁，祖籍徽州府歙县，世习临清布业"②。大宁寺院内石刻碑文记载了民国初年临清白布商人的免税则例。民国时期，临清布行与绸缎行逐渐出现"合行"趋势，即布铺也可以卖绸缎，而绸缎铺也可以卖布。

图 5-1 白布巷

（照片系笔者于2024年5月24日拍摄）

纺绩巷 南北走向，南通汪家胡同，北连马市街，因纺绩作坊而得名。纺绩，即纺纱和绩麻，前者制作用于装粮食的布口袋、棉线绳子；后者制作麻袋和捆扎粮食口袋的麻线绳，它们大多供给粮仓、粮行及码头漕运之用。该巷子周边除了有粮仓外，在其西边还有三元阁码头和粮食市场，东

---

① 乾隆《临清州志》卷11《市廛志》，清乾隆十四年（1749）刻本。
② 万历四十五年（1617）《舍利宝塔第六层纪造》，碑存临清市舍利宝塔。

边还有花粮行,这些场所都要消耗大量的麻袋。纺绩巷又称"纺织巷""纺吉巷",巷子口上原有一块眉石,上书"纺吉"二字。王树理在为临清作"传"时指出:"那个以纺织布袋、麻袋为主要经营项目的纺织巷,是专门为仓廒粮食服务的企业。他们把为远走他乡的粮食生产麻袋,当成丝路交往的一种手段,专门使用波斯人把棉花称为'吉被'的叫法,在胡同口竖立起一块写着'纺吉'的石碑,受到许多西域客商的称赞。"①

图 5-2 纺绩巷

(照片系笔者于 2016 年 10 月 3 日拍摄)

---

① 王树理:《临清传:大运河文化的支点》,新星出版社 2019 年版,第 103 页。

估衣街　估衣巷　这是临清两条均以"估衣"命名的街巷，二者都坐落在大运河闸口之旁，又名"故衣巷"。前者位于元朝大运河北岸，毗邻会通闸；后者位于明朝大运河西岸，毗邻二闸口。估衣街东西走向，东连草市街，西通蜡烛巷；估衣巷东西走向，东与金牛巷、二闸口相接，西与会通街相连。在临清，估衣街巷就是买卖旧货的市场，当地有民谚云"好货到不了二闸口"，乾隆《临清州志》载"故衣巷，收买故衣者，有数十家，并古董、人参、银钱、铜、锡、茶叶，南京铺杂居之"①。它的形成与漕运制度有关，明清政府允许运粮漕船夹带私货，即漕船可以附载"土宜"沿途贩卖，以补助运丁之劳苦。《明史》对此记载道："运船之数，永乐至景泰，大小无定，为数至多。天顺以后，定船万一千七百七十，官军十二万人。许令附载土宜，免征税钞。孝宗时限十石，神宗时至六十石。"②土宜即各地的特产，而且还予以免征税收，对南北物资交流起到了促进作用。

图 5-3　估衣巷

（照片系笔者于 2024 年 6 月 19 日拍摄）

---

① 乾隆《临清州志》卷 11《市廛志》，清乾隆十四年（1749）刻本。
② （清）张廷玉等：《明史》卷 79《食货三》，中华书局 1974 年版，第 1921 页。

箍桶巷 东西走向，东接枭米巷、琵琶巷、公馆街，西连白布巷、元宝街和大运河，因箍桶作坊而得名。箍桶作坊就是加工木盆、木桶等圆活的木器场所。箍桶巷之形成与大运河文化密不可分：其一，大运河的南北畅通使四方人士和游宦侨商定居临清，当地婚俗中便受到江南风俗的影响，即出嫁时的嫁妆中必须有一对马桶，从而使木器作坊有着很大的销售市场。其二，漕船及水上人家生活必需品大多以木制品为主，如木桶、木饭盆、木水缸等。大运河穿临清城而过，很多街巷胡同临河，这些木制品便成为人们必备的家什。其三，明朝曾在临清设卫河船厂，嘉靖年间裁撤后，大批工匠为了生计转为木匠。箍桶巷较有名气的商号有"资意号""振兴号""宝森号""振兴永""万圆恒"等。①

枭米巷 东西走向，东通锅市街，西连箍桶巷、琵琶巷和公馆街，因巷子里多卖米店铺而得名。据乾隆《临清直隶州志》记载："临清为四方辐辏之区，地产谷不敷用，尤取资于商贩。从卫河泛舟东下者，豫省为多。秫、粱则自天津溯流而至。其有从汶河来者，济宁一带粮米也。"②乾隆年间，临清的粮食市场有："鼓楼斜街，自台儿庄、济宁、汶上等处，由东水门进，每年不下数百万石，铺户十余家。坝口，俗名粮食市，向自河南卫辉等处，由南水门进，每年不下数百万石；又有沈阳、辽阳海运杂粮至天津拨载，亦不下数万石，铺户十余家。车营街，砖闸东，自馆陶、冠县、堂邑、莘县、朝城，俱车载驴驮，日卸数百石，铺户二十余家。卫河西靖西门内，俱系西乡一带村庄入城枭卖，日卸数十石，铺户十数家。怀朔门外塔湾，皆清河地方及本境各庄，日卸数十石，铺户十数家。旧城内，铺户十数家。永清大街，铺户二十余家。按明时有辽米、辽豆，官价召买，每岁七八千石。"③

许檀作过相关考证，认为最迟到隆庆、万历年间，临清已经成为闻名全国的商业大都会，而且一直到清朝中叶，临清仍然是华北地区非常

---

① 刘英顺：《临清胡同文化》，中国作家出版社2015年版，第45页。
② 乾隆《临清直隶州志》卷9《关榷志》，清乾隆五十年（1785）刻本。
③ 乾隆《临清州志》卷11《市廛志》，清乾隆十四年（1749）刻本。

重要的商城。① 随着城市社会的发展，临清居民与流动人口大量增加。明清档案资料多处显示明代的临清城有百万人口之巨，如《明清史料》载《总监各路太监高起潜题本》提道："总计临城周匝逾三十里，而一城之中，无论南北货财，即绅士商民近百万口。"② 如此众多的人口增加了对商品粮的需求，乾隆皇帝还曾特谕免除临清各关米豆商税，从而促进了当地米粮贩卖交易的兴盛。

竹竿巷 东西走向，东通锅市街，西达卫河且与广济桥码头相接，南连公馆街、税课局胡同、高家染坊胡同、大白布巷，北连小白布巷、豆芽胡同，因街上的竹器铺而得名。它也是大运河经济最具代表性的产物，其西头就是广济桥码头——又称"浮桥口码头"，为南北物流之枢纽，南方竹器商贩运来的原材料在临清加工制作，久而久之这项技艺就融入了当地人的生活中。此街铺面建筑风格与其他街巷上的不同，因为最初经营竹货的商人基本上都是南方人，自然带有南方的建筑文化，如门板长、店额高、屋脊阔、大进深等。竹木加工一般不需要太多本钱，当地民谣说："一把篾刀一弓锯，两把竹篾做生意。"③ 竹竿巷的产品有上百种，生活类主要有竹筐、竹篮、竹篓、竹帘、竹几、竹椅、竹杠、竹筷、竹担等；农器类主要有扫帚、竹耙、筛子、鞭条等；装饰类主要有竹鸟花、竹呼哨等，以及儿童竹玩具。

纸马巷 南北走向，南通考棚街，北达后铺街，中间路东通橡子店胡同、田家店胡同、徐川店胡同，路西通耳朵眼胡同，因巷子里多纸马作坊而得名。所谓纸马，就是古时祭祀用到的神像纸，在举行仪式时用来焚烧的祭品。"纸马巷，以纸印神像有祀神者，俗谓之'请纸马'，铺户约数十家。"④ 临清素有尚礼好义之民风，乾隆《临清州志》这样记载：

---

① 许檀：《明清时期华北的商业城镇与市场层级》，《中国社会科学》2016 年第 11 期。
② 中央研究院历史语言研究所编：《明清史料》甲编第 10 本《总监各路太监高起潜题本》，上海商务印书馆 1930 年版，第 923 页。晁中辰、田培栋、刘士林、张绂等学者，均在各自相关研究中引用过该资料。当然，此处的"百万"疑为虚数，用来形容临清城的人口规模。另有学者对临清人口作过考证，参见郭东升《百万人口的明代临清城》，《春秋》2018 年第 6 期。
③ 郭晓琳、董珂主编：《山东古街古巷》，山东友谊出版社 2018 年版，第 562 页。
④ 乾隆《临清州志》卷 11《市廛志》，清乾隆十四年（1749）刻本。

第五章　大运河聊城段街巷胡同及其地名　/　245

图 5-4　竹竿巷

（照片系靳国君于 2004 年 5 月 26 日拍摄）

图 5-5　竹竿巷竹木生产

（照片系靳国君于 2005 年 4 月 18 日拍摄）

> 俗虽奢华而有礼，士虽务名而有学。文教事兴，科第接踵，舟车毕集，货财萃止，诚天下佳丽之地，所以衣冠文物胜于他邑矣。崇礼让，重廉耻，不好健讼。服贾者居田十之六，士大夫尚礼好义，文物甲于东方。①

可见，临清人礼节多、讲排场，这与经济繁荣、生活富足有关。明清时期，作为大运河的枢纽城市，临清是五方杂居之地，大规模人口聚集和流动，为宗教发展提供了充足空间。"城内及其周边寺庙林立，包括佛教、道教、伊斯兰教以及民间祭祀场所在内的寺庙有数百座之多。它们构成了临清居民的信仰空间，成为临清居民的精神生活的中心。"② 寺庙道观遍布大街小巷，加之临清人口众多与尚礼民风，所以祭祀用品有着很大市场，从而形成了专门经营加工祭祀用品的街巷。

纸马巷曾是堂邑县的一块插花地，即"飞地"。实行"飞地"制度，是历朝中央政府为了强化对地方的统治，在区划上采取的一项措施，有人认为是取"楔子"作用的稳固之意。万历《东昌府志》中明确记载："洪武七年（1374），割堂邑会通乡二里来属临清。"③ 光绪《堂邑县志》所记与上述相同。堂邑为东昌府属县，故割给临清二里之人口。当时，为了便于管理会通河，临清县治衙门迁至纸马巷。如今所见纸马巷南北城门楼，即为当年堂邑县在其属地上建造的"围子"。④ 景泰时期临清砖城落成后，治所才从纸马巷迁走。所以，纸马巷门楼楼额会留下"县治遗址"石刻标志。

油篓巷 东西走向，位于元运河北岸，东通马尾巷，西与牌坊街、月径桥相连，因油篓作坊而得名。油篓是人们日常生活中必不可少的器具，可以用来盛放油、酒、醋等。乾隆《临清州志》记载："巷内人家俱

---

① 乾隆《临清州志》卷11《风俗志》，清乾隆十四年（1749）刻本。
② 王明德：《明清时期临清的寺庙与城市生活》，《文史博览》（理论）2014年第3期。
③ 万历《东昌府志》卷2《地理志》，明万历二十八年（1600）刻本。
④ 明朝洪武二年（1369），临清县衙迁徙到运河岸边，首先要考虑到县衙的安全问题，而当时会通河两岸的中洲堂邑县会通乡围子是理想之处，所以，临清县治选择了堂邑县会通乡围子城里的纸马巷，作为临时治所之地。所谓"围子"，在当地方言中的意思是围成一圈的城池式防御体系，与其相关的地名有土围子、砖墙围子、民居围子、树林围子、荆棵围子等。参见刘英顺《临清胡同文化》，中国作家出版社2015年版，第75页。

以篓为业，编竹成之，内糊油纸，甚轻坚，客装油必用之，相传惟临清者鼠不啮。"① 可见，临清的油篓制品以"轻坚"特点而名扬大江南北。刘氏作坊制作的油篓较有名气，其制作工艺秘不外传。到了清朝光绪年间，刘氏后人经营的油篓铺字号有"德和成""彩和成""恒升成"，几乎垄断了临清的市场。

图 5-6　油篓巷

（照片系笔者于 2024 年 5 月 24 日拍摄）

曲巷　一条在中洲，另一条在河西，皆因酒曲作坊而得名。酒曲是酿酒必备的原料，曲坊就是加工酒曲的作坊。中洲曲巷位于元运河会通桥南侧，南北走向，南通纸马巷，北通后铺街、会通街。河西曲巷位于当年靖西门与西雁门之间，南北走向，南通青龙街，北通磨盘街。

"临清人的酒文化是源远流长的，饮酒发展成一种文化并沉淀为一种

---

① 乾隆《临清州志》卷 11《市廛志》，清乾隆十四年（1749）刻本。

生活方式。"① 元人吕彦贞《临清即事》有一句云"济上繁华地，维舟近酒垆"，指出凡是靠近大运河码头泊船的地方，都会有酒肆为之服务。明人金实《临清闸逢何秋官》一诗中的"亟邀亲旧碎壶觞，更遣僮奴馈虾鲞"，展现了商旅船家在此停舟聚会饮酒的场景。明人林大辂《临清逢林克敬判官别寄》的"别馆酒杯欢不极，春城歌管意何长"诗句，描写了临清当时的餐馆同时提供酒水和舞乐服务。《金瓶梅》第九十八回"陈敬济临清逢旧识，韩爱姐翠馆遇情郎"，专门渲染了在临清地盘上开办大酒店的情景。嘉靖年间，日本使者策彦周良在《入明记》中如是描写临清酒店："清源驿，有酒店，帘铭云：李白闻香乘月饮，洞宾知味驾云沽。"②

据乾隆《临清州志》记载："酒肆随街皆有"，"徐氏'玉茗斋'所造甚佳，后刘氏'南董斋'亦佳"。③ 民国《临清县志》也记载："酒坊酒肆遍及大街小巷……凡有池有锅专以酿酒为业者皆是。"④ 临清酒肆众多，制曲造酒业非常兴盛。东城、西城内都有踏曲巷，每到麦收季节，富商大贾便携重资而来，广收新麦，在巷中"安箱踏曲"，致使麦价为之涌贵，制酒售曲，蔚然成风。⑤ 乾隆初年，临清州曲坊"少者数缸，多者三五十缸，每日尽烧，自一二缸至五六缸不等，需七八日轮转一次，而缸口有大小，每日每缸所烧粮食自六斗至一石二斗不等"⑥。

在临清土城内还形成了一条专以"烧酒"命名的胡同，说明当时烧酒业颇具规模。临清酒坊酿造的酒品种繁多，有烧酒、清酒、菊花酒、羊羔酒、玉茗酒等。踏曲作坊以单家经营的曲坊规模最大，单家祖居临清乡村，进城后以经营曲坊、酒坊为主业。乾隆年间，单家因经营规模逐渐扩大，搬迁至临清中洲土城的曲巷内经营。至清朝末年，因经营有方、酒品质优价廉，单家遂又在土城北边的纸马巷南边购置大片宅院，并以"溢香斋"为商号。

---

① 周嘉：《运河城市的饮食文化考论——以山东临清为例》，《美食研究》2017年第4期。
② 范金民：《国计民生：明清社会经济新析》，江苏人民出版社2018年版，第276页。
③ 乾隆《临清州志》卷11《市廛志》，清乾隆十四年（1749）刻本。
④ 民国《临清县志》卷8《经济志·工艺》，民国二十三年（1934）铅印本。
⑤ 乾隆《临清州志》卷11《市廛志》，清乾隆十四年（1749）刻本。
⑥ 光绪《畿辅通志》卷107《榷税》，清光绪八年（1882）刻本。

图 5-7　烧酒胡同

（照片系笔者于 2024 年 6 月 19 日拍摄）

镖局胡同　东西走向，东通车营街，西通明运河，中间与雷神庙胡同相交，长约 60 米，因胡同内设有镖局而得名。镖局又称"镖行"，是一种专门为他人保护财物或人身安全的行业。古时的运输方式不外乎水运和陆运，雇用船家、脚行来运输很难保证安全，故大运河沿线的镖行生意非常兴隆。从事这一行业自身要有硬功夫，鲁西地区素有尚武之风，武林豪杰人才辈出。民国《清稗类钞》记清代掌故逸闻："临清州，民俗强悍，多盗。"[1] 临清的镖丁以勇猛著称，"镖丁，有马有步，昔共百余名，分送三行货物、金资南北往来，精骑射，饶勇力，暴客遇之多走，以故临镖天下称最"[2]。清朝临清较有名的镖局有"洪升镖局""信远镖局""三义镖局""玉兴镖局"等。

清朝聊城的镖师武艺之高强，也是腾诵于众口，如清末笔记《聊摄丛谈》所记窦家镖行："聊城县窦某者，乾隆间以武艺举于乡。有三子一女，皆骁勇矫捷。……窦常为客商保镖，以红三角旗为记，南北往来，

---

[1]（民国）徐珂：《清稗类钞》第 22 册《技勇》，商务印书馆 1928 年版，第 162 页。
[2] 乾隆《临清州志》卷 11《市廛志》，清乾隆十四年（1749）刻本。

无少差误，以是人皆信之。后踵门求保者无虚日，父子应接不暇，广请伙友，开行于城东射书台下。"① 该行业还形成了独有的"喊镖"文化——每当遇到匪人出没的地方，旁人会提醒一下镖师，此时镖师警觉起来并大声喊镖。每个镖局都有自己的喊镖，匪人听到后会知道是哪个镖局在行动。如果双方有交情会平安无事，或者用名号吓退匪人。②

冰窖街 南北走向，南通牛市口街，北达土门巷、土城怀朔门，西临卫运河大堤。当时，冰窖所藏冰块主要用于供应官府机构。

> 岁十二月藏，冰窖有数处，判官主其事。临清卫亦有窖，改设千总主之，今停。藏冰为贡鲜设，民间不得用也。昔唯盛暑日供水部一担，别衙门亦时取用。自罢贡鲜，临清无冰。近民自藏冰，街头敲卖。③

"藏冰"为旧时传统岁时风俗。北方地区夏日酷热，冬季结冰，故有冬藏夏用之俗。此俗起源较早，如《诗经》中就有相关记载，且多流行于宫廷、官府。古代还设官吏专门负责此事，并建有用来窖冰的冰井。清朝冰窖分为官冰窖、府第冰窖和商民冰窖三种。"每到十一月三九、四九天，即有伐冰、藏冰之举，颇属盛事。"④《大清会典》专列"工部都水清吏司藏冰"条，"凡伐冰取诸御河"，"岁以冬至后半月，部委司官一人，募夫伐冰，取其明净坚厚者，以方尺有五寸为块"。每年的冬至后半月，由司官招募伐冰之人，在御河上进行凿冰，以一尺五寸见方为块。可见，当时采集的冰块都是比较大的，这样才能便于保存。

南厂街 南北走向，南连南水门关，西傍卫运河大堤，因明朝所设卫河船厂而得名。当时，明朝有三大船厂，即南京龙江船厂、淮安清江船厂、临清卫河船厂。

---

① （清）须方岳：《聊摄丛谈》卷1《窦小姑》，清光绪十二年（1886）济南文英堂刻本。
② 刘英顺：《临清胡同文化》，中国作家出版社2015年版，第110页。
③ 乾隆《临清州志》卷11《市廛志》，清乾隆十四年（1749）刻本。
④ 冯阳主编：《旅程·食旅》，远方出版社2005年版，第65页。

永乐间，肇建清江、卫河二厂，督造运船。旧传：永乐七年，淮安、临清肇建清江、卫河二厂。窃惟十二年以前，虽由海运，内有黄河运至卫河漕船，以是而知船厂设于是年之前明矣，但不知的为七年否也。南京、（南）直隶、江西、湖广、浙江各总里河浅船，俱造于清江。遮洋海船并山东、北直隶三总浅船，俱造于卫河。大约造于清江者，视卫河多十之七。因罢海运，故以便于里河者为浅船，从仪真、徐、淮、临、德运至通州。遮洋海船由山东、北直隶，从直沽入海，转白河运至蓟州。先年，遮洋船多隶清江厂成造，寻改隶卫河。①

我太宗文皇帝缵承皇祖，定鼎北平。初从海运，自后清、汶既疏，始更浅舟，由里河以达京师。南于淮安清江、北于临清卫河，设二提举司以职专造理，是即先代舟楫之署，而经济规模尤大焉者。②

卫河船厂在临清历时百余年，并在当地留下众多可循的遗迹遗存。这里提到的卫河"提举司"就是负责管理临清卫河船厂的衙署。临清卫河造船总厂，"大门，三间；二门，一间；正厅，三间；东西书办、军牢房，各三间；退轩，三间；住房，三间"③。南厂街不仅有卫河提举司，还有工部都水分司，"监修漕舻署，在板闸南、卫河东浒"④。板闸南、卫河东岸就是如今南厂街位置。

考棚街 东西走向，东通吉士口、后关街，西连青碗市口，因临清州当年设考棚试院而得名。乾隆年间，临清由州升为直隶州，下辖武城、夏津、邱三县。考棚试院是一州三县生童应试之所，考中者进入县学为生员。后来，临清又成为乡试会考之地，考中者为举人。考棚之东为清

---

① （明）席书编次、（明）朱家相增修：《漕船志》，苟德麟、张英聘点校，方志出版社2006年版，第32页。

② （明）席书编次、（明）朱家相增修：《漕船志》，苟德麟、张英聘点校，方志出版社2006年版，第158页。

③ （明）席书编次、（明）朱家相增修：《漕船志》，苟德麟、张英聘点校，方志出版社2006年版，第86页。

④ 乾隆《临清州志》卷3《公署志》，清乾隆十四年（1749）刻本。

源书院，二者是连成一片的建筑群。

清光绪三十一年，知州庄洪烈在南司口清源书院旧址成立高等小学堂，附设师范传习所，以孙百福为堂长，是为本县有高级小学之始。光绪三十二年，知州张承燮奉令在考院旧址成立初级师范学堂，由师范传习所改组，附设高等小学堂，以孔繁堃为堂长，高级小学遂迁于考棚街。①

图 5-8 考棚街

（照片系笔者于 2016 年 10 月 3 日拍摄）

官驿街 位于元运河的南岸，顺河东西走向，东连天桥、锅市街，西通小白布巷、下摆渡口胡同，中间与豆芽胡同相接。官驿街之形成与大运河有关，在其东头是永济桥，西边则是临清闸。据《明会要》记载："自京师达于四方，设有驿传，在京曰会同馆，在外曰驿，曰递运所，以便公差来往。"② 水马驿包括水驿和马驿两种，递运所也分陆运和水运两

---

① 民国《临清县志》卷 10《教育志·学校教育》，民国二十三年（1934）铅印本。
② （清）龙文彬：《明会要》卷 75《方域五·驿传》，中华书局 1956 年版，第 1469 页。

种。当时，临清直隶州属驿有七，即临清直隶州州驿、清源驿、渡口驿、武城县县驿、甲马营驿、夏津县县驿、邱县县驿。史料对它们的设置情况记载如下：

>　　临清直隶州州驿，马八匹，马夫八名，驴五头，驿书二名，差夫四十名。①
>　　临清州，冲驿，里马一十三匹，马夫一十名半，抄牌二名，白夫四十名。岁支夫马工料并棚厂供廪等项共银一千一百四十二两五钱八分一厘零。②
>　　清源驿，马十二匹，马夫六名，驿书一名，差夫二名，兽医半名。③
>　　清源驿，走递马二十三匹。④
>　　清源驿署，在州城水西门外，兼管渡口驿。⑤
>　　渡口驿，水驿夫一百六十一名。⑥
>　　渡口驿，原额编走递水夫三百五十名。⑦
>　　清源驿署，在州城水西门外，兼管渡口驿。⑧
>　　武城县县驿，马八匹，马夫五名半，驴二头，差夫十二名半。⑨
>　　武城县，次冲，里马一十一匹，马夫七名，白夫一十二名半。岁支夫马工料并棚厂等项共银四百五十八两九钱七厘。⑩

---

①　嘉庆《钦定大清会典事例》卷528《兵部·邮政·置驿一》，《续修四库全书·史部》，上海古籍出版社2002年版。
②　雍正《山东通志》卷17《驿递志》，清乾隆元年（1736）刻本。
③　嘉庆《钦定大清会典事例》卷528《兵部·邮政·置驿一》，《续修四库全书·史部》，上海古籍出版社2002年版。
④　康熙《临清州志》卷2《赋役》，清康熙十二年（1673）刻本。
⑤　雍正《山东通志》卷26《公署志》，清乾隆元年（1736）刻本。
⑥　嘉庆《钦定大清会典事例》卷528《兵部·邮政·置驿一》，《续修四库全书·史部》，上海古籍出版社2002年版。
⑦　康熙《临清州志》卷2《赋役》，清康熙十二年（1673）刻本。
⑧　雍正《山东通志》卷26《公署志》，清乾隆元年（1736）刻本。
⑨　嘉庆《钦定大清会典事例》卷528《兵部·邮政·置驿一》，《续修四库全书·史部》，上海古籍出版社2002年版。
⑩　雍正《山东通志》卷26《公署志》，清乾隆元年（1736）刻本。

甲马营驿，水驿夫一百六十一名。[1]

甲马营驿丞署，在城东北二十五里。[2]

夏津县县驿，马三匹，马夫二名七分半，驴一头，差夫七名。[3]

夏津县，无驿，里马七匹，马夫四名七分半，白夫七名。岁支夫马工料并棚厂等项共银二百八十三两八钱五分九厘。[4]

邱县县驿，马三匹，马夫二名半，驴一头，差夫八名。[5]

邱县，无驿，里马八匹，马夫五名，白夫八名。岁支夫马工料并棚厂等项共银二百八十三两三分零。[6]

前关街　后关街　二者均为南北走向，前者南与金牛巷相连，北与吉士口街、考棚街相连，两侧与挑水胡同、黑家胡同、张家胡同、兑货桥胡同、宁海巷、盐店胡同等相通；后者南与前关街、火神庙胡同交会，北与吉市口街相通，中间与宁海巷、碾子巷、后营街、黑家胡同、挑水胡同、张家胡同相通。明朝宣德四年（1429），因在此处建造运河钞关，户部设立榷税分司管理收税，这条街巷开始被称为"钞部街"。"官署之前曰前关"[7]，前关所在街巷便称"前关街"，而后关所处街巷就称"后关街"。

铸钱局街　位于东水门附近，南北走向，因大清铸钱局"宝临局"坐落于此而得名。据民国《临清县志》记载："鼓铸局，东水门外，有炉三十余座，明崇祯间设，属工部，清属仓部，每年领银八万两，买铜铸钱，支应各属兵饷，停止年月未详。"[8] 铸钱局就是国家设立的铸造铜钱

---

[1] 嘉庆《钦定大清会典事例》卷528《兵部·邮政·置驿一》，《续修四库全书·史部》，上海古籍出版社2002年版。

[2] 雍正《山东通志》卷26《公署志》，清乾隆元年（1736）刻本。

[3] 嘉庆《钦定大清会典事例》卷528《兵部·邮政·置驿一》，《续修四库全书·史部》，上海古籍出版社2002年版。

[4] 雍正《山东通志》卷17《驿递志》，清乾隆元年（1736）刻本。

[5] 嘉庆《钦定大清会典事例》卷528《兵部·邮政·置驿一》，《续修四库全书·史部》，上海古籍出版社2002年版。

[6] 雍正《山东通志》卷17《驿递志》，清乾隆元年（1736）刻本。

[7] 乾隆《临清直隶州志》卷9《关榷志》，清乾隆五十年（1785）刻本。

[8] 民国《临清县志》卷7《建置志·政治类》，民国二十三年（1934）铅印本。

图 5-9 前关街

（照片系笔者于 2016 年 10 月 3 日拍摄）

的机构，临清鼓铸局始设于明朝崇祯年间。如今流传下来所铸顺治通宝、康熙通宝，其显著特征体现在铜制钱上有一个"临"字，指宝临局铜钱。[1]

户部街 位于砖城内粮仓东侧，南北走向，因户部督储分司坐落此街而得名。在最初建造粮仓的时候，该机构名为"户部督饷分司"，据乾隆《临清州志》记载："户部督饷分司，明永乐乙未设，署在旧城西北隅。仓三，曰广积，曰临清，廒八十一连，连十间，曰常盈，廒二连百间，后圮。国朝雍正甲寅，知州陈留武即署废址崇建万寿宫，外为正门三，内为殿五间，两序为朝房各五间。"[2] 另据民国《临清县志》记载："户部督储分司设于明永乐间，政府岁出主事一人督理仓务，仓二，曰广积，曰临清，岁额河南、山东诸府米本折旧贮常百万。又仓一曰常盈，岁额济南诸府麦米五万石有奇，为临清卫、任城卫俸旗军孤老粮，仓务

---

[1] 刘英顺：《临清胡同文化》，中国作家出版社 2015 年版，第 215 页。
[2] 乾隆《临清州志》卷 3《公署志》，清乾隆十四年（1749）刻本。

图 5–10　后关街

（照片系笔者于 2016 年 10 月 3 日拍摄）

旧属于州。"[1]

大寺街　东西走向，东通青碗市口、考棚街、锅市街，西临卫运河，因大宁寺坐落于该街而得名。临清伽蓝林立，僧徒众多。当地知名寺庙有满宁寺、天宁寺、净宁寺、大宁寺、大佛寺、定慧寺、华严寺、五松寺、清凉寺、大悲寺、千佛寺等。[2] 其中，大宁寺是临清佛教寺庙第一大

---

[1]　民国《临清县志》卷 14《秩官志·民国以来秩官表》，民国二十三年（1934）铅印本。
[2]　周嘉：《漕挽纷华：明清以来临清城市空间研究》，中国社会科学出版社 2023 年版，第 159 页。

寺,它与上述前三位并称"临清四大古寺"。据乾隆《临清州志》记载:"大宁寺,居中洲之中,宏敞壮丽,雄冠诸刹,四方百货萃止,列肆懋迁。"① 明州人方元焕有《重修大宁寺碑记》留存,据碑文记载,大宁寺始建于金元时期,原名"天宁寺",永乐年间改称"大宁寺",远早于临清营建砖城,故民间有"先有大宁寺,后有临清城"之说。大宁寺山门巍峨,高约 5 米,面阔三间,单檐瓦顶。三门洞开,视野开阔。门楣匾额"大宁寺"原为明朝嘉靖年间举人方元焕所书,后毁于兵燹。②

大寺街不仅是商业繁华之地,而且还有不少名胜古迹,据民国《临清县志》记载:"大宁寺旧有米南宫'宝藏'、方晦叔'第一山'二碑,乾隆甲午毁于火,癸丑学宪翁覃溪取'宝藏'二字摹刻……郡人有重刻'第一山'之役","二碑今在大宁寺东院公输子祠俗称鲁班殿庑下"③。大宁寺里有米芾书写的"宝藏"碑刻、方元焕书写的"第一山"碑刻。

图 5-11　大宁寺大雄宝殿

(照片系笔者于 2017 年 1 月 31 日拍摄)

---

① 乾隆《临清州志》卷 11《寺观志》,清乾隆十四年(1749)刻本。
② 现存匾额为民国十七年(1928)时任县长马锐补提,字径半尺,饱满遒劲。
③ 民国《临清县志》卷 16《艺文志·金石》,民国二十三年(1934)铅印本。

图 5-12 大寺街

（照片系笔者于 2015 年 11 月 16 日拍摄）

会通街 南北走向，南与东夹道街、灯挂胡同相连，北与马市街、火神庙胡同、察院街相连，中间与薛家胡同、估衣巷、烧酒胡同相通，因东傍明朝会通河而得名。临清城区有 3 条古运河，即卫运河、元朝会通河和明朝会通河。会通街坐落在明朝会通河西岸，是一条与会通河顺向的街道。会通河有"会天下之财赋，通南北之百货"之寓意[1]，它带动了会通街商业的繁荣，街上拥有德记百货铺、乾元杂货行、同心成点心铺、成记茶叶店、苗记杂货铺、文兴理发铺、马家澡塘子、汇川银号、武圣烟铺、泰兴茶庄等。

牌坊街 南北走向，南通油篓巷、月径桥，北通石沟街、帅府街、牛市口，因有一座石牌坊而得名。该街南首有一座石牌坊，明朝万历年间由街里王家所建。王家书香门第，人才辈出。据民国《临清县志》记载，王体仁为嘉靖年间贡生，其子王成德为万历年间进士，"王成德，字象薇，万历十七年进士，令真定，抚字有方，擢刑部主事，谳讯称平，

---

[1] 刘英顺:《临清胡同文化》，中国作家出版社 2015 年版，第 237 页。

第五章 大运河聊城段街巷胡同及其地名 / 259

图 5-13 会通街

（照片系笔者于 2016 年 10 月 6 日拍摄）

图 5-14 苗记杂货铺旧址

（照片系笔者于 2016 年 10 月 6 日拍摄）

历山西参政，以母老乞归，人称其孝"①，"王体仁以子成德封奉政大夫、户部郎中"②。临清舍利宝塔第一层塔额"舍利宝塔"四个大字就是由王成德题写。

图 5–15　牌坊街

（照片系笔者于 2024 年 5 月 24 日拍摄）

养济院街　南北走向，中间与杨家胡同、月牙胡同相连，因养济院而得名。《明史》称："初，太祖设养济院收无告者，月给粮。设漏泽园葬贫民。天下府州县立义冢。"③ 养济院是临清最早出现的慈善机构之一，创建于洪武年间，位于中洲卫河东浒，为使"茕独之无依者，栖有庐，食有粟，衣有布絮"④。嘉靖时副使张邦教重建，有房屋 35 间，雍正九年（1731）知州冯锐重修，南为屋三连 20 间，西为屋三连 9 间，东为屋三

---

① 民国《临清县志》卷 15《人物志·显达》，民国二十三年（1934）铅印本。
② 民国《临清县志》卷 13《选举志·荐辟》，民国二十三年（1934）铅印本。
③ （清）张廷玉等：《明史》卷 77《志第五三·食货一》，中华书局 1974 年版，第 1880 页。
④ 康熙《临清州志》卷 4《艺文》，清康熙十二年（1673）刻本。

连 15 间，北为屋三连 15 间，知州陈留武加以重葺。① 养济院一直延续到清末，经费全部来自官款。

图 5-16 养济院旧址

（照片系笔者于 2016 年 10 月 3 日拍摄）

行宫庙胡同 一条三道弯胡同，胡同东口与琵琶巷相连，胡同南口与大寺街相连，因碧霞元君行宫庙而得名。行宫庙建于清初，为碧霞元君巡行驻驾之所。碧霞元君是华北地区比较盛行的女神信仰，祭祀她的庙宇遍布城镇和乡村，"大邑巨镇多建碧霞元君之宫，名曰行宫"②。历史上临清庙会众多，较大者当数对碧霞元君的祭祀，时至今日每年都要举办"迎神接驾"活动，成为这座运河名城特有的一种文化象征。③ 在众庙会中，行宫庙的社火规模最大，时有顺口溜"穷南坛，富行宫，爱耍花样的碧霞宫，娘娘庙是一窝蜂"④ 予以比较。

---

① 乾隆《临清直隶州志》卷 2《建置》，清乾隆五十年（1785）刻本。
② 民国九年（1920）《奶奶庙捐资碑》，碑存临清市魏湾镇东魏村。
③ 周嘉：《漕挽纷华：明清以来临清城市空间研究》，中国社会科学出版社 2023 年版，第 194 页。
④ 高志超主编：《运河名城临清》，山东友谊出版社 1990 年版，第 188 页。

图 5-17　行宫庙胡同

（照片系笔者于 2016 年 10 月 3 日拍摄）

娘娘庙胡同　南北走向，胡同北首曾有一座海神娘娘庙，故因娘娘庙而得名。临清民间有句俗语"先有娘娘庙，后有临清城"，说明对于"娘娘"的祭祀早在官方营建城池之前就已经存在，信仰历史较为悠久。娘娘庙是一座古老的庙宇，其历史至少要早于明朝。临清城区里的街巷胡同多始于元朝和明朝，不乏会通镇留下的明朝以前相关遗迹，娘娘庙可能是宋元甚至更早时期的遗存。[①] 妈祖又称"天妃""天后"，民间俗称"海神娘娘"，"妈祖庙因受到朝廷赐额和妈祖受到朝廷敕封，被列入地方官府祀典，拥有一定的合法性，受到地方官府的保护，所以获得比一般民间宫庙更好的生存和发展空间"[②]。在大运河区域，妈祖信仰与碧霞元君信仰出现了融合趋势，据乾隆《临清州志》记载：

娘娘庙即碧霞宫，在广积门外，原有旧宇，明正统四年守御千

[①] 刘英顺：《临清胡同文化》，中国作家出版社 2015 年版，第 261 页。
[②] 林国平、苏丹：《正统化、在地化与国际化：妈祖信仰长盛不衰的内在原因》，《世界宗教文化》2021 年第 1 期。

户所吴刚置地扩之。前为广生殿，有门有坊。嘉靖十九年，道士刘守祥募众附建三清阁于后，曰"玉虚真境"，下为真武行祠。昔年，每月朔望，士女为婴儿痘疹祈安，执香帛拜谒，亦有市，今寥寥矣。①

三元阁胡同　东西走向，东通打绳口胡同，西至卫运河大堤上的三元阁，因胡同西首三元阁而得名。三元阁建于明朝，是临清比较著名的道教建筑，供奉关帝、观音、海神娘娘等神灵。三元阁倚卫运河东岸而建，顺河垒石，青砖梯砌，台高丈余，台上建阁，前后两进。据乾隆《临清州志》记载："阁下垒石为台，居卫津最高，扩登其上，樯帆满目，颇饶风景。"② 当年，三元阁码头热闹非凡，河道上帆樯林立，码头上商贾云集。南来北往的漕船、商贩多在此处停留，人们登阁烧香祭拜。如今，三元阁码头前青砖迎水坝、码头青石台阶等遗物尚存。

图 5-18　三元阁码头遗址

（照片系笔者于 2016 年 10 月 6 日拍摄）

---

① 乾隆《临清州志》卷 11《寺观志》，清乾隆十四年（1749）刻本。
② 乾隆《临清州志》卷 11《寺观志》，清乾隆十四年（1749）刻本。

下摆渡口胡同　东西走向,东与官驿街、小白布巷相连,西至卫运河大堤,与礼拜巷相通,因下摆渡口而得名。下摆渡口是卫运河上的一处渡口,因地处广济桥浮桥口下游而被称为"下摆渡口"。卫运河有八大渡口,自南向北分别为真武庙渡口、南水门外渡口、南板闸渡口、狮子桥渡口、南湾子渡口、广济桥渡口、下摆渡口、太平渡口。

大王庙胡同　位于河西,东西走向,东通卫运河大堤,西通打卦胡同,因胡同内有一座大王庙而得名。大王庙就是祭祀金龙四大王的庙宇,明人谢肇淛在《北河纪》中说:"自吕梁、徐州以达临清,凡两岸有祠皆祀金龙四大王之神。"[1] 明朝是金龙四大王信仰形成与发展时期,其庙宇主要分布在大运河沿线区域,至正统年间该信仰在南至吕梁洪、北到临清的大运河一带已经有了广泛传播。[2] 临清有几处大王庙:"大王庙在砖闸东,知州郭鄷重修,协镇范绍祖复劝修,雍正八年敕修";"又一在汶河南浒,即旧窑口渡,明万历三十二年杭商闻濂等创建";"又一在卫河西浒,广济桥南,山西茶商韩四维等创,太学生李执中董其役,至康熙十四年竣工"[3]。

表5-1　　　　　　　　临清金龙四大王庙宇分布一览

编号	庙址及修建情况	资料来源
1	在窑口渡,万历三十二年(1604)建	乾隆《临清州志》卷11《寺观志》
2	在州治新开闸东,顺治十五年(1658),知州郭鄷重修	康熙《临清州志》卷2《庙祀》
3	在卫河西浒,康熙十四年(1675),晋商韩四维等建	乾隆《临清州志》卷11《寺观志》
4	在卫河南水门内,又称"龙王庙",清初祀金龙四大王	民国《临清县志》卷7《建置志》

---

[1]（明）谢肇淛:《北河纪》卷8《河灵纪》,《景印文渊阁四库全书》第576册,台湾商务印书馆1986年版,第716页。

[2] 胡梦飞:《明清时期京杭运河区域水神信仰研究》,江苏凤凰科学技术出版社2018年版,第61页。

[3] 乾隆《临清州志》卷11《寺观志》,清乾隆十四年(1749)刻本。

文庙街　南北走向，南连州口街，北至临清文庙，因文庙而得名。乾隆《临清直隶州志》记载文庙修建情况：

> 文庙在新城四隅之中，明景泰时既筑城，平江侯陈豫创造。弘治时副使陈璧扩而新之，后知州冯杰重葺。嘉靖时副使张邦教、李宪卿，知州苘世亨相继增修。万历时州人汪珙独立捐修，后副使马怡、钟万禄续修竣工。国朝顺治五年，督储孟凌云、副使周日宣、总兵宜永贵协力募修。康熙九年，知州于睿明再修，嗣是州人林秀、周亦达各出资助修。乾隆七年，知州马兆英劝修未竟，十四年，知州王俊竣事。①

文庙坐北朝南，照壁上有"太和元气"四字，第一道门是棂星门，其他建筑依次为泮池、戟门、大成殿、尊经阁等。"大成殿八楹，其高八仞，中奉至圣先师，四配、十二哲左右列祀，悬康熙二十四年钦颁匾额曰'万世师表'、雍正四年钦颁额曰'生民未有'、乾隆二年钦颁额曰'与天地参'。"②学宫在大成殿之侧，"学正一员，复设训导一员，学生三十人，每三岁贡二人，增广生三十人，附生无定额，入学各十五名，自升直隶州后增二名，武生十五名"③。

大仓街　小仓街　二者均东西走向，因仓厫而得名。明朝洪武六年（1373），朝廷在临清建仓贮饷以资转运。④洪武"二十四年储粮十六万石于临清，以给训练骑兵"⑤。当会通河开凿成功后，"始设仓于徐州、淮安、德州，而临清因洪武之旧，并天津仓凡五，谓之水次仓，以资转运"⑥。宣德年间，因粮多仓不能容，遂增造临清仓，可容约300万石。关于临清设仓情况，地方志记载较详，兹赘录于此：

---

① 乾隆《临清直隶州志》卷4《学校志》，清乾隆五十年（1785）刻本。
② 乾隆《临清直隶州志》卷4《学校志》，清乾隆五十年（1785）刻本。
③ 乾隆《临清直隶州志》卷4《学校志》，清乾隆五十年（1785）刻本。
④ （清）谈迁：《国榷》卷5，中华书局1958年版，第496页。
⑤ （清）张廷玉等：《明史》卷79《食货三》，中华书局1974年版，第1924页。
⑥ （清）张廷玉等：《明史》卷79《食货三》，中华书局1974年版，第1924页。

仓三，曰"广积"，曰"临清"，廒八十一连，十间；曰"常盈"，廒二连，百间，后圮。①

临清介两都间，水陆路所辖集，有三仓，曰"临清仓"，曰"广积仓"，俗称"大仓"，寄留备缓急之虞，补缺谷京通之数，时给续挽牵之食，乃山东、河南并大名州县两税所入，岁以二十余万石为常。②

廒每十间为一连，总如千连，编次有字号。……曰常盈仓者，俗称"小仓"，在大仓东北隅。……三仓地址皆高平，建置在未城先，故门军皆官给营房，乃从方国珍据温台作乱者后，今犹谓之"蛮子营"。③

田赋所入起运者曰"漕粮"，存留备荒者曰"常平"，皆有仓廒。旧三仓，一曰广积仓，俗称"大仓"，在广积门内西北隅。一曰"临清廒"，八十一连，连十间。一曰"常盈廒"，俗称"小仓"，在大仓东北隅，廒二连百间，后圮。④

砖城内仓廒有三，一曰"广积仓"，俗称"大仓"，在广积门内。一曰"常盈廒"，俗称"小仓"，廒二连，计百间，久圮。一曰"临清廒"，八十一连，连十间，均附于大仓西北隅。⑤

当地有句俗语云"先有临清仓，后有临清城"⑥，说明临清筑城之前已有粮仓。水次仓就是在预备仓的基础上加以扩建，改为水次兑军仓。根据上述史料记载可知，三仓均建于大运河东岸地势高平之处，后来临清砖城建成后便将粮仓包围其中。砖城之西门为广积门，其名因广积仓而得名。广积仓即大仓，常盈仓即小仓。广积仓、临清仓共有81连，每连库房10间；常盈仓有2连，库房计上百间。每连还各自拥有编号，即

---

① 乾隆《临清州志》卷3《公署志》，清乾隆十四年（1749）刻本。
② （明）阎闳：《修理三仓记》，乾隆《临清州志》卷3《公署志》，清乾隆十四年（1749）刻本。
③ （明）阎闳：《修理三仓记》，乾隆《临清州志》卷3《公署志》，清乾隆十四年（1749）刻本。
④ 乾隆《临清直隶州志》卷3《田赋志》，清乾隆五十年（1785）刻本。
⑤ 民国《临清县志》卷7《建置志·政治类》，民国二十三年（1934）铅印本。
⑥ 刘英顺：《临清胡同文化》，中国作家出版社2015年版，第286页。

"博""厚""高""明""悠""久""智""仁""圣""义""中""和"等。

药王庙街　药王庙胡同　前者南北走向，南与上湾街相连，北与蚂蚱庙街、柴市街相通；后者也是南北走向，南与吉士口街相连，北与后铺街相通。二者均因药王庙而得名。临清曾有数座药王庙，乾隆《临清州志》载"药王庙在上湾，州人胡湄修"[1]。药王庙里供奉神农，因神农尝百草，故奉之为主。土城里的药王庙附近还是一个集市，据民国《临清县志》记载："集市之来源甚久，古者日中而市，交易而退，已开集市之先声。距城较远之乡多设市招商，居家用品皆取给于此。唐人谓之'趁墟'，今谓之'赶集'。大集竟日成市，小集则过午即散。境内所有集市均以五日为期。所市货品恒因土产之便，与居民所需而互有不同，亦商业之一部也。"[2]药王庙集日为"一、六""四、九"，主要交易商品是牲畜。

图 5–19　药王庙

（照片系笔者于 2020 年 9 月 25 日拍摄）

---

[1] 乾隆《临清州志》卷11《寺观志》，清乾隆十四年（1749）刻本。
[2] 民国《临清县志》卷8《经济志·商业》，民国二十三年（1934）铅印本。

狮子桥街 一条斜街，与卫运河大堤顺向。南北走向，南通冠戴巷、三元阁码头，北通炭厂街、南湾子，西傍坝口粮食市，因街中有一座狮子桥而得名，又称"狮子街"。乾隆《临清州志》记载："狮子桥在鹊桥南，旁有一石狮，面河蹲踞，明隆庆间州人王勋捐资建。"① 民国《临清县志》记载："王勋，官巡检，初临清中州诸街雨水汇流至大宁寺前，辄成巨浸，居民受患者不下千家。隆庆间，勋捐资凿沟，引水入卫河，因跨沟建狮子桥，以便行人，至今赖之。"② 临清是《金瓶梅》故事发生背景地，书中提到的狮子街地名即为此街，如第九回道："武二听了此言，方才放了手，大扠步云飞奔到狮子街来。唬得傅伙计半日移脚不动。那武二径奔到狮子街桥下酒楼前。"③

图 5-20 狮子桥街

注：远处隆起处为卫运河大堤。

（照片系笔者于 2016 年 10 月 3 日拍摄）

---

① 乾隆《临清州志》卷 3《城池志》，清乾隆十四年（1749）刻本。
② 民国《临清县志》卷 15《人物志·笃行》，民国二十三年（1934）铅印本。
③ （明）兰陵笑笑生：《金瓶梅词话》，戴鸿森校点，人民文学出版社 1985 年版，第 66 页。

礼拜巷　南北走向，南通下摆渡口胡同，北通席厂街，因巷内原有一座清真寺而得名。临清城内原有3座清真寺，此巷里的清真寺建造时间最早，规模也最大，人们称之为"老礼拜寺"。据民国《临清县志》记载："清真寺有三，为回教民族所建，一在卫滨下渡口，俗称'老礼拜寺'，其临河水亭颇俊伟；一在马家大院，为中寺亦名'新寺'；在洪水坑上者为东寺，规模较小。"① 老礼拜寺位于卫运河东岸，又称"顺河清真寺"，因疏浚卫运河，于1968年拆除无存。临清回民人口曾占十分之一强，"这些人有当年在这里替朝廷看守粮食和藏薁的军人的后裔，有沿丝绸之路来临清经商，最后落籍山东的一部分，也有来自全国各地的商业界人士和专门在大运河的河道里当船工、纤工之类的人的后裔"②。其中，作为商贸通道的丝绸之路发挥了重要作用，是"东西方文化交往交

图 5–21　清真北寺

（照片系笔者于2019年12月25日拍摄）

---

① 民国《临清县志》卷7《建置志·宗教类》，民国二十三年（1934）铅印本。
② 王树理：《临清传：大运河文化的支点》，新星出版社2019年版，第76页。

流交融的典范"和"最为生动形象的代表符号"①。如今,保存完整者为俗称的"北寺"和"东寺",它们均在大运河文化遗产临清片区内。

图 5-22　清真东寺

(照片系笔者于 2017 年 7 月 21 日拍摄)

王烈士祠街　东西走向,东通太平寺街、圆帽胡同、小市街,西通状元街、轿杆街,因王烈士祠而得名,该祠纪念一位以负贩为业的普通百姓——王朝佐。"王烈士者,明末人也,姓王,讳朝佐,平素仗义。万历末年,太监用事,中官马堂者,收税临清,百端骚扰,地方被害。人心痛恨已极,焚其衙署,毙其党三十七人。事闻株连甚众,人人自危。王朝佐慨然出首,一人承当,阖郡人民赖其保全,载在州志。当时,州尊陈一经嘉其义,为之立祠。"②　"王朝佐,织筐子也,素仗义。万历末季,四遣抽地税,至不遗菜傭。中官马堂者督税天津,兼辖临清。始至,诸亡命从者数百人,白昼手银铛夺人产,抗者辄以违禁罪之。僮告主者畀以十之三,中人之家破者大半,远近为罢市,州民万余纵火焚堂署,

---

① 丛振:《丝绸之路游艺文化交流研究》,中国社会科学出版社 2024 年版,第 327 页。
② 道光三十年(1850)《王烈士之神位碑》,碑存临清市运河钞关博物馆。

毙其党三十七人，皆黥臂诸偷也。事闻，诏捕首恶，株连甚众，朝佐慨然出曰：'首难者，我也。'临刑神色不变。后数年，州守陈一经即除，向堂署之左而建王烈士祠焉。"①

王朝佐是"临清民变"的核心人物，该事件即临清市民反税监之斗争。据《明神宗实录》记载，在大运河沿线，临清至东昌仅百里，东昌至张秋仅45千米，张秋至济宁仅100千米，设层关叠卡进行征税。明神宗朱翊钧派遣大量宦官奔赴各地任矿监税使，他们鱼肉百姓、贪赃枉法。马堂时任临清税使，对当地进行穷凶极恶的压榨，最终激起临清民众的反抗。王朝佐是这次民变的领袖，为了保护人们免遭迫害，他挺身而出英勇就义。天启年间，临清州守在堂署之左建立了王烈士祠，以嘉其义行。

王家巷 位于元运河北岸，南北走向，南连油篓巷、月径桥，北通牛市口、席厂街，因巷子里王家而得名。王家专做杂货生意，经大运河将南方的糖、江米、磁器等进行贩卖。② 王家曾出过秀才、举人、贡生、进士等，如明朝嘉靖年间贡生王体仁、万历年间进士王成德。《金瓶梅》中也多次提到王家巷，如第六十八回《郑月儿卖俏透密意 玳安殷勤寻文嫂》：

> 经济道：出了东大街，一直往南去，过了同仁桥牌坊，转过往东，打王家巷进去，半中腰里有个发放巡捕的厅儿，对门有个石桥儿，转过石桥儿，紧靠着个姑姑庵儿，旁边有个小胡同儿，进小胡同往西走，第三家豆腐铺隔壁上坡儿，有双肩红对门儿的，就是他家。③

再如，第六十九回《文嫂通情林太太 王三官中诈求奸》：

> 那文嫂悄悄掀开暖帘，进入里面，向西门庆磕头。西门庆道：

---

① 乾隆《临清州志》卷9《人物志》，清乾隆十四年（1749）刻本。
② 刘英顺：《临清胡同文化》，中国作家出版社2015年版，第324页。
③ （明）兰陵笑笑生：《金瓶梅词话校注》，白维国、卜键校注，岳麓书社1995年版，第1940页。

文嫂儿，许久不见你。文嫂道：小媳妇有。西门庆道：你如今搬在哪里住了？文嫂道：小媳妇因不幸，为了场官司，把旧时那房儿弃了，如今搬在大南首王家巷住哩。[1]

武训胡同 南北走向，南通养济院街、河衙厅街，北连御史巷。这条胡同直接以地方名人武训命名。武训生于清朝道光十八年（1838），堂邑县柳林镇武庄（今属冠县）人，因排行第七，人称"武七"。由于家庭贫苦，自14岁至21岁曾做长短工，其间受尽地主剥削。因不识字被地主用假账赖去3年工钱，武训气得昏厥，终于悟出吃了不识字的亏。于是，他立下行乞兴学，让穷孩子上学读书的志愿，"吾愿创建义学数处，岁请名师，俾十数邑生童咸来肄业，学优待仕"[2]。光绪十四年（1888），冠县柳林镇义学建成，以"崇贤义塾"为校名。光绪十六年（1890），馆陶县杨二庄义学成立。光绪二十二年（1896），临清御史巷义学也成立了。人们为了追忆武训，让后人不忘武训义举，就将武训义学堂西侧的胡同称为"武训胡同"。

仁义街 位于临清砖城内，东西走向，东通南门里大街、解元胡同、州口街，因左汝翼仁义之举而得名。民国《临清县志》记载了这一故事："左汝翼，善事寡母，母老寿康强。逆匪之变，有客人欲寄金，汝翼弗许，客乃自瘗金于其室，曰不幸遇乱姑听天命耳，遂逃去。后火毁其舍，汝翼归，检客所埋金，故未动也，日夜护守。客至启之，铢两无失。客感，分百金以酬，坚辞不受。"[3] 左汝翼是乾隆年间临清当地人士，他对母亲非常孝顺。时值寿张县王伦起义，有一位外地客商将金子埋于左汝翼住所。起义平息后，他回家守护金子而不动，客商为之感动。后来，官府为嘉其义行，在街口修建了一座牌坊，名为"仁义坊"，此街就称仁义街了。

南乡北八庄胡同 东西走向，东、西各与东夹道街、西夹道街相连，

---

[1] （明）兰陵笑笑生：《金瓶梅词话校注》，白维国、卜键校注，岳麓书社1995年版，第1977页。
[2] 张明主编：《武训研究资料大全》，山东大学出版社1991年版，第53页。
[3] 民国《临清县志》卷15《人物志·义烈》，民国二十三年（1934）铅印本。

因北八里庄地名而得名。临清周边村庄与"八里"地名相关的有多处，如范八里村、甄八里村、前八里村、后八里村等，这些村名之来历均源于距城八里。该胡同位于今城区南部，之所以有"南乡北八庄"之称，与上文述及的临清城址变迁有关。与此相同，临清现存地名中如"南关（村）建在北关（村）北，北关（村）位处南关（村）南"，都是因城址迁移致方位变换形成的。①

漕档街 东西走向，东通缸神庙，西通观音嘴，因元运河上所建隘闸而得名。隘闸即大运河上的档口、关口，前文曾提到过，此不赘述。漕档街还与漕帮有关，昔日街之西首的关帝庙即是清帮档口（又名"堂口"），三汊河口南岸的无为观也是他们的聚会之所。据传，聊城人翁正德、钱德慧将船工组织起来，成立了安清帮，并在此地立堂口。临清的漕帮又分为临清前帮和临清后帮，清人李钧《转漕日记》记载了大运河沿线的漕帮组织：

> 本省未设军船，由直隶通州帮、天津帮、山东德州左帮、任城帮、临清前帮后帮、平山前帮后帮、江南徐州前帮后帮，共十帮粮船协运，额船三百六十一只，外兵米船三十二只，共三百九十三只。除临前后、平前后、徐前后六帮军船外，其通州、天津、德左、任城四帮，及运载兵米，俱雇民船。②

达古巷 南北走向，南通花市街，北通曹家口，因曹大姑而得名。该巷之地名又有同音、谐音叫法，如打鼓巷、大姑巷、大古巷等。当地有句民谣："河西有个曹家口，曹家口出了位曹娘娘。"当地还有个歇后语："董百川打围子——没门。"临清民俗对出嫁的姑娘尊称"大姑"，传说明朝嘉靖年间该巷子里出了一位妃子——曹妃娘娘。围子俗称"土围子"，为形似城墙的大围墙。这里所说的围子就是嘉靖年间砌筑的土城墙。早年间，多数村庄都建有围子，周边还有护围沟，沟中存有水，形

---

① 刘英顺：《临清胡同文化》，中国作家出版社2015年版，第357页。
② （清）李钧：《转漕日记》卷1，清道光十七年（1837）刻本；王云、李泉主编：《中国大运河历史文献集成·漕运关志类》第75册，国家图书馆出版社2014年版，第203页。

似护城河。清朝光绪初年，法国传教士在巷子里创建了天主教堂。1935年，神父李仲达在巷子路东成立若瑟仁爱会。

表 5-2　　　　　　　　　　临清街巷胡同地名信息

编号	街巷胡同地名	位置走向	地名文化
1	柴市街	砖城南门外，东西走向	因柴火市场而得名
2	白布巷	南北走向，西临卫运河	因白布商铺、白布作坊而得名
3	纺绩巷	南北走向	因纺绩作坊而得名
4	估衣街	元运河北岸，东西走向	因买卖旧货而得名
5	估衣巷	明运河西岸，东西走向	
6	箍桶巷	东西走向	因箍桶作坊而得名
7	粜米巷	东西走向	因卖米店铺而得名
8	竹竿巷	东西走向	因竹器铺而得名
9	纸马巷	南北走向	因纸马作坊而得名
10	油篓巷	元运河北岸，东西走向	因油篓作坊而得名
11	（中洲）曲巷	元运河会通桥南侧，南北走向	因酒曲作坊而得名
12	（河西）曲巷	土城靖西门与西雁门之间，南北走向	
13	镖局胡同	东西走向	因镖局而得名
14	冰窖街	南北走向	因冰窖而得名
15	南厂街	南北走向	因明朝所设卫河船厂而得名
16	考棚街	东西走向	因考棚试院而得名
17	官驿街	元运河南岸，东西走向	因驿站而得名
18	前关街	南北走向	因运河钞关而得名
19	后关街	南北走向	
20	铸钱局街	土城东水门附近，南北走向	因大清铸钱局而得名
21	户部街	砖城内粮仓东侧，南北走向	因户部督储分司而得名
22	大寺街	卫运河以东，东西走向	因大宁寺而得名
23	会通街	明运河以西，南北走向	因东傍明朝会通河而得名
24	牌坊街	南北走向	因石牌坊而得名
25	养济院街	南北走向	因养济院而得名
26	行宫庙胡同	三道弯走向	因碧霞元君行宫庙而得名
27	娘娘庙胡同	南北走向	因娘娘庙而得名

续表

编号	街巷胡同地名	位置走向	地名文化
28	三元阁胡同	卫运河以东，东西走向	因三元阁而得名
29	下摆渡口胡同	卫运河以东，东西走向	因下摆渡口而得名
30	大王庙胡同	卫运河以西，东西走向	因大王庙而得名
31	文庙街	砖城内，南北走向	因文庙而得名
32	大仓街	砖城内，东西走向	因仓廒而得名
33	小仓街	砖城内，东西走向	
34	药王庙街	南北走向	因药王庙而得名
35	药王庙胡同	南北走向	
36	狮子桥街	卫运河东岸，南北走向	因狮子桥而得名
37	礼拜巷	南北走向	因清真寺而得名
38	王烈士祠街	东西走向	因王烈士祠而得名
39	王家巷	元运河北岸，南北走向	因王氏家族而得名
40	武训胡同	南北走向	因地方名人武训而得名
41	仁义街	砖城内，东西走向	因左汝翼仁义之举而得名
42	南乡北八庄胡同	东西走向	因北八里庄地名而得名
43	漕档街	东西走向	因元运河上所建隘闸而得名
44	达古巷	南北走向	因曹大姑而得名

二 街巷胡同之聊城篇

楼东大街　楼西大街　楼南大街　楼北大街　聊城在宋朝熙宁三年（1070）开始以土筑城，明朝洪武年间将城墙改为砖石。万历《东昌府志》描绘的府城图显示出古城呈正方形，东西南北中心各有城门。城中心为十字街口，自街口向四方辐射的街道，以方向各自命名。楼东大街位于光岳楼至东门口之间，是当时比较繁华的文化街和商业街。楼西大街东起光岳楼，西至二十一孔桥，与西关大街相连。宣统《聊城县志》载"县治在光岳楼西兴礼街"[1]，"兴礼街"即楼西大街。县衙门前原有一座"兴礼坊"，街名因此而得。楼南大街北起光岳楼，南至南水门桥，

---

[1] 宣统《聊城县志》卷2《建置志》，清宣统二年（1910）刻本；宋士功主编：《聊城旧县志点注》，吉林人民出版社2006年版，第427页。

与南关大街相连。楼北大街南起光岳楼，北至北门口。在大运河通航时代，该大街也是一条商业街，与楼西大街、粮食市街和米市街成为城关主要的粮业汇聚地。①

图 5-23 楼东大街

（照片系笔者于 2024 年 6 月 16 日拍摄）

东关大街 东起闸口桥，西至东城门口。此街东近运河码头，西接古城，在明清时期是东昌府比较著名的商业繁华之地，商贾云集，店铺林立。清末至民国时期的字号店铺主要有：点心铺如"振起点""毓兴和"；布店如"恭兴长""信福祥"；烟酒店如"茂同""同兴"；估衣店如"源盛一""合腾德"；浴池店如"四海春""稚观园"；丝绸店如"朱兴盛"；酱菜铺如"恭合成""兰香斋""裕昌"；杂货店如"蔡规范"；医药店如"怀德堂""怀仁堂""益寿堂""吉升恒"。此外，还有茶馆、肉铺、鞋店、理发馆、颜料店、百货铺、文具店、色纸店、鞭炮店、烧

---

① 郭晓琳、董珂主编：《山东古街古巷》，山东友谊出版社 2018 年版，第 479 页。

饼铺、包子铺、馍馍房等。东关大街上的牌坊也比较多,清代县志所记达10余座:黄甲开先坊、耀英坊、青云接武坊、钟秀坊、世美坊、继美坊、五马归荣坊、进士坊、旌表孝行坊、东省抡魁坊、南宫吁俊坊、敕赠坊。[1]

图5-24 东关大街

(照片由刘行玉提供,2016年5月)

表5-3　　　　　　　　明清聊城牌坊地名信息

编号	牌坊地名	史载位置	史载表彰人物
1	贞节坊	西门外	为五女孝行建
2	黄甲开先坊	在东关	为洪武年间进士丁志方建
3	耀英坊	在东关	永乐年间为举人梁栋建
4	进士坊	在楼西	正统年间为张勉建

---

[1] 康熙《聊城县志》卷1《建置志》,清康熙二年(1663)刻本;宋士功主编:《聊城旧县志点注》,吉林人民出版社2006年版,第58—61页。

续表

编号	牌坊地名	史载位置	史载表彰人物
5	魁第坊	在楼东	景泰年间为朱举建
6	青云接武坊	在东关	景泰年间为举人丁毅建
7	钟秀坊	在东关	天顺年间为举人梁琏建
8	传芳坊	在通济桥北	为举人郝希贤建
9	冠英坊	在月河湾内	为举人索庆建
10	世美坊	在东关	成化年间为举人丁琏建
11	飞香坊	在楼北	成化年间为举人栾凤建
12	四世青云坊	在楼北	成化年间为举人梁玺建
13	进士坊	—	成化年间为梁玺建
14	经亚坊	在东关	弘治年间为举人王禄建
15	凤翔千仞坊	在楼南	弘治年间为举人许成名建
16	继美坊	在东关	弘治年间为举人丁孔暲建
17	承芳坊	在楼北	弘治年间为举人梁相建
18	五马归荣坊	在东关	为进阶同知郝希贤建
19	进士坊	在楼东	正德年间为进士牛天麟建
20	进士坊	在东关	正德年间为进士丁孔暲建
21	霖雨坊	—	为举人梁荣建
22	旌表孝行坊	在东关	为孝行裴俊建
23	孝行坊	一在楼南	为孝子王安建
24		一在楼东	为孝子朱举建
25		一在楼北	为孝子孙良建
26	三俊坊	在楼东	为嘉靖戊子举人田濡、陈钺、许东望立
27	绣衣坊	在楼东	正德乙亥为御史牛天麟建
28	学士里坊	在沙镇	为许成名建
29	学士坊	—	为编修许成名建
30	敕封坊	在楼南	为封编修许茂立
31	宗伯坊	—	为侍郎许成名立
32	光扬世代坊	—	为诰赠侍郎许信立
33	天绥耄耋坊	—	为诰封侍读学士、诰赠礼部侍郎许茂立
34	留台风纪坊	在学士街	为御史王禄立
35	敕赠坊	在学士街	为敕赠御史王鉴立

续表

编号	牌坊地名	史载位置	史载表彰人物
36	司马铨衡坊	在学士街	为庚戌进士王应璧立
37	金殿传胪坊、玉堂视草坊	在楼南	为学士许成名立
38	大中丞坊、大廷尉坊	在楼东南	为大理卿牛天麟立
39	青琐纳言坊	在司马街	为都给事中田濡立
40	丹樨敷对坊	—	为进士田濡立
41	遗泽扬休坊	在司马街	为诰赠少卿田寿立
42	奕世承恩坊	在楼东	为诰赠右副都御史牛政、牛升立
43	金榜题名坊	在东门内	为嘉靖甲辰进士朱熙载立
44	东省抡魁坊	在东关	为嘉靖癸卯举人丁懋儒立
45	南宫吁俊坊	在东关	为嘉靖乙科进士丁懋儒立
46	敕赠坊	在东关	为封光山县知县丁尧佐立
47	兰台总宪坊	在县西南金井街	为赠右副都御史陈赞化立
48	诰赠坊	—	御史耿明为封君耿耀建
49	御史坊	—	为云南道御史耿明建
50	三世大中坊	—	为山西巡抚耿如杞建
51	八世科第坊	在东门里	为许麈、许堂、许路、许东望、许观象、许正学、许典学建立
52	九代恩光坊	—	为赠文林郎许宏、奉政大夫许庠、承德郎许尧、中宪大夫许路等建
53	一品三世坊	在城南门三里傅氏先茔前	清朝顺治丙戌开科状元傅以渐、诰赠三代光禄大夫、少保兼太子少保、武英殿大学士、加一级、曾祖傅谕、祖傅天荣、父傅恩敬立
54	恩纶重褒坊	在城隍街	诰封翰林院提督四译馆太常寺少卿任怀茂立
55	兰省正堂坊	—	为见任翰林院提督四译馆太常寺少卿任克溥立

资料来源：康熙《聊城县志》卷1《建置志》，清康熙二年（1663）刻本。

图 5-25　楼东大街孝行坊

（照片由刘行玉提供，2016 年 12 月）

图 5-26　楼西大街进士坊

（照片由刘行玉提供，2016 年 12 月）

"金太平，银双街，铁打的小东关" 这是当地人们耳熟能详的一句谚语，指的是聊城东关运河沿岸比较繁华的3条商业街道。"金太平"指闸口南侧的太平街，由于街北紧邻月河，商船可直接将货物送至沿岸商铺后门。全街除了仓库、货栈外，没有住户，多储存汾酒及瓷器之类的物品。全街路北均为青砖灰瓦的房屋，建筑一律，整齐坚固，真可谓"固若金汤"。[①] 街之东西两头各有阁门高耸，夜间还有专人打更巡逻，因此形成"金太平"这样高贵的称号。"银双街"指运河西岸、山陕会馆背后的双街，建有巍峨壮观的山陕会馆、武林会馆、苏州会馆等，由于距大码头仅约300米，同样是明清时期运河沿岸商业集中地。山西、陕西、江西等地的粮行、钱庄、食品、布匹、茶叶等大型商号，大多在此占据一席之地。"铁打的小东关"含义有两层：一是商业发达，经久不衰；二是街道四周围墙坚固。因其位于东关大街以东，发挥了将东关大街之道路和生意继续延伸的作用，故名"小东关"。小东关的买卖首推当铺，据光绪《聊城县乡土志》记载："当店二，城内光岳楼南一，业商高唐州郝姓；城外小东关一，业商茌平邹姓。郝典成本二十万余缗，邹典成本九万余缗，平时利息三分，隆冬减息一分五厘。"[②] 民国初年，小东关街上还有数家当铺，如"兴聚当""协和当""正立当"等。

表5-4　　　　　　　　　　清朝聊城会馆地名信息

编号	会馆地名	坐落位置	建造情况
1	太汾公所	米市街路东	康熙年间由山西太原、汾阳两府客商兴建
2	山陕会馆	东关大码头南，运河西岸，双街南头	乾隆八年（1743）由山西、陕西两省客商兴建
3	苏州会馆	东关运河西岸，大码头南，双街以北路西	嘉庆十一年（1806）起兴建，道光四年（1824）又由江苏商人建成，又名"尚余会馆"

---

① 沈宝章：《金太平、银双街、铁打的小东关》，政协山东省聊城市文史资料研究委员会编印：《聊城文史资料》第7辑，1995年，第210—211页。

② 光绪《聊城县乡土志》《商务》，清光绪三十四年（1908）石印本。

续表

编号	会馆地名	坐落位置	建造情况
4	赣江会馆	楼东大街路南	江西商人兴建
5	江西会馆	东关大闸口北，运河东岸	江西商人兴建
6	武林会馆	东关运河西岸，双街南头	浙江商人兴建，又名"浙江会馆""杭州会馆"

资料来源：吴云涛：《漫话清末民初聊城工商业》，政协山东省聊城市文史资料研究委员会编印：《聊城文史资料》第3辑，1985年，第14—32页。

府门东街　府门西街　从东昌古城内的北口向西和西口向北，有两条路相交成一个丁字路口叫"府门口"，因路口之北原为知府衙门而得名。明清时期，这两条小街分别名为府门东街、府门西街。民国时期废府改道，原来的府衙改成道署，即东临道公署，街名也由此改为道署东街、道署西街。府门东街西起府门口，东至文明街北端，即后来道署东

图 5-27　道署街

（照片系笔者于2024年6月16日拍摄）

街的西段。东段即自文明街北端至北口,清朝至民国时期称"万寿宫街",因路北原有一座万寿宫而得名。到了民国后期,万寿宫街旧名逐渐消失,两段路便统称道署街了。明清两朝知府衙门一直位于此处,据嘉庆《东昌府志》所绘"府署图",院内有照壁、大门、仪门、大堂、二堂、三堂、内宅、土地祠、寅宾馆、司狱署、经历署、科房、班房、内书房、西书房、西花厅、厨房、马厩、钟楼等建筑。

米市街 漕运兴盛以来聊城最早的粮食集散地,从东关大街西首驴市口弯曲南行,直到南尽头的东昌湖,就是这条古老的商业街。驴市口名称源于当时的驴行,此处是城里人租用毛驴赶路的地方。在聊城商业兴盛的数百年中,米市街店铺林立,拥有数十家粮店。随着粮行生意的兴隆,这里的粮行难以满足需求,清朝时在闸口的东边又形成了第二条经营粮食的街道,为相区别便加上一个"旧"字。此后,米市街就逐渐被叫作"旧米市街"了,这在同治十三年(1874)《旧米市街太汾公所碑》和宣统《聊城县志》中都有记载。清朝至民国初年,街上设有粮业公所,城关72家粮行经常在此聚会议事。

马宅街 位于聊城古城东北隅,东自东城墙路,西到东口北街。东段与安乐巷、北顺城街、步云阁街相交。因有马氏豪府而得名,据马氏后人提供资料称:"马家源自山西,迁山东省聊城(东昌府)于明末清初,拥有文官武将至今近九代。因获有功名,当时马宅负盛名,因而定名马宅街。族人常蒙邀至山陕会馆赏戏曲。至清末,马家已淡出官场,而在商界拥有玉兴钱庄、绸布庄、南货店,置货船多艘,经由运河营运南北货物。然而,祖父因中年早逝,所有产业结束经营,又因土匪之乱,家人幼小孤寡,举家迁移济南府。"[①] 历史上,马宅街是最豪华富裕的街道之一,高房大屋、名门阔府林立两旁。清朝至民国年间,街西首路北有潘家大院,其东邻是商贾刘家和"葛家大户";路南是有益堂书庄店主周氏的住宅;中段路北有马府宅院,向西有姜家公馆、程家公馆、张家公馆;西段路南有邹家大瓦房和从事石印业的何家。

安宅街 位于聊城古城西南隅,南与考院街、北与观前街相交,因安姓宅院而得名。安姓亦可溯至明初洪洞县大移民,起初先人在今聊城

[①] 郭晓琳、董珂主编:《山东古街古巷》,山东友谊出版社2018年版,第498页。

图 5-28　米市街

（照片系笔者于 2024 年 3 月 3 日拍摄）

市东昌府区于集镇的林庙村落户，至六世祖安跃拔出生，一直从事农耕劳作。安跃拔出生于清朝顺治元年（1644），康熙五年（1666）中武举，康熙十三年（1674）随军征战，先后出任湖广督标游击、直隶保定参将，直至广东潮州总兵，诰授荣禄大夫，官阶从一品。康熙四十六年（1707）告老还乡，在东昌府城内即今之安宅街的宅第里颐养天年。去世后，东昌名士邓钟岳为其作传，刑部尚书、协办大学士彭维新为其撰写墓志铭。他是文武兼备的全才，光岳楼"凤城仙阙""宇宙文衡"匾额均为其手迹。清朝后期，安氏在城内仍然具有一定影响力。据说，凡有安姓之人在城内经商，即使并非同族同宗，也会扛出安家大旗以求得庇护。

清孝街　明清两朝东昌府有任、朱、邓、傅、耿五大望族，其中傅姓有"御史傅光宅"和"阁老傅以渐"两家。坊间为了将二者予以区别，称前者为"清孝街傅"，后者为"阁老傅"。清孝街傅氏起初并非定居于此，至七世傅相则始迁居清孝街——位于聊城东关街路北的运河西岸。傅相则于明朝嘉靖初年被委任为陕西米脂县令，他雇了两头毛驴，月余才到目地。民谣赞其曰:"毛驴县官生得怪,骑着毛驴去上班。挣的白银不翼飞,骑着毛驴又回来。"[1] 傅相则在运河西岸、闸口以北百米处,购置空地并盖起一座四合院。他的孙子傅光宅为聊城名士,傅光宅之侄傅尔恒为政清廉,孝敬继母,事迹享誉乡间,监察院御史中丞为其题写"清孝先生之闾"门额。自此,聊城有"清孝街"之地名。此外,还有称颂他的诗文:"清孝先生清孝街,岳阳五年儗旧宅。伺候继母备甘脂,中丞赐匾誉满台。"[2]

图 5-29 清孝街

(照片系笔者于 2024 年 3 月 3 日拍摄)

羊使君街 位于聊城古城东南方向,东起双街,西至米市街。在聊城的县志以及其他相关地方文献中,其官方地名为"羊使君街",但是,当地居民习惯称之为"羊子巷"或"羊君巷"[3]。"羊子"是敬称,"羊使

---

[1] 郭晓琳、董珂主编:《山东古街古巷》,山东友谊出版社 2018 年版,第 508 页。
[2] 政协聊城市东昌府区文史资料委员会编:《东昌望族》,山东省新闻出版局 2003 年版,第 94 页。
[3] 刘行玉:《地景制作、空间支配与国家转型:一座北方小城的地志学》,中国社会科学出版社 2019 年版,第 162 页。

君，史逸其名，后晋开运二年，守博州，河溢城没，使君祝天，冀免生民垫溺，愿以身代，乃投水而死"①。羊使君在任期间多有善政，当时博州城遭遇洪水之灾，他祈求苍天开恩，愿以身代民死，遂投入滚滚浊流。大水退去后，其尸体被发现之处的土堆，就落了个"羊君堌堆"地名。②聊城后来迁孝武渡西，人们在堌堆北建造两层阁楼和羊子祠堂，这条街也就叫作"羊子巷"。宣统《聊城县志》记载了后人为他建造的祠堂："羊使君祠，永乐旧志：在府城东关湄河东五里。旧志：顺治七年，河决荆隆口，庙为水毁。邑人方开基重建。"③祠堂是一种纪念的重要形式，有形的建筑或许因自然原因而消失，但无形的地名却世代流传下来。正如碑刻称颂其行为："身为牺牲，祷于洪水，洪水无知，没而后已，民思其人，立庙以祀。呜呼！伟功不书于史。"④

双街 位于聊城古城东南方向，北起羊使君街东，走向偏西南，南端与运河堤相交。据《山东省聊城市地名志》记载，历史上的双街由胡管营街和大王庙街组成。关于双街之命名，"据附近居民金兰堂和高保顺等人介绍，由今双街北端与羊使君街交叉路口处起，再向北通往大码头的一段，原有两排民居，中间空地较宽，高低不平，民居前各自成道，好像是相对的两条街，故得名'双街'"⑤。双街向南原名"胡管营街"，再向南为"大王庙街"，又因路西有胡玉盛笔庄亦称"胡玉盛街"。后来，将南北之路统称为"双街"。昔日大运河通航时，此处是繁华地段，街上仓库、货栈林立。繁忙的南北物资交流，对促进当地的经济发展起到了积极作用。

观前街 观后街 这两条街因位于万寿观前面和后面而得名，前者为楼南大街南口向西至辛巳牌坊口的一段东西向街道；后者其实是成片的居民区，里边拥有数条宽窄不一、方向各异的胡同。万寿观是东昌府

---

① 万历《东昌府志》卷18《名宦志》，明万历二十八年（1600）刻本。
② 政协聊城市东昌府区委员会编：《东昌老街巷》，天津人民出版社2010年版，第253页。
③ 宣统《聊城县志》卷2《建置志》，清宣统二年（1910）刻本；宋士功主编：《聊城旧县志点注》，吉林人民出版社2006年版，第431页。
④ （清）梁九元：《重建羊使君祠堂记》，康熙《聊城县志》卷4《艺文志》，清康熙二年（1663）刻本；宋士功主编：《聊城旧县志点注》，吉林人民出版社2006年版，第240页。
⑤ 政协聊城市东昌府区委员会编：《东昌老街巷》，天津人民出版社2010年版，第255页。

的著名景点之一，被列入"东昌八景"即"仙阁云护"，其前身是房老①庵，明朝洪武年间改为今名。据宣统《聊城县志》记载："万寿观在城内，旧为房老庵，规模宏敞，内有昊天阁。前明弘治间，郡人侯宁建郁罗萧台。西有特室，悬九龙钟，中为三清殿，倾圮未久。后墙有邓书'阆院瀛洲'四字，大逾一丈有余，天阴晦人每见之，咸称仙景，今废。咸丰初年，邑人杨以增倡议重修，甫建戏楼，缘事停工，捐备木石并存贮于道西。砖砌为壁，借以蔽风雨云。"② 昊天阁供奉玉皇大帝，阁上常栖有仙鹤，故有"仙阁云护"之称。

十县胡同 位于聊城古城西北隅，在关帝庙街与古棚街之间，东西走向。清朝，东昌府管辖一州九县，俗称十县，它们分别为高唐州、聊城、博平、堂邑、清平、茌平、冠县、莘县、恩县和馆陶。"各州县驻东昌府办事机构均设在这条胡同，州县官吏来府公干都住此处落脚，这里曾车水马龙，十县官员由此下情上传、上情下达，这条街也因此而得名十县胡同。"③ 在十县胡同偏东部的路南，还有一条小巷南通楼西大街，原名"郭家胡同"。后来，小巷的南半部划归古楼西街，北半部则归属十县胡同，旧称便湮没。

越河圈街 因越河而得名，位于原迎春桥与闸口之间，东边与后菜市街相连。闸口桥原来为通济闸，漕运兴盛之时这一带帆樯林立。由于闸口狭窄，船只拥挤，经常发生卡住难行现象。因而开挖一条弧形河道，以方便船只绕闸而过，名叫"越河"。越河弧圈内东西主街称为"越河圈街"，民间俗称"圈里"。清朝时期，越河圈街与其向东延展的灶王庙、染织市、后菜市街，统称为"通泰街"。越河状如弯月，圈里店铺众多，临河并无空地，全为商号的后门。货船载物经越河到各家后门，接货入仓十分方便。大小船只穿梭往来不断，给越河圈街带来数百年的繁荣昌盛。

二十里铺街 位于聊城古城西南隅，区域范围为西城墙以东、安宅

---

① 房老：旧称婢妾年老色衰者。
② 宣统《聊城县志》卷2《建置志》，清宣统二年（1910）刻本；宋士功主编：《聊城旧县志点注》，吉林人民出版社2006年版，第431—432页。
③ 聊城市东昌府区民政局编：《聊城市东昌府区地名志》，中国文史出版社2019年版，第458页。

街以西、白衣堂街以南、南城墙以北，街名之来历与聊城古城三迁有关。北魏太和二十三年（499），聊城县治自聊古庙处迁至王城；后晋开运二年（945），城毁于洪水，县治又迁至巢陵；北宋淳化三年（992），城同样毁于洪水，县治遂又迁往孝武渡西，也即今天的城址位置。二十里铺原是当地一个比较古老的村庄，因与原县城相距二十里而得名。北宋熙宁三年（1070），今城修筑土墙时将该村庄围入城内，故有了"二十里铺街"之称谓。

图 5-30 二十里铺街

（照片系笔者于 2024 年 6 月 16 日拍摄）

安乐巷 位于古楼东街东段的路北，因临近繁华的古楼东街，很早就成为众多商户住宅区。在大街上做买卖的外地人或乡下人，租房或置宅于本街，对经商有很多方便之处；而本街上的原住民则更加方便从事各种生意。经商之人大多家道殷实，生活相对无忧；而拥有安定居住环境的商人，在从事贸易时会有愉悦和沉稳的心境。所以，安居乐业成为本街居民的一种普遍状态，故早期文人命名本街为"安乐巷"。本街南首路西旧有聊城四大书庄之一"宝兴堂";往北在民国时期有一片豪华住宅,为富商曲某所建;路东南头有金家油坊"崇庆和";路东有季姓从事毛笔业经营。①

北顺城街 历史名称为"老鼠胡同",位于楼东大街东端路北,它的中间穿越马宅街,北边到达红星街的东段,整条街巷狭窄而弯曲。关于该街地名之来历,一说因其窄且不直,幽深似老鼠洞;另一说由"老树胡同"讹化而来。此处紧靠东城墙,古时直呼为"城墙根"。它与马宅街相交的路口向南有一处院落,里边原有一棵大槐树,成为附近居民乘凉休闲的好去处。久而久之,人们常说"到老树那儿去","老树那儿"就成了大槐树所在地段的名称,再往后就直呼为"老树胡同"并转音成"老鼠胡同"。② 该街临近楼东大街和东门口,也是商人们选择的居住区。

大礼拜寺街 小礼拜寺街 出聊城古城东门,走过东关桥,在东关大街北侧有两条回族集中居住的街道,它们就是大礼拜寺街和小礼拜寺街。大礼拜寺街南起东关街西首,北至水桥并与药王庙街相连,因该街中段有一座清真西寺而得名。小礼拜寺街位于大礼拜寺街的东边,东关大街中段的路北。此街原来由三部分组成:北段因靠近铁塔寺遗址,称为"铁塔寺街";中段自铁塔向南至白玉桥,称为"小礼拜寺街",因中部坐落一座规模较小的清真东寺而得名;南段原称"穿廊底",后又附属于东关大街。因街巷改造,三条街并称"小礼拜寺街"。③ 大礼拜寺又叫"清真西寺",始建于明朝永乐年间;小礼拜寺即清真东寺,同样始建于明朝。小礼拜寺街上的古迹比较多,有清真东寺、铁塔寺、白玉桥、退兵桥、古井等。

闸南街 闸北街 在东关大街与大运河相交的通济桥东边,原来有向南、向北通行的两条街,分别称为"闸南街""闸北街"。闸南街为单面小街,西面是大运河,路东为集中居住带,街长不足百米,南首是越河的起点。闸北街与闸南街二者隔东关大街相错对,闸北街位置偏东,

---

① 政协聊城市东昌府区委员会编:《东昌老街巷》,天津人民出版社2010年版,第185—186页。

② 政协聊城市东昌府区委员会编:《东昌老街巷》,天津人民出版社2010年版,第188页。

③ 聊城市东昌府区民政局编:《聊城市东昌府区地名志》,中国文史出版社2019年版,第458页。

图 5 – 31　聊城市大小礼拜寺街历史文化街区
（照片系笔者于 2024 年 3 月 3 日拍摄）

图 5 – 32　清真西寺
（照片系笔者于 2020 年 4 月 24 日拍摄）

图 5-33　大礼拜寺街

（照片系笔者于 2024 年 3 月 3 日拍摄）

图 5-34　清真东寺

（照片系笔者于 2020 年 5 月 29 日拍摄）

图 5-35　隆兴寺铁塔

（照片系笔者于 2024 年 3 月 3 日拍摄）

为双面街道，两旁遍布居民，其北段东折后斜向东北方向。这两条街都处于大运河商业发达的中心地带，从明清到民国初期，大街上遍布客栈、货栈、茶馆、饭馆、马车店、烟铺等，街头巷尾还有各色杂货摊、小吃摊等。"清代时，两条街的货栈较多。入民国后，这种状态仍然维持。至 20 世纪 30 年代中期，运河南段虽已停航，北段尚可运行，北来的货物由水运转陆运、北去的货物由路运转水运都在这里中转，货物的装卸储存大都在货栈，货栈仍很忙碌。"①

越河涯街　顺越河向东延伸，又分"南越河涯街"和"北越河涯

---

① 政协聊城市东昌府区委员会编：《东昌老街巷》，天津人民出版社 2010 年版，第 275 页。

街"——后者位于越河圈街以北。越河之名，旧县志上也写作"月河"，其作用有二：一是当水量较大时，如通济闸处水流不畅，可用于分流河水；二是当船只过多时，如闸门处拥挤不堪，可用于分流船只。清朝时期，南越河涯街布满了越河圈街各大商铺的后仓库，库门都面向运河。运输货物的船只经由运河拐入越河在此卸货，当地很多物货特产也由此装船外运。晚清至民国初期，此街有一处"静思堂"公所。清末民间唱词《逛东昌》有"公所劝人戒烟酒，南越河有座静思堂"之句。这种公所在其发展的早期，实际上是"清帮"组织的联络点。雍正四年（1726），翁岩、钱坚和潘清创立清帮，徒众均以运漕为业，故又称为"粮船帮"。前两位祖师爷都是祖籍聊城后迁河南，故清帮在聊城一带易于发展，秘密联络处大多设在大运河岸边。

粮食市街　鸡市街　猪市街　位于越河圈街和后菜市街以南，大运河以东。这三条街相接、相邻且相通，中间的交接路口称为"元宝心"。据《聊城市地名志》记载，自明清始三街分别作粮食、鸡鸭、猪羊交易市场，故各自得名。粮食市街东西走向，自元宝心至灶王庙街，稍微有点弯曲。鸡市街南北走向，自元宝心至越河圈街东首迎春桥。猪市街自元宝心往南，原来以二龙山附近魏征庙为南端，后来与文化路西段相交成丁字路口。昔日，三街上较有名气的字号有"聚祥""永盛""协和""振昌""裕祥""集义成""义聚东"等。

前菜市街　后菜市街　前菜市街简称"前街"，位于今花园南路至街西头水桥之间一段东西走向小街。该街早年曾繁极一时，茶馆里人声鼎沸，市场上喧嚣热闹，庙堂中香火旺盛。街上果木商号大多历史悠久，如"东升""裕兴""兆昌""仁义""瑞昌""忠诚""鸿茂昌"等；茶馆字号有"彩香居""久香居""德香居"等；寺庙有华佗庙、七圣堂，前者供奉神医华佗，后者供奉碧霞元君、眼光娘娘、送生娘娘、催生娘娘、痘疹娘娘、送生哥哥等。后菜市街东至花园南路，西接越河圈街，以迎春桥为西端。据说，后菜市街历史要早于前菜市街，由于当时摊位众多，市场过于拥挤，故又在街之南另开辟"前菜市"。聊城繁盛时，人口很多，蔬菜消耗量大，"城郊的陈庄、陈口、肖庄、逯庄、东西姚庄、泊庄、闫庄、王口、北坝、范恭屯、墩台王庄、三里铺、七里铺、十里铺等村庄人力多的户大都种菜"①。

肖前街　肖中街　以"肖庄"命名，位于闸口东北方向，姚家园子以南，小东关以北，柳园街、后所街和北越河涯以东。肖庄是一个比较古老的村庄，距离聊城古城和大运河很近。虽然它以"庄"为名，但村民并不以农耕为主，而是分别从事肉食品、饭馆经营及厨师职业。得益于大运河漕运之地利，肖庄人饮食生意历久不衰，名厨辈出，因而被誉为聊城历史上的"烹饪之乡"。

驴市口　在古城众多纵横交错的街巷中，靠近大运河口岸的路口或者较大的交叉路口常以"口"字命名，如北水口、朱府口、牌坊口、东口、西口、南口、北口等。这些"口"或以该处经济社会活动，或以靠近官府贵宅，或以所处方位等而得名，并一直沿用下来。② 驴市口位于古城东关桥东侧，南通米市街，北连大礼拜寺街，以东为东关大街，因此处曾出租毛驴而得名，并非买卖毛驴之场所。由于该处正好是大运河口岸，所以在地名中加上了"口"字。出租毛驴生意是伴随漕运兴盛而发展起来的，商人们一般会租驴代步以解决路途遥远之累。

表 5-5　　　　　　　　　　聊城街巷胡同地名信息

编号	街巷胡同地名	位置走向	地名文化
1	楼东大街	古城中心为十字街口，自街口向四方辐射的街道	以方位各自命名
2	楼西大街		
3	楼南大街		
4	楼北大街		
5	东关大街	东近运河码头，东西走向	因方位而得名
6	太平街	闸口南侧，东西走向	因"固若金汤"而得名
7	双街	古城东南，南北走向	因位置相对而得名
8	小东关街	东关大街以东，东西走向	因区别东关大街而得名
9	府门东街	古城内北口向西、西口向北，相交成一个丁字路口	因路口之北原为知府衙门而得名
10	府门西街		

---

① 政协聊城市东昌府区委员会编：《东昌老街巷》，天津人民出版社 2010 年版，第 295 页。
② 聊城市民政局、聊城市地名文化学会编印：《聊城地名文化故事》，2019 年，第 21 页。

续表

编号	街巷胡同地名	位置走向	地名文化
11	米市街	古城护城河以东，南北走向	因粮食生意而得名
12	马宅街	古城东北隅，东西走向	因马氏豪府而得名
13	安宅街	古城西南隅，南北走向	因安姓宅院而得名
14	清孝街	东关街路北的运河西岸，东西走向	因"清孝先生"傅光宅而得名
15	羊使君街	古城东南方向，东西走向	因羊使君而得名
16	观前街	万寿观前面，东西走向	因位于万寿观前面和后面而各自得名
17	观后街	万寿观后面，南北走向	
18	十县胡同	古城西北隅，东西走向	因州县官吏来府公干都住此处落脚而得名
19	越河圈街	迎春桥与闸口之间，东西走向	因越河而得名
20	二十里铺街	古城西南隅，南北走向	因原有村庄距城二十里而得名
21	安乐巷	古楼东街东段路北，南北走向	因位置优越适合安居乐业而得名
22	北顺城街（老鼠胡同）	楼东大街东端路北，南北走向	一说因其窄且不直，幽深似老鼠洞；另一说由"老树胡同"讹化而来
23	大礼拜寺街	东关大街北侧回族集中居住区，南北走向	因清真寺而得名
24	小礼拜寺街		
25	闸南街	通济桥东边，南北走向	因位于通济桥（闸）南北而各自得名
26	闸北街		
27	越河涯街	顺越河向东延伸，东西走向	因越河而得名
28	粮食市街	大运河以东，南北走向	自明清始三街分别作粮食、鸡鸭、猪羊交易市场，故各自得名
29	鸡市街		
30	猪市街		
31	前菜市街	救命桥、对月桥以西，东西走向	因蔬菜市场而得名
32	后菜市街		
33	肖前街	闸口东北方向，东西走向	因肖庄而得名
34	肖中街		
35	驴市口	古城东关桥东侧	因此处曾出租毛驴而得名

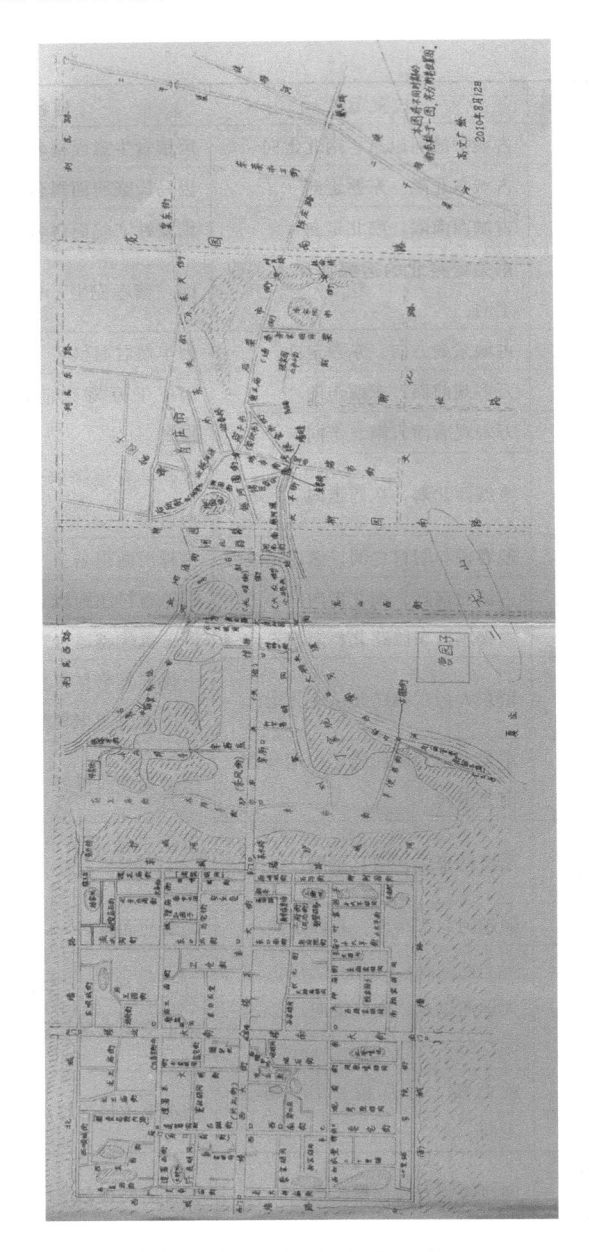

图 5-36　东昌历史街巷胡同图

注：该图将不同时期的街巷胡同绘制于一图，实为街巷胡同位置图，高文广于 2010 年 8 月 12 日绘制。

资料来源：政协聊城市东昌府区委员会编：《东昌老街巷》，天津人民出版社 2010 年版，书前插图。

图 5-37　古城老街道门牌
（照片由聊城古城保护与建设博物馆提供，2020 年 4 月）

三　街巷胡同之张秋篇

（一）"三界首""五衙门"

张秋镇位于今聊城市阳谷县境内，东南与河南省台前县接壤，北边与山东省东阿县毗邻。元朝开通京杭大运河后，运道直接穿城而过，有大小津口7处之多。明清时期该镇是大运河的重要码头，运河渡口码头称为"漕湟要津"，为张秋八景之一。因其处于大清河与会通河交汇之地，居于运河城市临清和济宁之间，拥有非常优越的地理位置和交通条件，所以，虽然其行政建制仅为"镇"，但繁华程度并不亚于当时的府县，故素有"南有苏杭，北有临张"之说法和"小苏州"之美誉[①]。明末，著名学者顾炎武将之与颜神镇、景芝镇并称"山东三镇"。"张秋"之名最早见于唐五代时期，宋朝称"景德镇"，明朝一度改称"安平镇"，

[①] 高建军：《山东运河民俗》，济南出版社 2006 年版，第 104 页。

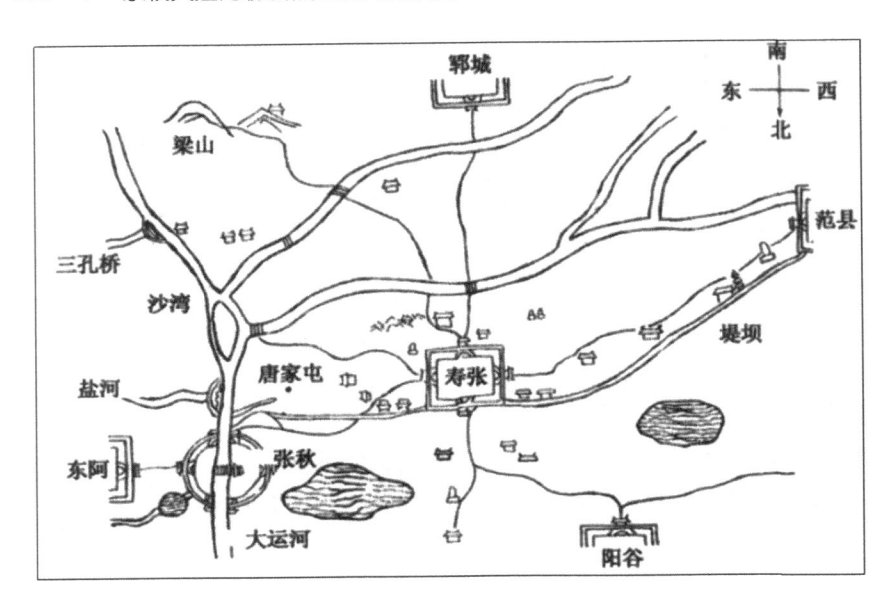

图 5-38　张秋及其附近县城与大运河的位置关系

资料来源：[美] 韩书瑞：《山东叛乱：1774 年王伦起义》，刘平、唐雁超译，江苏人民出版社 2008 年版，第 17 页。

图 5-39　大运河张秋段河道

（照片系笔者于 2021 年 4 月 24 日拍摄）

图 5-40 张秋码头

（照片系笔者于 2021 年 4 月 24 日拍摄）

清朝复称"张秋"，沿用至今。① 六百余年的繁华历程，更是在张秋大地上留下了厚重的历史积淀。

张秋镇的著名之处还体现在《张秋志》的出版。元、明、清时期，京杭大运河穿张秋而过，它以一个小镇身份跻身于九大运河商埠之一，又被列入山东三镇之一。清朝康熙九年（1670），兖州府管河通判林芃和

---

① 关于"张秋"之得名，前文"大运河聊城段小城镇地名信息"一览表中有介绍，此不赘述。

寿张县管河主簿马之骝编修了《张秋志》，这是山东省仅存的两部古镇志之一。"张秋镇不仅实现了自身的繁荣，还带动了周边地区的发展，七级被称为'金七级'、阿城被称为'银阿城'，这是两个专门转运粮食和食盐的著名码头。张秋还把鲁西南市场与鲁北市场连接起来，并将它们带入京杭运河沿岸南北经济带，甚至辐射到山西、陕西、安徽、东北、江南等地，真正成为四通八达的商业枢纽。"①

古语云："张秋镇，两半个，中间夹着运粮河。"所谓运粮河，即指京杭大运河穿过张秋的会通河，因元、明、清时期船只在大运河上运输粮食和物资而得名。鉴于张秋镇的交通咽喉之地位，元朝在此设置都水分监，管理临清至徐州段运道。元朝揭傒斯在《建都水分监记》中记载：

> 会通河成之四年，始建都水分监于东阿之景德镇，掌凡河渠坝闸之政令，以通朝贡、漕天下、实京师。地高平则水疾泄，故为堨以蓄之，水积则立机引绳以挽其舟之下上，谓之坝。地下迤则水疾洇，故为防以节之，水溢则縋起悬版以通其舟之往来，谓之闸。皆置吏以司其飞挽启闭之节，而听其讼狱焉。雨潦将降，则命积土壤，具畚锸，以备奔轶冲射。水将洇，则发徒以导淤阏，塞崩溃。时而巡行周视，以察其用命不用命而赏罚之。故监之责重以烦。②

景德镇即今张秋镇，之所以在此设都水分监，还在于这一航段水文地理比较复杂，为会通河与大清河、黄河之交汇，故需要重点防范。上述史料还提到张秋镇的特殊地势，这也影响到会通河穿城后两岸街巷胡同的空间分布格局。

从行政区划上来看，元朝会通河开通后，张秋镇由阳谷、东阿、寿张三县分辖。其中，会通河以东隶属于东阿县，会通河以西则以西关至谯楼东西大街为界，南边属于寿张县，北边属于阳谷县。由此而始，张秋成为著名的"三界首"之地。

---

① 宫磊：《清康熙〈张秋志〉解读》，《中国地方志》2016年第4期。
② （元）揭傒斯：《建都水分监记》，《揭傒斯全集》，李梦生标校，上海古籍出版社2012年版，第353—354页。

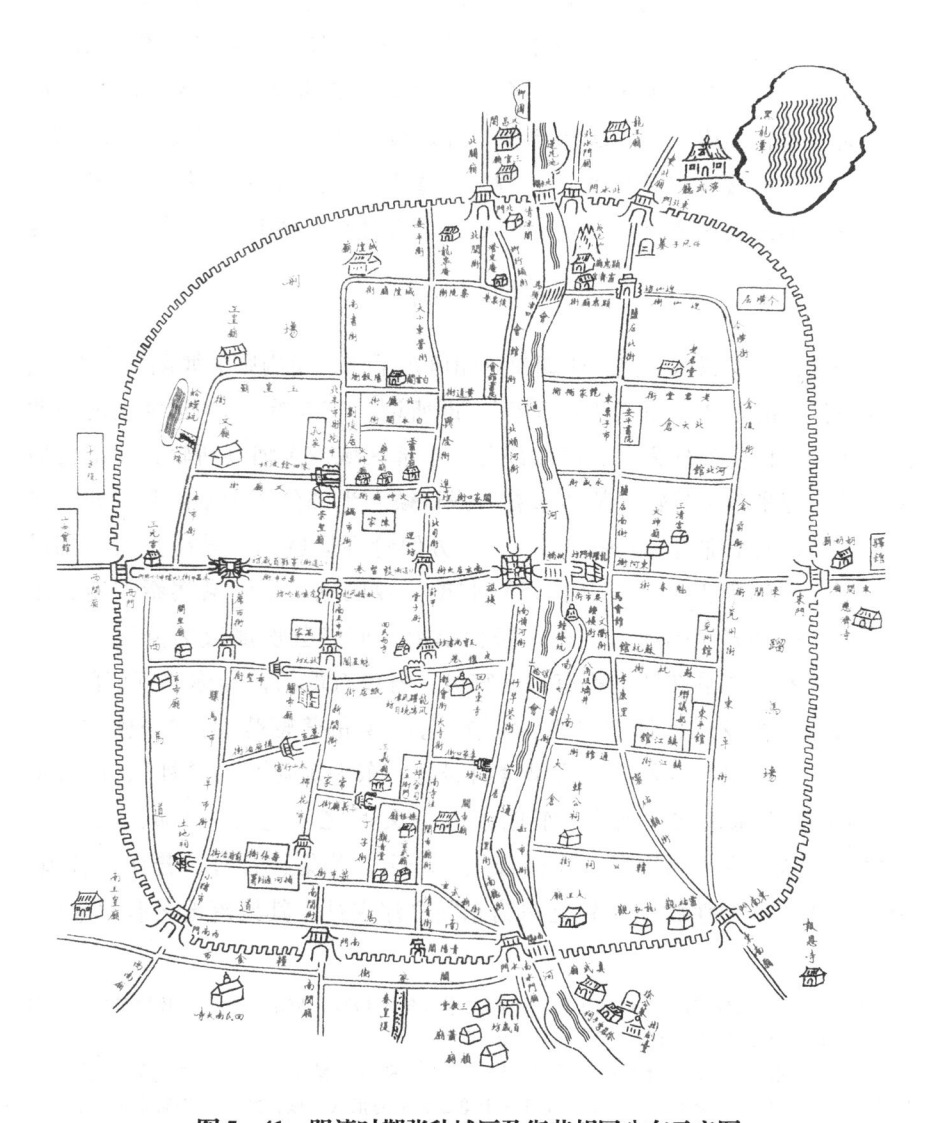

第五章　大运河聊城段街巷胡同及其地名　/　301

图 5－41　明清时期张秋城区及街巷胡同分布示意图

资料来源:《张秋镇志》编纂委员会编:《张秋镇志》,方志出版社 2014 年版,书前插图;政协阳谷县委员会编著:《文化阳谷·乡村记忆(张秋镇卷)》,中国文史出版社 2020 年版,第 69 页。

镇夹运河而城，旧为贡道之通渠，实扼南北之咽喉，襟带济汶，控引江湖，盖鲁齐间一重镇也。惟分属于阳谷、寿张、东阿三县，除寿、阿所属市面不志外，今参考镇志而记其属阳谷者。由西门道北、道南属寿张，至运河西岸，河东属东阿，折而北至北门为本镇，西半之北城是阳谷治权之范围。在昔繁盛之时，航楗林拥，商贾云集，非三县城市所能及也。河之西岸有谯楼，俗称"古楼"，为三县分界之中心。①

张秋在元朝属东平路，明朝属兖州府东平州，境内则分属阳谷、寿张、东阿三县。俗云"一州三邑之后齿"，即所谓"三界首"。大运河由南而北穿城而过，将该镇分为东、西两部分，东部区域由东阿县所辖，西部区域由阳谷、寿张两县分辖。整体来看，张秋镇东半部分属于东阿县，西部属于阳谷县，西南部属于寿张县。② 为了方便管理运道，三县在张秋镇都设有分司。清朝雍正十三年（1735）调整行政区划，东阿县属泰安府，阳谷、寿张两县属兖州府。这样，张秋镇由一府三县所属改为分属二府三县。这二府和三县在镇上都有常驻官员，各设有衙门，号称"五衙门"。③

康熙《张秋志》详细记载了明清时期三县的管辖范围："张秋方至东西南北各三十里，四州邑分民错壤而居之。东平东阿谓之'社'，阳谷谓之'都'，寿张谓之'保'，军地错入者又谓之'屯'。而都、社、保、屯之中，数十百家为聚者，则有若庄、若店、若集、若村、若巷、若镇，散布星列，不可胜数。"④ 镇之东为东阿之浮兴社，其聚落地名有何家庙、

---

① 民国《增修阳谷县志》第 1 册，民国二十六年（1937）稿本，转引自政协阳谷县委员会编印《阳谷文史集刊》，1999 年，第 457 页。

② 关于张秋境域的具体范围，明朝创修安平（即张秋）镇志时，因其"名为镇也，而俨然郡邑之观"，故将镇之东、西、南、北各三十里之区定为张秋境域，并在《创修安平镇志·凡例》中对该志书人物等取用范围作了说明："山川人物，远举之则迂，近遗之则隘。大约方至以三十里为限，庶几于本镇唇齿，十不漏二三耳。"清朝康熙九年（1670）重修的《张秋志》沿用此法，其《疆域志》指出张秋区域"东至关山三十里，西至骆驼巷迤西三十里，南至戴家庙三十里，北至七级四十里"，"按道里以近计则居济宁、临清两都会之中，以远计则居南北两都之中"，"昔人谓锁天中区，控地四鄙，阃域函夏，襟喉九州，本镇近之矣"。

③ 胡其伟：《运河名镇张秋访古》，《大众考古》2020 年第 9 期。

④ 康熙《张秋志》卷 1《方舆志》，《中国地方志集成》编辑委员会编：《中国地方志集成·乡镇志专辑》第 29 册，江苏古籍出版社 1992 年版，第 30 页。

洙泗口、柿子园、刘家庄、张家庄、崔家庄、祝家庄、柳行头、五里营、凌子堌堆、郭家村、吴家庄、王家庄、桃丘刘家庄、董家庄。东平之安山社有地错入，其地名为白晋城村。又东为东阿之孟册屯，其聚为胡家庄。以北为丁泉屯，其聚为史家桥、杨家闸。以南为东阿之堂子社，其聚为赵家桥、蔡家庄、潘家庄、耿家庄、钓台郑家村、铁山头、银山孟家村、张家庄、贺家庄、西旺集。另外，东平之麻山屯错其中。镇之东北为东阿之小罗社，其聚为赵店、李家村、桃城铺、柳河集、韩家庄、高村、小油房村、大油房村、田家庄、朱家屯、联桥村、凤凰岭店、柏木张家村、子路刘家村、关山集。又东北为东阿之路疃社，其聚为苦山集、沙王寨、娄家营。镇之南为东阿之张秋社，其聚为赵家庄、曹家庄、程家庄、邵家庄、窟窿口村、李家村、堤邦坑村、许家庄、红庙村。又南为寿张之土山保，其聚为曹家庄、薛家庄、十里铺、沙湾、李家庄、刘家庄、毕家湾。又南为东平之安山社，其聚为半边店、岔河集、万家庄、红庙庄、寡妇楼。又南为东平之夏雪屯，其聚为王家庄、郭家庄、刘家圈、胡家庄、戴家庙集。镇之东南为东平之西登社，其聚为魏家庄、唐家庄、轩家庄、高家村、竹山王家村、牛家庄、沈家村、陈家庄、李家庄、巡检司村。镇之西南为寿张之谭照北保，其聚为玄家桥村、程家庄、艾家岭。又西南为寿张之王陵东保，其聚为柴家庄、徐家庄、影堂村、古贤村、张博士集。镇之西为阳谷之北十七都，其聚为孟家庄、李家村、里井、陈家庄、盐池村、桑家营、城坡傅家庄、姜家营、白宿店、杜家店、耿家庄、阎家庄、沙堌堆、张八家庄。又西以南为阳谷之南十七都，其聚为杨家村、李家营、汪家庄、范家庄、十五里园、党家店、萧家店、吕家庄、朱家村、张家庄、宋家庄、杜家庄、十座棚、寇家村。以北为阳谷之南十五都，其聚为骆驼巷、阎家庄、国家庄、鲁家庄、韩家庄、王家庄、赵家庄。镇之西北为阳谷之东十五都，其聚为丁家庄、吕家村、鲁家庄、温家庄、范家庄、勾家庄、高家庄、白家庄、苏家庄、杨家庄、宋家村。又西北为阳谷之北十五都，其聚为汤家庄、高家庄、姜家庄、白家村、秦家庄、范家庄、伊家庄、李家庄、冯家庄。又西北为阳谷之新城屯，其聚为左家庄、袁家庄、刘家庄、古城屯。以东为阳谷之东十四都，其聚为崔家庄、路家庄、孟家庄、富安镇。又西北为阳谷之北八都，其聚为李家庄、安乐镇、孟母庙。镇之北为阳谷之南十八都，其聚为梨园赵家庄、碾刘家庄、魏家村、八里庙、常家庄、孟家庄、李家庄、荆门闸。又北为阳谷之北十八都，其聚为齐家店、刘家庄、柴家庄、孙家庄、孤柳树村、马家庄。又北为阳谷之十三都，其聚为阿城闸、阿城店、任家庄、田家庄、杨家庄、夏家庄、史家庄、郭家庄。①

（二）"九门九关厢"

张秋名虽为镇，但"俨然都会之观也"②。明朝湖广参政陈守愚曾说："愚弱龄则闻安平为重镇，云帆樯鳞集，车马肩相摩，商贾刀泉，贸易纷错，旁午醉歌者载道。……此弘治庚申间太平气象也。"③明朝大学士于慎行在《安平镇新城记》开篇中即指出张秋镇商业之盛景："国家漕会通河，设工部分司于故元之景德镇，以掌河渠之政令，即今所谓安平也。安平在东阿界中，枕阳谷、寿张之境。三邑之民，夹渠而室者，以数千计。五方之工贾，骈坐而塯蘙其中。齐之鱼盐、鲁之枣栗、吴越之织文纂组、闽广之果布珠排奇珍异巧之物、秦之麀毳、晋之皮革，鸣榷转毂，纵横磊砢，以相灌注，而取什之一。赢者其廛以数百计，则河济之间一都会矣。"④

张秋镇城之创建不可考，根据陈守愚《安平镇旧城记》记载，明朝正德六年（1511），以刘六、刘七为首的起义军，一度攻克大运河沿线许多城镇，张秋也是"几陷鱼肉"，弘治十三年（1500）的太平景象不复存在，"往时繁丽之观，倏尔凋谢，土人遂慓慓不敢宁处，于是始有修城之役"，但当时因创兴者仓促致多简陋，"故安平城粗具雉堞，未

---

① 康熙《张秋志》卷1《方舆志》，《中国地方志集成》编辑委员会编：《中国地方志集成·乡镇志专辑》第29册，江苏古籍出版社1992年版，第30—32页。明清时期，张秋虽为运河重镇，但非郡非邑，自然没有区划可言。然而，"张秋为兖郡之钜镇而有郡倅分刺其地，辖一州三邑之河工与八属之捕务，任綦重也，秀朴杂处，名为镇也，俨然郡邑之观"。因此，康熙《张秋志》仍然专设"都社"一目，对"张秋方至东西南北"三十里东阿、阳谷、寿张、东平等所属社、都、保、书之甚详，以此彰显张秋对周边地区之影响。

② 官美堞：《明清时期的张秋镇》，《山东大学学报》（哲学社会科学版）1996年第2期。

③ （明）陈守愚：《安平镇旧城记》，康熙《张秋志》卷10《艺文志二》，《中国地方志集成》编辑委员会编：《中国地方志集成·乡镇志专辑》第29册，江苏古籍出版社1992年版，第129页。

④ （明）于慎行：《安平镇新城记》，康熙《张秋志》卷10《艺文志二》，《中国地方志集成》编辑委员会编：《中国地方志集成·乡镇志专辑》第29册，江苏古籍出版社1992年版，第130页。

屹壮固"。① 管河工部郎中张文凤驻扎张秋镇，创修故城始于嘉靖二十一年（1542），至第二年五月竣工。万历三年（1575），大中丞赵贤巡抚山东，又筑新城。康熙《张秋志》对建城始末、城池规模及"九门九关厢"地名记载颇详：

> 辛丑、壬寅之际会，数深入诸郡戒严，督河使者张公文凤，乃建议修故城。则壬寅以前城难设，意者版筑，不甚坚完耳。自是岁城成，雉堞、门缕始具。城凡四门，各建楼其上，东曰"知津"，西曰"奠川"，南曰"通漕"，北曰"筹国"，并以河渠重也。去壬寅三十余年，而城又北废矣。今新城为万历三年，大中丞汝阳赵公贤，巡抚东夏时所筑。周八里，高二丈五尺，其下厚四丈，其上锐四之一。城楼四座，东曰"迎阳"，西曰"阜城"，北曰"拱极"，南曰"来薰"。水门四座，河东北门曰"通津"，河东南门曰"奠川"，河西北门曰"朝宗"，河西南门曰"济储"。角楼凡四座，南北水关各设战船二，以锁钥之。②

在明朝弘治八年（1495）时，朝廷赐名张秋为"安平镇"，以取运河、黄河"安平"之意。张秋镇设"九门九关厢"，它们分别是：东门，东关厢；东南门，东南关厢；西门，西关厢；西南门，西南关厢；南门，南关厢；南水门，南水门关厢；北门，北关厢；东北门，东北门关厢；北水门，北水门关厢。

（三）"七十二条街""八十二胡同"

明朝万历初期，张秋镇城的规模较之同期泰安府还要大——泰安府号称"七里又六十步"。明朝中后期，张秋镇城府崔巍，商铺鳞次栉比，寺庙与牌坊交错，南北客商川流不息，呈现出一派繁荣景象。镇城除了设置"九门九关厢"之外，还拥有众多街巷胡同，俗称"七十二条街"

---

① （明）陈守愚：《安平镇旧城记》，康熙《张秋志》卷10《艺文志二》，《中国地方志集成》编辑委员会编：《中国地方志集成·乡镇志专辑》第29册，江苏古籍出版社1992年版，第129页。

② 康熙《张秋志》卷2《建置志》，《中国地方志集成》编辑委员会编：《中国地方志集成·乡镇志专辑》第29册，江苏古籍出版社1992年版，第33页。

"八十二胡同"。关于街巷胡同之地名、分布,以及相关建筑等,根据民国时期地方志记载,以穿城运河之西岸的谯楼为参照物。

自楼下浮桥口西为南京店,北为磁器巷,巷外濒河为铁匠胡同,西为侯家巷,北为闫家街,闫少卿居之,故名。滨河水门曰闫家口,定陶、郓城、观城、朝城各水次仓在焉。北为馆驿街,至北水门荆门水驿及州水次仓在其地。其后南北通名顺河街,大王庙、安平书院皆背河西向;西为敕赐安平街,街口有琉璃坊,即浮桥渡口;街西为范县水次仓,此临河之南北街也。南京店之西为税课司街,又名鬏髻巷,有升仙桥、迎仙桥;北为北司街,北接大车营,有闫进士坊,东为预备仓、椿料厂,西为火神庙街,又北为小车营,有青云得路坊、恩荣坊;西为北厅街,阳谷主簿衙署在焉,北至华严堂而尽,此楼西第二南北街也。又西之北为锅市街,北为花市街,西为文庙街,有洙泗余波坊,又北为北米市街,尚书街东为察院街,一名皇华馆,北至城隍庙而尽,此第三南北街也。入西门而东为果子市,向北为牛市,又北为玉皇庙街,由玉皇庙少东而北为关帝庙,此为极西之南北街。

由谯楼而西,过南京店、鬏髻巷、果子市,至西门,为一相接之东西街;由侯家巷而火神庙,而文庙,至玉皇庙街之南口,为一相接之东西街;由荆门水驿而察院街,而北厅街,而玉皇庙东街,至玉皇庙,为一相接之东西街;由安平街而华严堂,而城隍庙东街,而城隍庙街,至关帝庙,为一相接之东西街。

通计南北相连、东西相连之街各四,由东而西三南北街,由南而北三东西街,皆有百货云屯,如花团锦簇,市肆皆楼房栉比,无不金碧辉煌,商民往来肩摩毂击,丰盈富丽,有"小苏州"之称,此本镇全盛之时也。[①]

张秋镇街道昔日纵横井然,如今大部分尚存。街巷胡同均是南北、

---

① 民国《增修阳谷县志》第1册,民国二十六年(1937)稿本,转引自政协阳谷县委员会编印《阳谷文史集刊》,1999年,第457—458页。

东西走向，泾渭分明。东自运河西岸始，东西四条线，最南一线主要是：大街（旧称"南京店街"）、二道街；往北第二线是闫家口街、火神庙街、文庙街；第三线是：黄道街、北厅街、玉皇庙街，二、三线之间还有一条短街名为张公祠街；第四线是：侯家巷街、城隍庙街。南北三条线，沿运河自南向北，第一条线主要是：北顺河街、会馆街（后来改称"书院街"）、柳河头街、北关街、北关厢街；第二条线是：北司街、兴隆街、大小车营街、安平街；第三条线是：锅市街、北米市街、尚书街。另外，北水门外还有水门厢街。这是街巷胡同的大致分布情况。[1]

因张秋镇由三县共辖，故所谓的"七十二条街"便分属三县。其中，阳谷县辖区有19条街，其地名分别为北顺河街、会馆街、锅市街、兴隆街、北米市街、尚书街、北司街、柳行头街、北关街、黄道街、安平街、大小车营街、城隍庙街、北厅街、玉皇庙街、文庙街、火神庙街、牛市街、察院街等。寿张县辖区有28条街，其地名分别为南顺河街、清香街、关帝庙街、玄武庙街、羊市街、南关街、葱市街、果子街、居仁里街、竹竿巷街、大寺街、堂子街、南厅街、新开街、南米市街、棉花市街、三义庙街、丁字街、府前街、府后街、希圣街、木器市街、蓆市街、骡马市街、皮袄街、纸店街、西关街、柴市街等。东阿县辖区有23条街，其地名分别为炭市街、孝廉里街、仓前街、仓后街、东平街、文衢街、显惠庙街、兖州府街、迎仙街、灵祐观街、韩公祠街、南大仓街、令璜街、魁春街、河北会馆街、东果子市街、盐店南街、盐店北街、老君堂街、钟楼街、缸市街、东关街、苏杭街等。此外，还有南马道、西马道两条街，以方便车马在城里往来运货。谯楼往西之长街西门大街的西部属于寿张县管辖；中部是鬏髻巷街，属于阳谷县管辖；其东部是南京铺街，三属东阿、七属阳谷。一街而分隶三县，此寸土寸金之地段。

谯楼是一个关键地名，也是一个重要地标，街巷胡同的分布格局均以它作为参照物。在谯楼西边处，还立有"三界首"石碑一通。谯楼在运河西岸，高数丈，为三层，"置漏刻角鼓以正节候，以警晨昏，以示民

---

[1] 政协阳谷县委员会编著：《文化阳谷·乡村记忆（张秋镇卷）》，中国文史出版社2020年版，第181—182页。

图 5-42　张秋镇街景

（照片系笔者于 2021 年 4 月 24 日拍摄）

之作息。楼之下，凡商贾贩息日中，为市者皆归焉"[①]。谯楼规模宏壮，其上置漏刻、角鼓，用以正节候、惊晨昏、示作息；其下荫凉，日中，商旅贩夫小憩其间，为四方万家所心系。时驻张秋工部郎中谢肇淛在《登安平谯楼》诗中曰："高楼遥望九河关，海岱微茫指顾间。千里飞帆衣带水，半窗斜日锦屏山。孤城粉堞连云起，平楚苍烟逐雁还。氛祲坐消波浪息，风光赢得独开颜。"[②] 他将谯楼之气势、漕河之逶迤、城池之崔巍、风光之惬怀描写得淋漓尽致。

镇城内有 12 处隅首，其交会之处特点为：东西方向者，东段稍错南，西段稍错北；南北方向者，南段稍错东，北段稍错西。这种设计其用意在于，曲以敛气聚财，且避直冲，以利文明步行。前人对街道设计之匠心，于此可见一斑。所有街道均以条石铺面，两旁店铺的台阶高于

[①]（明）谢迁:《重建安平镇谯楼记》，康熙《张秋志》卷 10《艺文志二》，《中国地方志集成》编辑委员会编:《中国地方志集成·乡镇志专辑》第 29 册，江苏古籍出版社 1992 年版，第 128 页。

[②]《张秋镇志》编纂委员会编:《张秋镇志》，方志出版社 2014 年版，第 57 页。

路面，这在明清时期的县城也是比较少见的。镇内中部略微隆起，每遇到大雨，雨水便会流到路的两旁，然后再流向街道四方，最终通过小石桥汇入城壕。即便是大雨天气，街面上也不会出现深积水现象。

明清时期张秋商业发达，它是"阳谷、东阿、寿张三县与运河连接的通道，附近其他县级政治中心城市的货物也多由此出入运河"，"张秋不是政治中心城市，也不是军事重镇，而是一个纯粹的商业城镇"[①]。漕运极大地促进了商品流通，周边府、州、县多种物资集中于此，远销各地；其他地方尤其是南方的大宗物资也要在此卸货，输散八方。在商品经济大潮裹挟下，张秋的经商队伍迅速发展起来，以适应纷至沓来的商机。正如史料中指出的那样，镇上各街市"皆有百货云屯，如花团锦簇，市肆皆楼房栉比，无不金碧辉煌，肩摩毂击，丰盈富丽"。其时，仅在镇上的山西商人就有上百家，他们在西关厢建造了颇具规模的山西会馆。山东和陕西两省商人也不少，他们在南街临运河边建造了关帝庙。无论会馆还是庙宇，它们都是明清时期运河商业活动的场所，只是在各地称谓或面貌有别而已。

图 5-43　张秋山陕会馆

（照片系笔者于 2021 年 11 月 21 日拍摄）

---

① 李泉、王云：《山东运河文化研究》，齐鲁书社 2006 年版，第 128 页。

外地商人纷纷到张秋镇落户设店,并建立商号。其中,源茂永画店由山西商人经营,至民国七年(1918)转由镇人阎均振父子接管。天增帽店是清朝光绪二十四年(1898)米市街人张润生在竹竿巷创建,后来由其子张海楼经营。本地商号众多,如鲁兴聚、刘振升、景顺和等画店,以及天宝楼银品坊、天增染坊远近知名。经营茶、糖、调料、酱菜等副食的"聚"字号有鲁兴聚、恒聚、玉聚、新聚、公聚、福聚、成聚等数十家。经营粮食的"德"字号有万盛德、恒聚德、崇信德、石盛德等十数家。经营药材并坐堂行医的"堂"字号有万鹤堂、化育堂、同春堂、保和堂、福生堂、益生堂、德华堂、玉升堂、义圆堂、保圆堂等。经营杂货、典当等业的有泰盛隆、王太恒、常兴和、常兴全、西同春、泰来兴、万泰号、三义号、万隆号、盛丰号、玉昌号、仁兴号、诚泰号、景成号、协成号、恒盛号、天益号、德源号、仁义号、翔泰号、广隆兴、长盛盐号、炭店、协和药店、帐店八家等,字号达数百家,它们排列在东西南北长街两边。类别不同的商家字号匾额,或古铜底子,或靛青底子,或正红底子,或天蓝底子,榜书大字,把张秋街巷胡同点缀得花团锦簇。至晚,到处红灯高挂,人来人往,直到夜深。

在不同历史时期,张秋镇街道名称大多发生变化。例如,大寺街亦名"南寺街";大小车营街,后名"车园街";尚书街别名"尚善街";书院街后称"府前街";纸店街原与造琵琶的琵琶巷、高家隅首相连,后通称"纸店街";邻近范县水次仓处,原有浮桥渡口街,即琉璃坊街,到康熙年间改称"安平街"。

明清时期的"胡同"即是小街,张秋镇"八十二胡同"即星散各处的小街。如运河以东,河口自西而东的范家胡同;谯楼以北原为瓷器巷,折而向北,巷外濒河处,即是铁匠胡同等,当年都是一些小街。除了胡同之外,还有杨家口、李家口、熊家口、鄠家口、侯家口、阎家口、新开口、邓家楼街口等,它们都从镇城通往运河堤岸,亦为小街。在五六百年的发展中,张秋镇的街巷胡同也发生了很大变化。清末停漕后,商业转而萧条,胡同风光日益衰败,"八十二胡同"已难一一俱列。

(四)"五步一庙宇,十步一牌坊"

上文在"街巷胡同之聊城篇"中曾提到明清聊城的牌坊地名,张秋镇城内的牌坊也有很多,在明朝就有20多处。牌坊是中国重要的传统建筑，其外观和基本功能与门相似。一般认为，牌坊发端于汉朝，最终成熟并兴盛于明清时期。"牌坊作为历史文化的重要物质载体，在一定程度上集中体现了中国的地理环境、历史文化和社会变迁的复杂作用。"① 虽然它是作为一种实用建筑而产生的，但是，长期以来被官方作为道德教化的工具，因而也被赋予了丰富的文化内涵，这在地名中都会有一定的体现，最终积淀为牌坊文化。

据康熙《张秋志》记载：敕赐安平镇坊，在河西岸下浮桥口；敕赐显惠庙坊，在庙门之右；敕赐感应神祠坊，在沙湾运河；敕赐大河神祠坊，在八里庙；万年国脉坊，在分司前；洙泗余波坊，在崇圣庙；龙跃云津坊，为马希昂建，在炭市；伏龙奋跃坊，为李鸾建，在堂子巷；青云得路坊，为王永昌建，在小车营街；玉堂金马坊，为张显建，在竹竿巷；天曹尚书坊，为师逵建，在堂子巷；太子宾客坊、兵部尚书坊，俱为张本建，在盐店后街；府治坊，在南寺洼街，今改为都水行台；进士坊，为阎麟建，在大车营街；吏部坊，为李栋建，在李家胡同；世科坊，为杨浩建，在杨家口；都宪坊，为师逵建，在堂子巷；乡进士坊，为刘清建，在孝廉里；恩荣坊，为阎儒建，在小车营街；迎仙坊，为任风子建，在鬏髻巷；贞节坊，为马希昂妻魏氏建，万历间邻人失火将及坊，忽反风火灭，若有神护者，众皆异之；龙跃风津凤鸣晓日坊，东面横额龙跃风津，为昌黎知县名宦殷玘建，西面横额凤鸣晓日，为工科给事中乡贤殷云霄建，系父子坊，在纸店街；百岁坊，在南水门外闸子口，万历三十六年（1608）为汤进建；恩褒三代坊，为都御史宋祖舜建，在戴家庙。②

入清以后，张秋还建有一批名坊，其中颇具代表性的是雍正年间所建虎啸龙吟蛟腾凤起坊——位于南米市街，为张令璜建。张令璜（1650—1734），字必友，一字又仲，东阿县张秋（今阳谷县张秋镇）人，清朝康熙四十八年（1709）进士，授职中书舍人，后来官至吏部左侍郎兼京兆尹。晚年寓居张秋，乐善好施。此牌坊高及十米，坊前、坊后各有一对石狮。

---

① 赵媛、麻勤、郝丽莎：《中国现存牌坊文化遗迹的地域分异及成因》，《地理研究》2016年第10期。

② 康熙《张秋志》卷2《建置志》，《中国地方志集成》编辑委员会编：《中国地方志集成·乡镇志专辑》第29册，江苏古籍出版社1992年版，第38—39页。

人们都说张秋是"五步一庙宇,十步一牌坊"。"这些牌坊,一木一石都渗透着张秋的文化内涵,滋养着张秋人的风操蕴藉。"① 随着世事沧桑,牌坊已先后倾圮,但它们曾是张秋运河文化的载体,与史册同在。

表 5-6　　　　　　　　　明清张秋牌坊地名信息

编号	牌坊地名	史载位置	史载表彰人物
1	敕赐感应神祠坊	在沙湾运河	—
2	敕赐大河神祠坊	在八里庙	—
3	万年国脉坊	在分司前	—
4	洙泗余波坊	在崇圣庙	—
5	龙跃云津坊	在炭市	为马希昂建
6	伏龙奋跃坊	在堂子巷	为李鸾建
7	青云得路坊	在小车营街	为王永昌建
8	玉堂金马坊	在竹竿巷	为张显建
9	天曹尚书坊	在堂子巷	为师逵建
10	太子宾客坊	在盐店后街	为张本建
11	兵部尚书坊		
12	府治坊	在南寺洼街	—
13	进士坊	在大车营街	为阎麟建
14	吏部坊	在李家胡同	为李栋建
15	世科坊	在杨家口	为杨浩建
16	都宪坊	在堂子巷	为师逵建
17	乡进士坊	在孝廉里	为刘清建
18	恩荣坊	在小车营街	为阎儒建
19	迎仙坊	在鬏髻巷	为任风子建
20	贞节坊	—	为马希昂妻魏氏建
21	龙跃风津凤鸣晓日坊	在纸店街	为殷玘、殷云霄父子二人建
22	百岁坊	在南水门外闸子口	为汤进建
23	恩褒三代坊	在戴家庙	为宋祖舜建
24	虎啸龙吟蛟腾凤起坊	在南米市街	为张令璜建

资料来源:康熙《张秋志》卷 2《建置志》,清康熙九年(1670)刻本。

---

① 《张秋镇志》编纂委员会编:《张秋镇志》,方志出版社 2014 年版,第 65 页。

第三节 运河区街巷胡同布局与命名特点

一 运河区之界定

运河区之形成虽然以大运河贯通作为前提条件，但它又和大运河不一样，大运河是一项国家工程，由王朝国家统一管理，而运河区仍然是在那些城镇里生活了数百年的当地人的家乡。如果从"国家的视角"来看的话，运河区可能是一片多少距离长，并且占据运河两侧各多少距离宽的狭长地带，因而会呈现出不同于其他地方的人文景观。对于不同的人来说，大运河的象征意义有所不同。对于有的人来说，这个规模庞大的项目象征着国家水利工程的巨大成就。对于有的人来说，运河区拥有丰富多彩的商业环境。运河区景观的所有变化都是修建这条河道不可避免的结果，无论那些结果是否真的不可避免。当然，人们也可以将运河区想象成一个可以被从无到有、重新"再造"的地方。

明清时期，在商品经济不甚发达的中国北方，大运河的出现全面改变了其沿岸的地方经济及社会条件，进而高效地推动了当地的城市化与商业化。临清、聊城、张秋等城市或城镇的繁荣，就是大运河运输以及随之而来的商业大潮影响的直接结果。济宁研究专家孙竞昊指出：

> 当然，大运河沿线的各个区域内部，生态、社会条件不尽一致，对于各个城市和城镇的影响各有不同，运河沿线的城市化也呈多样性特征。同样值得注意的是，大运河连接起北方和南方，打破了原本相对独立的经济大区的边界，从而改变了这些大区市场体系的原有结构。[1]

这提醒我们要注意到，即使在大区内部也存在地区性差异。他进而提出"运河区"的概念，以此来解释作为一个单独社会经济区存在的可

---

[1] 孙竞昊：《经营地方：明清时期济宁的士绅与社会》，广西师范大学出版社2023年版，第20页。

能性。"大运河发挥了极其重要的作用,改变了运河沿线区域的自然因素,重塑了当地经济、文化的走向与格局,加强了不同区域之间的联系"①,因此,运河区具有某些一致性的动力机制,从而形成了运河区特征鲜明的街巷胡同空间分布格局。

运河区街巷胡同文化也属于大运河文化带的范畴,故关于大运河文化带的分区也有助于加深我们对运河区的理解,兹将相关规划分区及界定予以陈述。在中共中央办公厅、国务院办公厅印发的《大运河文化保护传承利用规划纲要》中,根据大运河文化影响力,以大运河现有和历史上最近使用的主河道为基础,统筹考虑遗产资源分布,将大运河文化带划分为核心区、拓展区和辐射区。核心区主要是指大运河主河道流经的县(市、区),包含典型河道段落和重要遗产点,是孕育形成大运河文化的主要空间,也是大运河文化带的关键区域;拓展区主要是指大运河主河道流经的地市,是大运河文化向外逐步拓展与沿线地域文化融合的交汇地带,也是大运河文化带的重点区域;辐射区主要是指大运河主河道流经的省(市),是大运河文化进一步向外传播辐射的联动区域,也是支撑和保障大运河文化带的省域空间。②

二 民居风格与街道布局

大运河之贯通对于沿岸属于运河区范围内的民居风格、街道布局等都会产生深刻的影响③——这二者均属于大运河文化遗产中的聚落遗产,它的历史"活态"特征表现在"具有特色的'物质实体'与生产生活于其中的'人'之间的紧密的文化关联"④。大运河沿岸散落着许多因河而生的古巷、古街、古镇、古城,"这些聚落遗产记录了昔日漕运的辉煌,见证了运河文化的兴衰"⑤。街道布局与民居风格相得益彰,伴随着漕运

---

① Jinghao Sun, *City, State, and the Grand Canal: Jining's Identity and Transformation*, 1289 - 1937, Ph. D. diss, University of Toronto, 2007, p. 32.
② 中共中央办公厅、国务院办公厅:《大运河文化保护传承利用规划纲要》,2019年2月2日,第16—17页。
③ 王加华、李燕:《眼光向下:大运河文化研究的一个视角》,《民俗研究》2021年第6期。
④ 霍晓卫:《聚落遗产的"活态"与真实性》,《世界遗产》2014年第5期。
⑤ 周嘉:《京杭大运河遗产与地名文化研究》,《运河学研究》2020年第5辑。

畅通的河道，沿岸聚落总会兴建各种各样的房舍，其建筑式样与邻近乡镇颇有不同，这也决定了街巷胡同空间分布的相异。以位于会通河南段的南旺镇为例，明清以来因受大运河走向的影响，镇上竟然没有一栋正东正西的房舍，全都是西南东北向，"这是因为运河走到这恰好是西北东南向，而当地百姓则以运河流向为正北正南的缘故"①。而在济宁则出现了像南方吊脚楼那样的房屋，鳞次栉比蜿蜒于大运河之畔，这是因为"通过大运河实现的物品、人员和思想的便利沟通，使一些北方城市在帝国晚期或多或少地'南方化'了"②。

沿大运河两岸的房屋大多依水而建，人们临河而居住，同时形成了颇具特色的街道。从空间布局上看，这些房屋顺河而建，街道也是随河道而弯曲。聊城房屋建筑兼具南北文化交融特点，作为徽派建筑重要表征的马头墙，在聊城地区到处可见。在临清的大街小巷里，仿照徽派建筑风格也有很多。在以商业为主的街道建筑上，也鲜明体现出南方文化的影响，其中一个重要特征就是檐口较长。由于南方地区雨季漫长，店铺为了方便避雨将檐口改长。明清时期，大量南方商人经由大运河来到聊城地区经商，从而带来了这种檐口式样并得到广泛应用。此外，面向街道的商铺几乎全是敞开式板搭门面，而不另设隔扇，目的在于最大程度拓展经营空间。

在大运河聊城段，不管是传统的政治中心城市，还是新兴的商业化城镇，其街巷胡同布局有着共同的特点，主要表现在两个方面：一方面，街巷靠近运河并沿运河分布，而且还有大道直通运河码头；另一方面，同业店铺在地理位置上相对集中，形成了按照行业划分街巷的格局，而这也直接决定了某些街巷的命名。以临清为例子，运河呈"人"字形穿城而过，街巷在整体空间布局上，与运河走向联系紧密，或者两面临运，或者四面靠河。无论哪种情况，它们都以运河码头或桥梁为起点，然后向运河两侧纵深发展。历史上，临清素有"三十二街、七十二巷"之说。

---

① 山东省济宁市政协文史资料委员会编：《济宁运河文化》，中国文史出版社2000年版，第246页。

② 孙竞昊：《经营地方：明清时期济宁的士绅与社会》，广西师范大学出版社2023年版，第150—151页。

在南北走向街道之间，又有许多东西走向的胡同，呈现出一种网状分布格局。"街巷道路大都不规则，具有明显的自发倾向，呈现出沿运河边界三角形、内部'丰'字形的街道框架；城内及其周围还分布着许多大大小小的坑塘洼淀，与河流也相互沟通，宛如运河水系的支脉。"[1]

三 街巷胡同命名的特点

（一）"胡同"起源及其演变

通过上文考证可见，大运河聊城段的城镇街道包括三类，即"街""巷"和"胡同"，临清当地人有时也习惯使用"胡同"一词称呼古城里的街道。胡同已成为汉语中超越时空和地域的一个常用词汇。何谓胡同，"元人称街巷为胡同，后北方用为巷道的通称"[2]。清人谈迁在《北游录》中作过相关考证，说"京师各巷曰某衚衕，其义无出"，又引谢肇淛《五杂俎》言："闽中方言，家中小巷谓之弄。《南史》：'东昏侯遇弑于西弄。'弄即巷也。元《经世大典》谓之火衖，今京师误为衚衕。"[3] 胡同之说当始于元朝，是蒙古语"浩特"的音转，其意指"水井"，也就是大凡有人居住的地方总会有水井。蒙古人是一个游牧民族，受自然环境的制约，其生存模式为逐水草而居。在雄霸中原以后，蒙古统治者仍然将水资源视为生存之根本，将水井看作人们的生命之源，城镇居民围水井而生活，后来就逐渐将聚居之地称为"胡同"了。"胡同"一词在元朝以来的文献中有多种写法，如"衖通""衚衕""胡洞""吾同""火共""火弄"，等等。它起源于元朝，兴盛于明清时期，一直到民国后期才渐渐淡出人们的视野。

（二）街巷胡同的发展历程

临清古城的街巷胡同最早形成于元朝，繁盛于明、清和民国时期，其发展历史伴随着临清城建的四个阶段。第一阶段是元朝政府在山东境内开凿会通河这段时间，由于漕运的兴起，四方商贾云集此处新兴起的会通镇，一时间出现了中洲居民人口急剧增长，进而促使在运河两岸形

---

[1] 赵鹏飞：《山东运河传统建筑综合研究》，博士学位论文，天津大学，2013年，第61页。
[2] 《辞海》，上海辞书出版社1989年版，第1698页。
[3] （清）谈迁：《北游录》，汪北平点校，中华书局1960年版，第334页。

成了大片的街巷胡同。第二阶段是在明朝永乐至万历年间,这也是临清经济人文等发展繁荣的顶峰时期。临清大多数街巷胡同形成于这个阶段,特别是商业街巷,多集中在元代会通河两岸。第三阶段是在清朝的康乾年间,临清城区形成了一大批具有时代人文、商业文化特点的胡同。这一次形成的街巷胡同大多不是新扩展、新拓建的,而是原来的街巷发生了地标性、人文性的变化,有的改名,有的分合。第四阶段是在清末民初,随着天津港的崛起,临清与京津之间的贸易往来日益频繁,这期间形成了一批具有民国特殊文化和京津文化的街巷胡同。①

聊城古城明朝以来街道变化情况大致分为以下四个阶段:第一阶段是明朝至清末停漕前,为古城的鼎盛时期。其时,东昌府成为"漕挽之咽喉,天都之肘腋","万货辐辏,江北一都会","阛阓千家,廛市烟火相望,不下十万户"。第二阶段从清末至抗战前夕,为街道保持原貌但建筑物开始损耗、萎缩时期。随着晚清统治者昏庸腐败,加上内忧外患不息,大运河疏于治理,聊城一带的经济一蹶不振。民国时期兵匪荒乱,劫掠滥征,造成民不聊生,许多街巷两边都建造街门,门上同时设有阁楼。外地商人随之撤走,本地商人也转向外地经营。第三阶段自抗战爆发至中华人民共和国成立,为文物古迹和古城古貌逐渐消失时期。其间,它们或自然倒塌,或人为拆除,或毁于战火。中华人民共和国成立以来,城区向四周进一步拓展,古街古巷和临街店铺逐渐变样。

作为明清两朝县衙、府衙驻地,政治、经济和文化之中心地位使聊城街巷拥有如下特点:其一,官府、学堂等大多集中于古城内。明清两朝聊城县衙、东昌府衙,民国时期道署、聊城县政府均设在楼东大街、楼西大街、道署街上。明清时期的平山卫、东昌卫先后设于考院街、楼东大街。聊城县儒学、东昌府儒学和考院,光岳书院、阳平书院、启文书院、摄西书院均在城内。

其二,商业店铺主要分布在东关一带和四条大街上。楼东大街最为繁华,大型商号鳞次栉比,尤以印书业突出,印书商有"书业德""摄西""文英""敬文""有益""宝兴""善成"等。楼西大街因多行政、

---

① 周嘉:《漕挽纷华:明清以来临清城市空间研究》,中国社会科学出版社2023年版,第137页。

审讼等机构，达官贵人、士绅名流、胥吏班房云集，车马行人终日络绎不绝，饭馆、小吃店、糕点铺等沿大街两边依次排开。当地一些名吃名菜也多出自这里，如锅烧肉、老虎鸡子、鸾凤下蛋、清蒸鲤鱼、糖酥鲤鱼、徐公丸子、东昌糕点等。[①] 楼南、楼北两条大街多为客栈、旅店、粮店等。

其三，街道中、街巷交叉口甚至城墙上大多建有庙宇。其中，昔时供奉最多的是关帝，如山陕会馆、江西会馆，南门外有"一步"三关庙，东门外有三义宫，西门城墙上、下有关帝庙，东城墙下有槐花庙。除了关帝庙外，北门上有真武庙，城隍庙街有城隍庙、县文庙，道署东街有府文庙，龙王庙街有龙王庙，流水沟街有财神庙，西门外有吕祖庙，火神庙街有火神庙，城东门上有二郎神庙，南城门上有财神庙，后菜市街有灶王庙，药王庙街有药王庙，城东南角上有魁星楼，观后街有万寿观。此外，还有马神庙、大王庙、八蜡庙、文昌宫、土地祠、广源庙、太公庙、马周祠、华佗庙、铁公祠、七贤祠等。清末以来，很多庙宇年久失修，倒塌殆尽。

其四，高官、巨贾们的宅第大多集中在古城的支干道。元朝刑部侍郎袁裕在袁宅街。明朝以后有据可考府第有如下：明朝少傅兼太子太师、吏部尚书朱延禧府邸在东口南街朱府口，左军都督府都督刘通家族府邸在楼南路西，右佥都御史、山西巡抚耿如杞家族府邸在楼东大街，都指挥同知顾瑛家族府邸在楼南路东顾家胡同。清朝开国状元、武英殿大学士、兵部尚书傅以渐及傅斯年家族府邸在楼北相府街，状元、礼部左侍郎邓钟岳家族府邸在状元街，刑部侍郎任克溥家族府邸在城隍庙街路北，工部尚书朱鼎延家族府邸在袁宅街路北，荣禄大夫安跃拔家族府邸在安宅街，工部左侍郎孙肇兴家族府邸在孙家胡同，江南河道总督兼署江北漕运总督、私人藏书家、海源阁创始人杨以增家族府邸在观前街东头路北，太医院御医、候补道台叶嗣高家族府邸在叶家园子街。[②]

（三）街巷胡同的命名取向

在极盛之际，临清城里的街巷胡同一度达到500多条，即使在当地解

[①] 周嘉编著：《运河美食》，济南出版社2021年版，第57—88页。
[②] 政协聊城市东昌府区委员会编：《东昌老街巷》，天津人民出版社2010年版，第4—10页。

放的 1945 年前后尚有 300 多条。无论大街还是小巷,无论狭窄还是弯曲的胡同,它们都拥有自己的路名。实际上,临清古城道路名称大多自然形成,并非由当时规划者命名,习惯称呼因口耳相传延续至今。地名还可以编成顺口溜传承下来,据临清市钢叉协会会长杨国良口述"临清地名":

  太阳一出东方红,光芒四射照土龙。
  今天不把别的说,听我来说临清城。
  老城池像乌纱帽,把好吉祥风水照。
  京杭运河穿城过,钞关之首城中座。
  龙守乌纱风水好,水旱码头交通早。

  临清出了三件宝,瓜干枣脯千张袄。
  历史名城临清州,代管三县夏武丘。
  临清北关在城南,沙丘古渡对刘口。
  刘口钢叉光脊梁,下船来到头闸口。
  头闸口有张王庙,奶奶庙会对戏楼。

  有碧霞宫三元阁,东西夹道跑马车。
  养子院里孤儿多,武训学堂学生多。
  有摆渡口避雨亭,老龙山下是车营。
  上北来到进德会,里边玩艺是之最。

  有打把式的卖艺的,武钢叉的唱戏的。
  变戏法的摇碗儿的,耍木偶的出猞的。
  拉洋片的说书的,还有租赁小人书的。
  掷色子的插马辫的,抽三根签的都是骗子。

  北边有个凤凰岭,南边有座大戏楼。
  东边种着木棉树,西边养着一窝猴。
  北边六聚有山影,上湾庙里有个井。

井里有座庙，庙里有个井。

有头闸口二闸口，三闸桥头钞关口。
对花桥上北吉士口。
金牛巷玉山楼，季小番家住楼后头。
有前关有后关，铁窗户斜对南水关。
有黑家店陈家店，马家大头开车店。
有吉士口牛市口，中间有个青碗市口。

锅市街马市街，大寺三门朝南开。
东边有个考棚街，西边有个牌坊街。
新华剧院博爱街，民生剧院元宝街。
慕善剧院商场街，鳌头矶对上湾街。
徐家串厅水火局，还有一个丁字街。
会通河对会通街，粮食市场柴市街。

石巷锅饼染坊街，七湾八拐关义街。
一步桥西大义街，广义桥过太平街。
白布巷碾子巷，挑米巷果子巷。
竹竿巷箍桶巷，白纸巷香巷豆芽巷。
琵琶巷纸马巷，大宁巷海宁巷油蒌巷。

河堤宽大修古楼，天桥底下出铁牛。
耳朵眼里能跑马，墙缝里头卧开牛。
鼓楼桥蝎子坑，东门外出狗头金。
文庙元仓五样松，和尚塔歇马亭。
打马寺老君堂，剪子股三眼井。

临清塔北大洼，临清名吃有蓼花。
礼拜寺浮桥口，南湾子对铁窗户。
大西门上贴告示，谁吃谁饱睡觉去。

临清地名真不少，下回咱再接着找。

大街小巷还很多，明天咱再接着说。

结合上文的相关地名考，这些街巷胡同的命名原则大致可归纳为五种情况：一是以手工业或货物命名的最多，如柴市街、锅市街、手帕巷、竹竿巷、染坊胡同、烧酒胡同、青碗市口等；二是以署衙、庙宇等地标性建筑物命名的次多，如户部街、帅府街、车营街、南水门街、碧霞宫胡同、娘娘庙胡同等；三是以影响较大的家族姓氏、名人命名的，如常家街、柳家巷、周家胡同、汪家胡同等；四是以传说、会意等命名的，如吉士口街、兴贤街、打狗巷、金牛巷等；五是以形状命名的，如月牙胡同、鸡脖胡同、耳朵眼儿胡同等。

对于聊城古城街巷胡同来说，结合上文的相关地名考，其命名原则主要遵循以下规律：一是以自然风物景观命名，如柳树园街、桑树园街、老鼠胡同、影壁胡同等；二是以地理方位命名，如楼东大街、楼西大街、楼南大街、楼北大街、东顺城街、西顺城街、南顺城街、北顺城街、二十里铺街、东关大街、南越河街、北越河街、南顺河街、北顺河街等；三是以庙宇所在地命名，如龙王庙街、关帝庙街、药王庙街、火神庙街、城隍庙街、白衣堂街、礼拜寺街、观前街、观后街等；四是以官方机构所在地命名，如道署街、考院街、卫仓街、馆驿口街、十县胡同等；五是以商业功能命名，如前菜市街、后菜市街、米市街、猪市街、鸡市街等；六是以望族宅院命名，如状元街、二府街、相府街、袁宅街、安宅街、马宅街、蔡家胡同、顾家胡同、郭家胡同、孙家胡同、叶家园子街、殷家园子街等；七是以人物、传说或典故命名，如清孝街、羊使君街等；八是以地貌、地形命名，如元宝心街、牛角街、流水沟街等；九是以吉祥语词命名，如太平街、文明街、安乐巷等；十是较大的交叉路口大多带有"口"字，如牌坊口、驴市口、馆驿口、朱府口、闸口、东口、西口、南口、北口等。

结　语

街巷胡同属于道路的范畴，道路地名简称为"路名"，它是地名文化研究中的重要一部分。如果按照大运河地名的分类，运河区的街巷胡同地名属于聚落地名。作为大运河文化遗产的聚落，其历史活态性表现在物质空间实体与生活于其中的人群之间密不可分的文化关联上——它们可以是生活习惯、生产方式、民俗信仰，等等。运河区许多因河而生的古城、古镇、古街、古巷等星罗棋布，这些聚落遗产记录了昔日漕运的辉煌，见证了大运河文化的繁荣。无论从自然形态还是区域文化属性上，它们均表现出较强的运河特色，从而形成了独特的大运河聚落地名文化。

  通过实地调研与相关考证可见，大运河聊城段城镇里的街巷胡同布局有着共同特点，主要体现在一方面街巷靠近大运河并沿大运河分布，而且还有大道直通码头；另一方面同业店铺在地理位置上相对集中，形成了按照行业划分街巷的格局。这些街巷胡同的命名也有一些规律可循，大致包括以下数种情况：以自然风物景观命名；以地理方位命名；以署衙、庙宇等地标性建筑物命名；以手工业、商业或货物命名；以影响较大的家族姓氏、名人命名；以望族宅院命名；以地貌、地形或状貌命名；以人物、传说、会意或典故命名；以吉祥语词命名；较大的交叉路口大多带有"口"字。

第 六 章

运河研究与地名文化保护传承利用

对于历史上的大运河来讲，从自然科学到人文科学，均可以作各个方面的学术研究，从而获得各种不同的研究成果。现代意义上的运河研究自20世纪初始，迄今经历了三个循序渐进的阶段。自21世纪初以来，陆续有学者提出"运河学"这个概念，试图建立一门新的专业性学科。大运河"申遗"成功后，更是将大运河文化"保护好、传承好、利用好"提上日程。本章先是回顾运河学术研究的三个主要阶段发展历程，接着基于成果统计分析大运河地名研究现状及未来可以继续深化的方面，最后总结大运河地名的类型学划分，对相关政策法规进行解读并提出保护传承利用对策。

第一节 运河学术研究的发展历程

一 运河研究三阶段

在进一步探讨大运河地名相关研究之前，我们先扼要回顾一下有关运河的研究历程。关于运河的学术研究由来已久，现代意义上的运河研究应当始于20世纪初，纵观其历程大致可以划分为三个循序渐进的阶段：

第一个时期为中华人民共和国成立前的创始阶段，相关研究成果大多从宏观视角考述河道变迁与历史沿革。其中，代表性成果有张景贤的《北运河考略》和史念海的《中国的运河》，前者应该是近代以来最早公开发表的学术论文，而后者则是近代以来第一部运河研究专著。张景贤对北运河原委、河道变迁原因、近年来治河事迹、筑堤时偷工方法、最近治河人物、北运河现状、政府将来计划、河道变迁影响等方面，都进行了比较细致的考证与说明。① 史念海在 1985 年旧作《中国的运河》重印时所作"序言"中指出，研究运河不能仅仅局限于对各条运河沿革的探索，而是应由史学着眼和立论；固然也曾试图说明事物变化之因由及其过程与影响，但常常倾向于人为与社会层面，自然的因素就略显少些。②

第二个时期为中华人民共和国成立后至改革开放前的发展阶段，相关研究成果除了延续原有的主题之外，漕运研究成为主流。例如，史念海《三门峡与古代漕运》一文通过分析秦、汉、隋、唐漕运的历史，说明了这样一个问题："这些王朝的都城皆在关中，关中成为政治中心地；但是当时的经济区域却距关中相当遥远。经济区域不论是在黄河中下游，或者在长江下游，要和政治中心地的关中相连系，就必须利用黄河，也就是说要通过三门峡。而这里的险阻却使政治中心和经济区域的连系有着很大的困难。"③ 樊树志在《明清漕运述略》一文中分析了明清两朝漕运制度之沿革，以及清朝由河运向海运逐渐转变的过程。另外，此文还重点介绍了漕运中的各种规章制度，如漕粮的分派、征收解运的管理机构、漕运费用及陋规、运军及漕船种种规定等。④ 邹逸麟则利用考古发掘出土的实物资料，探讨隋唐时期的漕运路线和粮仓分布，"这些粮仓都是按当时的漕运路线设置、分布的；各仓的地理位置与当时的分段运输法有着很大的关系"⑤。

第三个时期为改革开放至今的深化阶段，出现了运河研究的热潮，研究范围进一步扩大，尤其表现在：一是对诸如漕运、河政等具体问题的研究更加深入；二是拓展新的研究视角和领域，如商品流通、运河城镇、漕运与社会的关系，等等。根据 CNKI 数据库检索统计，从 1980 年到 2023 年，在核心期刊上发表运河研究的学术论文数量达几千篇。如果

---

① 张景贤：《北运河考略》，《地学杂志》1919 年第 9、10 期。
② 史念海：《中国的运河》，陕西人民出版社 1988 年版，第 3 页。
③ 史念海：《三门峡与古代漕运》，《人文杂志》1960 年第 4 期。
④ 樊树志：《明清漕运述略》，《学术月刊》1962 年第 10 期。
⑤ 邹逸麟：《从含嘉仓的发掘谈隋唐时期的漕运和粮仓》，《文物》1974 年第 2 期。

将所有期刊论文、学位论文、会议论文等均统计在内的话，其数量将更加可观。与此同时，运河研究的学术专著已经出版了上百部。① 据不完全统计，仅2022年度就发表与运河相关的文章约500篇，出版著作约60部，内容涉及运河史、运河文化、运河生态治理、运河遗产保护开发、运河经济社会发展、学科理论及平台建设等。② 由此可见，经过百年来的发展，运河研究逐渐走向成熟，运河学的知识体系与学科框架已经初步形成。

二 "运河学"的提出

王健在商榷国内权威工具书《中国大百科全书·中国历史》中有关"运河"条目的时候，就明确指出相关撰写者是"对各时期运河学有专攻的学者"③，这应当是较早地使用"运河学"这一名词。王国平很早提出建立运河学专业的问题，这是当时在运河综保复合主体探索过程中酝酿出来的："与此同时，为进一步整合全国乃至全世界运河研究力量，依托杭州师范大学，整合各方资源的'运河研究院+运河研究会+中国京杭大运河博物馆+运河丛书+运河学专业'的'五位一体'运河研究新模式也正在逐步成形。"④ 后来，在中国大运河"申遗"过程中，也曾有专家学者指出应设立一门有关运河的学科，如著名古建筑学家罗哲文认为："当今，对大运河的研究和申遗工作，务必要保证对运河遗产概念与范围的充分掌握，要在对运河本体充分进行考古和多学科比对的基础上，形成保护发展规划和申遗文本。我建议尽快加强研究，建立一门全新的'运河学'学科。"⑤ 此后经常有学者撰文予以赞同，并对运河学所涉相关问题进行讨论。

张强指出："遗憾的是，长期以来，运河学一直受到冷落，甚至被人

---

① 相关文献综述参见王云《近十年来京杭运河史研究综述》，《中国史研究动态》2003年第6期；高元杰《20世纪80年代以来漕运史研究综述》，《中国社会经济史研究》2015年第1期；聊城大学运河学研究院编印《运河学研究通讯》，2014年第1期、2015年第1期、2016年第1期；崔建利《2018年度运河学研究综述》，《运河学研究》2020年第4辑。

② 胡梦飞：《2022年运河学研究综述》，《运河学研究》2023年第11辑。

③ 王健：《〈中国大百科全书·中国历史〉"运河"条目商榷》，《学海》2007年第2期。

④ 王国平主编：《培育社会复合主体研究与实践》，杭州出版社2009年版，第341页。

⑤ 罗哲文：《运河申遗应建立运河学》，《中国文化遗产》2011年第1期。

遗忘。进一步关心运河与政治、经济、文化等之间的关系，对于发现运河的价值、加强传统文化研究有着重要的意义。"①他使用"运河学"作为题名，探讨运河学研究的范围和对象，其背景在于"当下，正处在申报中国运河为世界物质文化遗产、非物质文化遗产的紧要关口，在这一节骨眼上，考察运河与政治、经济、文化等方面的关系，不但可以丰富传统文化研究的空间，而且还可以为申报运河为世界物质文化遗产和非物质文化遗产提供准确的数据和第一手资料"②。这种对运河学的思考，直接服务于"申遗"和适应文化事业发展的需要。罗衍军也使用"运河学"来统摄二十年来的运河研究，认为学界取得了长足进展。③

2016年6月8日《中国社会科学报》发表了以《运河学研究方兴未艾》为题的笔谈，参加者有邹逸麟、李孝聪、陈力、常建华、李泉、吴琦、张士闪、吴欣，专门针对运河学有关问题进行讨论。④李泉在《运河学研究的内容和方法》《运河学发微》二文中从学科的基本要素入手，分析运河学的研究内容、理论方法等。⑤姜师立多次在公开场合呼吁建立运河学，指出建立运河学的意义在于将中国大运河作为一个整体去研究，同时也是推进大运河文化带建设的重要抓手之一。⑥吴欣看到了中国大运河"申遗"成功和大运河文化带建设带来的契机，"促进了学界对运河历史功能和现实价值的再认识，将运河作为研究主体，纳入到学术视野与学科建设中来，'运河学'应运而生"⑦。李强、多洛肯两位学者共同围绕张强新著《中国运河与漕运研究》讨论，认为此著对运河学研究的历史成果进行了高度总结，成为中国运河学研究的扛鼎力作。⑧周嘉、邹幸

---

① 张强：《运河学研究的范围与对象》，《江苏社会科学》2010年第5期。
② 张强：《运河学研究的范围与对象》，《江苏社会科学》2010年第5期。
③ 罗衍军：《二十年来的运河学研究》，《地方文化研究》2015年第6期。
④ 《运河学研究方兴未艾——运河学笔谈》，《中国社会科学报》2016年6月8日第8版。
⑤ 李泉：《运河学研究的内容和方法》，《聊城大学学报》（社会科学版）2015年第1期；李泉：《运河学发微》，《运河学研究》2018年第1辑。
⑥ 姜师立：《运河学的概念、内涵、研究方法及路径》，《中国名城》2018年第7期。
⑦ 吴欣：《运河学研究的理论、方法与知识体系》，《人文杂志》2019年第6期。
⑧ 李强：《中国运河学研究的扛鼎力作——评张强教授的〈中国运河与漕运研究〉》，《淮阴师范学院学报》（哲学社会科学版）2021年第6期；多洛肯：《运河学研究历史成果的新高度》，《淮阴师范学院学报》（哲学社会科学版）2024年第1期。

蕊总结了运河学的基本议题、理论体系和方法论,并对未来进行了展望:"作为一个新的学科,运河学在客观上已经成型,它的进一步发展与壮大、成熟与完善,离不开学术共同体的执着坚持,并以开放的姿态从事更多的创新研究。通过不断的学术自觉,最终成就运河学学科在时间意识上的完整性。"[1]

第二节 大运河地名研究现状与展望

一 相关研究成果统计

在本书第一章的学术史回顾部分里,对大运河地名研究进行了梳理。相较于运河其他方面的研究,地名研究虽不多见但也并不仅限于此。为了更加直观以及便于从整体上把握大运河地名研究的历程,笔者通过各种检索渠道将相关论著等尽可能找全[2],兹分项列表如下:

表 6-1　　　　　　　　　期刊论文

年份	作者	论文题目	发表刊物	期/辑	期刊级别
1995	赵苇航	《扬州市地名命名规律研究》	《扬州师院学报》(社会科学版)	第1期	—
2012	赵静媛、郭凤平、戴学来	《浅谈天津漕运与地名文化保护》	《中国地名》	第1期	—
2014	荀德麟	《大运河清口水利枢纽遗产及其特点》	《江苏地方志》	第4期	—
2015	奚敏、徐业龙	《清口地区妈祖信仰与文化遗产综考》	《莆田学院学报》	第1期	—
2017	滕汉洋	《隋唐运河异名辨证》	《史志学刊》	第6期	—

---

[1] 周嘉、邹幸蕊:《运河学与运河文化研究论纲》,《保定学院学报》2023年第3期。
[2] 当然,受限于检索条件及个人水平,笔者也不能穷尽所有相关研究,可能还有其他一些研究,如有遗漏还望作者理解。

续表

年份	作者	论文题目	发表刊物	期/辑	期刊级别
2018	陈喜波	《金元时期北运河河道蠡测——基于楼字村落地名的历史地理研究》	《运河学研究》	第1辑	—
	刘建峰	《重走临清老胡同 唤醒运河古城记忆——临清胡同保护与审美体验研究》	《运河学研究》	第2辑	—
	王聪明	《被"建构"的堤堰：高家堰的称谓与明代治河》	《运河学研究》	第2辑	—
	程宗宇	《浅析大运河区域市镇地名文化及开发利用——以鲁桥镇为例》	《当代旅游》	第3期	—
2019	王聪明、李德楠	《记忆的嫁接：古淮阴地名的嬗变与传承》	《地方文化研究》	第2期	—
	李德楠、王聪明	《运河清江闸、龙汪闸名称考辨》	《淮阴工学院学报》	第4期	—
2020	刘芹	《高邮明清运河故道沿岸地名中的神灵膜拜》	《档案与建设》	第3期	北大核心
	刘恋、马俊	《"运河"定名于宋的历史考察》	《档案与建设》	第6期	北大核心
	刘芹	《运河沿岸地名史话研究在"大运河文化带"建设中的意义——以高邮明清运河故道为例》	《江苏地方志》	第4期	—
	周嘉	《京杭大运河遗产与地名文化研究》	《运河学研究》	第5辑	—
	李德楠	《地名研究与大运河文化带建设——"里下河"地名的个案考察》	《淮阴工学院学报》	第2期	—
	吴玉琨	《德州地名文化特征及其成因》	《德州学院学报》	第5期	—
2021	封锋、戴甫青	《"淮阴"地名背后的传统文化因子》	《档案与建设》	第11期	北大核心
	徐业龙	《运河水工文化记忆："马头"地名源流考略》	《江苏地方志》	第4期	—

续表

年份	作者	论文题目	发表刊物	期/辑	期刊级别
2021	刘晓玲	《从地名中解读运河文化——以山东济宁地名为例》	《山东档案》	第4期	—
	高逸凡	《城前浦口即是京口：早期江南运河入江口"京口"位置考》	《运河学研究》	第7辑	—
	吴元芳	《洳运河的名实之辩》	《枣庄学院学报》	第4期	—
	于婧、赵霞	《江苏大运河沿岸地名文化及其翻译》	《英语广场》	第22期	—
2022	马俊亚	《从沃土到瘠壤：明清淮北地名变迁与水患成因》	《史学集刊》	第4期	CSSCI
	瞿立新、秦潇璇、邵映红	《无锡运河老字号保护传承利用研究》	《江南论坛》	第3期	—
2023	孙冬虎	《京杭运河沿线地名文化遗产的形成轨迹》	《北京社会科学》	第3期	CSSCI
	孙冬虎	《名似串珠缀运河》	《前线》	第5期	—
	冯晓华	《镇江市运河地名文化遗产保护与传承研究》	《运河学研究》	第10辑	—
	周嘉、邹幸蕊	《京杭大运河聊城段遗产与地名文化研究》	《大运河》	第1期	—
	林卫峰、张灵君	《运河沿岸的古迹名村》	《文史春秋》	第8期	—

表6-2　　　　　　　　　　　著作

年份	作者	著作题目	出版社
1990	北京市地名办公室、北京史地民俗学会（编）	《北京地名漫谈》	北京出版社
1991	李云（编著）	《北京街巷胡同漫谈》	北京燕山出版社
1997	张清常	《北京街巷名称史话：社会语言学的再探索》	北京语言文化大学出版社
2003	张清常	《北京街巷名称史话》	北京语言大学出版社

续表

年份	作者	著作题目	出版社
2006	马时雍（主编）	《杭州的街巷里弄》	杭州出版社
	林正秋（主编）	《杭州地名的历史与文化》	中国文史出版社
2008	《高邮地名史话》编委会（编）	《高邮地名史话》	中国文史出版社
2009	尹钧科、孙冬虎	《北京地名研究》	北京燕山出版社
2010	孙冬虎	《北京地名发展史》	北京燕山出版社
2012	褚自法（编著）	《运河古镇长安》	中国文史出版社
2014	顾建国	《运河名物与区域文化考论》	上海三联书店
	王克胜（主编）	《扬州地名掌故》	南京师范大学出版社
2015	淮安市民政局、淮安市历史文化研究会（编）	《淮安地名史话》	中华书局
2016	李德楠	《京杭运河江北段工程与地名》	中国社会出版社
	胡克诚（编著）	《京杭运河桥梁遗产与地名》	中国社会出版社
	吴坚（编著）	《运河城镇地名》	中国社会出版社
	吴欣	《大运河商业市镇地名》	中国社会出版社
	闫雪怡（编著）	《运河岸边的村落·一》	中国社会出版社
2017	钱益知	《杭州地名史话》	中国国际广播出版社
	闫雪怡（编著）	《运河岸边的村落·二》	中国社会出版社
	钟军、朱昌春、蔡亮	《隋唐运河故道地名考》	中国社会出版社
	杨正福（主编）	《扬州运河古镇》	广陵书社
2018	高元勃（主编）	《运河古镇南蔡村》	团结出版社
2019	吕微露	《浙东运河古镇：散落的世界文化遗产》	中国建筑工业出版社
	尤万良等（编著）	《运河古镇望亭历史地名传说》	苏州大学出版社
	微山县夏镇部城东村文史委员会（编）	《运河古镇部城》	山东友谊出版社

续表

年份	作者	著作题目	出版社
2022	刘芹	《里运河沿岸地名史话》	广陵书社
	佟东、马雨晴、刘晶	《京杭大运河上的古城古镇》	研究出版社
	王克胜（主编）	《扬州印记》	南京师范大学出版社
2023	顾建国	《大运河地名故事》	江苏凤凰文艺出版社

表6-3　　　　　　　　　　　学位论文

年份	作者	题名	学位授予单位	学位名称
2011	朱青	《文化语言学视角下的济宁地名研究》	曲阜师范大学	硕士
	郑俏	《城市化进程中杭州的地名文化保护研究》	浙江大学	硕士
2017	张春阳	《试论"地名文化"与"地名遗产"的概念与评价——以浙江省为例》	浙江大学	硕士
	姚桂林	《临清地名的语言与文化研究》	宁夏大学	硕士
2021	毛倩	《越南阮朝时期燕行路线地名考》	西南交通大学	硕士

表6-4　　　　　　　　　　　会议论文

年份	作者	题目	会议名称	会议录名称
2012	洪再生、陈孝忠	《浅谈大运河天津段运河地名文化的价值与保护》	纪念《世界遗产公约》发表四十周年学术论坛暨中国文物学会传统建筑园林委员会第十八届年会	《纪念〈世界遗产公约〉发表四十周年学术论坛暨中国文物学会传统建筑园林委员会第十八届年会论文集》
2017	聂珊珊、史有强	《北京市通州区历史地名文化价值的初步研究》	第三届中国文化遗产保护研究生论坛	《第三届中国文化遗产保护研究生论坛论文集》
2019	周嘉	《山东运河遗产与地名文化》	山东第五届运河论坛	《山东第五届运河论坛论文集》
	周嘉	《京杭大运河遗产与地名文化研究》	2019大运河文化带建设智库峰会	《2019大运河文化带建设智库峰会论文集》

表 6-5　　　　　　　　　　　报纸

日期	作者	题目	来源	版次
2013.03.25	—	《"运河地名文化数据库"将建》	《中国社会科学报》	第 A03 版：资讯
2015.12.30	润成	《运河沿岸小地名》	《今晚报》	第 16 版：副刊津沽
2016.08.17	—	《运河衍生的济宁地名》	《老年生活报》	第 A08 版：齐鲁春秋
2017.03.10	—	《记忆中的运河两岸地名》	《沧州晚报》	第 21 版：人文
2017.03.24	王怀瑞	《运河与汶上的地名学问》	《济宁日报》	第 B02 版：视界
2018.02.08	—	《消失的地名——京杭大运河桐乡段的记忆》	《嘉兴日报》	第 16 版：民政
2018.08.09	通讯员：杨民轩；记者：姜涛	《钞关是税收衙门、太平马头不系马——学者解读扬州城区段运河地名》	《扬州晚报》	第 A07 版：今日视点
2020.05.28	—	《小地名讲述运河老故事》	《沧州日报》	第 05 版：文化看点
2022.01.18	通讯员：冯静；记者：姜涛	《这些运河沿线老地名，你了解来历吗?》	《扬州日报》	第 A03 版：城事
2022.03.07	盛朝新	《隋唐大运河永城段地名考》	《今日永城》	第 A4 版：文化永城
2022.11.10	—	《大运河景山地名的由来》	《彭城晚报》	第 A01 版：头版
2023.04.29	—	《运河地名文化"流"进汶河小学》	《扬州日报》	第 A03 版：城事
2023.05.24	—	《运河水乡打响微山湖地名文化品牌》	《中国社会报》	第 A06 版
2023.07.13	李冬云	《"运河地名"说沧桑》	《河北日报》	第 09 版：深读周刊·钩沉

续表

日期	作者	题目	来源	版次
2023.07.18	朱秋霞、李翔明	《城隍庙街、运河路等66个地名入选》	《京江晚报》	第005版：发布
2023.09.22	记者：张海峰、张双双	《大运河岸边，"老地名"又回来了》	《大众日报》	第03版：要闻·热点关注
2024.01.12	于锋	《运河沿线，为何多"口"字的地名》	《新华日报》	第12版：人文周刊·文脉
2024.03.26	—	《除了会馆浜，这些地名也和运河有关》	《常州晚报》	第A06版：城事·档案柜

通过以上梳理可见，期刊论文共计 30 篇，著作共计 30 部，学位论文共计 5 篇，会议论文共计 4 篇，报纸报道共计 18 篇。时间跨度自 20 世纪 90 年代，一直延续至当下。在期刊论文方面，20 世纪 90 年代只有 1 篇相关论文，21 世纪的前 10 年出现空当，自 2012 年以来才逐渐升温。其中，2018 年至 2023 年达到高潮，每年都有相关论文发表，且发文量均维持在 2 篇及以上，尤以 2018 年、2020 年、2021 年和 2023 年比较突出，发文量分别为 4 篇、6 篇、6 篇、5 篇。在期刊级别上，近几年才偶见核心期刊发表，如"北大核心" 3 篇、"CSSCI" 2 篇。在著作方面，20 世纪 90 年代出版 3 部，进入 21 世纪以来出现平稳发展局面，平均每年出版 1 部，较突出年份为 2016 年、2017 年、2019 年、2022 年，每年出版量在 3 部及以上。在学位论文方面，近十年来有相关选题出现，主要分布在大运河沿线高校，而出自同一所高校的有 2 篇。在会议论文方面，近十年来也陆续出现相关参会论文。在列入统计的 4 次会议中，前 2 次涉及"遗产"，后 2 次直接以运河为主题。在 2014 年中国大运河成功入选《世界遗产名录》后，报纸发文量增加，平均每年都有相关报道。

二 研究关注点及成效

20 世纪 90 年代，大运河地名研究刚起步之时，其突破口是对城市个案的关注，如大运河原点城市扬州和大运河北方终点城市北京。赵苇航《扬州市地名命名规律研究》一文列举了不少实例，具体探讨了 12 种不同类型的地名，涵盖地形、水域、人物、史迹、年号、避讳、移民、作坊、物产、交通、宗教和神话，它们或者与地理环境有关，或者与历史事件有关，或者与政治因素有关，或者与经济发展有关，或者与文化背景有关，成为扬州聚落地名得名之依据与由来。3部著作均围绕北京的街巷胡同，其中，张清常《北京街巷名称史话：社会语言学的再探索》一书虽从社会语言学角度出发，但也吸收了地名学有益成分，尤其注重语言与地理、历史、民族、文化等方面的关系。该书还有一个特点是："立足于当代，使用资料的下限截止到1989年底。向上追溯，这样，对辽金元的街巷名称及有关问题论证得较多，对明北京街巷名称叙述得较多，对前清民国北京街巷名称只追其演变。"①

进入21世纪后，可以将2014年作为分界点，因为在这一年里历时约十年的大运河"申遗"终于成功。在2014年之前，相关研究成果形式以著作为主，仍然延续对运河城市或市镇进行个案考察，分别涉及北京、杭州、高邮和长安镇；而仅有的1篇期刊论文研究的运河城市是天津，2篇学位论文分别涉及济宁、杭州。《北京地名研究》一书属于国家社会科学基金项目的最终成果，作者指出："历史上的地名研究重点在于解释地名语义、语音、命名原因，叙述某一地域在各个时期的名称沿革过程等，其他内容则是随着时代的发展逐渐丰富起来的。"② 以往有关北京的地名研究主要为考证和诠释个体地名，而在现代地名学指导下，对北京整个区域地名进行全方位、多视角的深入研究，此部著作可谓开创先河。《浅谈天津漕运与地名文化保护》开始关注与漕运直接相关的历史地名之保护与利用，认为保护和利用好历史地名对于城市文脉传承具有重要作用。《城市化进程中杭州的地名文化保护研究》针对现代化和城市化导致地名破坏现象，分析杭州地名文化保护过程中存在的问题，并提出相应对策。

自2014年以来，大运河地名研究有了长足发展。论文《隋唐运河异名辨证》《京杭大运河遗产与地名文化研究》《京杭运河沿线地名文化遗

---

① 张清常：《北京街巷名称史话：社会语言学的再探索》，北京语言文化大学出版社1997年版，自序。

② 尹钧科、孙冬虎：《北京地名研究》，北京燕山出版社2009年版，第348页。

产的形成轨迹》，以及著作《运河名物与区域文化考论》《京杭运河江北段工程与地名》《京杭运河桥梁遗产与地名》《运河城镇地名》《大运河商业市镇地名》《运河岸边的村落》《隋唐运河故道地名考》《京杭大运河上的古城古镇》《大运河地名故事》，均具有宏观性与整体性视野，不再满足于对一城一镇的具体个案考察，而是以大运河串联起来的相关事项为专题进行研究。除了整体研究之外，这一时期也涌现出一些个案研究，涉及的城市或城镇有临清、鲁桥镇、"古淮阴"、高邮、德州、济宁、无锡、镇江、聊城等；涉及的河段有隋唐运河、北运河、运河高邮段、里运河、泇运河、运河聊城段、运河江北段、浙东运河、运河天津段、山东运河、运河桐乡段、运河扬州段、运河永城段等；研究的切入点包括水利工程、民间信仰、河道异名、聚落地名、交通地名、地名翻译、传说故事、地名考证、文化价值等。

在学理与思想探索方面，个别学者也作出了一定贡献。王聪明、李德楠将地名与历史记忆联系起来，揭示出某一区域的社会地理背景及人们对历史记忆的选择，从而说明某些地名会超越传统的地理意涵，作为一种历史记忆而延续下去。[1] 历史记忆既有"选择"的余地，也有"遗忘"的空间。马俊亚探讨了淮北方言中称"田"为"湖"，人们已经忘记"田""湖"之别的现象，指出明清两朝为了维持漕运而牺牲淮北，破坏了当地的水文和生态环境，使之由"鱼米沃壤"变成"穷山恶水"。[2] 个别指示河道的地名既是河流名称，也表达了区域概念。李德楠对"里下河"地名的个案考察，揭示出清朝时期里下河空间范围逐渐增大，即由原来的6个县增加到10个县，这是由地区性受灾面积扩大所致；而20世纪50年代以后其南北界线向内缩小，原因在于新通扬运河和苏北灌溉总渠的开挖。[3]

大运河所涉各种事项，积淀至今已成为大运河文化中的珍贵遗产。

---

[1] 王聪明、李德楠：《记忆的嫁接：古淮阴地名的嬗变与传承》，《地方文化研究》2019年第2期。

[2] 马俊亚：《从沃土到瘠壤：明清淮北地名变迁与水患成因》，《史学集刊》2022年第4期。

[3] 李德楠：《地名研究与大运河文化带建设——"里下河"地名的个案考察》，《淮阴工学院学报》2020年第2期。

孙冬虎试图把握京杭大运河地名文化遗产的形成轨迹，认为这些地名成为大运河文化的语言文字标志，折射出地理环境、族群活动、语言分布、社会生活的变化。① 刘芹通过挖掘大运河地名三个层次的文化，揭示大运河文化中的民族精神，"从宏观上把握这些有关'坝、闸、关、堰、塘、楼'等地名史话的研究，可以看到这个地区的运河民族精神"②。具体来看，第一层次指大运河遗存承载的文化，如历史建筑、古代文学等，这是历史上留存下来的与大运河直接相关的文化产物；第二层次指大运河流淌伴生的文化，如生活方式、衣食住行、仪式习俗等，这方面可视为一种大众文化；第三层次指大运河历史凝练的文化，如渗透于文化深处的民族精神及价值观等。吴欣在研究大运河商业市镇地名过程中，也曾意识到"大运河"不仅仅是一种水利工程，而且也是一个地区概念，更是一个文化概念。③ 可见，与大运河相关的地名，一方面表现出本体意义上的水利工程特色；另一方面又反映了浓重的区域文化特点。这既是大运河所流经地区的历史发展本身，也是历史发展的见证。

三 视野与进一步深化

大运河地名研究在运河学研究中，应当占有基础性和重要性地位。笔者拙文《运河学与运河文化研究论纲》在前人研究的基础上，曾初步提出运河学研究的文化视野：因水利工程建设而形成了技术文化；因漕粮运输而形成了制度文化；因流经区域而形成了社会文化。④ 具体来讲，一是工程与技术文化，鉴于中国地形地势复杂多变，水利工程兴建必须解决一系列技术难题，"阻水"与"泄水"的思路与实践逐渐积淀成技术文化。二是漕运与制度文化，漕运自春秋时期一直延续至明清时期，形成了相对稳定的制度文化。三是流域与社会文化，大运河宛如丝带一样把乡村、市镇、城邑等串联起来，从而造就了社会文化。大运河是一个

---

① 孙冬虎：《京杭运河沿线地名文化遗产的形成轨迹》，《北京社会科学》2023年第3期。
② 刘芹：《运河沿岸地名史话研究在"大运河文化带"建设中的意义——以高邮明清运河故道为例》，《江苏地方志》2020年第4期。
③ 吴欣：《大运河商业市镇地名》，中国社会出版社2016年版，第10页。
④ 周嘉、邹幸蕊：《运河学与运河文化研究论纲》，《保定学院学报》2023年第3期。

具有跨区域特征的人文线性共同体①，大运河地名及其积淀成的文化属于自然因素与人文因素紧密结合的大流域文化②。因此，文化视野对于大运河地名研究的意义不言而喻。

通过上文对运河研究历程的考察，我们看到运河研究已经取得了丰硕成果，不过，将地名与运河，尤其是与作为整体意义的大运河结合起来的研究，还有待进一步加强。综而观之，目前学界关于大运河地名的研究主要涉及以下三个方面：其一，对与大运河相关的地名进行考证；其二，大运河地名变迁反映的区域社会脉络；其三，从地名中解读大运河各种文化。这三方面的研究都突出了地名对于大运河历史与当下的意义，从不同角度关注了地名文化和大运河文化密不可分的联系。这些研究对于进一步深化大运河地名文化研究的启发意义，也主要在于将地名探源、大运河文化史和区域社会史结合起来，对大运河地名文化进行整体性、系统性研究。

至于具体的研究方法有多种，最为常见的如语言文字学、历史地理学、社会学等方法，此类研究路径一般经由地名反映的某一方面特性，以某一种学科作为主要依托，反向推理研究某类地名，但较少关注地名所指代地理实体文化现象之分布、组合以及演化发展规律。此种研究存在的缺憾是，对文化景观、文化起源和传播、文化与生态环境关系、环境的文化评价等，缺乏深层次的探索。所以，对大运河地名文化的研究，可以尝试使用新理论、新方法、新手段等。其中，大运河地名文化研究，即是通过新的视角以大运河为特定对象，利用文化地理学的方法，同时还应结合历史学、社会学、人类学等学科。

第三节 类型学划分及保护传承利用

一 大运河地名的分类

作为一种线性文化遗产，大运河串联了沿线的地名群体。相比于单

---

① 刘士林、耿波等：《中国脐带：大运河城市群叙事》，辽宁人民出版社2008年版，第15—16页。
② 张熙惟：《学思录》，山东大学出版社2016年版，第157—158页。

体地名，地名群体（简称"地名群"）具有较为广阔的时代背景，因而蕴含着更加丰富的诸多信息。关于大运河地名的分类，可以在类型学视野下加以划分，以利学术研究继续推进和有针对性地保护传承利用。

第一种划分方法提出"运河名物"这一核心概念，区分了大运河历时性称谓及其所伴生的名物。运河名物一方面缘于因运河开凿而形成的自然景观与人文景观，诸如"河、湖、港、汊、驿、渡、关、口、桥、涵、闸、坝、船、坞、仓、储、城、镇、亭、台、楼、庙、塔、寺等"[①]地名、物名、称谓、规制、形态等；另一方面因运河交通而衍生传承且独具运河区域特色的非物质形态风物，诸如"歌谣、口号、锣鼓、社戏、曲艺、庙会、花灯、帮会、饮食文化、风俗礼仪，等等"[②]；还有因运道变迁使原来的地名、物名、景观、城镇等随之消逝，从而成为人们记忆中的名物。大运河历时性称谓涉及"大运河"的始称、通称、区段称谓、异名。大运河异名包括永济渠的异称、通济渠的异称、邗沟的异称、江南河的异称。大运河伴生地名涉及运河水口的如末口、淮泗口、清口、汴口、埇口，涉及消失名镇的如角城、甘罗城、淮阴故城、韩信城。大运河沿岸风物地名如瓜洲渡、高旻寺、文峰塔、琼花观、邵伯埭、邵伯湖、盂城驿、高邮湖、射阳湖、高家堰、清江闸。

第二种划分方法区分了本体地名和相关地名，前者如属于"整体河道工程"地名的"漕渠""漕河""运粮河"等，属于"整体闸坝工程"地名的"闸""坝""埭""埝""斗门"等，属于"整体堤防工程"地名的"堤""缕堤""遥堤"等；后者如与工程相关的道路街巷地名、村镇聚落地名，以及公园、桥梁、堂馆建筑等地名。以大运河聊城段为例，与工程相关的道路街巷地名有北越河街、北河涯街、中顺河街、南越河巷等；与工程相关的村镇聚落地名有魏湾镇、河隈张庄、堤口、戴闸、朱家湾、摆渡口、东梭堤、聊堤口、梁水镇、土闸、辛闸等；与工程相关的公园、桥梁、堂馆建筑等地名有龙山公园、卫运河大桥、会通桥、永济桥、通济桥、二闸口桥、戴闸桥、七级北大桥、张秋古渡石桥、中国运河文化博物馆等。本体地名与大运河各段的具体情况相对应，从而

---

① 顾建国：《运河名物与区域文化考论》，上海三联书店2014年版，第3页。
② 顾建国：《运河名物与区域文化考论》，上海三联书店2014年版，第3页。

使相关地名各具特色；相关地名很多以"水"串起来，表明水文化与地名文化二者紧密结合。①

　　第三种划分方法以"故道地名"为统领，将大运河沿线地物如渠、桥、城、水、泉、湖、河、仓、潭、堰、埭、山、县、镇、塔、寺、宫、祠、驿、渡等予以杂烩，而不再进一步细分为各种亚类型。例如，广通渠故道地名有：渭水、漕渠、霸水、霸桥、浐水、终南山、大兴城、长安、大兴善寺、长乐坡、东渭桥、咸阳桥、渭桥仓、望春宫、广运潭、兴城堰、骊山、华清宫、大雁塔、会昌县、零口镇、赤水驿、歇马寨等。通济渠故道地名有：洛水、洛阳县、白马寺、含嘉城、回洛仓、偃师县、孝义桥、虎牢、广武山、万胜镇、王满渡、白水塘、尊胜塔、末口、山阳渎、白马湖、平津堰、邵伯埭、江都宫、伊娄河、扬子津、瓜洲、茱萸湾、京口闸等。永济渠故道地名有：武陟县、大虹桥、临清关、汲城、柳毅屯、大伾山、黎阳仓、白马镇、窦公集、范桥渡、独流口等。此外，针对运河沿线城池还可专列"城坊地名"，如隋唐时期幽州城的城坊地名有：卢龙坊、燕都坊、花严坊、归仁里、通圜坊、通肆坊、时和里、遵化里、平朔里、辽西坊、归化里、肃慎坊、铜马坊、军都坊、招圣里等。②

　　第四种划分方法以大运河的主要功能——漕运为核心，纵切面即按照大运河的流经地区，横切面以工程、交通、聚落、商业等作切入点，这样便分成了工程地名、桥梁地名、城镇地名、商业市镇地名、村落地名等。③ 工程地名如会通闸、临清闸、戴湾闸、堽城坝、戴村坝、南旺分水口、徒骇河减水工程、大清河减水工程、八里庙滚水坝等；桥梁地名如戴闸桥、鳌背桥、通济桥、宏济桥、闸口桥、济安桥、会通桥等；城镇地名如戴湾镇、魏湾镇、梁水镇镇、七级镇、阿城镇、张秋镇等；商

---

① 李德楠：《京杭运河江北段工程与地名》，中国社会出版社 2016 年版，第 170 页。
② 钟军、朱昌春、蔡亮：《隋唐运河故道地名考》，中国社会出版社 2017 年版，第 12—31、57—181、188—209、238—239 页。
③ 民政部地名研究所与聊城大学运河学研究院所编《地名·运河系列丛书》；李德楠《京杭运河江北段工程与地名》，中国社会出版社 2016 年版；胡克诚编著《京杭运河桥梁遗产与地名》，中国社会出版社 2016 年版；吴坚编著《运河城镇地名》，中国社会出版社 2016 年版；吴欣《大运河商业市镇地名》，中国社会出版社 2016 年版；闫雪怡编著《运河岸边的村落·一》，中国社会出版社 2016 年版；闫雪怡编著《运河岸边的村落·二》，中国社会出版社 2017 年版。

业市镇地名如张家湾、河西务、杨柳青、老城镇、李海务、戴家庙、韩庄、台儿庄、窑湾、中河镇、王家营、瓜洲等；村落地名如浙江运河沿线的塘南村、祝家浜、季家浜、顾家港、西施浩、吴家角、李家埭、大湾里、邵家坝、塘湾兜等。需要注意的是，城镇地名与商业市镇地名有很多重合，二者之间的区分并不是太严格。

第五种划分方法在综合前人分类基础上，划分出四种主要的地名类型：运河水道本体地名、运河水工地名、运河交通地名、运河聚落地名。同时，区分了描述性地名和记述性地名，"其中，只有运河水道本体地名是属于描述大运河水系特征的描述性地名，剩下的地名均属于叙述各种文化景观的记述性地名"①。以镇江市区为例，运河水道地名有京杭运河谏壁段、京杭运河辛丰段、镇江古运河城区段、镇江古运河丹徒段、镇江古运河辛丰段、丁卯河；运河水工地名有京口闸遗址、京口闸、南水关石闸、北水关、丹徒闸、谏壁船闸、谏壁节制闸；运河交通地名有运河路、滨河路、丁卯桥路、京河路、拖板桥、千秋桥、网巾桥、范公桥、丁卯桥、迎江桥、珍珠桥、虎踞桥、甘露渡遗址、溧阳码头、丹阳码头、京口驿遗址、黄花亭；运河聚落地名有千秋桥街、千秋桥北、新河街、河北街、西家湾、下河头、沿河边、钓鱼巷、棒槌营、簸箕巷、粮米仓巷、北五省会馆巷、布业公所巷等。

二 相关政策法规解读

大运河是历史之河，也是时代之河，是流动的文化、传承的载体，集制度文化、技术文化、社会文化等于一体。面对大运河这样一项重要的人类文化遗产，国家层面提出大运河文化带建设的战略规划，以此来有效推动大运河文化遗产的保护、传承与利用。以大运河"申遗"为契机，相关政策法规在原有基础上，进一步凸显保护、传承与利用的主旨。

2008年9月，国家文物局编制《大运河遗产保护规划第一阶段编制要求》，主要包括遗产构成、价值评估、保护区划、管理规定和整治措施。2009年6月，国家文物局紧接着又编制《大运河遗产保护第二阶段规划编制要求》，其重要变化是增加了大运河遗产分级的内容。2012年

---

① 冯晓华：《镇江市运河地名文化遗产保护与传承研究》，《运河学研究》2023年第10辑。

12月,《大运河遗产保护与管理总体规划》正式公布实施,该规划对遗产识别与认定标准予以明确,在宏观与微观相结合基础上构建了一套评估体系。其中,大运河遗产要素按类型划分为水工遗存、附属遗存、相关遗产。2012年《大运河遗产保护管理办法》颁布后,各省市纷纷行动起来,先后制定了相关保护规划、办法、条例等。除了大运河遗产保护类的规划和规章之外,还有河道管理类、交通管理类和旅游规划类等,此不赘述。

中国大运河"申遗"成功后,上自中央下至基层对大运河的关注持续升温。2017年,习近平总书记先后两次针对大运河文化带建设作出重要指示,强调对于大运河的保护是沿线所有地区的共同责任,要保护好、传承好和利用好。"建设好大运河文化带,打造和展示中华文明的金名片、新地标的总体目标,已然上升为国家发展战略。"[①] 大运河文化带之建设,成为党中央从战略高度作出的重要部署。沿运各省、市相继行动起来,积极推动大运河文化带各项工作。

2019年2月,中共中央办公厅、国务院办公厅印发《大运河文化保护传承利用规划纲要》,内容包括规划背景、总体要求、深入挖掘和丰富文化内涵、强化文化遗产保护传承、推进河道水系治理管护、加强生态环境保护修复、推动文化和旅游融合发展、促进城乡区域统筹协调、创新保护传承利用机制、组织实施。该《纲要》标志着对于大运河保护、传承和利用,有了比较明确的思路、任务和时间表。其中,在"强化文化遗产保护传承"一章中,强调要加强文化遗产的系统保护,激发文化遗产的传承活力,同时还要阐发其时代价值。同年12月,中共中央办公厅、国务院办公厅印发《长城、大运河、长征国家文化公园建设方案》,明确要求建设一系列国家文化公园。大运河国家文化公园建设属于物质层面的展示,其主旨在于使大运河遗产点段和各类文物成为可触、可见、可感的"物质文化"。2021年8月,国家文化公园建设工作领导小组印发《大运河国家文化公园建设保护规划》,思路是"河为线、城为珠、珠串线、线带面",深入阐释大运河文化价值,大力弘扬大运河时代精神,着

---

① 姚乐、王健:《试论大运河江苏段的特性与文化带建设要点》,夏锦文主编《大运河文化研究》,江苏人民出版社2019年版,第67—88页。

力将大运河国家文化公园建成展示中华文明、宣传中国形象、彰显文化自信的靓丽名片。

可见,近年来,国家先后出台了一系列政策法规,逐渐将大运河保护传承利用向前推进。地名是大运河变迁的历史见证,也是大运河文化的重要组成部分,大运河文化带建设和大运河国家文化公园建设为大运河地名研究提供了良好机遇。

三 保护传承利用对策

在《世界遗产名录》中,中国大运河一共拥有31个遗产区、27段河道、58个遗产点和85个遗产要素。其中,山东境内一共拥有8段河道、15个遗产点和23个遗产要素。作为京杭大运河流经的重要城市,聊城的会通河阳谷段,以及会通河临清段元运河、明运河三段河道入选,在大运河山东段沿运城市中位列第一。聊城的遗产点有阿城上闸、阿城下闸、荆门上闸、荆门下闸、临清运河钞关。除了列入遗产名录者之外,聊城境内还拥有很多文化遗产,它们大都因大运河而生,并伴随大运河而长,积淀了十分丰富的大运河文化内涵。附着于这些遗产之上的地名文化,是大运河发展变迁的刻痕印记,属于大运河区域社会里的重要标识。

表6-6　　　　　中国大运河遗产点(聊城段)一览表

编号	河道段落	遗产点	遗产类型
1	会通河阳谷段	荆门上闸	水工设施
		荆门下闸	
		阿城上闸	
		阿城下闸	
2	会通河临清段	临清运河钞关	管理设施

地名文化之传承离不开对大运河遗产的有序保护与合理开发。联合国教科文组织在《保护世界文化和自然遗产公约》中规定了自然遗产、文化遗产的国家保护与国际保护条款,其中很多方面都适用于大运河遗产的保护与利用。由于大运河遗产及其地名分布比较广泛,不同河段、不同地区管理程度差异比较大,在监控、保护、开发等方面依然存在很

多问题。大运河遗产之保护传承利用，应当避免出现以下明显弊端："第一，对运河遗产内涵认识不清，保护意识淡薄，存在重开发、轻保护的观念；第二，运河遗产管理权责不清，多头管理却又各自为政；第三，在运河遗产利用过程中，过度重视经济效益而忽视文化内涵。"[1]

大运河遗产保护与利用是一项复杂而又长期的系统性工程，当然也属于大运河文化带建设的组成部分和重要内容，对其有效实施有以下五个方面的建议：第一，建立大运河遗产保护与利用的联席会议制度，强化管理与协调机制。在国家层面上，可以尝试建立大运河遗产管理司（局）之类的管理机构，专门负责指导各地大运河遗产的保护和利用工作。大运河流经各省市也要成立专门的管理机构，系统推进落实各项工作。第二，有关大运河遗产保护的相关法规应予以完善，积极构建保护性制度框架。目前，国家已经制定了《大运河遗产保护与管理总体规划（2012—2030）》《中国大运河遗产管理规划》等，但随着遗产管理实践的逐步深入，还有很多条例、规划需要结合地方具体实际情况进行调整。近年来，各地也先后印发了相关保护条例与规划，如《河南省大运河文化遗产保护传承规划》（2021年）、《河北省大运河文化遗产保护利用条例》（2022年）等。第三，创建大运河遗产数字化管理平台，强化监控监管治理能力。大运河遗产所涉种类广泛、数量众多，依靠原有的管理方式难以及时有效地解决某些问题，有必要通过先进的技术手段对大运河遗产进行数据化分析与处理。第四，构建大运河遗产生态廊道，打造以文化作为主要载体的旅游开发模式。大运河的发展过程囊括许多地方性特征，可以将分散的大运河遗产点结合起来，在整体上形成一条相互串联的"文化带"。第五，坚持保护与利用相结合的理念。大运河不同于其他文化遗产，其许多河道是仍然"在用"的遗产，应当充分尊重为确保其主要功能而进行的维修或改建行为。

在此基础上，有序开展大运河地名文化的保护与利用工作。地名是大运河文化遗产的活化石，是大运河发展变迁的核心标志物，也是历史文脉传承的重要组成部分。在大运河"后申遗时代"及大运河国家文化公园建设的背景下，政府与社会各界应当极力关注大运河形成的地名文

---

[1] 周嘉：《京杭大运河遗产与地名文化研究》，《运河学研究》2020年第5辑。

化遗产，采取切实可行的保护传承利用措施。兹提出几点不成熟的建议，以期抛砖引玉：第一，充分认识地名文化保护的意义，进一步研究大运河地名文化的内涵与价值。大运河地名是地名文化的重要组成部分，也是非常宝贵的历史资料。做好大运河地名文化保护工作，这是弘扬中华优秀传统文化的重要举措。第二，针对大运河不同河段的特点，制定切实可行、便于操作、科学合理的地名文化管理法规。将大运河地名的保护原则、社会监督与相关奖惩制度予以明确规定，使地名文化得到有效保护和传承。第三，由政府牵头对地名工作进行相关资料的搜集与整理，成立一批由地理、历史、文化等领域专家组成的团队，开展大运河地名文化学术研究。第四，建立大运河地名文化数字博物馆和实体博物馆，综合展示大运河地名的丰富遗存和发展历程。第五，加强大运河地名文化的宣传与普及工作，利用各种媒体资源进行全方位、立体化的宣传，广泛动员社会民众积极参与，增强他们热爱大运河文化、传承地名文化的责任感与使命感。

结　语

　　地名属于大运河本体研究的领域，附着地名之上的文化属于大运河文化研究的范畴，所以，在引入大运河地名文化研究正题之前，有必要从宏观层面考察运河学术研究的发展历程。大致而言，民国时期是运河研究的创始阶段，多为考述河道变迁与沿革；中华人民共和国成立后进入发展阶段，漕运研究逐渐成为主流；改革开放以来持续发力，研究范围予以扩大，研究内容得到深化，研究理论与方法也多种多样。运河研究经过百年发展已经走向成熟，运河学的知识体系和学科框架已经初步成型。

　　相较于运河其他方面的研究，大运河地名研究虽不丰富但也逐渐引起更多学者关注。通过仔细爬梳期刊论文、出版著作、学位论文和会议论文，也能够看到大运河地名研究发展的阶段性与规律性——由个案走向整体、由微观走向宏观。大运河地名研究在运河学研究中，应当占有基础性和重要性地位。总体来看，目前关于大运河地名的研究主要包括地名考证、地名与区域社会脉络呈现、地名中的文化三个方面。这些研究对于进一步深化研究的启发意义,在于将地名探源、大运河文化史和区域社会史结合起来,对大运河地名文化进行整体性、系统性研究。未来对大运河地名及其文化的研究,可以尝试使用更多的新理论、新方法、新手段等。

  类型学视野下的大运河地名有不同分类方法,如以"运河名物"作为核心概念,区分了大运河历时性称谓及其所伴生的名物;本体地名和相关地名之分;以"故道地名"为统领,将大运河沿线地物予以杂烩;工程地名、桥梁地名、城镇地名、商业市镇地名和村落地名之分;运河水道本体地名、运河水工地名、运河交通地名和运河聚落地名之分。面对大运河这样一项重要的人类文化遗产,国家层面提出大运河文化带建设的战略规划,以此来有效推动大运河文化遗产的保护、传承与利用。今后要进一步挖掘丰富的大运河地名文化资源,将地名文化保护与大运河遗产保护相结合,讲好大运河地名文化故事,助推大运河文化带建设和大运河国家文化公园建设。

参考文献

（按出版时间排序）

一　史籍

（明）帅机：《阳秋馆集》，清乾隆四年（1739）修献堂刻本。

（清）李钧：《转漕日记》，清道光十七年（1837）刻本。

（清）张伯行：《居济一得》，福州正谊书局同治五年（1866）版。

（明）陈邦瞻：《元史纪事本末》，清同治十三年（1874）江西书局刻本。

（汉）郑玄：《毛诗谱》，清光绪四年（1878）刻本。

（唐）李吉甫：《元和郡县图志》，光绪六年（1880）金陵书局刻本。

（清）须方岳：《聊摄丛谈》，清光绪十二年（1886）济南文英堂刻本。

（清）蒋作锦：《东原考古录》，清光绪十八年（1892）济宁孙聚奎堂刻本。

（民国）徐珂：《清稗类钞》，商务印书馆1928年版。

中央研究院历史语言研究所编：《明清史料》甲编第10本，上海商务印书馆1930年版。

（清）傅泽洪辑录：《行水金鉴》，商务印书馆1937年版。

（晋）皇甫谧：《高士传》，商务印书馆1937年版。

（清）龙文彬：《明会要》，中华书局1956年版。

（清）谈迁：《国榷》，中华书局1958年版。

（汉）司马迁：《史记》，中华书局1959年版。

（清）谈迁：《北游录》，汪北平点校，中华书局1960年版。

（汉）班固：《汉书》，（唐）颜师古注，中华书局1962年版。

（汉）许慎：《说文解字》，中华书局1963年版。

《明太宗实录》,"中研院"历史语言研究所校印本1966年版。

(宋)潜说友:《咸淳临安志》,台北成文出版社1970年版。

(清)张廷玉等:《明史》,中华书局1974年版。

(北齐)魏收:《魏书》,中华书局1974年版。

(宋)欧阳修:《新五代史》,中华书局1974年版。

(宋)欧阳修、宋祁:《新唐书》,中华书局1975年版。

(元)脱脱:《金史》,中华书局1975年版。

(明)宋濂等:《元史》,中华书局1976年版。

(宋)薛居正等:《旧五代史》,中华书局1976年版。

(元)脱脱等:《宋史》,中华书局1977年版。

(民国)赵尔巽等:《清史稿》,中华书局1977年版。

(清)高晋:《钦定南巡盛典》,《景印文渊阁四库全书》第658册,台湾商务印书馆1982年版。

(明)汤显祖:《汤显祖诗文集》(下),徐朔方笺校,上海古籍出版社1982年版。

(明)李东阳:《李东阳集》,周寅宾点校,岳麓书社1984年版。

(北魏)郦道元:《水经注》,巴蜀书社1985年版。

(明)兰陵笑笑生:《金瓶梅词话》,戴鸿森校点,人民文学出版社1985年版。

(明)谢肇淛:《北河纪》,《景印文渊阁四库全书》第576册,台湾商务印书馆1986年版。

曹慕樊、徐永年主编:《东坡选集》,四川人民出版社1987年版。

(唐)杜佑:《通典》,中华书局1988年版。

(明)王琼:《漕河图志》,姚汉源、谭徐明点校,水利电力出版社1990年版。

(明)陆深:《俨山集》,上海古籍出版社1993年版。

《四库明人文集丛刊——俨山集·迪功集·太白山人漫稿》,上海古籍出版社1993年版。

(宋)司马光:《资治通鉴全译》,李国祥等译注,贵州人民出版社1994年版。

(明)兰陵笑笑生:《金瓶梅词话校注》,白维国、卜键校注,岳麓书社

1995年版。

（清）叶圭绶：《续山东考古录》，王汝涛、唐敏、丁善余点注，山东文艺出版社1997年版。

顾馨、徐明校点：《春秋谷梁传》，辽宁教育出版社1997年版。

（民国）柯劭忞等：《新元史》，余大钧标点，吉林人民出版社1998年版。

陈得芝辑点：《元代奏议集录（上）》，浙江古籍出版社1998年版。

（明）汤显祖：《汤显祖全集》，徐朔方笺校，北京古籍出版社1998年版。

（宋）范成大：《吴郡志》，陆振岳点校，江苏古籍出版社1999年版。

（明）邱浚：《大学衍义补》，林冠群、周济夫校点，京华出版社1999年版。

（清）陆耀：《山东运河备览》，海南出版社2001年版。

（明）何乔远：《名山藏》，《续修四库全书》第425册，上海古籍出版社2002年版。

嘉庆《钦定大清会典事例》，《续修四库全书·史部》，上海古籍出版社2002年版。

（清）魏源：《魏源全集》，岳麓书社2004年版。

黎翔凤撰、梁运华整理：《管子校注》，中华书局2004年版。

（民国）柯劭忞等：《新元史》，吉林人民出版社2005年版。

（清）曾国荃：《曾国荃全集》，梁小进整理，岳麓书社2006年版。

（明）席书编次、（明）朱家相增修：《漕船志》，荀德麟、张英聘点校，方志出版社2006年版。

（清）唐仲冕：《岱览校点集注》，孟昭水校点集注，泰山出版社2007年版。

（宋）乐史：《太平寰宇记》，王文楚等点校，中华书局2008年版。

（清）刘文淇：《扬州水道记》，赵昌智、赵阳点校，广陵书社2011年版。

（清）黎世序等：《续行水金鉴》，凤凰出版社2011年版。

（元）揭傒斯：《揭傒斯全集》，李梦生标校，上海古籍出版社2012年版。

（清）刘坤一：《刘坤一奏疏》，陈代湘等校点，岳麓书社2013年版。

（清）张九钺：《陶园诗文集》，雷磊校点，岳麓书社2013年版。

王云、李泉主编：《中国大运河历史文献集成·漕运关志类》第75册，国家图书馆出版社2014年版。

（清）黎恂：《〈运铜纪程〉校注》，王瑰校注，西南交通大学出版社 2017 年版。

（明）潘季驯：《潘季驯集》（下册），付庆芬点校，浙江古籍出版社 2018 年版。

（清）刘坤一：《刘坤一集》，陈代湘校点，岳麓书社 2018 年版。

何宝善编：《明实录大运河史料》，北京燕山出版社 2019 年版。

（清）顾祖禹：《读史方舆纪要》，学谦等校，团结出版社 2022 年版。

［日］策彦周良、［日］笑云瑞欣：《策彦入明记　笑云入明记》，崇文书局 2022 年版。

二　志书

嘉靖《冠县志》，明嘉靖二十四年（1545）刻本。
万历《东昌府志》，明万历二十八年（1600）刻本。
康熙《聊城县志》，清康熙二年（1663）刻本。
康熙《张秋志》，清康熙九年（1670）刻本。
康熙《临清州志》，清康熙十二年（1673）刻本。
雍正《山东通志》，清乾隆元年（1736）刻本。
乾隆《临清州志》，清乾隆十四年（1749）刻本。
乾隆《东昌府志》，清乾隆四十年（1775）刻本。
乾隆《临清直隶州志》，清乾隆五十年（1785）刻本。
嘉庆《东昌府志》，清嘉庆十三年（1808）刻本。
光绪《畿辅通志》，清光绪八年（1882）刻本。
光绪《聊城县乡土志》，清光绪三十四年（1908）石印本。
宣统《聊城县志》，清宣统二年（1910）刻本。
宣统《山东通志》，民国四年（1915）铅印本。
民国《临清县志》，民国二十三年（1934）铅印本。
民国《青城县志》，民国二十四年（1935）铅印本。
民国《清平县志》，民国二十五年（1936）铅印本。
民国《增修阳谷县志》，民国二十六年（1937）抄本。
光绪《阳谷县志》，民国三十一年（1942）铅印本。
民国《冠县县志》，台北成文出版社 1968 年版。

民国《阳谷县志》，台北成文出版社1968年版。
临西县地名办公室编印：《临西县地名志》，1983年。
《嘉庆重修一统志》，四库丛刊续编史部，上海书店1984年版。
乾隆《山东通志》，《景印文渊阁四库全书》第540册，台湾商务印书馆1986年版。
（清）陈仪：《直隶河渠志》，《四库全书》第579册，上海古籍出版社1987年版。
临清市水利志编纂办公室编印：《临清市水利志》，1989年。
（明）李贤等：《大明一统志》，三秦出版社1990年版。
嘉靖《山东通志》，《天一阁藏明代方志选刊续编（51）》，上海书店1990年版。
《中国地方志集成》编辑委员会编：《中国地方志集成·乡镇志专辑》第29册，江苏古籍出版社1992年版。
聊城市地名委员会办公室编印：《山东省聊城市地名志》，1995年。
阳谷县地名委员会办公室编：《阳谷县地名志》，山东省地图出版社2000年版。
《中国地方志集成》编辑委员会编：《中国地方志集成·山东府县志辑》第82册，凤凰出版社2004年版。
《中国地方志集成》编辑委员会编：《中国地方志集成·山东府县志辑》第89册，凤凰出版社2004年版。
《中国地方志集成》编辑委员会编：《中国地方志集成·山东府县志辑》第93册，凤凰出版社2004年版。
宋士功主编：《聊城旧县志点注》，吉林人民出版社2006年版。
聊城市东昌府区地方志编纂委员会编：《东昌府区志（1986—2005）》，方志出版社2012年版。
《张秋镇志》编纂委员会编：《张秋镇志》，方志出版社2014年版。
大山西村民委员会编：《大山西村志》，浙江人民出版社2016年版。
黄河水利委员会黄河志总编辑室编：《黄河志》，河南人民出版社2017年版。
吕娟主编：《中国运河志·河道工程与管理》，江苏凤凰科学技术出版社2019年版。

聊城市东昌府区民政局编:《聊城市东昌府区地名志》,中国文史出版社2019年版。
聊城市民政局编:《聊城市地名志》,中国文史出版社2019年版。
(明)陈循等:《寰宇通志》,朝华出版社2020年版。
中共山东省委党史研究院、山东省地方史志研究院、聊城大学运河学研究院编:《京杭大运河山东段志》,中华书局2021年版。

三 碑刻

万历四十五年(1617)《舍利宝塔第六层纪造》,碑存临清市舍利宝塔。
嘉庆元年(1796)《告示晓谕碑》,碑存聊城市东昌府区梁水镇范公祠。
道光三十年(1850)《王烈士之神位碑》,碑存临清市运河钞关博物馆。
民国九年(1920)《奶奶庙捐资碑》,碑存临清市魏湾镇东魏村。
王新英辑校:《全金石刻文辑校》,吉林文史出版社2012年版。
张明福编著:《运河碑刻》,济南出版社2021年版。
临清市博物馆编、马鲁奎辑注:《运河名城临清明清碑刻集注》,齐鲁书社2022年版。

四 著作

吴云涛:《聊城琐记》,未刊稿,1958年。
李白凤:《东夷杂考》,齐鲁书社1981年版。
《辞海》,上海辞书出版社1982年版。
张含英:《历代治河方略探讨》,水利电力出版社1982年版。
政协山东省聊城市文史资料研究委员会编印:《聊城文史资料》第2辑,1983年。
邱洪章主编:《地名学研究》第1集,辽宁人民出版社1984年版。
政协山东省聊城市文史资料研究委员会编印:《聊城文史资料》第3辑,1985年。
褚亚平主编:《地名学论稿》,高等教育出版社1986年版。
张含英:《明清治河概论》,水利电力出版社1986年版。
沈兴大:《京杭运河 首次自行车之旅》,水利电力出版社1987年版。
[英]爱德华·泰勒:《原始文化》,蔡江浓译,浙江人民出版社1988

年版。

史念海:《中国的运河》,陕西人民出版社1988年版。

欧阳洪:《京杭运河工程史考》,江苏省航海学会1988年版。

聊城《水浒》、《金瓶梅》研究学会编:《〈金瓶梅〉作者之谜》,宁夏人民出版社1988年版。

齐保柱、高志超主编:《聊城风物》,山东友谊书社1988年版。

临清市文化局编印:《临清民谚民谣》,《中国民间文学集成》资料本,1989年。

李鹏年、刘子扬、陈锵仪编著:《清代六部成语词典》,天津人民出版社1990年版。

翁振军主编:《地名学理论探索》,邢台市地名委员会1991年版。

杨光浴:《地名学简论》,东北师范大学出版社1991年版。

王利器主编:《国际金瓶梅研究集刊》第1集,成都出版社1991年版。

张明主编:《武训研究资料大全》,山东大学出版社1991年版。

政协山东省聊城市文史资料研究委员会编印:《聊城文史资料》第6辑,1991年。

[美]牟复礼、[英]崔瑞德编:《剑桥中国明代史(1368—1644年)》上卷,张书生等译,中国社会科学出版社1992年版。

马永立主编:《地名学新探》,南京大学出版社1993年版。

牛汝辰:《中国地名文化》,中国华侨出版社1993年版。

[法]米歇·傅柯:《知识的考掘》,王德威译,台北麦田出版有限公司1993年版。

褚亚平、尹钧科、孙冬虎:《地名学基础教程》,中国地图出版社1994年版。

魏聊:《略论历史文化名城——聊城》,聊城地区新闻出版局1994年版。

竞放主编:《聊城》,聊城地区新闻出版局1994年版。

陈桥驿主译:《水经注全译》,山西人民出版社1995年版。

政协山东省聊城市文史资料研究委员会编印:《聊城文史资料》第7辑,1995年。

孙冬虎、李汝雯:《中国地名学史》,中国环境科学出版社1996年版。

白寿彝主编:《中国通史》,上海人民出版社1997年版。

姚汉源：《京杭运河史》，中国水利水电出版社1997年版。

中国商检报社聊城出版发行中心编：《大京九博览》，中国城市出版社1997年版。

张清常：《北京街巷名称史话：社会语言学的再探索》，北京语言文化大学出版社1997年版。

李如龙：《汉语地名学论稿》，上海教育出版社1998年版。

赵之恒等主编：《大清十朝圣训》，北京燕山出版社1998年版。

王际桐：《王际桐地名论稿》，社会科学文献出版社1999年版。

田广林主编：《中国传统文化概论》，高等教育出版社1999年版。

华林甫：《中国地名学源流》，湖南人民出版社1999年版。

政协阳谷县委员会编印：《阳谷文史集刊》，1999年。

［美］施坚雅主编：《中华帝国晚期的城市》，叶光庭、徐自立等译，中华书局2000年版。

安作璋主编：《中国运河文化史》，山东教育出版社2001年版。

李蓝生、杜明德主编：《运河明珠——临清》，山东省地图出版社2001年版。

华林甫：《中国地名学史考论》，社会科学文献出版社2002年版。

临清市地方史志办公室编：《临清乡村概况》，五洲传播出版社2003年版。

中共聊城市委党史研究室编：《聊城重要历史事件》，中共党史出版社2003年版。

政协聊城市东昌府区文史资料委员会编：《东昌望族》，山东省新闻出版局2003年版。

周尚意、孔翔、朱竑编著：《文化地理学》，高等教育出版社2004年版。

邹逸麟：《椿庐史地论稿》，天津古籍出版社2005年版。

冯阳主编：《旅程：食旅》，远方出版社2005年版。

［英］崔瑞德、［美］牟复礼编：《剑桥中国明代史（1368—1644）》下卷，杨品泉等译，中国社会科学出版社2006年版。

王云：《明清山东运河区域社会变迁》，人民出版社2006年版。

程玉海主编：《聊城通史》，中华书局2006年版。

高建军编著：《山东运河民俗》，济南出版社2006年版。

李泉、王云：《山东运河文化研究》，齐鲁书社2006年版。

费孝通:《中国绅士》,中国社会科学出版社2006年版。
陈桥驿主编:《中国运河开发史》,中华书局2008年版。
李庆华:《鲁西地区的灾荒、变乱与地方应对(1855—1937)》,齐鲁书社2008年版。
山西省戏剧研究所编:《晋商会馆》,山西教育出版社2008年版。
[美]韩书瑞:《山东叛乱:1774年王伦起义》,刘平、唐雁超译,江苏人民出版社2008年版。
刘士林、耿波等:《中国脐带:大运河城市群叙事》,辽宁人民出版社2008年版。
杨达、马军、朱希江主编:《聊城古城故事》,华艺出版社2009年版。
王国平主编:《培育社会复合主体研究与实践》,杭州出版社2009年版。
尹钧科、孙冬虎:《北京地名研究》,北京燕山出版社2009年版。
阳谷县政协文史资料委员会编印:《阳谷文史》,2009年。
卞利、胡中生主编:《民间文献与地域中国研究》,黄山书社2010年版。
张礼恒、吴欣、李德楠:《鲁商与运河商业文化》,山东人民出版社2010年版。
政协聊城市东昌府区委员会编:《东昌老街巷》,天津人民出版社2010年版。
山东运河航运史编纂委员会编:《山东运河航运史》,山东人民出版社2011年版。
辛德勇:《黄河史话》,社会科学文献出版社2011年版。
杨光浴、刘保全编著:《基础地名学概论》,中国社会出版社2012年版。
彭兆荣主编:《文化遗产学十讲》,云南教育出版社2012年版。
天津市城市规划学会编:《规划,让城市更具活力与品质:2012年魅力天津·学会杯优秀学术论文集》,天津科学技术出版社2012年版。
中国文物学会传统建筑园林委员会主编:《建筑文化遗产的保护与利用论文集:纪念〈世界遗产公约〉发表四十周年学术论坛暨中国文物学会传统建筑园林委员会第十八届年会》,天津大学出版社2012年版。
单霁翔:《大运河遗产保护》,天津大学出版社2013年版。
宋久成主编:《地名文化研究:概念、少数民族语地名及其他》,法律出版社2013年版。

赵怡、冯倩等编：《杭州运河桥梁》，杭州出版社2013年版。
张从军主编：《山东运河》，山东美术出版社2013年版。
阮仪三主编：《遗珠拾粹：中国古城古镇古村踏察》，东方出版中心2013年版。
赵中田、崔存英主编：《阿城文化》，阿城镇党委政府编印，2013年。
冀朝鼎：《中国历史上的基本经济区》，朱诗鳌译，商务印书馆2014年版。
陈昆麟主编：《聊城论考》，山东省地图出版社2014年版。
胡其伟、周晨、姜浩：《阅读运河》，上海交通大学出版社2014年版。
顾建国：《运河名物与区域文化考论》，上海三联书店2014年版。
牛汝辰：《名实新学：地名学理论思辨》，中国社会出版社2015年版。
刘庆余：《世界遗产视野下的线性文化遗产旅游合作研究：以京杭大运河为例》，中国经济出版社2015年版。
〔美〕黄仁宇：《明代的漕运》，张皓、张升译，鹭江出版社2015年版。
山东省文物局编：《文物保护法律法规汇编》，山东大学出版社2015年版。
梁启超、王国维等：《文化的盛宴》，新世界出版社2015年版。
臧励龢等编：《中国古今地名大辞典》，上海书店出版社2015年版。
李德楠：《京杭运河江北段工程与地名》，中国社会出版社2016年版。
董珂、郭晓琳主编：《山东省地名研究文集》，山东人民出版社2016年版。
胡克诚编著：《京杭运河桥梁遗产与地名》，中国社会出版社2016年版。
吴欣：《大运河商业市镇地名》，中国社会出版社2016年版。
吴坚编著：《运河城镇地名》，中国社会出版社2016年版。
闫雪怡编著：《运河岸边的村落·一》，中国社会出版社2016年版。
周永明主编：《路学：道路、空间与文化》，重庆大学出版社2016年版。
张熙惟：《学思录》，山东大学出版社2016年版。
钟军、朱昌春、蔡亮：《隋唐运河故道地名考》，中国社会出版社2017年版。
朱偰编著：《大运河的变迁》，江苏人民出版社2017年版。
闫雪怡编著：《运河岸边的村落·二》，中国社会出版社2017年版。
赵中田编：《阳谷运河三镇：金七级·银阿城·古张秋》，阳谷县运河三镇民间文化汇编，2017年。
王胜三：《方地札记：中国地名文化掠影》，中国社会出版社2018年版。

[美]威廉·A.哈维兰、哈拉尔德·E.L.普林斯、达纳·沃尔拉斯、邦尼·麦克布莱德：《人类学：人类的挑战（第14版）》，电子工业出版社2018年版。

李炳尧、刘保全、刘志聪：《中国地名文化遗产保护理论与实践》，中国社会出版社2018年版。

郭晓琳主编：《地名观澜》，山东人民出版社2018年版。

郭晓琳、董珂主编：《山东古街古巷》，山东友谊出版社2018年版。

范金民：《国计民生：明清社会经济新析》，江苏人民出版社2018年版。

胡梦飞：《明清时期京杭运河区域水神信仰研究》，江苏凤凰科学技术出版社2018年版。

姜师立编著：《中国大运河遗产》，中国建材工业出版社2019年版。

九三学社江苏省委员会编：《科技创新与促进江苏区域协调发展》，东南大学出版社2019年版。

夏锦文主编：《大运河文化研究》第1卷，江苏人民出版社2019年版。

赵维平：《中国治水通运史》，中国社会科学出版社2019年版。

刘行玉：《地景制作、空间支配与国家转型：一座北方小城的地志学》，中国社会科学出版社2019年版。

奥森书友会编：《大美中文课之古文观止新编：全三册》，台海出版社2019年版。

李贵兴主编：《聊城游览文化》，山东科学技术出版社2019年版。

赵逵：《中国古代盐道》，西南交通大学出版社2019年版。

王树理：《临清传：大运河文化的支点》，新星出版社2019年版。

聊城市民政局、聊城市地名文化学会编印：《聊城地名文化故事》，2019年。

嵇果煌：《中国运河三千年》，上海科学技术出版社2020年版。

葛剑雄：《黄河与中华文明》，中华书局2020年版。

姜师立编著：《大运河文化的传承与创新》，江苏凤凰科学技术出版社2020年版。

韩子勇主编：《黄河、长城、大运河、长征论纲》，文化艺术出版社2020年版。

政协山东省临清市委员会编：《运河名城·临清》（增订本），中国文史出版社 2020 年版。

政协阳谷县委员会编著：《文化阳谷·乡村记忆（七级镇卷）》，中国文史出版社 2020 年版。

政协阳谷县委员会编著：《文化阳谷·乡村记忆（阿城镇卷）》，中国文史出版社 2020 年版。

政协阳谷县委员会编著：《文化阳谷·乡村记忆（张秋镇卷）》，中国文史出版社 2020 年版。

政协临清市委员会编：《临清明清史研究》，齐鲁电子音像出版社 2020 年版。

华林甫：《中国地名学史研究》，山东画报出版社 2021 年版。

政协山东省聊城市委员会编：《运河名城·聊城》，中国文史出版社 2021 年版。

山东运河经济文化研究中心编：《运河工程》，济南出版社 2021 年版。

李靖主编：《运河记忆》，团结出版社 2021 年版。

周嘉编著：《运河美食》，济南出版社 2021 年版。

葛剑雄：《悠悠我思》，广西师范大学出版社 2022 年版。

王克胜主编：《扬州印记》，南京师范大学出版社 2022 年版。

姜师立编著：《传奇中国：大运河》，中国轻工业出版社 2022 年版。

周嘉：《漕挽纷华：明清以来临清城市空间研究》，中国社会科学出版社 2023 年版。

孙竞昊：《经营地方：明清时期济宁的士绅与社会》，广西师范大学出版社 2023 年版。

五 论文

张景贤：《北运河考略》，《地学杂志》1919 年第 9、10 期。

《苏鲁运河》，《江北运河工程局年刊》1935 年第 1 期。

汪胡桢：《运河之沿革》，《水利》1935 年第 2 期。

谭其骧：《黄河与运河的变迁》，《地理知识》1955 年第 8、9 期。

史念海：《三门峡与古代漕运》，《人文杂志》1960 年第 4 期。

樊树志：《明清漕运述略》，《学术月刊》1962 年第 10 期。

邹逸麟：《从含嘉仓的发掘谈隋唐时期的漕运和粮仓》，《文物》1974 年第

2 期。

刘盛佳：《地名学若干理论问题的探讨》，《华中师院学报》（自然科学版）1980 年第 4 期。

王际桐：《试论地名学的基本概念》，《地名》1981 年第 2 期。

邹逸麟：《谭其骧论地名学》，《地名知识》1982 年第 2 期。

刘伉：《略论地名的起源与演变（下）》，《地名知识》1983 年第 3 期。

陈根良：《怎样给地名下定义》，《内蒙古地名》1983 年第 5 期。

王际桐：《地名与地名工作》，《地名丛刊》1984 年创刊号。

牛汝辰：《从中国地图史看历代地名研究》，《测绘通报》1986 年第 6 期。

王萤：《〈金瓶梅〉地理背景为今山东临清市考》，《晋阳学刊》1987 年第 5 期。

马鲁奎：《临清城墙》，《临清地方史志》1988 年第 1 期。

尹钧科：《要注重地名群的研究》，《地名知识》1989 年第 2 期。

徐登阶：《卫运河演变初考》，《临西文史》1989 年第 2 辑。

崔子良：《会通河史略》，《临清文史》1990 年第 4 辑。

徐登阶：《临清城址初考》，《临清文史》1990 年第 4 辑。

官美堞：《明清时期的张秋镇》，《山东大学学报》（哲学社会科学版）1996 年第 2 期。

靳尔刚：《地名工作漫谈》，《中国地名》1997 年第 1 期。

杨遵义：《关于临清古县衙"堂台子"遗址的调查》，《临西文史》2002 年第 5 辑。

王云：《近十年来京杭运河史研究综述》，《中国史研究动态》2003 年第 6 期。

陈桥驿：《南北大运河——兼论运河文化的研究和保护》，《杭州师范学院学报》（社会科学版）2005 年第 3 期。

俞孔坚：《遗产概念的再认识》，《世界建筑导报》2005 年第 5 期。

单霁翔：《大型线性文化遗产保护初论：突破与压力》，《南方文物》2006 年第 3 期。

周尚意、吴莉萍等：《论城市实体空间变化与历史地名保护的关系：以北京二环以内地区为例》，《中国地名》2007 年第 1 期。

王健：《〈中国大百科全书·中国历史〉"运河"条目商榷》，《学海》

2007 年第 2 期。

程玉海:《中国大运河的形成、发展与繁荣》,《光明日报》2008 年 11 月 30 日第 7 版。

陈昆麟、田之秋:《江北水城·运河古都的前世今生》,《走向世界》2009 年第 10 期。

张强:《运河学研究的范围与对象》,《江苏社会科学》2010 年第 5 期。

罗哲文:《运河申遗应建立运河学》,《中国文化遗产》2011 年第 1 期。

李振光、吴志刚、孙淮生:《阳谷京杭大运河七级码头遗址》,《中国文物报》2011 年 8 月 19 日第 5 版。

冯骥才:《地名的意义》,《人民日报》2011 年 11 月 13 日第 12 版。

赵静媛、郭凤平、戴学来:《浅谈天津漕运与地名文化保护》,《中国地名》2012 年第 1 期。

卢昱:《东昌老街巷:运河古城之脉》,《大众日报》2012 年 12 月 4 日第 11 版。

赵鹏飞:《山东运河传统建筑综合研究》,博士学位论文,天津大学,2013 年。

马鲁奎:《临清元代会通河"连环闸"盛世重光》,《临清文艺》2014 年第 1 期。

王明德:《明清时期临清的寺庙与城市生活》,《文史博览》(理论)2014 年第 3 期。

霍晓卫:《聚落遗产的"活态"与真实性》,《世界遗产》2014 年第 5 期。

凌文秀:《水城那些桥》,《齐鲁晚报》2014 年 4 月 21 日第 L8 版。

凌文秀整理:《"十二连桥"背后的那些老故事》,《齐鲁晚报》2014 年 7 月 21 日第 I08 版。

高元杰:《20 世纪 80 年代以来漕运史研究综述》,《中国社会经济史研究》2015 年第 1 期。

李泉:《运河学研究的内容和方法》,《聊城大学学报》(社会科学版)2015 年第 1 期。

张吉会:《聊城水文化初探》,《聊城宣传》2015 年第 4 期。

罗衍军:《二十年来的运河学研究》,《地方文化研究》2015 年第 6 期。

宫磊:《清康熙〈张秋志〉解读》,《中国地方志》2016 年第 4 期。

纪小美、王卫平等：《批判转向以来地名学研究回顾与展望》，《地理科学进展》2016 年第 7 期。

赵媛、麻勤、郝丽莎：《中国现存牌坊文化遗迹的地域分异及成因》，《地理研究》2016 年第 10 期。

许檀：《明清时期华北的商业城镇与市场层级》，《中国社会科学》2016 年第 11 期。

孙涛、杨煜达等：《大运河山东段古河道及船闸考察与清代山东段运河高程重建》，《历史地理》2016 年第 33 辑。

《运河学研究方兴未艾——运河学笔谈》，《中国社会科学报》2016 年 6 月 8 日第 8 版。

周嘉：《运河城市的饮食文化考论——以山东临清为例》，《美食研究》2017 年第 4 期。

朱年志：《明清山东运河小城镇的历史考察——以七级镇为中心》，《华北水利水电大学学报》（社会科学版）2017 年第 6 期。

王胜三：《书写中国自己的地名文化史》，《中国社会报》2017 年 7 月 18 日第 4 版。

《聊城这个远近闻名的"明星村"你知道吗?》，《聊城晚报》2017 年 12 月 20 日第 4 版。

李泉：《运河学发微》，《运河学研究》2018 年第 1 辑。

郭东升：《百万人口的明代临清城》，《春秋》2018 年第 6 期。

姜师立：《运河学的概念、内涵、研究方法及路径》，《中国名城》2018 年第 7 期。

吴欣：《大运河文化的内涵与价值》，《光明日报》2018 年 2 月 5 日第 14 版。

王聪明、李德楠：《记忆的嫁接：古淮阴地名的嬗变与传承》，《地方文化研究》2019 年第 2 期。

姜师立：《中国大运河与世界水利水运遗产的对比分析》，《运河学研究》2019 年第 3 辑。

李玉岩、潘天波：《中国大运河：一项概念史研究》，《档案与建设》2019 年第 4 期。

李德楠、王聪明：《运河清江闸、龙汪闸名称考辨》，《淮阴工学院学报》

2019年第4期。

周嘉：《地方神庙、信仰空间与社会文化变迁——以临清碧霞元君庙宇碑刻为中心》，《民俗研究》2019年第6期。

吴欣：《运河学研究的理论、方法与知识体系》，《人文杂志》2019年第6期。

李德楠：《地名研究与大运河文化带建设——"里下河"地名的个案考察》，《淮阴工学院学报》2020年第2期。

刘芹：《高邮明清运河故道沿岸地名中的神灵膜拜》，《档案与建设》2020年第3期。

刘芹：《运河沿岸地名史话研究在"大运河文化带"建设中的意义——以高邮明清运河故道为例》，《江苏地方志》2020年第4期。

魏青：《江湖与庙廊：李东阳行纪的空间书写》，《中国韵文学刊》2020年第4期。

崔建利：《2018年度运河学研究综述》，《运河学研究》2020年第4辑。

吴玉琨：《德州地名文化特征及其成因》，《德州学院学报》2020年第5期。

周嘉：《京杭大运河遗产与地名文化研究》，《运河学研究》2020年第5辑。

刘恋、马俊：《"运河"定名于宋的历史考察》，《档案与建设》2020年第6期。

胡其伟：《运河名镇张秋访古》，《大众考古》2020年第9期。

林国平、苏丹：《正统化、在地化与国际化：妈祖信仰长盛不衰的内在原因》，《世界宗教文化》2021年第1期。

刘晓玲：《从地名中解读运河文化——以山东济宁地名为例》，《山东档案》2021年第4期。

吴元芳：《㳠运河的名实之辩》，《枣庄学院学报》2021年第4期。

徐业龙：《运河水工文化记忆："马头"地名源流考略》，《江苏地方志》2021年第4期。

周嘉、张佩国：《"把持"与"共利"之间——明清山陕商人之制度伦理》，《史林》2021年第5期。

吴志刚：《京杭大运河山东段码头考古资料整理与研究》，《运河学研究》

2021年第6辑。

李强：《中国运河学研究的扛鼎力作——评张强教授的〈中国运河与漕运研究〉》，《淮阴师范学院学报》（哲学社会科学版）2021年第6期。

马俊亚：《从沃土到瘠壤：明清淮北地名变迁与水患成因》，《史学集刊》2022年第4期。

周嘉、邹幸蕊：《运河学与运河文化研究论纲》，《保定学院学报》2023年第3期。

孙冬虎：《京杭运河沿线地名文化遗产的形成轨迹》，《北京社会科学》2023年第3期。

赵亚琛、马冬青、张兵华：《鲁运河沿线古镇聚落空间演变解析以及适应性发展策略研究——以七级古镇为例》，《现代城市研究》2023年第6期。

庞雪：《七级运河古镇景观基因识别与信息链建构》，硕士学位论文，山东建筑大学，2023年。

冯晓华：《镇江市运河地名文化遗产保护与传承研究》，《运河学研究》2023年第10辑。

胡梦飞：《2022年运河学研究综述》，《运河学研究》2023年第11辑。

多洛肯：《运河学研究历史成果的新高度》，《淮阴师范学院学报》（哲学社会科学版）2024年第1期。

后　　记

　　对于大运河地名的研究，是我近年来学术研究的一个方向，除了发表过几篇相关文章，便是呈现在读者面前的这部书稿。本书的写作自2022年下半年开始，至今已历时两年有余，主要是在上课之余完成的。由于授课任务不重，使我能集中精力进行这项工作。去年夏天赴美访学之前，已将初稿完成。在得克萨斯大学奥斯汀分校做访问学者期间，又对部分章节进行了修改，并最后完成对全书的第三遍校正。在本书付梓之际，我谨向以下机构和个人致以最诚挚的谢意。

　　撰写本书的最初构想获得聊城市民政局领导的大力支持，由聊城市民政局京杭大运河聊城段地名文化遗产专著项目予以资助，被纳入聊城市民政局区划地名科地名文化研究丛书。同时，本书的出版还获得山东省习近平新时代中国特色社会主义思想研究中心研究项目、山东省社会科学规划研究专项、山东省教育系统政府公派出国留学项目、聊城大学光岳青年学者创新团队、聊城市羡林学者创新团队的资助。聊城大学和我所在的运河学研究院也分别给予了一定的出版基金资助。这些信任与支撑为史料检索、田野调查、学术研究等提供了经费与物质保障，也为教学与科研相互促进提供了平台支撑。

　　本书稿由我与布乃静女士共同完成，此次合作是非常愉快的。无论是写作提纲的确定、章节撰写的分工，还是图片的拍摄、选定，以及书稿成型后的修订，我们都进行了充分磋商、讨论，直至达成最终共识。本书得以成文，还得到很多人不同方式、不同程度的支持和帮助。为了保证撰写质量，以及赶在中国大运河"申遗"成功十周年之际贡献一份"聊城经验"，我们组建了课题组团队，核心成员来自聊城市民政局区划地名科、聊城大学运河学研究院,他们分别是:田晶、周兵、宋茜、胡克诚、吴金甲、张晓冬。聊城市行政区划与地名文化学会姬广军会长、孟庆会副会长、张化兴秘书长等人对本项研究也表现出极大热情,他们在很多场合为我提供相关资料、线索与建议。

这是我在中国社会科学出版社出版的第三部学术专著,前两部书分别研究乡村社会史和运河城市史;这本书以地名作为切入点,在进行史料考证的同时,注重发现地名承载的文化史。每当在学术上取得新成果时,我总会深深感激那些曾经影响我、并始终鼓励和支持我的良师益友。我将竭尽全力,致力于产出更高水平的学术成果,为学术界的繁荣与发展贡献自己的力量。这也是我对他们最好的回报。

本书的完成,离不开家人在背后默默的支持与奉献。在我埋头书桌的日子里,是他们用无声的关怀为我营造了一个安静的写作环境;在我遇到瓶颈时,是他们用温暖的鼓励让我重拾信心。正是他们的理解与支持,让我能够全身心地投入到研究与写作中。谨以此书,献给我最亲爱的家人。

在本书出版过程中,中国社会科学出版社编辑安芳女士始终以专业的态度和耐心的沟通给予帮助。她的细致校对和宝贵建议,不仅提升了书稿的质量,也使我受益匪浅。此外,匿名审稿人的专业意见也为本书的完善提供了重要参考。在此一并致谢,愿未来的合作更加愉快。

本书在坚持历史学专著严谨性的基础上,充分考虑了普通读者的阅读体验。为了让更多读者能够轻松理解并享受阅读的过程,我们在写作风格上力求通俗易懂,同时辅以丰富的图片、地图和图表,以图文并茂的形式呈现历史细节,帮助读者更加直观地感受历史的脉络与文化的魅力。

限于笔者学力,本书仍有诸多未逮之处,文责自负,亦请各界同仁海涵与指正。同时,抛砖引玉,衷心期盼能激发更多相关之研究成果。

回首来路漫漫,矢志不忘初心。学术之路漫长而艰辛,但正如一盏明灯,初心始终照亮前行的方向。愿未来的每一步,都能坚守最初的信念,不负韶华,不负理想。

周 嘉

2025年2月27日于美国得克萨斯大学奥斯汀分校佩里-卡斯塔涅达图书馆